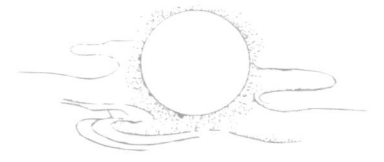

唐山玉清观道学文化丛书

董沛文◎主编
盛克琦 芮国华◎点校

清·李西月 ◎ 重编

张三丰全集

华夏出版社
HUAXIA PUBLISHING HOUSE

玉清观记

  玉清古观，处冀东之域，倚燕山之脉，傍滦水之畔，望渤海之滨，立石城（唐山市开平区，古称石城）垣内，聚亿万年之钟秀，享千百年之香火。山水环抱，京津毗邻，鸾翔凤集，人杰地灵。黄帝问道而登空同，轩辕学仙而礼广成，鼎湖跨龙以飞升，仙宗道脉，由之滥觞。昔古孤竹国君，嗣子伯夷叔齐，立次子为储君。国君殁，齐让伯夷，夷不受而遁，齐不立亦逃。闻西伯善养老，相偕欲适周。当值盛夏，路过石城之地，腹饥口渴，踌躇间，突现一泓清泉，汩汩而流，急掬泉水，捧之尽饮，入口温润如玉，至腹冽沁腑，饥渴顿消。昆仲绕泉徘徊，流连忘返，决意结庐而居，烧茅修炼以求仙。其玉浆清泉，即后世之玉清古井也。数年后，往西岐，复隐首阳山中，不食周粟，杳失所踪。燕君昭王，遣使求不死药，入海登蓬莱方丈，卜地石城合药以炼丹，其丹炉遗迹尚存井隅也。秦皇寻神山，觅仙药，游碣石，尝饮玉清之水，顿改容颜，身轻而转体健。张陵演教，天师布道，桓灵帝间，有观筑于古井之旁。葛洪炼丹，鲍姑侍鼎，寻仙访道，安炉立于灵泉之侧。唐王东征，屯兵大城，山赐唐姓，筑立石城，二百余丈。有随军道士，长于望气，见紫霞缥缈如飞鸾，仙气凝聚似丹鼎，遂离军隐居，潜修仙道，升举而去。刘操仕燕主，居相位，正阳垒卯以度化，易号海蟾子而学仙，为演清静无为之宗，以道全形之旨。复遇吕祖纯阳于原野，饮玉清之神水，授以金液还丹之秘，遁迹修真，得成仙道。丘祖长春真人，会元世祖于雪山，赐号神仙，颁虎符玺书，掌天下道教。越二载，驻鹤燕京，大阐玄风，道侣云集，化道十方，建宫立观，设坛作醮。丘祖座下，有一弟子，结庐于石城，立宫于井侧，见水清泠，故题观名曰澄清，祀三清之真容，布道德之宝章，香火鼎盛，终日不绝。几经兵火，焚毁殆尽。明永乐间，召仙真三丰张真人于金阙，犹龙不见，惟隐迹名山，藏身大川，隐显游戏于人间。一日携弟子游蓟北，途经石城，睹残垣败瓦，黯然神伤，咐弟子云："此地古炼丹之处也，尝有观，名澄清，惜毁于兵祸。留汝此地，募修宫观，异日将兴。玉清之境，始气化成，元始天尊所居之仙宫。此有井亦曰玉清，乃古仙遗迹，以之为观名可也。斯井水清如玉，可传淮南王之术于乡里，授做豆腐，济养百姓，以解温饱，亦可彰我仙家飞丹砂而点灵汞之玄妙也。以火炼金而丹成，今岁丙申，正其值，玉清当兴，因缘所定。越五百余年，火燥土焦，木以犯土，当有浩劫，观迹随毁。金木交并，九返还丹，观必重兴，香火复盛也。"真人语毕，飘然而去。弟子遵真人之命，修道观，兴香火，并用古井之水，盐卤以点豆汁，其术不日而风行四乡。以玉清神水所点之豆腐，质地柔嫩，晶莹如玉，味道鲜美，烹调得味，有远胜燕窝之美誉。光绪初，开平建矿，近代工业之始兴，人口增多，商贾云集，成京东之重镇。玉清观，历数百年之风雨，几经增葺，规模宏大，坐北朝南，处石城西门外，火神关帝二庙侍立左右。岁临丙辰，乙未之月，地动山摇，突发地震，房屋摧倒，楼宇化为平地，玉清观亦随之毁塌。多难而兴邦，艰苦而奋志。唐山儿女，意坚志强，抗震自救，恢复建设，经廿余年之拼搏，重塑辉煌于冀东，再兴繁荣于滨海。玉清古观，亦得之以复建也。董道长崇文，号文道子，讳沛文，皈依全真，嗣教龙门。董道长乃著名实业家，河北省政协委员。清秀浑朴，端庄大方，谈吐间声和语慢，儒雅温和，亲切近人，无烟火气息，真道家风范。幼读诗书，博阅经籍，早年隶职企业，后弃职经商。历经多年之艰辛，饱尝恒沙之磨砺，奋志不懈，果业斐然。荏苒光阴，感人生如梦。芸芸众生，名利绊身，几失真我；追名逐利，沦丧道德，世风愈下；人心不古，禀赋天和，损耗殆尽。甲申冬月，睹道观之残垣，望断壁之朽木，不忍坐视，乃盟愿发心，斥以巨资，再塑三清真容，复兴玉清古观，上接轩辕遗教，绵老圣之心传；下振道门宗风，扬钟吕之密旨。洵属不愿独善己身，达而兼善天下者也。国运隆，有祥瑞。吉士出，观必兴。玉清之塌毁复建，斯应仙真之谶语乎？复建之玉清观，由政府拨地廿余亩，坐落于开平老城遗址北门外，坐北朝南。正南牌楼，雄伟壮丽，气势非凡。牌楼之上，手书玉清观三大字，字劲苍道，金光闪灿。由南往北，大殿三重，依次为灵官殿、文昌殿、玉皇殿。再之往后，乃高达三层之三清殿。配殿分列左右，香炉鼎立案前。各殿建筑，风格迥异，却又有异曲同工之妙。主殿气势宏伟，雕梁画栋，斗拱飞檐。配殿小巧玲珑，精工细做，结构严谨。每重殿内，绘有壁画，均乃道教典故，及山水人物，供游人香客之观赏，劝善以净化人心，使之人人奉善，不为恶习之所染。纵观整个道观，红墙黄瓦，苍松翠柏，具浓厚道教古韵之风貌，与开平古艺街遥相呼应，珠联璧合，古文化之气息犹若天成。观内奇花异草，绿树成荫，鸟语花香，缤纷争艳。游人云涌，香客不断，祥烟缥缈，紫气鸾飞。道教独具之仙乐，道众诵经之天韵，不时幽然入耳，仿佛置身于仙境之中。玉清古观，重焕仙容，琳琅殿阁，日臻完善，谋公益之慈善，造大众之福祉，弘文化之传统，扬道教之祖风，殊为唐山福地洞天之胜境，河北仙府宫观之翘楚。诚邀国内之羽士道子，喜迎海外之仙客高真，会四洲之宾朋游人，接五湖之善信男女，驾临驻鹤，共庆国昌，同祈太平，是幸甚哉。

道历四千七百六年岁在己丑

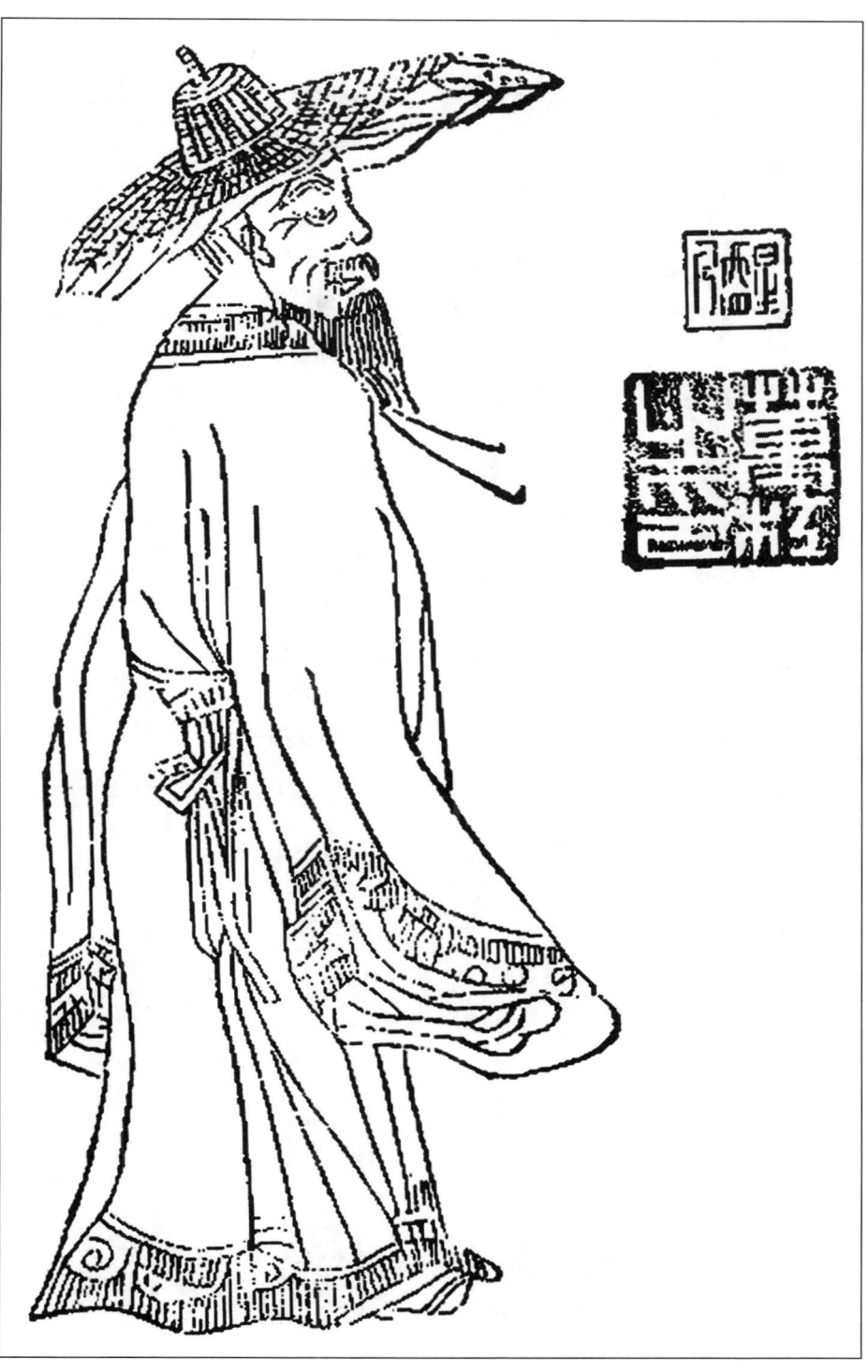

大元邊考大明風漢格之不來寬之不見浮樂天懷廣度人願九州往來浩乎無岸

二峰阴骑天外一人乾
坤之涂日月精神万冠
一领破衲一身韬光晦跡
云士仙真

蒲團而要坐石觀書三
昧合講萬象皆虛圓圓
朗朗印印心如菩提妙
桐先生有諸

是真神仙画善打睡是真打睡乃知睡味花满蓑衣月筛林翠华山挚泥泥其三昧

唐山玉清观道学文化丛书

名誉主编：
    任法融   中国道教协会咨议委员会主席

学术顾问：
    李光富   中国道教协会会长
    张凤林   中国道教协会副会长兼秘书长
    黄信阳   中国道教协会副会长、北京市道教协会会长
    牟钟鉴   中央民族大学教授、博士生导师
    胡孚琛   中国社会科学院教授、博士生导师

主　编：
    董沛文（董崇文、文道子）

执行主编：
    盛克琦

编　委（排名不分先后）：
    董沛文 赵明宇 马万廷 赵明远 张艳春
    张　硕 杨　琦 谢路军 郑淑红 郑淑梅
    陈全林 董文佐 孙　哲 果兆辉 滕树军
    周全彬 盛克琦 马　波 吴　晟 冯新宇
    郑　丹 王燕喜 龚　威

目 录

序一 ·· 任法融（001）
序二 ·· 康志锋（003）
序三 ·· 董沛文（005）
前言 ·· 盛克琦（011）

三丰祖师全集序 ······················ 清·汪锡龄（001）
序 ·· 清·董承熙（002）
叙 ·· 清·李迦秀（003）
叙 ·· 清·李涵虚（004）
凡例十三则 ·· （005）
  附录：凡例十二则 ···························· （006）
  虚白堂志 ·· （007）
  张三丰先生全集总目 ························ （007）
  《张三丰先生全集》题署 ···················· （008）

张三丰先生全集　卷一

诰 ·· （010）
  明天顺皇帝敕封诰命 ························ （010）
  宝诰一 ·· （010）
  宝诰二 ·· （010）
  宝诰三 ·· （011）

宝诰四 …………………………………………………………… (011)
　　宝诰五 …………………………………………………………… (011)
　　参礼如来宣赐佛号并赞 …………………………………………… (011)
传 ………………………………………………………………………… (012)
　　列　传（《明史》）……………………………………………… (012)
　　列　传（见《征异录》）……………………………… 祇园居士 (013)
　　列　传（见《七修类稿》）…………………………… 明·郎瑛 (013)
　　列　传（《淮海杂记》）……………………………… 明·陆西星 (014)
　　三丰先生本传 …………………………………………… 汪锡龄 (014)
　　三丰先生传 ……………………………………………… 圆峤外史 (017)
道　派 …………………………………………………………………… (018)
　　大道渊源 ………………………………………………………… (018)
　　前历祖传 ………………………………………………………… (018)
　　后列仙传 ………………………………………………………… (020)
　　列仙派演 ………………………………………………………… (022)
正　讹 …………………………………………………………………… (026)
显迹类 …………………………………………………………………… (030)
　　度沈万三 ………………………………………………………… (030)
　　寓金台观 ………………………………………………………… (031)
　　隐太和山 ………………………………………………………… (031)
　　寄常遇春 ………………………………………………………… (031)
　　见蜀王椿 ………………………………………………………… (032)
　　寓指挥家 ………………………………………………………… (032)
　　寓开元寺 ………………………………………………………… (032)
　　三却廷诏 ………………………………………………………… (033)
　　滇南践约 ………………………………………………………… (033)
　　游鹤鸣山 ………………………………………………………… (034)
　　题诗警祸 ………………………………………………………… (034)
　　混迹京师 ………………………………………………………… (034)
　　一晤因缘 ………………………………………………………… (035)
　　道示明玉 ………………………………………………………… (035)

明殿飞升 ……………………………………………………（035）
玄光表异 ……………………………………………………（036）
七针先生 ……………………………………………………（036）
赠角黍翁 ……………………………………………………（036）
诗挫番僧 ……………………………………………………（037）
一戏方士 ……………………………………………………（037）
二戏方士 ……………………………………………………（038）
三戏方士 ……………………………………………………（038）
四戏方士 ……………………………………………………（039）
五戏方士 ……………………………………………………（040）
六戏方士 ……………………………………………………（040）
七戏方士 ……………………………………………………（041）
道观题诗 ……………………………………………………（041）
大闹魏祠 ……………………………………………………（041）
道逢吕祖 ……………………………………………………（042）
枯梅复生 ……………………………………………………（042）
青云障暑 ……………………………………………………（042）
西溪假寐 ……………………………………………………（042）

补　辑 …………………………………………………………（044）
　　金箔交辉 …………………………………………………（044）
　　梦里传方 …………………………………………………（044）
　　度汪梦九 …………………………………………………（045）
　　秦安涧迹 …………………………………………………（046）

张三丰先生全集　卷二

古　文 …………………………………………………………（050）
　　陈雷谷传 …………………………………………………（050）
　　陈中行传 …………………………………………………（050）
　　完璞子列传 ………………………………………………（051）
　　慧通子列传 ………………………………………………（052）

沈线阳小传 ·· (054)

余氏父女传 ·· (055)

芦汀夜话 ··· (055)

四皓考 ·· (056)

八遁序 ·· (056)

自题《敕封通微显化真人诰命》后跋 ············ (057)

与明冰壶《道法会同疏》 ···························· (058)

跋《道法会同疏》后 ································· (059)

跋《蓬莱仙奕图》 ······································ (059)

与完璞书 ··· (060)

《永乐大典》记 ··· (061)

"悟真"字解 ··· (061)

刀尺赋 ·· (061)

《玄要篇》自序 ·· (062)

湖南山中与胡给事夜话 ······························· (063)

隐　鉴 ·· (064)

张三丰先生隐鉴书法四条 ···························· (064)

元 ··· (064)

　　无有先生 /064　　刘梦吉 /065　　萧彝尊 /065　　仇山村 /065　　袠元量 /066

　　吴伯清 /066　　陈茂叔 /066　　杜伯原 /066　　戴汝翼 /066　　武伯威 /067

　　张光弼 /067　　吴渊颖 /067　　许白云 /067　　王原吉 /067　　陶宗仪 /068

　　蔡清真 /068　　顾仲瑛 /068　　李高冈 /068　　杨廉夫 /068　　王山农 /069

　　明天渊 /069　　张伯雨 /069　　虞伯生 /069　　赵子常 /069　　汪德辅 /070

　　谢子兰 /070　　沈元吉 /070　　徐仲由 /070　　黄子运 /070　　张惟中 /071

　　王仲光 /071　　陈克昌 /071　　梁不移 /071　　程抟霄 /071　　徐方舟 /072

　　韩公望 /072

明 ··· (072)

　　焦始谟 /072　　孙太初 /072　　王廷珪 /073　　王先生 /073　　徐延之 /073

　　王原夫 /073　　俞古章 /073　　徐勉仁 /074　　许澹初 /074　　沈启南 /074

　　方元素 /074　　程叔朋 /074　　秦仲孚 /074　　董萝石 /075　　吴康斋 /075

娄克贞 /075	陈白沙 /075	薛敬轩 /076	张海观 /076	金元玉 /076
唐伯虎 /076	罗达夫 /077	赵淮献 /077	沈子登 /077	陈寄委 /077
顾英玉 /077	朱君佐 /078	徐先生 /078	来矣鲜 /078	罗整庵 /078
谢子佩 /078	陆子传 /079	李印南 /079	虞长儒 /079	安我素 /079
姚公绶 /079	周叔大 /080	陆嗣端 /080	闻隐鳞 /080	陈仲醇 /080
殷方叔 /080	朱白民 /081	李因仲 /081	谢汇先 /081	陆茂璩 /081
黎左岩 /081	方密之 /081	刘念庭 /082	张昊东 /082	魏叔子 /082
刘钦尔 /082	夏元贞 /082	林明俊 /083		

清 ··· (083)

黄太冲 /083	仇知几 /083	陶存存 /083	颜钦明 /084	沈越溪 /084
程伍乔 /084	张幻花 /084	金寿门 /084	李客山 /085	赵鸥白 /085
殷果园 /085	吴竹桥 /085	罗两峰 /085	翁澹生 /086	徐泂溪 /086

张三丰先生全集　卷三

大道论 ··· (088)
    上　篇 ·· (088)
    中　篇 ·· (091)
    下　篇 ·· (092)

玄机直讲 ··· (095)
    炼丹火候说二篇 ·· (095)
    返还证验说 ·· (097)
    服食大丹说 ·· (099)
    一粒黍米说 ·· (100)
    登天指迷说 ·· (101)
    注《九皇丹经·龙虎铅汞论》 ································· (104)
    注吕祖《百字碑》 ·· (104)

道言浅近说 ··· (108)
    附：三丰先生辑说 ·· (114)

张三丰先生全集　卷四

玄要篇上 ··· (120)
　　仿古二章 ··· (120)
　　上天梯 ·· (121)
　　亲口诀 ·· (121)
　　答永乐皇帝 ·· (122)
　　道情歌 ·· (122)
　　炼铅歌 ·· (123)
　　先天一炁歌 ·· (124)
　　铅火歌 ·· (124)
　　了道歌 ·· (125)
　　打坐歌 ·· (125)
　　道要秘诀歌 ·· (126)
　　大道歌 ·· (127)
　　真橐籥歌 ··· (130)
　　玄关一窍歌 ·· (130)
　　炼铅歌 ·· (130)
　　金丹歌 ·· (131)
　　金液还丹破迷歌 ·· (132)
　　龙虎还丹指迷歌 ·· (134)
　　注《九皇丹经》三月生魂金丹三还一返歌 ································ (135)
　　注《九皇丹经》四月生魄金丹四还二返歌 ································ (135)
　　注《九皇丹经》七月开心七窍金丹七还五返歌 ························· (135)
　　注《九皇丹经》十月形神坚固金丹十还歌 ······························· (136)
　　固漏歌 ·· (136)
　　了道歌 ·· (137)
　　回文诗 ·· (138)
　　金丹诗三十六首 ·· (138)
　　咏先天鼎 ··· (149)
　　金丹诗二十四首 ·· (149)

大丹诗八首书武当道室示诸弟子 …………………………………… (155)

　　琼花诗 ……………………………………………………………… (156)

　　七绝 ………………………………………………………………… (157)

玄要篇下 …………………………………………………………………… (158)

　　登高台 ……………………………………………………………… (158)

　　天仙引 ……………………………………………………………… (159)

　　一枝花 ……………………………………………………………… (161)

　　咏蛰龙法 …………………………………………………………… (163)

　　渔父词 ……………………………………………………………… (163)

　　蛰龙吟 ……………………………………………………………… (163)

　　美金华二首 ………………………………………………………… (164)

　　一诀天机 …………………………………………………………… (165)

　　玄关交媾曲 ………………………………………………………… (166)

　　阴阳交会曲 ………………………………………………………… (166)

　　洞天清唱六叠 ……………………………………………………… (167)

　　丽春院词二首 ……………………………………………………… (168)

　　西江月 ……………………………………………………………… (169)

　　自题《无根树词》二首 …………………………………………… (169)

　　鹧鸪天 ……………………………………………………………… (169)

　　卖花声 ……………………………………………………………… (170)

　　无根树道情二十四首 ……………………………………………… (170)

　　四时道情 …………………………………………………………… (176)

　　青羊宫留题道情四首 ……………………………………………… (177)

　　五更道情 …………………………………………………………… (178)

　　五更道情 …………………………………………………………… (180)

　　五更道情 …………………………………………………………… (181)

　　五更道情 …………………………………………………………… (182)

　　五更道情 …………………………………………………………… (184)

　　九更道情 …………………………………………………………… (188)

　　叹出家道情七首 …………………………………………………… (190)

　　天边月道情九首 …………………………………………………… (193)

一扫光道情十二首 ………………………………………………… (195)

鹧鸪天 …………………………………………………………… (198)

五更道情 ………………………………………………………… (198)

玄机问答 ………………………………………………………… (199)

张三丰先生全集 卷五

云水前集 …………………………………………………………… (202)

《云水前集》序 ………………………………… 圆通弟子 (202)

云水集 …………………………………………………………… (202)

登华表山 /202　游辽阳诸山作 /202　甲子秋游燕京作 /203　呈廉阁老 /203　题止善堂呈主人 /203　廉平章以书荐余名于刘仲晦太保感而咏此 /204　送廉公之江陵 /204　博陵上仲晦相公 /204　有感 /204　答刘相公书 /204　读先子房传有感 /205　家居无事，忽有邱道人见访，临别诗以赠之 /205　遥挽刘仲晦相公 /205　三十二岁北游 /205　上曲 /206　恒岳 /206　悠悠歌北岳作 /206　东游 /206　赠棠邑令家希孟弟 /206　游岱宗步希孟弟原韵 /207　日观早起观日 /207　山中寻张忠高隐处有作 /207　丹岩山 /207　徂徕山 /208　河东 /208　雷泽晚行 /208　游中条山 /208　中州纪行 /208　王屋山 /209　嵩岳 /209　西游 /209　关中旅寺有怀 /209　华岳 /209　扶风明月山中，有清风洞，过而口占 /210　宝鸡晚行 /210　小庐题壁 /210　书怀 /210　终南呈火龙先生 /210　出终南二首 /211　丹成作歌 /211　由夔府下江陵作 /211　辽阳积翠村二首 /212　燕赵闲游，晤邱长春，遂同游西山 /212　津门柳 /212　两湖吟 /212　赤壁怀古 /213　洞庭晤吕纯阳先生 /213　题阳台 /213　蜀市题 /213　太和山道口占二绝 /213　题武当山 /214　衡岳 /214　登岳阳楼用杜韵 /214　道走河南，公卿颇有闻余名者，书此笑之 /214　晚步咸阳 /214　带月过武功飞行至栈 /215　锦江 /215　江上吟 /215　游庐山 /215　吴越吟 /215　元杭省左司员外郎家光弼昱庐陵人，余游杭州相遇于湖，自谓将有湖山之志，书此壮之 /216　天目闲居歌 /216　赠广海和尚 /216　遇家伯雨外史杭州人 /216　游金陵赠沈万三 /217　别万三 /217　西湖二首 /217　赠金粟

道人 /217　还蜀吟 /217　归秦 /218　大元至正二十六年丙午暮秋，金台观游魂七日，归来付杨轨山一偈 /218　入蜀 /218　渔父词 /218　赠焦始谟先生 /218　余阅山水多年，所尝留意者，蜀之大峨、楚之武当，因各构一庐，为往来栖真之所。出则青鸾万里，入则白云一窝。佳夕澄清，在武当栖云庐，望大峨留月庐作此 /219　栖云庐闲望 /219　闲吟 /219　将之巴蜀，示门人邱元靖 /220　题玄天观寄蜀王 /220　成都留题姜氏家 /220　却聘吟 /220　读元故提举杨廉夫先生集 /220　尝作《八遁篇》，并为《八赞志》，景仰也。今录其赞于此 /221　外有焦孝然像赞一首，今附于此 /222　将之云南，先寄故人 /223　滇南会沈子三山，兼赠令倩余十舍 /223　赠沈线阳、余飞霞两女仙 /223　夜郎 /224　曲靖到黔阳 /224　平越福泉山礼斗吟 /224　由思南过黔江题乌鸦观 /224　巴岳山赠僧定一 /224　北津楼 /225　凌云峰 /225　鹤鸣山 /225　赠完璞子见访武当 /225　赠王先生歌 /225　答永乐皇帝 /226　朝真作 /226　南京道观崇清寺题壁 /226　读《蒲庵集》/227　隐居吟 /227　西苑宫词 /227

云水后集 ………………………………………………………… (229)
《云水后集》序 ……………………………………… 圆通弟子 (229)

大峨遇梦九观察口占赠之 /229　赴西池仙会 /229　天外来 /229　游峨眉小雷门 /230　访梦九石堂溪上清晖精舍 /230　快快吟 /230　石室山用五言全仄书石上 /230　过圆通静室 /231　题梦九丹房 /231　闹中苦 /231　静中乐 /231　留题天竺院赐叶居士 /231　山行 /231　自述与汪子 /232　采莲歌 /232　听梦九子思敏读书 /232　籋云歌赐梦九 /232　御风吟 /232　能仁院留题 /233　晚晴 /233　静室 /233　题梦九院中 /233　初秋夜行千风寺听人弹琴 /233　紫芝洞题石 /233　晚景 /234　长清院 /234　示梦九 /234　山行戏装地仙状 /234　山行夜过清晖阁 /234　九峰山 /234　闲眺 /234　初春 /235　岳阳楼晚步 /235　归去来 /235　石帆山高道士草庵 /235　维扬口占三绝 /235　游陈道士菊轩 /236　咏红叶示人 /236　西峰亭 /236　山中吟 /236　臣泸硖子中行 /237　游戏 /237　庐山雨后题石 /237　过三香阁赠居士 /237　与梦九 /237　能仁院 /237　游南峰 /238　题陈道人像 /238　梅屿 /238　马蹄月 /238　黄山题石 /238　石生泉 /239　天亭山 /239　自题画像 /239　四言 /239　再过台城 /239　游戏吟 /239　题圆通绰绰山房 /240

云水三集 …………………………………………………………………………(241)

　　《云水三集》序 ………………………………………………… 李西月 (241)

　　云水三集 ………………………………………………………………… (241)

　　　　重游剑南歌 /241　　白云庵 /242　　潇湘吟 /242　　渔父词 /242　　七夕雨 /242　　游蜀 /242　　寒冬游峨 /243　　与遁园 /243　　农人引 /243　　题涵虚金丹诗 /243　　泌水洋洋 /243　　示槃山 /243　　双清阁和髯仙原韵 /243　　附：髯仙双清阁原韵 /244　　冬至 /244　　元夕轩然台 /244　　清漪观 /244　　西江月 /245　　道院即事 /245　　书轩然台匾 /245　　仙家乐用涵虚韵 /245　　附：原作 /245　　老游仙图 /246　　附：吕祖和作 /246　　附：涵虚同作 /246　　附：藏崖同作 /246　　附：蟠山同作 /246　　老隐仙图 /247　　附：吕祖和作 /247　　附：涵虚同作 /247　　附：藏崖同作 /247　　附：蟠山同作 /247　　南峰 /248　　潮阳宫 /248　　山斋夜集 /248　　乌尤绝顶 /248　　游青衣山 /248　　游砥柱山 /249　　竹抱斋听门人杨蟠山读予《云水前集》 /249　　宴听潮轩送李西来之阆中 /249　　题竹抱斋 /249　　花酒吟 /250　　题印月、涵日二池 /250　　天门引二首 /250　　诗仙院祀太白、东坡 /250　　元夕过杨子新筑蟠山草堂 /250　　轩然台 /251　　江楼 /251　　长乙山房留题 /251　　题《道德经东来正义》 /251　　自焚画下火偈 /252　　轩然台 /252　　用长乙韵 /252　　最凄凉 /252　　和吕纯阳先生元韵 /252　　双清阁同飞仙联句限十五咸韵 /252　　冬日自蓬莱至蜀之行云阁 /253　　闻涵虚山人弹琴 /253　　得句示居士 /253　　联句 /254　　清吟 /254　　初春偕李长乙过蟠山小饮 /254　　赠李圆阳 /254　　重九日，与回翁及蓝养素、白玉蟾同游峨眉 /255　　重阳后一日 /255　　约诸子游青城洞天二首 /255　　新津老君山 /255　　长生宫 /255　　饮鹤巢亭 /256　　天师洞木桥 /256　　青城山联句 /256　　白云青云两溪 /256　　鹤鸣山 /256　　天谷洞 /257　　赠长乙山居主人 /257　　秋晚至岳云楼 /257　　缥缈山戏招圆阳、长乙 /257　　游潮洋寺 /257　　游罗浮山 /257　　雨后看峨眉坡仙句作起 /258　　登瓦屋山 /258　　附：蟠山同作 /258　　江涨 /258　　早秋山居 /259　　雨中看覆篷山 /259　　汉张桓侯诞日 /259　　即景六言 /259　　久雨 /259　　元夕后一夕同诸子集听吟风馆 /259　　示隐士二绝 /260　　题王生持平子宅 /260　　携诸子游龙泓二绝 /260　　回轩然台 /260　　暮春 /261　　清溪令 /261　　即景示诸子 /261　　销夏 /261　　夏杪轩然台二首 /261　　新秋 /262　　新秋夜雨示团阳、持平二子 /262　高楼秋夜 /262　秋雨 /262　秋夜闻雁 /262　秋晴示团阳、持平二子 /263　九日登轩然台 /263　寒露 /263　秋夜万景楼 /263　秋日东坡楼 /263　瓶梅 /264　晚景 /264　对景 /264　秋日与诸生集轩然台饮酒杂唱 /264　秋夜与诸生复集轩然台 /264　月里江山 /265　秋夕 /265　堪叹 /265　笑呵呵 /265　与诸子定雨 /265　爱竹堂 /265　喜光于来岳云楼 /266　乐乐乐 /266　晓吟 /266　示朱生、李生 /266　题族人德轩墓 /266　示刘白酒、李鱼溪 /267　寻幽 /267　新秋即事仿回翁体 /267　送阆泉阆山归阆中同碧城道人联句 /267　仲春初旬示诸生 /267　飞吟 /268　题麻仙姑听何仙姑吹笙图 /268

张三丰先生全集　卷六

天口篇 ………………………………………………………… (270)

　　正教篇 ……………………………………………………… (270)

　　儒书篇 ……………………………………………………… (271)

　　禅旨篇 ……………………………………………………… (271)

　　玄音篇 ……………………………………………………… (272)

　　五德篇 ……………………………………………………… (273)

　　孝行篇 ……………………………………………………… (273)

　　淫恶篇 ……………………………………………………… (274)

　　施报篇 ……………………………………………………… (274)

　　盈亏篇 ……………………………………………………… (275)

　　毁誉篇 ……………………………………………………… (276)

　　修短篇 ……………………………………………………… (276)

　　穷达篇 ……………………………………………………… (276)

　　人品篇 ……………………………………………………… (277)

　　快活篇 ……………………………………………………… (277)

　　能让篇 ……………………………………………………… (278)

　　忠恕篇 ……………………………………………………… (279)

　　虚无篇 ……………………………………………………… (279)

　　养生篇 ……………………………………………………… (280)

　　　　五劫篇 ································(280)
　　　　敬神篇 ································(281)
　　　　爱人篇 ································(282)
　　　　医药篇 ································(282)
　　　　相卜篇 ································(283)
　　　　堪舆篇 ································(283)
　训世文 ····································(285)
　　　　戒淫说 ································(285)
　　　　戒淫文 ································(286)
　　　　敬日月文 ······························(286)
　　　　劝世修理坟墓文 ······················(287)
　　　　地理说 ································(287)

张三丰先生全集 卷七

九皇经 ····································(290)
　　　　斗母元尊九皇真经 ··················(290)
三教经 ····································(296)
　　　　前三教上圣灵妙真经 ···············(296)
　　　　中三教大圣灵应真经 ···············(301)
　　　　后三教大圣灵通真经 ···············(304)
洞玄经 ····································(307)
　　　　洞玄度人宝忏诸天无上真经 ······(307)
菩提圆妙经 ······························(315)
邋遢静光佛代传普陀大慈明心神咒 ····(317)
钟偈 ······································(318)

张三丰先生全集 卷八

闲谈类 ····································(322)
　　　　水石闲谈 ······························(322)

题赠类 ·· (342)
  古今题赠 ································· (342)

累　记 ·· (358)
  隐镜编年 ································· (358)

汇　记 ·· (361)
  时地 ······································ (361)
  时地补 ···································· (362)
  名号 ······································ (362)

遗　迹 ·· (365)
  平越灵迹 ································· (365)
  金碧旧居 ································· (366)
  剑南显化 ································· (366)
  乌江观潮 ································· (366)
  巴岳遗物 ································· (366)
  凌云留像 ································· (367)
  青衣别岛 ································· (367)
  鹤鸣柏树 ································· (367)
  鹤鸣玩易 ································· (367)
  名臣求访 ································· (367)
  峨眉栖真 ································· (368)
  笔墨游戏 ································· (368)

道坛记 ·· (370)

序传外记 ·· (372)
  三丰先生传 ······························· (372)
  吴镇响云洞天刻《玄要篇》序 ················ (373)
  岳云坛序 ································· (373)

附录一

祖师玄要篇 ································ 邓灵谧、张灵机　敬刊 (376)
  重刻《玄要篇》序 ······················ 张灵机、邓灵谧 (376)

皇明天顺皇帝敕封三丰张真人诰命 …………………………………… (376)

《玄要篇》自序 ……………………………… 张玄素 撰 (377)

  金丹论 /378 金丹内外火候总论 /380 金液还丹破迷歌 /380 大道歌 /382 了道歌 /384 道髓歌 /385 南宫词 /385 雁儿落 /388 折桂令 /389 一枝花 /390 橐籥 /391 先天炁 /392 金铅接命 /392 木汞一点红,金铅三斤黑 /392 红铅接命 /392 认药采取 /393 真口诀 /393 总咏大丹 /393 咏先天鼎 /393 内外金丹诗十六首 /394 无根树歌二十四首 /397 敌魔 /401 再求玄关 /401 总论玄关 /402 平越府还丹题 /402 道成杂咏 /402 别杭州友人 /402 跋 /402

附录二

三丰丹诀 ……………………………………………………………… (406)

 张三丰传 ………………………………………………………… (406)

  金液还丹歌 /409 大道歌 /411 炼铅歌 /412 了道歌 /413 一枝花四首 /413 未遇外护词二首 /415 取先天 /415 闻道 /416 铸剑 /416 敌魔 /416 筑基 /416 炼己 /416 玄关 /417 后天培养 /417 先天下手 /417 辨先天铅 /417 先天鼎器 /418 下手 /418 黄婆 /418 潇洒 /418 了脱胎 /418 别杭州友人 /419 辨真铅 /419 辨真汞 /419 以铅养汞 /419 分胎 /419 转制通灵 /420 地元功满 /420 天元神丹 /420 至药 /420 总咏 /420 总咏外事 /421 无根树二十四首 /421 鹧鸪天 /421 一封书二十四首 /421 青羊宫留题四首 /426

附录三

玄　谭 ………………………………………………………………… (428)

 玄歌 ……………………………………………………………… (429)

 玄谭 ……………………………………………………………… (430)

附录四

张三丰真人玄谭集 …………………………………………………… (436)

张三丰真人自序 …………………………………………… (436)
三丰真人小像跋 …………………………………………… (437)
三丰真人玄谭全集 ………………………………………… (438)
  玄　谭 /438　正道歌 /447
三丰张真人破疑直指全卷 ………………………………… (448)
  论言直指 /448　金丹破疑直指 /448

附录五

《无根树词》二注 …………………………… 刘悟元注、李涵虚解 (452)
  序 …………………………………………………… 何西复 (452)
  《无根树解》序 ……………………………………… 悟元子 (452)
  三丰张真人源流 …………………………………………… (453)
  永乐皇帝访三丰书 ………………………………………… (454)
  三丰托孙碧云转奏书词 …………………………………… (454)
  自题无根树词二首 ………………………………………… (454)
  张三丰祖师《无根树词》注解 …………………………… (455)

序一

任法融

　　董君沛文，余之旧知，修太上之大道，传龙门之法脉，以道士身，扶玄元教。悟大道之理，兴实业以济世；契圣祖之心，用慈俭而化人。投数千万巨资，复兴玉清名观；历五六载苦功，重塑仙真金身。昔日捐资于学府，助学者编辑圣典；今则统众于京都，携道友点校仙经。经书流通，可辅正道之传承；道术修炼，能健国民之身心。

　　道依教传，法随文化，经能载道，书可救世。道法经书，玄门之珍宝；历祖仙真，太上之法裔。余注《道德》，讲《参同》，解《阴符》，冀弘道于斯世；栖楼观，住白云，理道协，愿兴教于十方。文字之功不可没，经书之教不可废，道院之根不可除，祖师之业不可亡。今董君发愿，出版圣祖仙真之经书，建立养生修真之道院，乃振兴玄宗之作为，实双修功德之正道。山人闻之，随喜赞叹！

　　是书系总名曰：《唐山玉清观道学文化丛书》。言道学则道教在其中矣，论文化则经法在其中矣。三百年来，道门未能大兴；一甲子际，经书不见普印。虽曰气运，亦关人谋。人能弘道，众志成城。方今之世，政通人和，宗教复兴，信仰自由，正我道门光大之时也。董君应缘而出，邀学界之名流，统道门之同修，整理仙经，出版道书，化道教于日常，传正法于当世，使道流有道书可读，冀信众有道法可习。功益斯民，德泽后昆。

　　仙学丹道，摄生要术，最宜普世而利民者也。今以吕洞宾、张三丰仙书为发端，继则编陈图南、李道纯、陆潜虚、李涵虚、傅金铨、闵小艮诸仙全集。是则道门罕印之书，名山深藏之典，如能精编精校，广传广化，则太上之道脉能扶，仙真之正法可续。道济天下，德化苍生，斯功巨矣。

　　唐山玉清观，古仙葛洪访道之处，真人三丰隐修之地。仙迹随道书以神化，大道借名观而传承。经千年风雨以护道，因国初地震而败落。董君沛文，睹道观之残垣，望断壁之朽木，不忍坐视，乃发心重建玉清道观，再塑三清真容。今则观成而道化，复思经教而民敦。劝善化人，移风易俗，敦伦尽诚，此道教之所当为也；养生强身，修真还丹，羽化飞升，此道士之所当修也。劝善当藉经教，修真须知法诀。道观容道流而弘化，道书载道法而育仙。则知胜地非常，经书宝贵，仙诀难得，因缘殊胜。

　　书将成，董君索序于余，乐而述之，与共勉焉。

岁在戊子年古历八月十五日于京华白云观
（作者系中国道教协会咨议委员会主席）

序二

康志锋

道教既是一种宗教也是一种文化，中华民族传统文化以道学文化为根基。博大精深的道教文化不仅是中华民族传统文化的重要组成部分，也是祖国传统文化的宝贵遗产。道教文化内涵十分丰富，"人法地、地法天、天法道、道法自然"言简意赅，是道教对宇宙万物对立统一规律的高度总结概括。道教中的诸如道法自然、尊道贵德、清静无为、返璞归真等理念，为许多思想家、政治家、文学家、教育家乃至普通百姓所尊崇。古往今来无数人都从道教文化、从《道德经》汲取过智慧和营养。

中华民族创造了灿烂瑰丽的中华文化，作为土生土长的道教在长期发展的过程中积累了众多的经论典籍，对于哲学、文学、艺术、医学、化学、天文、地理等方面都产生过重要影响。《道德经》可谓道教文化的奠基和代表之作，《道德经》在中华文化史上产生的重大而深远的影响是不可估量的。

道教的宗旨是修仙成道、济世利人。道学文化的菁华在于其性命学说，也即道教养生。作为祖国传统文化根柢的道教，挖掘利用其积极因素，为人生服务，为社会服务是道教义不容辞的责任。

董沛文道长自皈依道教以来，信仰虔诚，道风纯正，学识丰富，一直热衷弘扬中华优秀传统文化，长期致力于道家典籍的保护整理工作，且学以致用，尤其对道教养生情有独钟，无论是经商还是修观都乐此不疲，精神实在可嘉！近年有缘与董道长相识，深感其对道教事业热忱，近知他再次斥资策划编纂《唐山玉清观道学文化丛书》，颇为感慨，略叙管见，是为序！

（作者系河北省民族宗教事务厅正厅级巡视员）

序三

董沛文

中华民族历史源远流长，文化丰富璀璨，中国是世界文明古国之一。华夏文明据传说肇始于轩辕黄帝，教导民众播五谷、创文字、制衣冠、作历律、定算数、立音律、造舟车、创医学，开创了中华民族的古代文明之河。黄帝战蚩尤，平叛乱，立为天子，居五帝之首。访天师岐伯，问疗病之方，作《内经》，用以解除人民的疾病痛苦。登空同山，拜广成子问道学仙，佐五谷而养民人，用以强健黎民的体魄，延长民众的寿命，道统仙学由此而滥觞，道教也由此而初具雏形。

民族的根基在于传统，一个民族之所以成为独立的民族，关键在于他的传统，它是民族的旗帜，是区别于其他民族的显著标识。没有自己独特传统的民族，不能保持自己民族传统的民族，已经不是一个独立的民族，更不会有独立的民族精神和民族个性。华夏民族的传统，就是五千年的历史，就是民族一脉相承的国学文化。弘扬国学，弘扬传统文化，就是发扬爱国主义精神，是民族精神的皈依，民族精神得以独立，才能将中华民族腾飞于世界民族之上！

从文化角度看，儒道两家无疑是中华民族传统的重要来源：道家创立于史官，以《老子》为代表，崇阴尚柔，提倡静、柔、谦、弱、下、和之六德。道学文化，实际是继承了母系氏族文化传统，拥有几十万年的实践和发展经验，是成熟的"传统文化"，是华夏民族的"老传统"，是我们民族文化的原始基因。儒家创立于孔子，曾问礼于老子，以《诗》《书》《礼》《易》为代表，贵阳贱阴，推行仁、义、礼、智、信之五常。儒学文化，是继承了夏商周三代的父系氏族文化传统，仅仅拥有四五千年的实践经验，是渐进成熟的"传统文化"，是华夏民族的"新传统"，是我们民族文化原始基因的外延和发展。战国时期的"百家争鸣",不过都是在祖述道家,我们应向以《老子》为代表的道家文化中发掘智慧!

鲁迅先生(1881—1936)在《致许寿裳》的信函中说:"中国根柢全在道教……以此读史,有多种问题可以迎刃而解。"在《而已集·小杂感》中诠释此义云:"人往往憎和尚,憎尼姑,憎耶教徒,而不憎道士,懂得此理者,懂得中国的大半。"研究中国科学技术史的著名学者、英国皇家科学院院士李约瑟博士(1900—1995)也曾强调:"中国如果没有道家思想,就会像是一棵某些深根已经烂掉了的大树。"(李约瑟《中国科学技术史》第2卷,第178页,科学出版社、上海古籍出版社1990年出版)这些论断,可以说"一语中的",显然道教和道家是解开全部中国历史之谜的钥匙。

东汉时期张道陵以道家之学为基础,吸纳原始巫觋之术创立"五斗米道",和以《太平经》为经典的"太平道",都是早期的道教。从此,道学与道教合流,道学与道教并行不悖,不明道学不足以识道教,不知道教不足以悉道学。

道学和道教不是普通民众眼中的消极、陈腐、浮妄的封建迷信学说,更不是教人离群寡居、消极厌世、不近人情、行径怪异的乖巧邪说,而是非常积极的文化,解决人们日常生活中方方面面的所想、所需和所求,所涉及的范围非常广泛,上到朝政辅国,下到衣食住行,是非常注重实践的实用文化,堪称经天纬地之学。道家之学,有帝王御政之术,有辅国经世之略,有强兵战胜之策,有经商治业之谋,有冶炼烧制之方,有却病延年之药,有服食驻颜之饵,有导引强身之技,有御敌抗辱之功,有夫妇床笫之戏,有预知未来之占,有趋吉避凶之法,有长生不老之丹,有修心养性之道,有飞升轻举之秘,有祭祀先人之礼,有超度亡魂之仪,有祈祷太平之醮,有怡情冶性之乐,可见道学、道教覆盖面之广,凡是人们之所想,必有与之相应的技术和方法。因此道学、道教,是以人为本之学,是人性化之教,是人生不可缺少、不可不学、不可不明的文化和信仰。道教经典《度人经》中说:"仙道贵生,无量度人",充分体现了道学和道教贵生度人的特点。仙学养生大师、前道教协会会长陈撄宁(1880—1969)就曾指出"仙家惟生的宗旨",并且说:"神仙之术,首贵长生。惟讲现实,极与科学相接近。有科学思想科学知识之人,学仙最易入门。"(陈撄宁《读〈化声自叙〉的感想》)

古代道家道教圣贤真人，无不利用自己的道学智慧建功立业，标名青史，垂德后世，为道家学子立行的典范。黄帝为天子，"且战且学仙"，登空同问道广成，鼎湖跨龙升举。太公吕望辅佐武王，立周天子八百年基业。老子为柱下史，走流沙而化道西域。范蠡献妙计帮助越王勾践复国，三年灭吴，后封金挂印，乘舟泛五湖而去，遵循了道家"功成名遂身退，天之道"的教诲。后定居于陶，自称陶朱公，经商积资巨万，后散给黎民，曾"十九年之中三致千金"，真是"天生我材必有用，千金散尽还复来"。陶弘景归隐山林，心存魏阙，梁武帝"每有吉凶征讨大事，无不前以咨询，月中常有数信，时人谓为山中宰相"。(《南史·陶弘景传》)吕祖曾中进士，刘海蟾为燕相，重阳应武举，三丰做县宰。诸葛亮、徐茂功、刘伯温等，更是人们耳熟能详的道家人物。

道教中的仙人、真人的境界更是让人魂牵梦绕，遐想向往。《庄子·大宗师》中说："何谓真人？古之真人，不逆寡，不雄成，不谟士。若然者，登高不栗，入水不濡，入火不热，是之能登假于道者也若此。""古之真人，不知悦生，不知恶死，其出不欣，其入不拒；翛然而往，翛然而来而已矣。不忘其所始，不求其所终；受而喜之，忘而复之，是之谓不以心捐道，不以人助天。是之谓真人。""其好之也一，其弗好之也一。其一也一，其不一也一。其一与天为徒，其不一与人为徒。天与人不相胜也，是之谓真人。"这就要求真人能看破世俗的成败得失，能看破生死以及人生旅途上的生命价值，在行为状态上与道合真。能够树立天人合一的宇宙观和生态观，不掠夺大自然，不戮天役物，要与自然界万物和睦共处。真人在生活态度和精神面貌上更要保持一股中和之气。《汉书·艺文志》叙神仙云："神仙者，所以保性命之真而游求于其外者也。聊以荡意平心，同死生之域而无怵惕于胸中。"

《黄帝内经·素问·上古天真论》中说："黄帝曰：余闻上古有真人者，提挈天地，把握阴阳，呼吸精气，独立守神，肌肉若一，故能寿敝天地，无有终时，此其道生。中古之时，有至人者，淳德全道，和于阴阳，调于四时，去世离俗，积精全神，游行天地之间，视听八达之外，此盖益其寿命而强者也，亦归于真人。其次有圣人者，处天地之和，从八风之理，适嗜欲于世俗之间，无恚瞋之心，行不欲离于世，举不欲观于俗，外不劳形于事，内无思想之患，以恬愉为务，以自得为功，形体不敝，精神不散，亦可以百数。其次有贤人者，法则天地，象似日月，辩列星辰，逆从阴阳，分别四时，将从上古合同于道，亦可使益寿而有极时。"揭示了仙人、真人是"此其道生"，是可以通过修炼达到的，不仅仅是神话小说中编造的美丽故事。南宋陈泥丸在《翠虚篇·丹基归一论》中说："一阴一阳之谓道，道即金丹也，金丹即是也。古仙上灵，诏人炼七返九还金液大丹者，是乃入道之捷径耳。"白玉蟾《紫清指玄集·鹤林问道篇》中也说："夫金丹者，金则性之义，丹者心之义，其体谓之大道，其用谓之大丹，丹即道也，道即丹也。"因此道教内丹学就是通向仙人、真人境界的阶梯，人们只要修炼成大丹，便成了驻世逍遥快乐的仙真。

道教内丹学是参天地、同日月、契造化的金丹大道，又是返自然、还本我、修性命的天人合一之学，源远流长，肇始于伏羲、神农、黄帝上古时期，与道学同源，乃中华民族传统文化的瑰宝。老子、庄子集其成，阴长生、魏伯阳、葛洪、魏华存奠其基，钟离权、吕洞宾、陈抟、刘海蟾将内丹学理论体系发展成熟，大开法门传道，从此内丹流派纷呈。北宋以来，直至明清，丹道流派大多都上溯钟（钟离权）、吕（吕洞宾），宣称是钟吕门下，由之又分为南、北、中、东、西五大流派。南宗创始于浙江天台张紫阳（984—1082），名伯端，有《悟真篇》、《金丹四百字》、《青华秘文》等；北宗创立于陕西咸阳王重阳（1112—1170），传全真七子，尤以长春真人丘处机创立的龙门派，广开教门，至今传承不衰；中派肇始于元朝李道纯，其本是南宗白玉蟾门人王金蟾的门人，入元后加入全真道，因之调和南北两派之学于一炉，被丹家尊为中派。东派创立于扬州陆潜虚（1520—1606），名西星，著《方壶外史》、《三藏真铨》等。西派创立于清道咸年间李涵虚（1806—1856），著有《道窍谈》、《三车秘旨》等。

世间芸芸众生求财、求禄、求寿、求平安者，如过江之鲫。然其中最难求者就是"寿"，千古一帝秦始皇，权倾天下，富有四海，却求"寿"无门，望"寿"而叹。而道教之内丹仙学文化中服食、服药、辟谷、导引、胎息诸术，恰是养生长寿、长视久生之妙术。内丹学，陈撄宁会长早年称之为"仙学"，"盖神仙者，乃精神与物质混合团结煅炼而成者"（陈撄宁《答覆浦东李道善君问修仙》），更是道教修炼养生文化中的核心精华，不明内丹则难明道学，不懂道学则难识道教。丹道之学，以法、侣、财、地为修仙炼丹的四大条件。法，就是丹道法诀，是内丹修炼的具体操作功程，其理法存于丹经道书，其关键秘密处则在于口诀，必须由师父口传才能掌握丹诀次第和火候细微。侣，就是修真的道侣丹友，结伴共修大道，同参玄机，互相扶助，过大关防危虑险之时更是不能缺少；阴阳丹诀中的金鼎、火鼎、水鼎，也属于侣的范畴。财，就是修道用的资财，一是访师之用，有"法财互施"之说；二是备制炉鼎器皿之资；三是在日常生活中的支出。地，就是适宜从事修炼的洞天福地。从事修炼，首先必须要培养积功累德，以增福培慧，所谓"道高降龙虎，德重鬼神钦"，更有"有道无德，道中之贼"之说。做"一个高尚的人，一个纯粹的人，一个有道德的人"，才是一个完整的"全人"，才有资格修炼丹道，仙经谓："欲修仙道，先尽人道；人道不修，仙道远矣。"所以内丹学不是普通的信仰，是真知践履之学，不仅仅是养生全形、延年长寿之学，更是"一套凝炼常意识（识神），净化潜意识（真意），开发元意识（元神）的心理程序"。丹道具有净化人之心灵，塑造人之道德，化解心中之恶，走向至美之善。内丹学可以树立正确的人生观、价值观、道德观，培塑人们的道德情操，必然会在构建"和谐社会"中发挥它积极的作用。

在从事道教仙学丹道养生修炼的过程中，访师求诀自不可少，但是真师难遇，真诀难得。陈撄宁会长早年耗费五六年的时间寻师访道，结果"都是空跑"，自思"这样的寻访，白费光阴，还不如自己看书研究，因此遂下决心阅览《道藏》。"（陈撄宁《自传》）历经数年苦读，参悟《道藏》中所秘载的丹诀道法，终成为一代仙学巨子、养生大师，新中国成立后参与筹备道教协会，曾被选举为会长，教内有"当代太上老君"之美誉。丹道法诀尝隐藏于丹经道书之中，博阅丹经，广参道典，不失为没有条件访师者的首选。近年虽然有《道藏》、《藏外道书》、《道藏辑要》、《道藏精华》、《道书集成》等大型丛书影印刊行，然而仅一部《道藏》就五千四百余卷，浩如烟海，普通读者焉有时间逐卷研读？另外，这些丛书都是影印出版，竖版繁体，不利于阅读，同时价格昂贵，普通读者购买颇为吃力。

余自幼就非常爱好传统文化，对于古籍经典苦读孜孜不倦，常通宵达旦，乐之不疲。及长进入工作岗位，每以微薄薪金购书渴读。因缘所致，弃职经商，尝将所学到的道家玄妙思想用于为人处事之中，事半功倍。庚辰年皈依道教，承嗣全真龙门派二十六代薪传。从之深研道家文化，遍游洞天福地，寻仙访道，拜师学艺，研习养生术，体悟道教之奥妙精深。甲申冬月，斥资复建唐山玉清观，再塑三清真容。古时玉清观，在开平古建筑中，是规模较大的一座庙宇。坐落在开平西城门外，火神庙与关帝庙之间。坐北朝南，始建于汉代；初毁于宋；复建于明；后毁于唐山大地震。再建的玉清观，坐落在开平老城遗址北门外，坐北朝南，由政府拨地二十余亩，总体建筑面积约九万六千平方米。完成建筑后的玉清观与开平古艺文化街遥相呼应，形成浓厚的古文化氛围。丙戌年，唐山道众发起筹建唐山市道教协会，余被推选为道协负责人。

宫观虽立不可无文化，道士虽众不可无道统。文以载道，书以救世。且玉清古观，乃古仙合药炼丹之地，三丰隐居修炼之所，与丹道仙学早已结下千古之殊缘。故邀请专家学者为顾问，携手道门同修为编纂，将浩如烟海的道书古籍加以整理校订，首以吕祖、三丰之仙书为发轫，继理陈抟、李道纯、陆潜虚、李涵虚、傅金铨、闵一得诸仙书道籍，编纂为《唐山玉清观道学文化丛书》。丹经道书，几经传抄翻刻，鲁鱼亥豕之处颇多，影响阅读，也不利于道教文化的传播。本次点校整理，务求善本，必致精良，努力使《唐山玉清观道学文化丛书》成为名山深藏之宝典、道流渴读之仙籍，予愿足矣。

岁在戊子识于唐山玉清观

（作者系中国道教协会副会长、河北省道教协会会长、

唐山市道教协会会长）

前　言

道教丹道修炼，传承非常古老，自从有历史记载以来，代有高真辈出。春秋战国时期，以老子、庄子、列子等为代表，他们的著作分别被尊为《道德真经》、《南华真经》和《冲虚真经》。东汉魏伯阳综合黄老、大易、炉火三家之说，作《周易参同契》一书，被后世称为"万古丹经王"，但是并未引起当时人的重视。降及隋唐，《参同契》才大显于世，在朝野间掀起了丹道修炼的高潮，该时以钟离权和吕洞宾为代表，被世人奉为"上洞八仙"。其中吕洞宾，曾立誓言"必须度尽众生，方肯上升也"[①]，修炼成功后，接引仙材，随缘度化，成为道教和民间最著名的仙人。随后陈抟、刘海蟾、张紫阳、白玉蟾、王重阳、丘处机、陈致虚等一大批仙真出现。降及元、明以来，最具影响力和传奇色彩的道教仙人，当首推张三丰真人，其赫赫有名，震动朝野。他的影响力以及在道教信仰的程度上堪与吕洞宾相伯仲，是丹道修炼的大成就者，是丹道修炼成仙的代表性高真，同时也是武当道脉的开创者和太极拳的缔造者。

一、张三丰生平事迹

张三丰真人，隐显人间，神秘莫测，堪称神龙见首不见尾，属于"犹龙"式的传奇人物。[②] 他的名字、籍贯、生平、行道等等都充满着神秘，让人难以捉摸。

[①] 《吕祖全书》卷一《本传》。
[②] 《史记·老子韩非列传》载孔子云："鸟，吾知其能飞；鱼，吾知其能游；兽，吾知其能走。走者可以为罔，游者可以为纶，飞者可以为矰。至于龙，吾不能知其乘风云而上天。吾今日见老子，其犹龙邪！"

一、名字之奇

张三丰，一说名通，或说名金、名全一、名君实、名君宝、名玄素、名玄化、名思廉；一说字君宝，或说字君实、字全一、字铉一、字山峰、字三峰、字玄玄；其号或称昆阳、或玄玄子、或保和容忍三丰子等等。《明史·方伎传》载："名全一，一名君实，三丰其号也。"又谓，"颀而伟，龟形鹤骨，大耳圆目，须髯如戟。寒暑惟一衲一蓑"，"以其不饰边幅，又号张邋遢。"李西月经过考证，得出结论："名全一，字三丰"，同时这个名字也隐含有丹诀奥秘。"三"字象乾卦之三连（☰），"丰"字为坤卦之六段（☷）召摄"先天一气自虚无中来"塞之而成乾卦（☰），"三丰"二字蝉联正是一个六阳的乾卦（☰），是为大还丹之象，是为全其一也。吕洞宾《得大还丹》诀云："修修修得到乾乾，方号人间一醉仙。"[①]张三丰自己也谓："因忆乾爻之连，而有坤爻之断，不足以还纯乾也，乃从坤土之中，植一根浩然之气，补其断而全其一焉。自今以往，当更名全一，字三丰，名号于是乎大定。"又说，"若貌容疏野，不修边幅，世人之呼我为'张邋遢'者，乃千古独得之奇，有一无二之作也。"[②]

二、籍贯之异

张三丰的籍贯问题，各家的记载也不一致，聚讼纷纭。《陕西通志》说是宝鸡人，《山西通志》说是平阳人，《四川通志》说是天目人，甚至还有冀州人、易州人、闽人等等说法。《明史·方伎传》载："张三丰，辽东懿州人。"李西月考证，认为是"辽阳"人为是，因为三丰真人父母的墓在辽阳积翠山。这些歧异的籍贯说，也给人们增添了神奇的印象。

三、生卒之谜

张三丰的生活时代，也是有很多种说法。据相关史料记载，或称宋时人，或称金时人，或称元初人，或称元末人，或称明初人，说者纷纷，莫衷一是。另外，生于何时，卒于何时，更是一个谜团。据汪锡龄《三丰先

---

① 《纯阳先生诗集》卷一。
② 《张三丰全集·汇记·名号》。

生本传》记载，三丰真人诞生于"（元）定宗丁未……时四月初九日子时也。"也就是宋理宗淳祐七年，则为公元1247年。在同传中又称"延祐元年，年六十七，始入终南"。延祐是元仁宗的年号，延祐元年系公元1314年。若按传统年龄以虚岁计推算，应是六十八岁，而不是六十七岁。至于卒年，则更难以可考。汪锡龄《三丰先生本传》记载："至正十九年……仍还秦，居宝鸡金台观。九月二十日，阳神出游。土人杨轨山以先生辞世，买棺收殓。"元至正十九年，是公元1359年，该时已是113岁高龄。又谓："临窆之际，柩有声如雷，启视复生。盖其阳神出游，朴厚者见之，以为宛其死矣。后乃携轨山遁去。"所以三丰真人并没有真正死亡，仅是"阳神出游"，宛若死亡而已。《明史·方伎传》则载："（明）洪武二十四年……后居宝鸡之金台观，一日自言当死，留颂而逝。县人具棺殓之，及葬，闻棺内有声，启视则复活。乃游四川，见蜀献王。"洪武二十四年，则是公元1391年，三丰真人更是145岁了。虽然明洪武、永乐等皇帝多次派人寻觅三丰真人的踪迹，都是无功而果，但尚有"永乐中犹在"、"正统间犹在"等等说法。如果明正统（1436—1450）间尚在，那么三丰真人已经200岁左右了。《明史·方伎传》最后说："终莫测其存否也"，似乎给这个谜团画上了句号，其实是留下了更多的谜团、悬念和传说。如明万历年间林兆恩（1517—1598）《林子三教正宗统论》收录有署名张三峰的《玄谭》一篇，后有张鸣鹤所撰的跋语云："张三峰先生，国初时显化普度，诸家纪录悉其事，太祖太宗遣臣遍觅，莫知踪迹。万历九年，顾访我师龙江夫子，剧谈玄秘而去，恐声闻难以应命，故晦其名曰桃氏子。"万历九年，则是公元1581年，三丰真人已经335岁了。清康熙年间（1662—1723）汪锡龄任剑南观察时遇到三丰真人，当时已经470余岁了。李西月称清道光（1821—1851）初年在峨眉山遇到三丰真人①，则已经580余岁了。这种种的传说，正显示了道教仙人的神秘和神奇之处，让人产生无限的遐思和向往。通过以上资料的梳理表明，张三丰真人生于宋，仕于元，行道于明，称其为宋时人、元时人，或称明时人都可以，然而终究称为元时或明时人更为妥帖，因为其主要活动都集中在这两朝时期。

---

① 《张三丰全集·卷一·后列仙传》"白白先生"条。李西月《三车秘旨》"李涵虚真人小传"。

四、帝崇之隆

张三丰真人修道有成，显迹甚多，是有明一代享誉最盛的道教仙真。明太祖朱元璋和明成祖朱棣都曾多次遣使寻访他，不惜余力，遍及全国城乡山林。明任自垣《大岳太和山志》（明宣德六年编纂）载："（洪武）二十四年（1391），太祖皇帝遣三山高道使于四方，清理道教，有张玄玄可请来。"《明史》载："太祖故闻其名，洪武二十四年（1391）遣使觅之，不得。"明成祖朱棣多次派人对三丰真人进行寻访，长达十二年之久。任自垣《大岳太和山志》载："永乐初太宗文皇帝（即成祖）慕其（张三丰）至道，致香书累遣使请之。"《明史·胡濙传》："（永乐）五年（1407），（成祖）遣濙颁御制诸书，并访仙人张邋遢，遍行天下州郡乡邑。"《汉天师世家》载四十三代天师张宇初被敕寻访张三丰："戊子（即永乐六年，1408）十月，（成祖）手敕俾邀请真仙张三丰。己丑（永乐七年，1409）再敕寻访张三丰。"永乐十年（1412）二月初十日成祖致张三丰《御制书》更表达了他对张三丰的渴慕之情。《御制书》说："皇帝敬奉书真仙张三丰先生足下：朕久仰真仙，渴思亲承仪范，尝遣使致香丰书，遍谒名山虔请。真仙道德崇高，超乎万有，体合自然，深妙莫测，朕才质疏庸，德行菲薄，而至诚愿见之心夙夜不忘。敬再遣使谨致香奉书虔请，拱候云车风驾，惠然降临，以副朕拳拳仰慕之怀。敬奉书。"成祖对张三丰的仰慕之情溢于言表。命道士孙碧云前往武当山见张三丰，并以御制诗赐之，其中有"若遇真仙张有道，为言伫俟长相思"之句。永乐十四年（1416年），对寻访未果大失所望，怒谓胡广说："朕屡次三番相邀，张三丰缘何拒而不见？"永乐十五年（1417）明成祖遣宝鸡医官苏钦等斋香书遍访名山求之，又遣龙虎山道士奉书请之。此后二百多年间，明朝历代皇帝都对张三丰真人崇敬有加。明英宗朱祁镇天顺三年（1459）封张三丰为"通微显化真人"，明宪宗朱见深成化二十二年（1486）封张三丰为"韬光尚志真仙"，明世宗朱厚熜嘉靖二十四年（1563）封张三丰为"清虚元妙真君"，明熹宗朱由校天启三年（1623）封张三丰为"飞龙显化宏仁济世真君"。可见张三丰真人在明朝屡被皇帝加封尊崇，然而翻开一部《二十四史》会发现，没有一个道士不以受到皇帝的召见为荣，可是张三丰真人却属于一个"例外"，一直隐而不见。也说明荣华富贵、尊崇高爵并不能打动其心，摇其神志，品格之高，不愧被称为"隐仙"。

五、创派之广

道教非常重视道脉传承，道脉如血脉，不得有丝毫混淆不清之处。据《张三丰全集》"道派"中记载："大道渊源，始于老子。一传尹文始，五传而至三丰先生。……文始传麻衣，麻衣传希夷，希夷传火龙，火龙传三丰，或以为'隐仙派'者。"又指出："文始隐关令、隐太白，麻衣隐石堂、隐黄山，希夷隐太华，火龙隐终南，先生隐武当，此隐派之说也。夫神仙无不能隐，而此派更为高隐。孔子曰：'老子其犹龙乎！'言其深隐莫测也，故又称'犹龙派'云。"此派以高蹈隐逸为宗风，故称为"隐仙派"，又称为"犹龙派"。

据任自垣《大岳太和山志》载：三丰真人"洪武初，来入武当，拜玄帝于天柱峰。遍历诸山，搜奇览胜。尝与耆旧语云：'吾山异日与今日大有不同矣。我且将五龙、南岩、紫霄去荆榛，拾瓦砾，但粗创焉。'命丘玄清住五龙，卢秋云住南岩，刘古泉、杨善澄住紫霄。又寻展旗峰北陲，卜地结草庵，奉高真香火，曰'遇真宫'。黄土城卜地立草庵，曰'会仙馆'。语及弟子周真德：'尔可善守香火，成立自有时来，非在子也。至嘱，至嘱。'洪武二十三年，拂袖长往，不知所止。二十四年，太祖皇帝遣三山高道使于四方，清理道教，有张玄玄可请来。永乐初，太宗文皇帝慕其至道，致香书累遣使臣请之，不获。后十年，敕大臣创建宫观一新，玄风大振。"由此可以看作三丰真人创立道派之始。

《张三丰全集》"后列仙传"记载，该道派传人有沈万三、邱元靖（清）、卢秋云、周真得（德）、刘古泉、杨善登（澄）、明玉（冰壶先生）、王宗道、李夫子、汪锡龄、白白先生（李西月）等人。虽然记载了三丰真人传有以上弟子若干人，但是从现在掌握的史料看，三丰真人并未组织建立道派，宗奉他的道派可以说是由信仰者组成的。"隐仙派"和"犹龙派"的名称，大抵最早出现在李西月重编的《张三丰全集》之中，该派之名实是肇始于李西月真人，是以尊奉三丰真人为祖师的道派。

《三丰全集》"后列仙传"中所载的"白白先生"就是李西月真人的隐名，谓"道光初，遇张三丰先生于绥山，传以交媾玄牝、金鼎火符之妙。既更遇纯阳祖师，得闻药物采取之微。"李西月因得张三丰和吕洞宾二位仙人的传授，潜修数载而完成金丹，并遵照三丰和吕祖的嘱咐著有《东来正义（道德经注释）》《无根树注解》《九层炼心》《道窍谈》《三车秘旨》等，编纂《三丰全集》和吕祖《海山奇遇》、《纯阳诗集》，同时创立道派。据史料记载，在李西月真人住世之时，就是以"隐仙派"或"犹龙派"、"大江西派"等自称。该派源出西蜀，其最初成立之际，除了作为领袖的李西月外，尚有活跃人物三十余人。依《张三丰先生全集》、《吕祖全书》和《乐山县志》所载来看，主要有刘卓庵（光焯，道愚，明阳）、刘光泽（遁园）、杨廷峻（蟠山，道果，培阳）、李岱霖（字云石，道霖，济阳）、藏崖居士、李迦秀（字西来，号遁叟，别号翩翻散人，东方生，皈虚，圆阳）、董承熙（字葆光，号榭园）、张君瑞（字辑五，号凤洲，自号凌云叟，别号半一居士）、张其相（号松亭，道相）、王筠（持平）、董江（字醒凡，号洗凡居士）、杨钟涛（字春平）、李朝华（号秦峰）、李朝拔（号萃岩）、张升鸿（号鹤亭）、李耀先、朱道生（晚成子）、李退谷、李元琏等。他们大多籍属四川乐山，或隶同省他县，而其本身的活动范围亦以乐山、西蜀为中心。[①]

在清末、民国初期，据统计以张三丰真人为始祖的道派，竟然有十五个道派流行。藏于北京白云观的《诸真宗派总薄》中记载宗祖张三丰真人的道派有：自然派、三丰祖师自然派、三丰派、三丰祖师日新派、日新派、三丰祖师蓬莱派等八个道派。另外尚有武当派、榔梅派、邋遢派、新宗派、檀塔派、蓬莱派、王屋山自然派、三丰自然派、三丰日新派、三丰清微派等等。其中榔梅派，又称武当本山派，创始人是三丰之徒孙碧云真人，创立于明永乐年间，列《诸真宗派总薄》第七十七派，记载其传代派字为："碧山传日月，守道合自然。性理通玄得，清微古太元。真静常悠久，宗教福寿长。庆云冲霄汉，永远大吉昌。"至今仍有传人。[②]

三丰真人的崇拜最初兴起于湖北武当山，随着武当道的远播，遂在其他地区分衍出更多的小支派，充分说明了张三丰真人对道派孳衍的影响力和道教信众的欢迎程度。

---

① 李涵虚《道德经注释》（东来正义）载："月居青岛数载，尝以老子清净法指示晚成朱子、结成李子、回风刘子。"《张三丰全集》载："嘉州东南数里，有孤屿枕于江上，与乌尤、马鞍相近，旧志名青衣别岛，张三丰先生显迹其间，士民创亭台祀之。中有诗仙院、纯阳宫、轩然台、听潮轩、竹抱斋、印月日二小池。"青岛，即是"青衣别岛"。

② 参考胡孚琛主编《中华道教大辞典》"武当派"、"榔梅派"、"隐仙派"等词条。中国社会科学出版社，1995年8月第1版。

六、造拳之妙

英国学者李约瑟在其巨著《中国科学技术史》中讲："张三丰的名字，现在多与中国拳的一个派别——太极拳联系在一起。"诚然，追溯太极拳的起源，没有不需要探求张三丰真人的。太极拳家陈微明（1881—1958）《太极拳术》（1925年出版）"张真人传"中说："世传太极拳术，乃（张三丰）真人所传也"。吴志青（1887—1951）在《太极正宗·弁言》中也说："考各家太极拳之源流，均称系丹士张三丰所传授。"[1]吴图南（1885—1989）在《国术概论》（1937年出版）中讲："所谓太极拳，名十三势，一名长拳云。"又说："所传之太极拳，即三丰先师之十三势也。"[2]杨澄甫（1883—1936）《太极拳体用全书》中所载《太极拳论》云："长拳者，如长江大海，滔滔不绝也。掤履挤按，採挒肘靠，此八卦也；进步退步、左顾右盼、中定，此五行也。掤履挤按，即乾坤坎离四正方也；採挒肘靠，即巽震兑艮，四斜角也。进退顾盼定，即金木水火土也。合之则为十三势也。原注云：此系武当山张三丰祖师遗论，欲天下豪杰延年益寿，不徒作技艺之末也。"在书首《张真人传》中叙述张三丰真人创立太极拳的缘由说："一日在室读经，有鹊在庭，其鸣如争论，真人由窗视之，鹊在树，注目下睹，地上有一长蛇，蟠结仰顾，少顷，鹊鸣声上下，展翅相击，长蛇采首微闪，躲过鹊翅，鹊自下复上，俄时性躁，又飞下翅击，蛇亦婉蜒，轻身闪过，仍着盘形。如是多次，真人出，鹊飞蛇走。真人由此悟以柔克刚之理，因按太极变化，而成太极拳，动静消长，通于易理，故传之久远，而功效愈著。"[3]

太极拳，属于武术内家拳之一种。明末清初黄宗羲（1610—1695）在《南雷文定·王征南墓志铭》中云："少林拳勇名天下，然主于搏人，人亦得而乘之。有所谓内家者，以静制动，犯者应手即扑。故别少林为外家，盖起于宋之张三丰。三丰谓武当丹士，徽宗招之，道梗不得进，夜梦玄帝（真武）授之拳法，厥明以单丁杀贼百余。三丰之术，百年之后，流于陕西，而王宗为最。温州陈州同，从王宗授之，以此教其乡人，由是流传于温州。嘉靖间，张松溪为最著。"清雍正十一年（1733）曹秉仁纂《宁波府

---

[1] 吴志青：《太极正宗》，大东书局，1936年9月初版。
[2] 吴图南：《国术概论》（影印），63页，中国书店，1984年3月第1版。
[3] 杨澄甫：《太极拳体用全书》，69页，中华书局，1934年2月初版。

志·卷三十一》也记载:"张松溪,鄞人,善搏,师孙十三老,其法自言起于宋之张三峰,三峰为武当丹士,徽宗召之,道梗不前,夜梦元帝授之拳法,厥明以单丁杀贼百余,遂以绝技名于世。由三峰而后,至嘉靖时,其法遂传于四明,而松溪为最著。"

至清末民初,内家拳大行于世,成为国人习武的主流。内家拳不仅限于武功,而且与道教内丹紧密联系。道教内丹是内家拳的一大来源,张三丰真人是道教内丹修炼的集大成者,在因缘际会之下将内丹与武术相结合创立了内家拳,不仅可以在技击中以柔克刚而取胜,而且更有利于内丹修炼,以至延年益寿,其妙无穷。内家拳更偏重于丹道、养生,将道教性命双修之旨融于拳法中,具有贵柔尚意的特点,以心息相依、舒缓匀和、以意引气、自然轻松、以柔克刚、灵活婉转、莫测端倪为行拳要领。道教内丹第一层功夫就是筑基炼己,张三丰真人将太极拳与丹道的紧密结合,可以作为内丹修炼中的筑基功之一。太极拳作为一种动功,配上拳势呼吸,运行气血,疏通经脉,有利于静功的修炼,动静结合以成道,甚至可以说修炼内丹应练太极,练好太极须要炼内丹也。

二、《全集》的编纂与刊刻

考明清两朝目录学家的记载,可知张三丰著述在明朝已有刻本、抄本等传世。如明嘉靖《天水冰山录》载有《张三丰金丹节(要)》一部,手抄,严嵩藏;万历四年(1576)朱睦㮮《万卷堂书目》载有《金丹小成》一卷、《金丹直指》一卷、《秘旨》一卷、《修养保身秘法》一卷;赵台鼎所著《脉望》载有《道法会同疏》;黄虞稷(1626—1692)撰《千顷堂书目》(完成于1680年)载有《张三丰真仙遗事》一卷、《金丹秘旨》一卷、《金丹直指》一卷;《明史·艺文志》(1739年)载有《金丹直指》一卷、《金丹秘旨》一卷;阮元、范懋撰《天一阁书目》(1804年)有张三丰《金丹节要》二卷。

清康熙间人汪锡龄在《三丰祖师全集序》说:"将我祖师丹经二卷,诗文若干篇","祖师显迹三十余则",以及得于扬州书肆的"花谷藏书",并"拾遗文",编成《三丰全集》,"将付梓",可惜未能刊版传世。清道光时李西月据"梦九藏旧本"重编《张三丰先生全集》,李迎秀在《叙》中说:

"长乙山人（李西月）、遁园居士……得（张三丰）先生书于梦九（汪锡龄）六世孙名昙者之家，十存七八。因采诸书以补之，寿诸梨枣，以成梦九欲遂之志焉。"李涵虚（西月）也在《叙》中说："卓庵刘君（光焯或元焯），得汪书而补纪之，刊版传世。"虽说是李西月重编《张三丰先生全集》，其实是以李西月为核心的一个编纂团体共襄该事。据空青洞天道光刻本《凡例十三则》记载，抄录底本者有嘉州杨建峻、东冈李岱霖、犍为刘光焯、刘光泽，同采访者有李迦秀、李朝华、李元瑞、黄令仪、王筠、王琮、胡大文、曾炳元，皆乐山人。还有阆中李耀先，与前诸人共同向劝梓完成的。

清道光二十四年（1844）至民国十五年（1926）计八十二年间，《张三丰全集》历经三次刊刻和一次石印。

第一次刊刻于清道光二十四年（1844），名《张三丰先生全集》，署"板藏青空洞天"，可以称之为"青空洞天道光刊本"。此板刊刻，诚如《凡例十三则》第五则所说："兹刻凡系汪仙所藏，必题'圆通道人藏本'，志自来也。"如卷三《大道论》题为："圆通道人藏本、长乙山人编次、磻山、遁园埜客同校"。

第二次刊刻于清同治末、光绪初之间，该板为阆中朱道生（朱桐荪，晚成子）刊印，名《张三丰先生全集》，署"青空洞天藏本"，可以称为"青空洞天朱道生刊本"。在《虚白堂志》中记录了刻印缘起："《丰祖全书》初刊已行海内矣，养生妙道，多具其中。阆中高士朱桐荪，见而悦之，恐其板多经刷印，易于漫漶，乃翻为袖珍板式，以便行箧，且能多印数千部，流传世间，真善举也。"《凡例十二则》也记："此书前刻大板，各部顶批失落者甚多，并且篇页错乱。内有《云水诗集》，难以清正。……校正无讹，亦且便于行箧。凡此刊补遗，尽皆编次其中。"对"道光刊本"的一些讹误和错简进行了校正，对个别文字也有删改。每卷的题署与"道光刊本"不同，均署为"汉嘉长乙山人李西月重编、张道渊子深氏敬书、阆中朱道生晚成子敬刊、侄瑛春城、朱瓒素园、男璜蟠溪同校字"。书首置《虚白堂志》。《凡例》有"近有张之洞者，督学四川，捐赀翻刻袖板"云云。张之洞（1837—1909）督学四川的时间为清同治十二年（1873）至光绪二年（1876）之间，因此该本刊刻于该时。

第三次刊刻于清光绪三十二年间（1906），刊刻在成都二仙庵《重刊道藏辑要》续毕集之中，名《张三丰先生全集》，可以称为"《道藏辑要》刊本"。该本是依据"青空洞天朱道生刊本"为底本重新镌刻，对底本文字讹误略有修改。书首无《虚白堂志》。后附刻《无根树词注解》。另外，吴海云所辑《如意宝珠》等内容，实为误刻入三丰集内者。

石印本。民国八年（1919）秋月上海江左书林印行，名《三丰全书》，系以"青空洞天朱道生刊本"为底本石印，增补有《无根树词注解》和《灵宝毕法》，可以称为"上海江左书林石印本"。民国十五年（1926）仲春上海中原书局印行，经比对该本实据江左书林版重印，内容卷目同前，可以称为"上海中原书局石印本"。该二石印本文字讹误较多，且有部分文字删节。书首有《虚白堂志》。

李西月重编《张三丰全集》以"崇道弃术、救世为用"为原则，翻检大量文献，搜罗历史遗著，涉及正史志乘、野史笔记、坊刻秘传等文献多达四十余种，十分注重对史料的甄别考证，同时对一些作品进行了旁征博引、评跋批注，极尽用功之能事。这一举措对于后人了解张三丰真人丹道思想是功不可没的！

三、整理说明

一、《张三丰全集》的点校整理，以"空青洞天道光刊本"为部分主底本。由于该刊本存世非常稀少，本人多年搜寻未得，所用版本为台湾自由出版社萧天石《道藏精华》第八集之三、第五集之三影印的内容。并参考了"青空洞天朱道生刊本"。以《道藏辑要》刊本"为主校本，并参考了"上海江左书林石印本"和"上海中原书局石印本"。

二、本书收录附录五篇。1.《祖师玄要篇》，邓灵谧、张灵机敬刊，清道光六年（1826）刊印，以"吴镇响云洞天"刊本为底本录入。以"傲雪山房"梓本为校本，该本封面题"张三丰真人编辑"。2.《三丰丹诀》，选自清傅金铨《道书十七种》。本篇仅收录《张三丰传》和诗词道情，《采真机要》与《金丹节要》难以确定为张三丰作品，且全集中《正讹》篇有"三峰采战之说，多为丹经所鄙"，故不选录。3.《玄谭》，署名张三峰著，选自明万历年间林兆恩（1517—1598）《林子三教正宗统论》，录自《四库禁毁书丛刊》子部第019册。4.《张三丰真人玄谭集》，题"张三丰真人著、金盖山人闵一得苕敷参校"，选自清闵一得《古书隐楼藏书》。以上四种资料大多出现在李西月重编《张三丰全集》之前，内容虽略有重复，但对考察张三丰著述流变大有帮助，故附录《全集》书后。5.《无根树词二注》，题名"栖云山刘悟元注、长乙山李涵虚增解"，本篇以"青空洞天藏板"为底本点校，参校《道藏辑要》续毕集本。

三、民国十八年（1929）上海中西书局印行有"墨井书屋藏版"活字本《张三丰太极炼丹秘诀》，该书当是清末民初之人截取《张三丰全集》部分，糅杂多种内容编纂而成。另有《张三丰道术汇宗》，徐雍辑注，民国年间上海中西书局印行，台湾真善美出版社曾于1968年9月影印出版。该书与《张三丰太极炼丹秘诀》性质相同，系汇集多家内容而成。以上二书出现在民国初年，内容真伪错杂，故不予收录。

四、本书点校忠实于原著，内容结构、编排次序不作调整、不作删节，以体现原编者的风格和思想。凡有版本互异或改动处，以脚注形式标出。个别明显错字，直接改正，不出校记。底本正确，校本讹误，不出校记。

五、由于校者学识疏漏，能力有限，点校讹误必然很多，敬请专家学者和丹道爱好者批评指正（来函请发电子邮件：shengkq999@163.com）。最后感谢南京芮国华先生在点校过程中给予的帮助，征得先生同意同列为本书点校者。

盛克琦

2016年7月16日识于唐山凤凰城

三丰祖师全集序

  古来一隐一见，而不失其正道者，其惟至人乎？能隐而不能见，则闲冷之意深，于世无益也；能见而不能隐，则消磨之日甚，于己无成也。虽然，出而霖雨，入而烟霞，岂遂枯寂无为乎？抑非也？上真隐世复度世，见人不附人，是又隐见之神奇者耳。我三丰祖师，具知几之明，存正谊之理，其为儒道也，身可进亦可退；其为仙道也，身能飞亦能潜。进退飞潜之间，即犹龙之大道也。

  锡龄风尘俗吏，未省根源，幼读儒书，只期用世。今倦矣，将长往云山，与安期、羡门游矣。曩者官剑南，擢永北，宦潮叠起，尘海忧劳，幸遇我祖师，名言提警，招龄至前，而语之曰："方今圣人在上，下有贤宰辅、名公卿相与佐治，子无忘蓬山共处时也。"退而思之，始大觉焉。夫当此昌期，讵甘瓠落？但念九州驰驱如龄等辈者，得之不多，失之不少，何苦长罹世网也。因将我祖师丹经二卷，诗文若干篇，夙夜寻求，以图解脱。暇则梦寐间、山水间、鸾鹤间，复蒙祖师面示，谓其道始于太上，而祖于希夷。隐则隐，见则见，有隐中之见，有见中之隐，斯无隐之非见，无见之非隐，总不趋谒君公、高谈金石，而为方术者流也。龄乃记祖师显迹三十余则藏之，其玄机妙旨，有所亲得者，存其文而略其①口诀，恐其即于漏泄也。他日龄凌风万里，跨鹤三山，此书又付何人哉？

  雍正元年小阳②之月，诰授通议大夫、河南全省河道副使梦九汪锡龄稽首熏沐谨撰

---

① 其，诸本均作"存"，据义改。
② 青空洞天朱道生刊本作"卯"，据《道藏辑要》本改。

序

有明之初，仙人辈出，南昌周颠仙、临川张景华、协律郎冷启敬，是皆默观景运，翊赞奇勋者。然其嬉笑神奇，震动天子，方士即沿此欺人也。张三丰先生，跨辽东鹤，蹋①蓟北云，以文学才识受知廉平章，奏补县令，旋复致仕归家，从赤松子游。至正间，先生已浩然有得矣。

道光初，余归自浙，于今秉铎嘉阳，每当课士之暇，辄爱养生之书。常于李子斋头，得故剑南观察汪梦九先生所藏《三丰全集》，然后知文章出处，清矫不群，是亦嬭嬛中秘典也。李生以其书历年既久，腐不堪披，亟欲梓而存之，并搜名山碑版、道院抄存者，以补其阙，由是郁郁然成一家言也。昔宋太宗谓诸臣曰："华山陈抟，独善其身，不干势利，可谓方外士矣。"三丰其能绍希夷之风者欤？

赐进士出身翰林院庶吉士、知浙江青田县事、嘉定府教授董承熙撰

---

① 蹋，诸本作"蹒"，古通"蹋"，踏。

叙

尝读《吕祖全书》，自全唐诗律及历朝遗迹，厘然备载，所以振元风而诏后学也。张三丰先生，道德崇高，元微莫测，文章浩翰，利济无方，与吕祖无异者也。其书曾刊于前明永乐时，久而版坏，然其散见于他书者，亦不少矣。夫吕祖之书，成于涵三，岂先生之书，竟听其散佚乎？或者时之未至也。

国初汪公梦九，观察剑南时，先生显化于署中，其辑兵爱民诸善政，得之先生者为多。梦九藏旧本，拾遗文，将付梓，并欲与巡抚奏请立祠，均未果，盖其时亦将至矣。长乙山人、遁园居士，忘名利者也。得先生书于梦九六世孙名昙者之家，十存七八。因采诸书以补之，寿诸梨枣，以成梦九欲遂之志焉。虽斋居弦诵，未遍历武当、宝鸡诸名胜，搜罗真迹，纤悉弗遗，然观集中本末终始，郁郁大成，实与《吕祖全书》相伯仲，即有遗佚，无妨续补也。前明之访先生也，侧席旁求，十余年而不得。先生独以隐世济世，维气运于人所不知之地，纤尘不染，高不可攀，高真上圣，莫过于此，明君且以"通微显化"封之，《明史》竟以方伎末流例之，误矣。读此集者，见先生于文字中，复见先生于文字外，已飘飘乎欲仙也，会心人自领之耳。

赐进士出身内阁中书、改保宁府教授致仕西来李迎秀谨叙

叙

程子谓：却病延年则有，白日飞升则无。欧阳公谓：养生之术则有，神仙之事则无。余以为，却病、养生，即仙道也。《黄庭经》云："仙人道士非有神，积精累气以成真。"诚平允之论哉！今夫谷，虚境也；神，灵觉也。虚灵不昧则成儒，谷神不死则成道，仙何异焉？

三丰先生在元、明鼎革间，独全性命于乱世，不求闻达于诸侯，深造以道，欲其自得。默念州县劳人，币书招我，皆所以蔽虚灵而损谷神也。屏之弃之，避之藏之，真所谓世有神仙，彼必深潜崖壑，惟畏人知者，先生之节贞矣。风雪可眠，非徒却病；须眉不老，何但养生？光之有日月之明，大之有沧海之水，又安①知不有脱壳生翰、白日飞升、成仙于青霄之外者哉？

雍正初，汪公梦九观察剑南，先生以法身显化其署，即谓五百年犹在人间可也。公知神仙之道，信而有征，于是以先生文章出处，辑为成书，盖欲与却病延年者大其观也。卓庵刘君，得汪书而补纪之，刊版传世。后之颂其诗、读其书者，应知仙道之不虚也夫。

道光甲辰七夕长乙山人涵虚生叙

---

① 安，底本无，据《道藏辑要》本增补。

凡例十三则

1. 此书访辑，知多遗漏，然其诗古文词，鉴论经训，皆宗三教之旨，以垂百世之言，亦涵三宫所云："《吕祖全书》辑未全，而义则全也"，故曰《全集》。

2. 出处显化，凡子虚乌有、院本浮谈之类，皆所不取。兹特取史志记传、道门实录者，以为观鉴。

3. 先生法像，见于石刻者甚多，欲尽传之，难以描写。今兹特取立、坐、行、眠，临成四幅，从简赅也。

4.《正讹》《显迹》《汇记》诸篇，前后有互见者，其详略却自不同。阅者首尾参观，则先生之实事益见。

5. 此书得于他处所刻、黄冠所抄者，类多讹误，惟汪本特为近善。兹刻凡系汪仙所藏，必题"圆通道人藏本"，志自来也。

6.《云水前集》，皆系先生住世时所作，编年纪月，如见平生。其有散见于各省志传者，皆集中之作也，故不注某诗见某志。

7.《云水后集》《三集》，一系度汪仙时所作，一系住空青时所作，故仍以编年序之，纪神游也。闻他处有先生乩沙，恐其人鬼杂出，难以尽信，间有可信者，则录于《汇记》之内，正集不敢滥收。

8.《玄要篇》诗古、道情，别刻混为一卷，兹照汪仙藏本，分"诗古"为上卷，"道情"为下卷。其不与《云水诗》相参者，《云水》系先生事迹，《玄要》乃先生道言也。

9.《明史·文翰类》所载道家书目，其中有先生《金丹直指》一卷，又《金丹秘诀》一卷，即今《大道论》《玄机直讲》与《玄要篇》也。又名《节要》，又名《捷要》，俱见《神仙通鉴》。兹照汪仙所藏、先生自订者名之，不复更易。

10. 俗刻多讹，传抄多谬，兹集于文义两可者，必为小注存之，以俟阅者去取。

11. 句读只用单圈，题义略为疏解，以便阅者豁目。

12. 先生仙传医方、河图地理，此皆明所作，别有成书传世，兹不合编，以便求道、求术者，各从所好。

13. 此书抄录底本者，嘉州杨建峻、东冈李岱霖、犍为刘光焯、刘光泽也。其同采访者，李迦秀、李朝华、李元瑞、黄令仪、王筠、王琮、胡大文、曾炳元，皆乐山人也。阆中李耀先，与前十三人，共向劝梓。

长乙谨记之，以志同善焉。

附录：凡例十二则

（空青洞天朱道生刊本）

1. 此书访辑，知多遗漏，然其诗古文词，鉴论经训，皆宗三教之旨，以垂百世之言，亦涵三宫所云："《吕祖全书》辑未全，而义则全也"，故曰《全集》。

2. 出处显化，凡子虚乌有、院本浮谈之类，皆所不取。兹特取史志记传、道门实录者，以为观鉴。

3. 先生法像，见于石刻者甚，欲尽传之，难以描写。今兹特取立、坐、行、眠，临成四幅，从简赅也。

4. 《正讹》、《显迹》、《汇记》诸篇，前后有互见者，其详略却自不同。阅者首尾参观，则先生之实事益见。

5. 此书得于他处所刻、黄冠所抄者，类多讹误，惟汪本特为近善。兹刻凡系汪仙所藏，必题"圆通道人藏本"，志自来也。

6. 《云水前集》皆系先生住世时所作，编年纪月，如见平生。其有散见于各省志传者，皆集中之作也，故不注某诗见某志。

7. 《云水后集》、《三集》，一系度汪仙时所作，一系住空青时所作，故仍以编年序之，纪神游也。闻他处有先生乩沙，恐其人鬼杂出，难以尽信，间有可信者，则录于《汇记》之内，正集不敢滥收。

8. 此书前刻大板，各部顶批失落者甚多，并且篇页错乱。内有《云水诗集》，难以清正。近有张之洞者，督学四川，捐赀翻刻袖板，校正无讹，亦且便于行箧。凡此刊补遗，尽皆编次其中。

9. 此书内有《灵宝毕法》丹经，乃修仙之捷径。凡读此经者，尽心修身，金丹大道有何难哉！

10.《玄要篇》诗古、道情，别刻混为一卷，兹照汪仙藏本，分"诗古"为上卷，"道情"为下卷。其不与《云水诗》相参者，《云水》系先生事迹，《玄要》乃先生道言也。

11.《明史》文翰类所载道书目，其中有先生《金丹直指》一卷，又《金丹秘诀》一卷，即今《大道论》、《玄机直讲》与《玄要篇》也。又名《节要》，又名《捷要》，俱见《神仙通鉴》。兹照汪仙所藏、先生自订者名之，不复更易。

12. 此书雕成之后，专望博雅君子，爱仿古人编辑搜轶，补附卷末，再有所得，依此续之。

虚白堂志

（空青洞天朱道生刊本）

《丰祖全书》初刊已行海内矣，养生妙道，多具其中。阆中高士朱桐荪，见而悦之，恐其板多经刷印，易于漫漶，乃翻为袖珍板式，以便行箧，且能多印数千部，流传世间，真善举也。又《无根树》有刘、李二注，并附钟辑《灵宝毕法》，系修养延年，阐发玄蕴，更为透彻，亦有大板行世，桐荪见之，必更收入袖板中也。

张三丰先生全集总目

（空青洞天朱道生刊本）

一卷

序　诰　传　仙派　正讹　显迹

二卷

古文　隐鉴

三卷

大道论　玄机直讲　道言浅近

四卷

玄要篇上　玄要篇下　补遗

五卷

云水前集　云水后集　云水三集

六卷

天口篇　训世文

七卷

九皇经　三教经　度人经　菩提经　钟偈

八卷

水石闲谈　古今题赠　隐镜　汇记

《张三丰先生全集》题署

（空青洞天朱道生刊本）

汉嘉长乙山人李西月　　重编
张道渊子深氏　　　　　敬书
阆中朱道生晚成子　　　敬刊
侄　瑛春城
　　朱瓒素园　　　　　同校字
男　璜蟠溪

张三丰先生全集

卷一

长乙山人 敬辑
卓庵道人、蟠山居士 同校

诰

明天顺皇帝敕封诰命

奉天承运,皇帝制曰:朕惟仙风道骨,得天地之真元,秘典灵文,集阴阳之正气。顾长生久视之术,成超凡入圣之功。旷世一逢,奇踪罕见。尔真人张三丰,芳姿颖异,雅志孤高。得仙箓之秘诀,饵金鼎之灵膏。去来倏忽,实得造化之机;隐显微芒,吻合乾坤之妙。兹特赠尔为通微显化真人,锡之诰命,以示褒崇。尚期指教,式惠来英。

宝诰一

元朝名士,天师后昆。鹤骨珊珊,龙髯拂拂。非百里之小才,得一官而勇退。出辽东而访道,入终南而遇师。笠穿衲敝,寒暑不侵;果熟丹成,纵横自在。托歌词而谈道,响彻云霄;藉尘垢而隐真,人称邋遢。玉枢宣诏,金殿飞身。玄妙无方,隐显莫测。大忠大孝、大慈大悲、南极会上、群仙领袖、玄玄演正、武当继武真君。

宝诰二

始青一炁,教阐十方。积功勋于大明,度众生于廛市。遇火龙而细参至道,入武当而调养谷神。混俗和光,经纬五载;入山面壁,考验九年。大廷朝驾显飞升,名山古洞留仙迹。方方开化,处处设坛。演金科流传万世,证金丹度尽后学。大悲大愿、大慈大仁、至灵至圣、至公至明、群真一元始祖、广慈普度真君、通微显化天尊。

宝诰三

中山旧令，上清律仙。广三千之功行，证十二之圆通。擅神灵变化之奇，精符篆龙蛇之体。道高德重，炼人元而兼统地元；和光同尘，潜玩世而即行度世。寻有德之人，人人得度；种无根之树，树树皆空。讲先天之妙旨，为后进之梯航。大悲大愿、大圣大慈、武当继教、掌法仙师、灵宝真人、天雷主宰、玄玄演道、飞龙济世真人、通微显化天尊。

宝诰四

至真传道，太清选仙。居武当而启教，为文始之正传。如痴如醉，混仙迹于丽春；教孝教忠，阐玄风于华夏。度万三于滇海，婿女同升；续龙虎之神通，道法兼备。十方宝筏，三教宗师。大悲大愿、大慈大仁、至玄至妙、至奇至神、东华首相、三清外臣、雷霆神吏、灵宝天师、太和一炁始祖、道通文远真君、通微显化天尊。

宝诰五

玉虚上相，金阙高真。德畅人神，经开井鬼。广三千之功行，醒亿万之沉迷。昔从元岳而成真，今继玄天而阐化。扶正教无党无偏，辟旁门有声有色。诛杀乾坤之方士，挽回道德之宗风。指先天而对月，招后进以升云。道妙无方，玄微莫测。至灵至圣、至大至尊、体合自然、神凝般若、三教真宰、一气权衡、参法天师、洞玄帝君、犹龙六祖、隐仙寓化虚微普度天尊。

参礼如来宣赐佛号并赞

神光熙照，性海澄清。在尘出尘，隐世度世。现医身而扶危拔困，偈大众而阐道传经。果证大罗金仙，道比达磨尊者。大仁大愿、大慈大悲、三丰真师、救难天尊、邋遢静光佛、菩萨摩诃萨。

传

列 传

(《明史》)

张三丰，辽东懿州人。名全一，一名君实，三丰其号也。以其不饰边幅，又号张邋遢。颀而伟，龟形鹤骨，大耳圆目，须髯如戟。寒暑惟一衲一蓑，所啖升斗辄尽，或数日一食，或数月不食。书过目不忘。游处无恒，或云能一日千里。善嬉谐，旁若无人。尝游武当诸岩壑，语人曰："此山异日必大兴。"时五龙、南岩、紫霄，俱毁于兵，三丰与徒去荆榛，辟瓦砾，创草庐居之，已而舍去。太祖故闻其名，洪武二十四年，遣使觅之不得。后居宝鸡之金台观，一日自言当死，留颂而逝。县人具棺殓之，及葬，闻棺内有声，启视则复活。乃游四川，见蜀献王。复入武当，历襄汉，踪迹益奇幻。永乐中，成祖遣给事中胡濙，偕内侍朱祥，赍玺书香币往访，遍历荒徼，积数年不遇。乃命工部侍郎郭琎、隆平侯张信等，督丁夫三十余万人，大营武当宫观，费以百万计。既成，赐名"太和太岳山"，设官铸印以守。竟符三丰言。或言三丰金时人，元初与刘秉忠同师，后学道于鹿邑之上清宫，然皆不可考。天顺三年，英宗赐诰，赠为"通微显化真人"，终莫测其存否也。

列 传

（见《征异录》）

祗园居士

张邋遢，名君实，宇铉一，别字玄玄。辽东懿州人，张仲安第五子也。丰姿魁伟，龟形鹤骨，大耳圆目，须髯如戟，顶作一髻。自号保和容忍三丰子。手执刀尺，寒暑惟衣一衲。或处穷寂，或游市口，浩浩自如，旁若无人。有问之者，终日不答一语，及与论三教经书，则吐辞滚滚，皆本道德忠孝。每遇事，辄先知。或三五日、两三月始一食，然登山如飞。或隆冬卧雪中，鼾齁如雷。时人咸异之，因呼为张邋遢。元末居宝鸡金台观，尝一日辞世而逝，从者为棺殓，临窆发视之复生。乃入蜀抵秦，游襄邓，往来长安，历陇岷甘肃。洪武初，入武当，登天柱峰，遍历名胜，使弟子邱元靖住五龙，卢秋云住南岩，刘古泉、杨善登住紫霄，乃自结草庐于展旗峰北，曰遇真宫，筑①草庵于土城，曰会仙馆，令弟子周真得守之。洪武庚午，拂袖长往，不知所之。明年，太祖遣三山道士，请造朝，了不可见。或曰住青州云门洞。永乐初，遣给事中胡濙、指挥杨永吉等物色之，不得。十年二月，成祖为书，诏道士元虚子往武当，于玄玄旧游处，建道场焚书，冀有闻焉，不获。仍御制诗赐之，有"若遇真仙张有道，为言伫俟长相思"之句。天顺末，或隐或现。上闻之，封"通微显化真人"。后往来鹤鸣山半年，不知所终。

列 传

（见《七修类稿》）

明·郎瑛

张仙，名君实，字全一。辽东懿州人。别号玄玄，又号保和容忍三丰子，时人又称张邋遢。天顺三年，曾来谒帝。予见其像，须鬓竖上，一髻背垂，面紫大腹，而携笠者。上为锡诰之文，封为"通微显化大真人"。

---

① 筑，底本等缺，方春阳点校本增补。

列　传

《淮海杂记》

明·陆西星

　　三丰老仙，龙虎裔孙也。其祖裕贤公，学能兼占象。移家于金之懿州，与子昌隐于民间。及懿为元人所拔，始稍稍以名字闻，然昌公固优游世外者也。夫人林氏，先以二乳生四子，曰遨、曰游、曰道、曰遥，皆早殁。既更举①二子，曰通、曰达，通即老仙也。降诞之夕，林梦斗母元君手招大鹤止屋，长啸三声而惊寤，遂就褥焉。幼有异质，长负才艺。游燕京，故交刘秉忠见而奇之，曰："真仙才也"。默挈之，久乃得一宰于中山苦寒之地，以丁忧归，遂不复出。尝言"富贵如风灯草露，光阴似雨电浮沤"，乃决志求道。访师终南，得闻火龙妙谛。渐乃佯狂垢污，人不能识。生平诗文，每起稿于树皮苔肉、茶汤匕箸间，积数十年犹能记诵，然未尝录以示人也。故元朝文艺中，无有知者。子道意，孙鸣鸾、鸣鹤。鸾入明初，迁淮扬，六世孙花谷道人（即鸾嫡孙）与余为方外友。其家有林园之胜，老仙尝至其家。叩以当年轶事，则书云游诗若干首②、宝诰数章、丹诀一函，命藏之。花谷每为余言，不胜使人遐想也。

三丰先生本传

汪锡龄　敬述

　　三丰先生姓张，名通，字君实。先世为江西龙虎山人，故尝自称为天师后裔。祖父裕贤公，学精星算。南宋末，知天下王气将从北起，遂携本支眷属，徙辽阳懿州。有子名居仁，亦名昌，字子安（一字仲安），号白山，即先生父也。壮负奇器，元太宗收召人才，分三科取士，子安赴试，策论科入选。然性素恬淡，无仕宦情，终其身于林下。定宗丁未夏，先生母林太夫人，梦元鹤自海天飞来，而诞先生，时四月初九日子时也。丰神奇异，龟形鹤骨，大耳圆睛。五岁目染异疾，积久渐昏。其时有张云庵者，

---

① 举，青空洞天朱道生刊本、《道藏辑要》本作"与"，从青空洞天道光刊本。
② 首，青空洞天朱道生刊本、《道藏辑要》本作"篇"。

方外异人也。住持碧落宫，自号白云禅老。见先生奇之，曰："此子仙风道骨，自非凡器，但目遭魔障，须拜贫道为弟子，了脱尘翳，慧珠再朗，即送还。"太夫人许之，遂投云庵为徒。静居半载，而目渐明，教习道经，过目便晓，有暇兼读儒、释两家之书，随手披阅，会通其大意即止。忽忽七载，太夫人念之，云庵亦不留，遂拜辞归家，专究儒业。

中统元年，举茂才异等。二年，称文学才识，列名上闻，以备擢用，然非先生素志也。因显扬之故，欲效毛庐江捧檄意耳。至元甲子秋，游燕京。时方定都①于燕，诏令旧列文学才识者待用，栖迟燕市。闻望日隆，始与平章政事廉公希宪识。公异其才，奏补中山博陵令，遂之官。政暇访葛洪山，相传为稚川修炼处。因念一官萧散，颇同勾漏，予岂不能似稚川？越明年而丁艰矣，又数月而报忧矣。先生遂绝仕进意，奉讳归辽阳，终日哀毁，觅山之高洁者，营厝甫毕，制居数载，日诵洞经。倏有邱道人者，叩门相访，剧谈玄理，满座风清，洒然有方外之想。道人既去，因束装出游，田产悉付族人，嘱代扫墓，挈二行童相随。北燕赵，东齐鲁，南韩魏，往来名山古刹，吟咏闲观，且行且住。如是者几三十年，均无所遇，乃西之秦陇，挹太华之气，纳太白之奇。走褒斜，度陈仓，见宝鸡山泽，幽邃而清，乃就居焉。中有三尖山，三峰挺秀，苍润可喜，因自号为三丰居士。

延祐元年，年六十七，始入终南，得遇火龙真人，传以大道。更名玄素，一名玄化，合号玄玄子，别号昆阳。山居四载，功效寂然。闻进②斯道者，必须法财两用，平生游访，兼颇好善，囊箧殆空，不觉泪下。火龙怪之，进告以故，乃传丹砂点化之诀，命出山修炼。立辞恩师，和光混俗者数年。泰定甲子春，南至武当，调神九载，而道始成。于是湘云巴雨之间，隐显遨游，又十余岁，乃于至正初，由楚还辽阳，省墓讫，复之燕市，公卿故交，死亡已尽矣。遂之西山，遇前邱道人，谈心话道，促膝参同，方知为长春先生符阳子也。别后，复至秦蜀，由荆楚之吴越，侨寓金陵，遇沈万三，传以丹道，事在至正十九年。临别，先生预知万三有徙边之祸，嘱曰："东南王气正盛，当晤子于西南也。"仍还秦，居宝鸡金台观。九月二十日，阳神出游。土人杨轨山以先生辞世，买棺收殓。临窆之际，柩有声如雷，启视复生。盖其阳神出游，朴厚者见之，以为宛其死矣。后乃携

---

① 都，青空洞天朱道生刊本、《道藏辑要》本作"鼎"。
② 进，青空洞天朱道生刊本、《道藏辑要》本作"近"。

轨山遁去。又二年，沧桑顿改，海水重清，元纪忽终，明运又启，先生乃结庵于太和，故为疯汉，人目为邋遢道人。道士邱元靖，安静可喜，秘收为徒。他日入成都，说蜀王椿入道，不听，退还襄邓间，更莫测其踪迹矣。

洪武十七年甲子，太祖以华夷宾服，诏求先生，不赴。十八年，又强沈万三敦请，亦不赴。盖帝王自有道，不可以金丹金液，分人主励精图治之思。古来方士酿祸，皆因游仙入朝，为厉之阶。登圣真者，决不为唐之叶法善、宋之林灵素也，前车可鉴矣。二十五年，乃遁入云南，适太祖徙万三于海上，缘此践约来会，同炼天元，服食大药。明年成，始之贵州平越福泉山，朝真礼斗，候诏飞升。建文元年，完璞子访先生于武当，适从平越归来，相得甚欢。永乐四年，侍读学士胡广，奏言先生深有道法，广具神通。五年丁亥，即命胡濙等，遍游天下访之。十年壬辰，又命孙碧云于武当建宫拜候，并致书相请。直逮十四年，并不闻有踪迹。帝乃怒，谓胡广曰："卿言张三丰蕴抱玄机，胡弗敢来见朕也？"斥广寻觅之。广大惧，星夜抵武当，焚香泣祷。是年五月朔，为南极万寿，老君命诸仙及期大会，时先生亦在诏中，遂与玄天官属，御气同行，适见胡广情切，乃按云车，许以陛见。入朝后，即赴上清之命，飘然而去。明年，胡濙等还朝，终未得见先生也。

吾师乎！吾师乎！其隐中之仙乎！其仙中之神乎！其神仙而天仙者乎！继荷玉诏，高会群真，位列兑宫，身成乾体，故能神通变化，济世度人。四围上下，虚空处处，皆鸾骖所至，将所谓深藏宏愿，广大法门者，吕祖之后，惟先生一身而已。

锡龄风尘俗吏，几忘（去声）本原，观察剑南，又鲜仁政，滥叨厚禄，辜负皇恩。两年来，曦天少见，水潦频增，龄乃跣足剪甲，恭祷眉山之灵。拈香七日，晴光普照，画景遥开，奇峰异水间，幸遇先生。鉴龄微忱，招龄入道，并示《丹经秘诀》一章，及《捷要篇》二卷，照法修炼，始识玄功。因此悔入宦途，游情山水，迩乃自出清俸，结庐凌云，未知何年何日，蝉脱尘网，采瑶花、奉桃实，敬献先生也。龄侍先生甚久，得悉先生原本又甚详，爰洗浊怀，恭为纪传，以付吾门嗣起者。

三丰先生传

圆峤外史

先生辽阳懿州人也。名号屡更，游行无定，人多不测其踪。刘秉忠同师于前，廉希宪荐剡于后，至元间，以宰官致仕。洪武初年，太祖屡诏不出，盖其托仙远遁，以全仕元之节者也。故尝自称曰"大元遗老"，又尝自赞曰"大元逸民"。君子深慨其神仙名重，遂至掩其孤忠耳。平生访道，历尽艰辛，终南遇师之后，觅侣求铅者，足遍天涯，乃于武当山，修成大道。所可异者，先生未降世，而武当一席，早为安排。昔希夷先生游太华，遇异人孙君仿，曰："武当九室岩，深静可居。君后有徒孙，更能发迹此山，君光大张。"盖已知名山有主人，大道有法嗣也。岂不异乎？尝闻苦竹真君传记于钟离云房，谓"他日有两口者，为汝弟子"，而其后竟遇吕祖。夫岂至人降灵，必先有年月日时、里居姓氏，预定于大罗天上耶？不然，何言之验也！圆通真人，为先生弟子，亦不能请究其故。《本传》一篇，记叙精详，《仙鉴》《明纪》，考政皆合，然后知先生之籍贯生成，修真得道，有如是其全备者。

道　派

大道渊源①

　　大道渊源，始于老子。一传尹文始，五传而至三丰先生。虽然，老子之所传，亦甚多矣，其间杰出者，尹文始、王少阳，支分派别，各有传人。今特就文始言之。文始传麻衣，麻衣传希夷，希夷传火龙，火龙传三丰，或以为"隐仙派"者。文始隐关令、隐太白，麻衣隐石堂、隐黄山，希夷隐太华，火龙隐终南，先生隐武当，此隐派之说也。夫神仙无不能隐，而此派更为高隐。孔子曰："老子其犹龙乎！"言其深隐莫测也，故又称"犹龙派"云。

　　按：老子之道，文始派最高，少阳派最大。少阳传正阳，正阳传纯阳，纯阳首传王重阳，重阳传邱长春，开北派；纯阳又传刘海蟾，海蟾传张紫阳，开南派。

　　再按：文始一派，至麻衣而传希夷；少阳一派，刘海蟾亦以丹法传希夷，两派于斯一汇。是三丰先生，谓为文始派也可，谓为少阳派也亦可，特其清风高节，终与麻衣、希夷、火龙相近云。

前历祖传

太上老君②

　　太上老君，其详不可得闻，累世化身，未有诞生之迹。尝与文始言：

---

① 此标题，系点校者参考方春阳点校本所加。
② 以下六则标题，皆点校者划归体例所加。

"吾姓字渺渺，从劫至劫，不可具述"，非虚语也。逮商阳甲时，分神化炁，始寄胎于玄妙玉女八十一年。至武丁庚辰岁，二月十五日卯时，降生在苦县之赖乡曲人里李树下。指李为姓，名耳，字伯阳。生时白首，人号为老子；又长耳，复称老聃。周初，观风西岐，自号支邑先生。西伯欲拜为大夫，不受，命为守藏史，遂借隐焉。其后或隐柱下，或隐河上，或号为古先生，或目①为古皇，或为伯阳父，或为广成子，或结庐于河滨，或开化于西域。秦时称古隐君子，而不知太上老祖，实隐中圣人也。

文始先生

文始先生，姓尹名喜，字公文，天水人，一云成纪人。成王丁巳岁，四月初八日吉时降生。不求闻达，尝为函关令，故称关尹喜。一日遇融风三至（精占风），紫气东来（精望气），夜观天理，星西行过昴（精天文），知有圣人将至。老君到关，望其神采，大惊（精相法），拜为弟子，得闻大道。著书九篇，名《关尹子》，后曰《文始经》。西度流沙，复还中夏，或称尹轨，或称尹道士。隐居终南之阴，人称为"终南隐圣"。

麻衣先生

麻衣先生，姓李名和，道号初阳，内乡人。隐石堂山。生而神奇，绀发美姿。稍长，厌世浊腐，入终南静养，遇尹文始，传以道要，并相法，命往南阳湍水旁灵堂山修炼。洞居十九年，冬夏恒著麻衣，故号为"麻衣子"。灵山有水，四时常温，名旸谷，时往沐浴。一夕有少年十二人来拜，曰："吾属龙也，上帝以师道成，命吾等辅行大化。"自是有求雨者，皆验。乡民谒恳甚繁，别隐歙之黄山（即黟山），人称为："黄山隐者。"

希夷先生

希夷先生，姓陈名抟，字图南，号扶摇子。亳州真源人。唐长兴中，尝举进士不第，遂淡世情，以山水为乐。居武当二十余年，复隐华山云台观。得蛰龙法，每卧尝百余日不起。遇海蟾，授道要。逢麻衣子，拥炉对坐，以铁筯画灰成字，默授玄机，并以尹文始先生相法传之。高隐不出，

---

① 目，青空洞天朱道生刊本、《道藏辑要》本作"自"。

宋太祖时，赐号"白云先生"，又赐号"希夷先生"，史称曰"华山隐士"。

火龙先生

火龙先生，希夷高弟子也。隐其身，并隐其姓名，其里居不可考，即以天地为里居也。其事迹不多著，即以潜德为事迹也。《神仙鉴》亦只记其号，状其为物外风仪，此盖如赤松、黄石，世只知为古仙耳。隐居终南，故称"终南隐仙"。或曰贾得升先生也，俟博识者考之。

三丰先生

三丰先生，姓张名通，字君实。辽东懿州人。详见《全集》。

后列仙传

（以下十一则，藏崖居士考纪。）

三山先生[①]

三山先生，姓沈名万三，一名万山，自号三山道士。金陵人。秦淮大渔户，心慈好施。遇三丰先生，得授丹法，继炼天元大药，服之拔宅而去。或隐天目，或隐武当，皆无定所，与三丰先生隐显度世，敕封"宏愿真人"。元天历戊辰元年，秋九月十八日未时诞生。

邱元靖

邱元靖者，武当道士也。洪武初，三丰先生游武当，元靖与先生遇，拜为弟子，遂传以道妙，命住五龙，结庵修炼，以了大事。乙丑春，太祖诏求三丰不得，乃诏元靖至，与语，悦之，拜监察御史，赐之室，不受。复擢太常卿，亦不受。帝称其清高云。

太和四仙

太和四仙者，卢秋云、周真得、刘古泉、杨善登，皆楚人也。洪武初，

[①] 以下八则标题，皆点校者划归体例所加。

三丰先生入武当，结庐于展旗峰上，四人请为弟子，遂传以清净守中之秘。于是命秋云住南岩，真得住会仙馆，古泉、善登住紫霄峰。同时静炼，后皆证果。

冰壶先生

冰壶先生，姓明名玉，内江人。善符咒，多奇验。永乐中，三丰先生游蜀，常寓其家。玉欲以符咒传先生，先生笑曰："我将以道奉子，子乃以法授我耶？"乃作《道法会同疏》一通予之，玉大惊，请为弟子。居岁余，胡濙访先生，遂携玉同去，不知所之。

王宗道

王宗道者，淮安人也。尝从三丰先生学道。永乐三年，成祖访求三丰，令觅宗道与胡濙同往。召见时，赐金冠鹤氅，奉书香遍游天下。十年不遇，及还，赐封"圆德真人"。后入庐山采药，飘然不返。

李夫子

李夫子者，名性之，楚人也。正德间，入太和山，遇三丰先生，传以丹法，遂得道。平时好端坐，澄静齐庄，人号为"李夫子"。喜辟谷，日啜麦面汤，人又号为"麸子李"。荆藩永定王闻而慕之，遣校礼聘以至，寓蕲武当宫。衣破衲，不食。王屡迎入宫，祈长生诀，皆不对，但云"儒者修身齐家，即道诀也"。赐金帛甚厚，皆不顾。已而辞归，王乃遣校送之，令索书报命。至汉口舟中，忽不见。校速舟夫过江，至中流，忽见李卧水而渡。校上岸，李亦到岸，忽又不见，校急奔至山，见李坐悬岩险处，拍手而歌，寻大呼校曰："为吾谢王，李某不复来也。"校欲索报书，倏又不见。后复遣校至山，则云李尸解矣。校于归途，又见李持钵，其行如飞。无何，王以干宗正条几覆国，始悟李语非漫然也。

梦九先生

梦九先生，姓汪名锡龄，徽州歙县人。曾官剑南观察，而宦情益淡，隐心愈深。遇三丰先生于峨眉，得其道妙。继授滇南永北道，即请终养，未准。旋授河南全省河道副使，乃便道归省。丹成尸解，号"圆通道人"。校正《玄要篇》，及著《三丰本传》、《显迹》等章传世。康熙甲寅①年，十月十八日申时诞生。至今嘉州凌云丹霞峰之清晖阁，即先生公余之暇，潜神炼丹处也。中有灵山堂，扁载剑南父老数百人姓名，为先生寿，咸称"圆通祖师"，仁慈清净，修己治人云。

白白先生

白白先生者，不言其姓氏。所居在青城、大峨、嘉州山水之间。鼓琴读书，酷好老庄。道光初，遇张三丰先生于绥山，传以交媾玄牝、金鼎火符之妙。既更遇纯阳祖师，得闻药物采取之微。以是决意精修，日与二三隐士，坐论烟霞，品评水石，名心之冷，殆如冰焉。所著有《河洛易象图解》、《道德经正义》、《圆峤内篇》，发明内外丹法层次，为前古仙经所未有。无事则混俗和光，默抱玄微而已。

列仙派演

余十舍②

余十舍者，沈万山弟子也。少好施与，万山以幼女妻之，传以丹砂点化，丰饶与妇翁相颉颃。其女余蕙刚，为西平侯沐春继室，亦善黄白之术，盖家传也。事见本集中"余氏父女传"。

陆德原

陆德原者，吴人也。家故清微，慕神仙之学。沈三③山先生见之，知为道器，遂传以玄微妙旨，并为黄白给之，其家遂足。与顾阿瑛、李鸣凤相往来，诗坛酒社，东南士大夫称其富而好礼。洪武初，尝助军粮二万斛，既闻太祖有"不及江南富足翁"之句，因慨然曰："祸端至矣"。及时携琴

---

① 甲寅，《道藏辑要》本作"甲辰"，青空洞天本、左江书局本等均作"甲寅"，即公元1674年。

② 以下三则标题，皆点校者划归体例所加。

③ 三，《道藏辑要》本作"万"，从青空洞天刊本。

披衲，改装黄冠而遁。阿瑛闻之，亦削发为僧。鸣凤弃家园，携妻子，泛舟江湖。其后江南大族籍没者无算，人始信其见几云。

明阳先生

明阳先生者，刘其姓，光烛其名。仁慈恭敬，富而好礼，以善为当为，不求福报，达者高之。尝从白白子游，得清净守中之旨，遂结庵于大江之湄，云水盘桓，不迹城市。没后数载，忽降一诗，云："人去空山鹤影单，回观尘海雾漫漫。仙家不昧虚灵体，一路清风到石坛。"自是云朋霞友，咸谓其不灭也。所著有《金丹诗》若干篇，尚存于其弟遁园处。

拳技派①

王渔洋先生云：拳②勇之技，少林为外家，武当张三丰为内家。三丰之后，有关中人王宗，宗传温州陈州同，州同明嘉靖间人。故今内③家之传，盛于浙东。顺治中，王来咸，字征南，其最著者，鄞人也。雨窗无事，读《聊斋·李超》始末，因识于后。又云：征南之徒，又有僧耳、僧尾者，皆僧也。

附录一： 《宁波府志·卷三十一·张松溪》

（清雍正十一年曹秉仁纂）

张松溪，鄞人，善搏，师孙十三老，其法自言起于宋之张三峰，三峰为武当丹士，徽宗召之，道梗不前，夜梦元帝授之拳法，厥明以单丁杀贼百余，遂以绝技名于世。由三峰而后，至嘉靖时，其法遂传于四明，而松溪为最著。

松溪为人，恂恂如儒者，遇人恭敬，身若不胜衣，人求其术，辄逊谢避去。时少林僧，以拳勇名天下，值倭乱，当事召僧击倭，有僧七十辈，闻松溪名，至鄞求见，松溪蔽匿不出。少年怂恿之，试一往，见诸僧方校

---

① 本篇，在青空洞天道光刻本《补遗》中，在《玄要篇》之后。青空洞天朱道生刊本，移在此处，《道藏辑要》本从之。

② 拳，青空洞天朱道生刊本、《道藏辑要》本均作"奉"，误。

③ 内，诸本均作"两"，据文义改。

技酒楼上，忽失笑，僧知其松溪也，遂求试。松溪曰："必欲试者，须召里正约，死无所问。"许之，松溪袖手坐，一僧跳跃来踹，松溪稍侧身，举手送之，其僧如飞丸陨空，堕重楼下，几毙，众僧始骇服。

尝与诸少年入城。诸少年闭之月城中，罗拜曰："今进退无所，幸一试之。"松溪不得已，乃使诸少年举圜石可数百斤者累之。谓曰："吾七十老人无所用，试供诸君一笑可乎？"举左手侧而劈之，三石皆分为两，其奇异如此。

松溪之徒三四人，叶近泉为之最。得近泉之传者，为吴昆山、周云泉、单思南、陈贞石、孙继槎，皆各有授受。昆山传李天目、徐岱岳；天目传余波仲、陈茂弘、吴七郎；云泉传卢绍岐；贞石传夏枝溪、董扶舆；继槎传柴元明、姚石门、僧耳、僧尾；而思南之传，则有王征南。征南，名来咸，为人尚义，行谊修谨，不以所长炫人。

盖拳勇之术有二：一为外家，一为内家。外家则少林为盛，其法主于搏人，而跳踉奋跃，或失之疏，故往往得为人所乘。内家则松溪之传为正，其法主于御敌，非遇困危则不发，发则所当必靡，无隙可乘，故内家之术为尤善。其搏人必以其穴，有晕穴，有哑穴，有死穴，相其穴而轻重击之，无毫发爽者。其尤秘者，则有敬、紧、径、劲、切五字诀，非入室弟子，不以相授。盖此五字不以为用，而所以神其用，犹兵家之仁、信、智、勇、严云。

附录二： 《太极拳体用全书·张真人传》

杨澄甫

真人辽东懿州人，姓张，名全一，又名君实，字元元，号三丰，史称宋末时人。生有异质，龟形鹤骨，大耳圆目，身高七尺，修髯如戟，顶作一髻，常戴偃月冠，一笠一衲，寒暑御之，不饰边幅，人皆曰为张邋遢。所啖升斗辄尽，或辟谷数月自若，书过目不忘，游处无恒，或云一日千里。洪武初，至蜀太和山，结庵玉虚宫，自行修炼。洪武二十七年，复入湖北武当山，与乡人论经典，娓娓不倦。一日在室读经，有鹊在庭，其鸣如争论，真人由窗视之，鹊在树，注目下睹，地上有一长蛇，蟠结仰顾，少顷，鹊鸣声上下，展翅相击，长蛇采首微闪，躲过鹊翅，鹊自下复上，俄时性躁，又飞下翅击，蛇亦婉蜒，轻身闪过，仍着盘形。如是多次，真人出，鹊飞蛇走。真人由此悟以柔克刚之理，因按太极变化，而成太极拳，动静消长，通于易理，故传之久远，而功效愈著。北平白云观，现存有真人圣像，可供瞻仰云。

附录三： 太极拳论

（选自杨澄甫《太极拳体用全书》）

一举动，周身俱要轻灵，尤须贯串。气宜鼓荡，神宜内敛，无使有缺陷处，无使有凹凸处，无使有断续处。其根在脚，发于腿，主宰于腰，行于手指，由脚而腿而腰，总须完整一气，向前退后，乃能得机得势。有不得机得势处，身便散乱，其病必于腰腿求之，上下前后左右皆然。凡此皆是意，不在外面，有上即有下，有前则有后，有左则有右。如意要向上，即寓下意，若将物掀起而加以挫之之力。斯其根自断，乃坏之速而无疑。虚实宜分清楚，一处有一处虚实，处处总此一虚实，周身节节贯串，无令丝毫间断耳。

长拳者，如长江大海，滔滔不绝也。掤履挤按，採挒肘靠，此八卦也；进步退步、左顾右盼、中定，此五行也。掤履挤按，即乾坤坎离四正方也；採挒肘靠，即巽震兑艮，四斜角也。进退顾盼定，即金木水火土也。合之则为十三势也。

原注云：此系武当山张三丰祖师遗论，欲天下豪杰延年益寿，不徒作技艺之末也。

正 讹

一①

三峰采战之说，多为丹经所鄙，然非祖师之《玄要篇②》也。尝阅《神仙鉴》，刘宋时有张山峰者，号朴阳子。未入道时，曾受③人以房中御女方，天帝恶之，终于草岛游仙。何一阳仙姑游华山，曾见其金丹秘诀，悉备于身，因无天诏，难升玉阙，深慨惜焉。据此，则知"山峰"二字，声音相近之讹也。且祖师所作《金丹论》亦云："行御女之术者，是犹披麻救火、飞蛾扑灯。"细按此言，自不妄讥④矣。

二

又三峰者，乃旁门之名，不但刘宋时张三峰也。阴道中有三峰采战，俗人不知，遂以《玄要篇》等诸旁门，是以耳闻为目见，未读丹经者也。三峰之术，有宋张紫阳、陈泥丸诸老仙翁，皆已斥之，祖师乃元人，不待辨也。单言此术由来，《参同契》所谓"阴道厌九一"者是也。九一之谬，即御女之方，分上中下三峰，采人精气，托号泥水金丹，伯阳以前，已有此术矣。故《玄要篇》云："有为者，非采战提吸之术，九一动摇之法。"即祖师亦辟三峰之谬，复何言哉！

三

又尝阅《神仙鉴》，彭祖称太清景明三峰真君，而御女之术，实起于彭

---

① 本篇序号，皆点校者划归体例所加。
② 篇，诸本均作"编"，改。
③ 受，青空洞天朱道生刊本、《道藏辑要》刊本作"授"。
④ 讥，青空洞天道光刻本作"谈"，从青空洞天朱道生刊本、《道藏辑要》刊本。

祖，采补房中，偶丧屡娶。后为殷王拘系，欲杀之，盖天律谴之也。中途脱逃，乃入华山归正云。

四

三丰祖师诞期，据梦九所作《本传》，则系元定宗二年①四月初九日也。乃各处所传，又有作三月初八、十月初十者，何故？大抵仙佛降世，举凡得道成真，飞身朝驾，其吉期不一而足。有如普陀大士、孚佑帝君，每岁斋辰，几于逐月皆有，然祝大士者，毕竟以二月十九为正；庆孚佑者，终当以四月十四为真。兹于祖师诞期，亦以《本传》为主，余皆附存集中，使敬祖师者，随时致虔，如大士、孚佑之斋期，亦美事也。

五

别传谓祖师为元末明初人，而不知为宋末元初人也。尝对万三自叙云："延祐初，余年六十七。"逆而数之，正在元定宗之初年、宋理宗之淳祐②年也。元运北起，祖师生辽东，入元之版籍，故称为元人。汪作《原传》，谓其降生于定宗丁未，与祖师自叙相合，真乃不谬也。

六

明胡忠安公濙，访三丰祖师，系永乐中事，世有误作成化者。李雨村《诗话》云："祥符寺，在绵竹小西门外，有明嘉靖九年王汝宾，刻礼部尚书胡濙成化四年访张三丰诗碑"云云。

按：《明纪》永乐五年丁亥，命户科给事中胡濙巡游天下，访三丰，去十年始还。或曰：为踪迹建文君也。碑作成化，大误。据此则永乐丁亥，正胡濙至绵竹时也。今刻于天王殿后板壁上，有三丰所书"翔符禅院"四字，笔势飞动，以"祥"作"翔"，或者曾至此欤？③

---

① 元定宗二年，公元1247年。
② 祐，诸本均作"佑"，改。淳祐，宋理宗年号，公元1241—1253年。延祐，元仁宗年号，公元1314—1321年。
③ 此段，青空洞天朱道生刊本、《道藏辑要》刊本均有漏脱，从青空洞天道光刻本。

七

钱文端公陈群，所著《香树斋集·燕九日王新庄观灯诗》，有"仙携邈遏来空碧，人立秋千望比红"之句，注云："张三丰与邱长春，同时访道，后皆仙去。"

愚按：长春先生，访道于金朝，出世甚早，不与张祖同时也。但汪仙作传，谓祖师制居时，有邱道人相访之事，祖师成道后，于元至正初，遂游西山，复遇长春子，促膝谈心。尔时邱真人，阐化元朝，正有同时显道之事，若曰"同时访道"，则未也。

八

俗本载祖师原名"君宝"，及观《神仙鉴》，始知"宝"本作"实"，鲁鱼相误，有如是者。并按："君实"二字，似字非名。暨阅陆俨山《玉堂漫笔》，乃知祖师名通，号玄玄，君实其字也。天师之后，曾寓凤翔宝鸡县之金台观。詹事府主簿，南阳张朝用尝识之，见其行足不履地。胡忠安公荐朝用为均州知州，同访不遇。又有密敕云：淮安王宗道，曾与三丰学仙，令觅同往。三年召见，赐宗道金冠鹤氅，奉书香遍游天下，越十年，竟不遇，还。

九

又按：祖师之父，俗本以"子安"为讳，亦似字非名。及读梦九所藏《列传》，乃知"居仁"其名，"子安"其字，"白山"其号也。

十

羽流抄本，有《三丰供状》一篇，的系诬词，语亦鄙俚，不可不辨。其状云："供状道童（一百余岁，岂尚称童？）张三丰，年二十八岁，辽阳人氏。有父张子安，所生第五子。自幼眼疾，舍送碧宫，投师礼傅。后复云游湖广襄阳府天笁①庵，养性修真。今蒙永乐上位，请礼道教，中间不能隐讳，所供是实。"此盖方士羽流造作为荣，而不知反以相诬也。我祖师

---

① 笁，青空洞天朱道生刊本、《道藏辑要》刊本作"竺"。

永乐年间深隐不出，《明史》尚有征文，岂反供状朝廷，自媒自炫，奔走阙下哉？即《仙鉴》载有金殿飞升事，亦不过片时立谈，以示阳神之不死耳。后睹梦九真本，只载有胡广奏状，平日疑团，至此乃释。

附：胡广奏状云：侍读学士臣胡广伏奏：真仙张三丰，辽东人氏。深藏道法，广具神通，高隐武当，有希夷之风，只可礼求，不可命见。恭维皇帝陛下，屈驾广成，访求真道，臣因不敢隐讳，具表奏闻。

十一

世有《西洋小记》，载金碧峰南京访祖师一事。记言祖师名守成，句容人，曾作本县书吏，旋弃刀笔，出家于西山道院朝天宫修行，得成地仙。碧峰令访胡尚书，朝见明主，称为天仙，始得证位大罗。此系小说家借名敷衍之法，非实事也。或问名称守成，家称句容者，何故？曰：不如是，不足以凑登场科白也。

十二

祖师于元明间著作甚多，其诗有《云水集》，其文体若干篇，皆见梦九藏本。又《神仙鉴》载：胡广录呈祖师道诗，名《捷要篇》，中有《无根树》、《大道歌》、《炼铅歌》、《琼花诗》、《丽春院》二阕、《青阳宫留题》、《金液还丹歌》、《真仙了道歌》等作。近来传本，多所混杂，即如吴镇响云洞天张灵机、邓灵谧所刻《玄要篇》旧本，中有《金丹诗》三十六首，以象三百六十度，今①变作十六首，余皆散见杂出，全无条理，一切道情，皆不入刊，盖未见此全集也。俗钞有比张、邓刻本全备者，又多以吕祖诗混入其中。

兹编广取博采，兼以梦九真本，一一印证，务使复还旧观，祖师其许之乎？

长乙氏谨识。

---

① 今，底本等缺，据方春阳点校本补。

显迹类

度沈万三

　　沈万三者，秦淮大渔户也。心慈好施，其初仅温饱。至正十九年，忽遇一羽士，神采清高，龟形鹤骨，大耳圆目，身长七尺余，修髯如戟。时戴偃月冠，手持刀尺，一笠一衲，寒暑皆然，不饰边幅。日行千余里，所啖升斗辄尽，或辟谷数月，而貌转丰。万三心异之，常①烹鲜暖酒，邀饮芦洲，苟有所需，极力供俸。偶于月下对酌，羽士谓曰："子欲闻吾出处乎？"万三启请，乃掀髯笑曰："吾张三丰也。"遂将生世出世、修真成真之由，叙述一篇，言讫，呵呵大笑。万三闻言，五体投地，称祖师者再，并乞指教，曰："尘愚愿以救济，富寿非敢望也。"祖师曰："虽不敢妄泄真传，亦不欲缄默闭道。予已深知子之肺肠，当为作之。"于是置办药材，择日启炼，七七启视，铅汞各道，祖师嗟咄不已，万三自谓机缘未至，复尽所蓄，并售船网以补数。下工及半，忽汞走如焚，茅盖皆毁。万三深叹福薄，祖师亦劝其勿为。夫妇毫无怨意，苦留再炼。赀财已匮，议鬻幼女，祖师若为不知，窃喜其志坚，一任所为。令备朱里之汞，招其夫妇至前，出药少许，指甲挑微芒，乘汞热投下，立凝如土，复以死汞点铜铁，悉成黄白，相接长生。祖师遂略收丹头。临行嘱曰："东南王气大盛，当晤子于西南也。"遂入巴中，万三以之起立家业，安炉大炼，不一载富甲天下，凡遇贫乏患难，广为周给。商贾贷其赀以贸易者，直遍海内，世谓其得聚宝盆，故财源特沛。斯时世乱兵荒，万三惧有祸，乃毁丹炉器皿，自号三山道士。至今南京城西南街，即其迁处。会同馆，即其故居。后湖中地，即其花园

---

①　常，青空洞天朱道生刊本作"当"，《道藏辑要》本作"常"。

旧址也。

《仙鉴》评："外丹成，为内丹之助。"然真道难闻，千举万败。人每以三丰为口实，至受诳不悟，当思己有万山福量，乃可遇之。苟或不然，愿且置是。

寓金台观

元至正丙午年，宝鸡金台观，有道翁者，貌若百余岁，忽于九月二十七日，自言辞世，留颂而逝。土民杨轨山，置棺殓讫，临窆，柩有声如雷，发之复生。跃起，谓轨山曰："吾张三丰也。天师后裔，幼好学道。今吾大丹已成，神游天海。吾子善人也，难得、难得。"遂教以避世延年之术，寻携轨山同去。

圆通子曰：世人尽如轨山，则路无暴骨矣。如此方便人，仙真安得不度。

隐太和山

洪武初，祖师入太和山，于玉虚宫畔，结庵冷坐。庵前古木五株，阴连数亩，云气溘然，故尝栖其下。猛兽不噬，鸷鸟不搏[①]，人咸异之。衲衣垢弊，皆号为邋遢张。有问其仙术，竟不一答。问经书，则津涎不绝口。登山轻捷如飞，隆冬卧雪中，鼾齁如雷。常语太和乡人曰："兹山异日当大显。"道士邱元靖，叩其出处，始识为三丰祖师。请为弟子，遂传以道妙。

《神仙鉴》评："左道旁门，最能惑人，如箭射虚空，还复坠地。惟觅得真种子，潜修密炼，至丹成果熟，寒暑不能侵，阴阳不能贼，纵横自在，来去随心，方为实际。"如三丰者，所当景仰。

寄常遇春

洪武二年己酉六月，常遇春进攻大兴州，直拔开平，追奔数百里，大获全胜，遂清蓟北。秋七月，师次柳河州，遇春得疾，谓众将曰："予生时，有老翁至门，付一函云：煌煌尾宿，矫矫虎臣，和中遇主，柳下归神。

---

① 搏，原误作"抟"，改。

前日张真人三丰，自五台寄书，又是此数字。今至柳河州而病，吾其逝矣。"寻卒于军（年三十四）。去年戊申，帝初即位，亦尝钦问四十二代天师张冲虚，曰："北征如何？"天师曰："朝廷有福，大将归真。"

见蜀王椿

（太祖第十一子，封蜀王，名椿。或作操，似误。）

洪武中，太祖封子椿为蜀王。是时两川久定，人物恬熙，倏有老翁者，神完貌古，行动如飞，一日方冠博带，翩然见王，说以入道，王不听，然心异其老健，欲幕①栖之。老翁笑吟曰："何必终南论捷径，宦情于我似鸿毛。"王高其节。一日谓王曰："藩封虽好，然须志退心虚，乃保无祸。吾张三丰也，将与海岛诸仙，游于寥廓矣。"王作诗以送之，有"吾师深得留侯术，静养丹田保谷神"之句，亦不相留，祖师遂去。或曰：其后诸王，如谷王穗、辽王植，多有不保其封，而蜀王得以居安乐土者，皆祖师教之云。

按：祖师见蜀王椿之后，遂游川贵云广，云车无定，显迹最多，未尝枯坐一山。或言初入成都，见蜀王椿，王不喜道，退还襄邓间，居武当二十三年，一旦游方，拂袖而去。

圆通子读此一则，题一绝云："入幕仙翁一老皤，相逢不识奈如何。名言几字将王报，保得藩封受用多。"

寓指挥家

洪武中，祖师游蜀，侨寓环卫姜指挥家，行踪诡异，而人不识。常戴一笠，笠甚大，虽小户出入不碍，系铁丝绦，备极工致。朝夕居一磐石上，尝折枯梅枝，插土即生，花皆下垂，故成都昔年，犹遗"照水梅"云。

寓开元寺

夔府城西开元寺，唐了休禅师道场也。明初祖师来游，与僧广海善，

---

① 幕，青空洞天朱道生刊本、《道藏辑要》本作"慕"。

寓居于寺者七日，临别赠以诗，并留草履一双、沉香三片而去。后海以诗及二物献文帝，答赐玉环一枚，千佛袈裟一领。今犹置寺中，称世宝云。（见《成都府志》，并见《夔州府志》。）

三却廷诏

洪武十七年甲子，帝以华夷宾服，诏求真人张三丰，莫知所往。明年春，复强其弟子沈万三敦请，了不可得，又召邱元靖入朝。祖师因呈一诗，并嘱邱曰："奏语明天子，谓吾将遨游海外矣。"其诗云："流水行云不自收，朝廷何必苦征求。从今更要藏名姓，山北山南任我游。"帝览而纵之。寻拜邱为监察御史，赐美室，均不受。邱可谓不忘师教也。（《神仙鉴》有三诏之事，而无寄诗一段。）

圆通子曰：严子陵[①]，其吾师之前身耶！

滇南践约

洪武中，京城自洪武门，至水西门坍坏，下有水怪潜窟，筑之复颓。帝向忌沈万三，年命相同而大富。召谓曰："尔家有盆能聚宝，亦能聚土筑门乎？"万三不敢辨，承命起筑。立基即倾者三，乃以丹金数片，暗投其内，筑之始成，费盖钜万。帝尝欲犒军，召万三贷之，曰："吾军百万，但得一军一两足矣。"万三如数输之，帝瞰其无困苦状，由是欲除之。罪以他

[①] 《后汉书·严光传·李牧传》：严光，字子陵，一名遵，会稽余姚人也。少有高名，与光武同游学。及光武即位，乃变名姓，隐身不见。帝思其贤，乃令以物色访之。后齐国上言："有一男子，披羊裘钓泽中。"帝疑其光，乃备安车玄纁，遣使聘之。三反而后至。舍于北军，给床褥，太官朝夕进膳。司徒侯霸与光素旧，遣使奉书。使人因谓光曰："公闻先生至，区区欲即诣造，迫于典司，是以不获。愿因日暮，自屈语言。"光不答，乃投札与之，口授曰："君房足下：位至鼎足，甚善。怀仁辅义天下悦，阿谀顺旨要领绝。"霸得书，封奏之。帝笑曰："狂奴故态也。"车驾即日幸其馆。光卧不起，帝即其卧所，抚光腹曰："咄咄子陵，不可相助为理邪？"光又眠不应，良久，乃张目熟视，曰："昔唐尧著德，巢父洗耳。士故有志，何至相迫乎！"帝曰："子陵，我竟不能下汝邪？"于是升舆叹息而去。复引光入，论道旧故，相对累日。帝从容问光曰："朕何如昔时？"对曰："陛下差增于往。"因共偃卧，光以足加帝腹上。明日，太史奏客星犯御坐甚急。帝笑曰："朕故人严子陵共卧耳。"除为谏议大夫，不屈，乃耕于富春山，后人名其钓处为严陵濑焉。建武十七年，复特征，不至。年八十，终于家。

事，议流岭南。万三遂轻身携妻奴去，而委其家赀。未几，命再徙于云南。既至滇，万三无聊，忽有弓长翁者，传云"践约来会"，万三请见，则三丰祖师也。祖师笑曰："犹记东南气盛，西南相见之语乎？"万三爽然。因与炼天元，服食大药，明年始成，万三与全家饵之，皆能冲举。

圆通子曰：撒手赀财，即成上仙，其施济已多矣。

游鹤鸣山

洪武末，有道人游邛之鹤鸣山，山有二十四洞，以应二十四气。道人入山时，石鹤复鸣，人咸惊异。居半载，入天谷洞不出，门书"三丰游此"四字，时已一百余岁矣。（《蜀通志》作"三百余岁"，似误。）

圆通子曰：奇。

题诗警祸

建文嗣位初，户部门前，薄暝有老翁闲步，如土地形状者。风过处，忽不见，明晨觇双扉上，于右扉题一诗云："燕子将营垒（一作"巢阁"），龙孙不在潭。波平风又起，海上问三三。"末三字，写于双扉交关处，人多不解。户部侍郎卓敬见之，以为"三"字写门中，盖借门缝作"丰"字中画也。心知为三丰仙翁，并念燕子者，是指燕王；龙孙者，是指建文，其语殊凶。其字旋落。卓乃密疏，请徙封燕王棣于南昌，万一有变，尚可控制。疏入，竟不听。

圆通子曰：卓侍郎聪明可爱，惜忠言逆耳，致使燕封篡位。吾师其亦不得已而题诗欤？不然，岂不知建文之不听哉！

混迹京师

永乐初，有宦客游京师，丰姿清矫，拂拂修髯，而衣服礼容，似公车客状。居京颇久，与户科给事中胡濙相契，常作诗酒之会。喜拟"文选体"，多不存稿。客闻朝中僚属事毕，闲谈多言神仙事。又闻侍读胡广，欲举张三丰仙术上闻，客心厌之。一日，饮于客斋，忽谓胡濙曰："吾友善事明君，我将远引深山也。"濙惊，叩其故，不答。数叩之，乃掀髯笑曰："吾即三丰子也。"言毕迳去，不知所往。其后胡濙访三丰祖师，因有"却忆故人从此隐，题诗谁似鲍参军"之句云。

一晤因缘

永乐四年冬，詹事府主簿南阳张朝用，常见一道人，行止异奇，足不履地，手捻梅花，口吟"秋水"。趋前询之，乃三丰仙翁也。明年，帝命胡濙游访，因荐朝用同行，已不知其去向矣。

道示明玉

永乐中，有羽客游内江，寓明玉道人家，诡云庞姓，微示以异，尝履极险不坠，涉水无少濡。明玉善符咒，多奇验，欲传授羽客，羽客笑曰："我以道俸君，君乃以法授我耶？"乃作《道法会同疏》一通与之。明玉大惊，跪请其名号，乃知为三丰祖师也。居岁余，胡濙物色之，遂不留（《四川通志》作"遂同玉见胡"，与《明纪》不合，兹特正之）。寻又来往峨眉山中。

明殿飞升

明成祖自遇西僧哈立麻之后，颇萌道心。尚书胡广，因言张三丰实有道法，录其《捷要篇》上呈。帝览之，虽不测其涯涘，知其有合玄机，遣使访之。壬辰春，又敕孙碧云至武当拜候，三月初六日并赐书。越三载，始至武当，碧云呈御书，祖师览讫，笑答一函。碧云劝入朝，不可。留居室内，出则同游，令人驰报于帝。丙申春正，帝命安车迎请，忽又他适。帝乃斥胡广求之，广大惧，即至武当恳祷。祖师见其情切，乃出，许其诣阙。先自飞身而去，帝正在朝，忽见一褴褛道人，肩披鹿裘，立于阶前，稽首冷笑。帝问是三丰，殷勤命坐，即求谈道。祖师遂唱"访道求玄、走尽天涯"之曲，曲终，从容下阶，一时卿云瑞霭，弥满殿廷，良久始散，祖师去矣。君臣叹异，始信真仙。及胡广还朝，上颇赐劳之。

按：《明纪》永乐丁亥，帝命胡濙等遍访三丰，去十载始还。兹连丁亥顺数至丙申，正是十年，乃于五月初，先有陛见之事，不知溁等还朝在五月前否？若在五月后，便往来相左矣。

《神仙鉴》评：仙道有易髓换骨、不必蜕化者，有育就婴孩、引神出见者，有太阴炼形、尸解成真者，皆足以证道。而完璞之育就胎孙，三丰之飞升金殿，非重安九鼎，再立乾坤，何能至此？由是而观，丹道岂易言哉！

玄光表异

永乐丙申岁五月朔，为南极老人万寿之会，老君命太微尹真人，传示群真。尹向西北行，举头见一簇玄光，从空飞至，迎视，乃三丰先生。尹告以老君之旨，三丰曰："吾已荷玉帝宣命矣。"遂别去。

七针先生

天顺中，有七针先生者，尝持七药针，治人疮疾，多奇效，人遂以"七针"目之。先生亦以此自名。又能图写山水，自比辋川，公卿多重之。先是，张三丰以仙画称奇，朝廷屡求不得，近臣因以七针上闻，诏进，写山水一幅，最为称旨。但性嗜酒，且好漫骂权倖。浊吏某，利其技精，聘至家，厚待之，倩其作画，以图干谒。一日，帝又以美绢赐写，时七针醉矣，居小楼上，浊吏以绢付七针，七针置之床头。夜闻呕秽声甚剧，浊吏心急，烛之，七针跃起曰："快甚、快甚！"举视皆麻雀，跃跃欲飞，尚未点睛。浊吏不得已，进呈帝览。帝称异，即命点睛，对曰："臣所写不可点睛，点则飞去。"帝弗信，促之。七针乃举笔乱窜，讫，帝玩而笑曰："此物真欲飞也？"语终，即有无数小雀，冲云而去，至浊吏之乡，尽弹其田谷，殆无遗粟，连疆者固无恙也。七针亦遁去。事闻上，再诏见，不可得。帝以问礼部尚书胡溁，溁对曰："七针殆三丰耶？以'三丰'二字，横顺分观，盖如针之有七也。"帝惊异。

赠角黍翁

又天顺中，剑州有老翁者，忘其姓氏，日市角黍为生。视有贫者过，辄与一包，不取赀，或叩其故，老翁曰："是皆走乏人也，腹且饥，吾日售角黍，只求固吾本，而少有利焉，足矣。以余给人，特小惠耳，何足齿。"一日，日将晡，角黍不能售。倏有道人前过，乞赐一包，翁与之。食毕又乞，翁又与之。如是者几数十次，翁皆与之。道人大笑曰："翁真慷慨者，吾无他术，囊有紫珠一枚，可携回置瓮内，隔夕启视，中有奇妙焉。"语罢，道人飘然而去。翁带至家，竟如其教，时米瓮匮矣，明晨开之，瓮米已满。翁笑曰："道人所谓奇妙者，固如是耶？"遂取作角黍，卖三施七，来日启视，米又满。作业如常，人沾其惠者，咸啧啧称善。久之，翁殆异焉，因倒瓮觇之，紫珠不见，嗣后瓮亦不复生米矣。他日道人又来，语翁曰："吾某某也。翁惠已多，愿出世否？"翁不许，祖师乃出一粒，嘱曰："且食此，当更绵寿。"翁啖下，觉肺腑皆清。祖师去后，老翁年百余，端坐而逝。

圆通子曰：惜此翁不求仙道，然其满腔慈念，亦应长享遐龄矣。

诗挫番僧

成化中，方士流行，一时赐以诰敕，号为真人者，几盈都下。而西番僧劄巴坚参，以秘密教获宠，赐号"大智慧佛"，出入乘高舆，虽显贵过街，皆避其前导。一日，劄巴归赐院，突见褴褛道人，于照壁上题诗云："纷纷方士满朝端，又见番僧压显官。这等奴才称释道，老君含笑世尊叹①。"款落"坤断补题"。劄巴见之，大怒，命士卒擒之。风沙起处，道人不见。或曰：坤卦断而言补者，此"丰"字也。于是共知为真仙三丰焉。厥后，劄巴之势稍挫。

圆通子曰：劄巴没脸。

一戏方士

成化中，羽流扰扰，出入禁廷，祖师甚恶之。一日，遇方士赵、王二姓者，知其存心鬼蜮，将挟异术北行。因化为教主形状，以诡之曰："吾张天师也，飞符召神，我法甚效，君等愿学否？"赵、王不信，祖师乃向空

① 叹，《道藏辑要》本作"欢"，从青空洞天朱道生刊本。

指画，倏有天兵天将，往来云气中，二人始异之，跪求符箓。祖师伪为密嘱状，赐之数符，二人大笑而去。其时，李孜省以五雷法得幸，二人投之，因此进身。帝询其能，二人以天师传符对，并请帝致斋三日，演法一观。帝如其教。临期，大设法坛，支吾终日不验，帝怒其奸诈，立命侍卫毙之。

圆通子曰：真仙之恶方士，犹君子之恶小人乎？吾师七戏方士，以正法簸弄邪法，务使群邪术败，宠幸日衰而后已。如吾师者，应封为荡邪卫正护国天师也。厥后成化末，罢夺僧道封号，虽系用科道言，安知不因吾师之默破其术，而乃疏之欤。（以下六则，俱作如是观。）

二戏方士

祖师又尝与方士刘某者，赌役鬼神。方士符初烧，祖师暗以法力掩之。轮及师符，即有鬼神无数，甲马狰狞，往来空际。方士惊奇，跪求指教，师慨然与之，并教以斩鬼妙法，方士大喜，挟技游京，颇称灵效，特未用斩鬼法耳。继援梁芳等，得入内廷。一夕有宫监与宫婢相狎，适帝命刘召鬼，符使烧而二鬼至，一男一女，调笑于宫楼之下，渐逼帝前，不知敬避，帝惧，速命刘拔剑击之，则是宫婢云娥与宫监某某也。帝大怒，以刘侮己，即刻毙于坛内。

圆通子曰：一符杀三邪，非吾师逞毒手也。以正卫国，真是慈悲耳。

三戏方士

方士郭成显，无赖徒也。初学五雷法，颇效。行将入京，三丰祖师因于途中截之，相逢道左，诡名赛天师。先语郭曰："子身藏五雷诀耶？"郭惊其先知，料是神人，不敢隐匿，连声唯唯。赛天师曰："吾尚有六雷法赐汝，依法行持，能召天仙化女，御凤游凡。近日李孜省，权倾中外，尔以此法投之，则显要可立致也。"郭大喜，请受其传，叩头辞去。进干孜省，先用五雷，孜省以为同道，深信纳之。郭笑曰："岂惟是哉！吾更有六雷在也。传吾者云，此法能召天姝。"孜省雀跃，促郭演之，郭乃故持身分，命广法坛，务穷精致，红灯翠幛，境界一新。孜省之姬妾，倚阁明妆，皆观郭术何如。郭乃按法行符，绕坛咒喝，果有仙姝四五，冉冉而来，各跨赤虬，止于坛上。其中有二女，尤为妖丽，双喉度曲，宛转莺声，歌曰："侬与儿夫据要津，法衣解却昵红裙。此威此福难长久，朝倚栏干泪湿云。"音节清脆，似嘲似讽，如惧如哀。孜省之党，初睹美人则生怜，继闻歌词则大惑，细思其意弥震恐。忽然雷雨当空，风沙竞作，满坛灯火皆灭，狐城鼠社，水扑烟昏。霎时云敛，纤月挂檐，觉有呻吟声，在坛深黑处，复然明烛照之，只见姬妾数人，各跨一呆汉，赤体弯腰，若僵迷状，睇视之，则皆孜省门下所养术士法徒也。强命家奴，各扶过去，再觅郭成显，尚立法坛，满口糊词，摇头掐指，若得意然。孜省羞怒交作，拔佩剑砍之，抛其尸于后园池内，禁家人勿言。谁知此夕丑声，早流于外矣，孜省益危悚不安。

圆通子曰：六雷法竟有许妙用，不知吾师从何处得来。汉唐方士流行之际，惜无此书。

四戏方士

彭华为吏部左侍郎，继结万安、孜省，遂得入内阁，预机务事，势焰日彰，威福自擅，屏逐忠良，其门下亦多方士。一日病热，凉药鲜效，乃命方士熊钟代求明医。熊闻都门外有某某者，岐黄颇精，遂往延之。路遇一道人，背负药囊，手挑画板，上书四句云："一张膏药，贴好疮痍。三封大丹，牢笼方术。"夫所谓一张三封者，是隐著其姓字也。猝然相遇，以为表其医道，故熊弗察耳。外售解热丸，熊欲购之，道人故昂身价，谓吾丸匪特愈病，并可轻身。熊弗信，道人以一丸自啖，两足凭虚，离地数尺许，熊即倒拜，乞卖一丸。道人故嘱曰："此丸与大贵人食之，必能白日飞升。其去世后，则袭显位易易也。"熊本无仙意，但欲如彭华辈，身列要津足矣。因将丸回，述其灵异，彭华于昏愦中吞之，头脑涔涔，如中鸩毒状，寻复大吐，吐后遂得风疾。熊伺其误，遂遁，彭华亦以病罢黜。

圆通子曰：热中之病，凉剂难疗。夫惟吐其火而赐以风，则心热退矣。若方士者，热中更甚于彭华，不爱神仙，只贪富贵，何不待他飞升，便自逃走。

五戏方士

太行西山马仙翁，能以神箭射鬼，人多求之，无弗效者。道士邓常恩，素闻其能，及为太常卿，阴贼险狠，暗害一人，每入府中为厉。乃命其徒陈歪儿，往求马术。陈即往，途遇一道人，风骨昂昂，手执长弓（张也），腰插七剑（三丰也），自云射鬼，百发百中，而不言其姓字。陈疑焉。同行至晚，于破庙中栖宿。林昏月黑，丛篁古木中，鬼声啾啾然，陈大惧。道人曰："尔可以观吾射也。"即于窗隙内，张弓射之，其鬼哀号而去，陈乃折服。明晨，乞其艺，道人慨然与之。遂回京师，述其情事，诡云："马仙已往，今幸得此神箭，皆大人之福也。"常恩喜甚。夜来昏月濛濛，府园中鬼声又起，即命陈一奏其技。常恩转过回廊，于对面楼窗上觇之。忽见鬼飞入楼，陈遂挽强弓，决妙矢，羽声响处，大叫一声，应弦而倒，烛之，则常恩也。幸中左臂，不致陨命，陈即逃。

圆通子曰：杀人之罪已甚矣，乃至欲诛其魄，残忍孰甚。西山之行，即得马仙神箭，安知不转射常恩？

六戏方士

阁臣万安，深中宽外。其时万贵妃，宠冠后宫，安称子侄行，内外之声援益固。并求方士房中术进之，妃大喜。居无何而妃卒。方万安之求此术也，方士路逢渊，高谈采战，以术授安，后自称法师，命安往西山受道，路先于途中待之。数日不至，无聊中，散步郊墟，忽遇一道叟，松颜鹤发，齿高面红，如赤松、黄石辈。问其姓，不答；叩其道，不言。叟笑吟曰："路逢冤，路逢冤，今日何缘遇万安？"飘然而去。路大惊，逡巡欲返。尔时日色沉山，林昏鸦噪，四顾茫然，顿迷去向。又见一樵叟，荷薪而过，叩其姓曰张，而不言名。路求指迷，老叟指青灯处，即是旅店，一谢而别，遂投宿焉。破椽萧萧，中夜闻隔屋叹声，眱隙而窥，则万安也。私心怜之，又欲近之，遂抽其破壁而过，以图一叙深情。时安已神倦，枕手而眠，忽闻壁响，疑是劫贼，乃举坐凳一击，其人遂扑。呼随侍觇之，则自称法师之路逢渊也。安究其情，则知为问候而来，伏地请罪，路亦忍痛作礼，问安曰："相公不趋大道，胡亦至此乎？"安言："吾奉师命，欲往西山，夜梦仙叟，对吾指示云：'万安万安，访道西山，西山大路不逢缘。'吾故趋车小道而来，不料与师相遇，竟作此一段恶戏。"

圆通子曰：以方士为法师，愚已甚矣。师不成师，故应受坐凳一击。厥后，万安仍以房术进后宫，被宪宗察出，遂罢。则徒弟亦失时矣。

七戏方士

成化末，梁芳、李孜省、邓常恩、赵玉芝，先后谪戍，继皆遇赦。而太监蒋琮，力言芳等罪状，决不可赦，故梁、李废死，而邓、赵仍戍边。先谪戍时，于途见旅壁遍处题云："孜省梁芳，罪恶大彰，遇赦不宜赦，令渠下狱亡。常恩玉芝，谪戍西夷，逢赦不当赦，长与中土离。"款落"封三张"云。

圆通子曰：群小被谪，已无生气，然小人心痴，必有回望三台，冀复大用，如万安黜归时者，故吾师题此戏之，以了局一党也。

道观题诗

嘉靖末，诏求天下方书。时南京道观崇清寺，壁上有四绝句，款落"隐仙张玄玄题"。常有神灯，夜照其字，后忽为雷电取去。诗见《云水集》中。

大闹魏祠

天启中，魏忠贤生祠几遍天下，而东华门外一所，尤为壮丽。日有褴褛疯道三人，奋步游观，突入祠内，击忠贤土偶像，粪土泥沙，污秽满面，复于壁上大书四句云："淫祠靡靡，王室如毁，锦绣江山，竟委于鬼。"（委鬼，"魏"字）守祠吏一见大惊，方欲扭执，而三疯不见矣。吏恐忠贤闻之，即时洗伐，觉诗壁余香，土偶余臭，是夕忠贤一身皆痛楚云。

圆通子曰：快事快事！可补《明史》之遗，使阅者奋袂起舞。

道逢吕祖

顺治初，秦蜀未平，时有一道士，披裘往来，隐显莫测，行且叹息，叹已复笑，笑已复歌。歌曰："乾坤明不明，豺虎尚横行。拂袖归三岛，蓬莱看水清。"又有一道士，佩剑执拂而来，依声和之。和曰："五更天欲明，出栈看云行。与子同归去，天得一以清。"飘然而至，佩剑者先谓披裘者曰："三丰先生，今可以休息矣。"这道士稽首相答，语语禅锋，了不可释。忽然放大毫光，空中红云飞舞，结成"吕"字，二道士腾空而去。此事载欧养真《纪乱书》中。

枯梅复生

康熙间，麟游道上马家店，有枯梅一株，椿颇奇古，不知何年种也。适值冬雪天寒，有张道人身披破衲，晓行至此，呼店主具面食，煮未稠，即送至席上。道人曰："咱不食生面，与枯梅食之，待他快活。"掷其面于树稍，摊钱而去。店主异焉。明晨觇之，枯梅已著花也，桠杈皆作"丰"字状。马店因此大售，时时以面水灌之，仍枯。

圆通子曰：吕祖活樟，邱祖活柏，张祖活梅，皆可谓恩及草木。

青云障暑

祖师游蜀山，山多黄荆，时值天暑，诸父老芟锄田野，不胜酷热。师将黄荆枝结成圈子，戴于头上，只见青云如笠，浮浮空际，随之往来。时有见者，多效之，殊大清凉，不生热疾。乡老赋之曰："首戴黄荆，虽少青云覆顶；身居绿野，不妨赤日当头。"至今遂成农圃故事云。

圆通子曰：或折枝作帽，或采叶作茗，此物皆大佳。

西溪假寐

同州有田翁者，家称富有，生平颇好善。及其殁也，有一道人来吊，自称"天外散人"（取唐诗"天外三丰"之句，藏其号也）。嘱其子，葬其父于秦岭山中，土起乳包，两石相抄处，且曰："吾与人卜地，只令无风水、泥沙、蝼蚁足矣。切勿妄听盲师，复行迁改。"田葬其父，十年平平。后为某师所惑，谈封说拜，顿起他心，欲改葬焉。闻道人尚在西溪亭，田往询其可否。及至亭间，道人正酣睡石上，田以手推移再三，道人作朦胧语曰："而翁正安卧，何来移动为也。"田不悟，复强推之。道人鼻息齁齁，竟不之答。田遂还家，仍从某师语，往开其墓，田公遗骨如黄金然，殊大悔恨。而某师强词夺理，卒移他区，不十年而田产凋零。再访道人，云已去年他往也。寻又逢某师，见其目瞽，丐于市云。

圆通子曰：田公之子，可谓不孝之甚者。

补　辑

金箔交辉

洪武初，平阳真仙张金箔，世造金箔纸，故以金箔自名，深藏道术，游戏人间，尝以金箔为药，与人治疾，无不奇效。忽又有张金点者，身著淡蓝袍，满袍皆贴金点，遂以金点为号，见者粲然。金点曰："人有疾而服吾一点，其疾必瘳。"时有求试者，效验如神，亦不索价。是时南省多疫症，金点一身，日为众人拥取，直至点尽而止。明日来市中，其点如故，咸拜为神师。越月后，疫症稍止，金点曰："吾今事尽，将归云山矣。"遂脱其金点道袍于地，人竞夺取，张化为金光，冲天而去。他日刘诚意闻之，曰："此必张三丰，诡为金点，与张金箔相辉映也"。

梦里传方

明有朱生者，兖州人也。性慈孝，忽得眼疾，对面不见物，朝夕拜天，遂梦一金色神人，长髯如戟，道貌飘然，招朱至前，曰："子心诚恪，吾有妙方赐汝，一点必明。但用好焰硝一两，铜器镕化，入飞过黄丹二分，片脑二分，铜匙急炒，入罐内收之。每点少许，其灵效有未可具述者。"朱醒而异之，即照神传调治，越日复明。朱感其神验，向空焚香，竭诚礼拜。他日到兖城，路经张仙观，入内瞻仰，忽见仙容，与梦中神人仪装无二，不觉竦然，并发愿传刊其方于世。今其方尚载《本草纲目》中。

度汪梦九

汪公锡龄，字梦九，徽州歙县人，明嘉靖进士，按察忠愍公后裔。家素丰余，能好礼义，继客扬州江都，遂侨寓焉。公生而神异，少有夙慧，壮有治才。娶刘氏，性极恬静，尝梦女仙何一阳，颇爱玄学，与公俱二十余年，倾偈而逝。公亦不复娶。平生出处，由别驾官至四川剑南观察，辑兵爱民，人皆德之。到任二载，剑南多雨，公乃自断指甲，徒步往祷于眉山，拈香七日而天晴，咸以为仁慈所感。归经娑罗坪，忽遇至人张三丰先生来游峨眉，一见如旧。先生觉之曰："方今圣天子在上，又有贤宰辅、名公卿，相与佐治，君无忘蓬莱共处时也。"公乃大悟本来，为沈万三分神寄世，并知三丰为恩师，再求指度，师乃授以金丹要旨。公暇即静坐于高标、凌云两山，建修屋舍丹房，并于就日峰，自创一椽，号"藏蜕居"。夜与仙师往来。尔时民物恬熙，辕门满草矣，所未决去者，因尚有老亲在耳。继升云南永北，即请终养，恐长滞于软红也。乃以次丁在，不合定例，遂阻。寻又授河南通省河道副使，因便道，抵扬州，过楚江，复遇三丰先生，传以秘诀，遽抱奇病归。时元配刘恭人，去世多年，命其子思敏，扶柩入蜀，葬之就日峰。而公病益剧，绝粒月余，面转红畅。一日，谓弟曰："汝善事父，吾将往矣。"薰沐正襟，空中隐隐有彩云下覆，突见一气，从顶门出，乃终。（时雍正甲辰二月初七日丑时仙升）举尸入棺，轻如蝉蜕，方知成真得道人也。其子奉遗命，合刘恭人柩，同扶入川，瘗于就日峰上。后有巴南樵夫，见公于峨山，从一奇伟道人，飞行峭壁，仍如当日容貌，髭须飘飘然。

长乙子曰：题系《度汪梦九》，而此作乃如梦九先生小传，何也？盖先生观察剑南，流风善政，至今犹称颂之。兼以仙根道器，忠孝两全，故祖师亟来指度，以卫吾道。兹作搜轶事、撷遗闻，并照其寿藏碑跋著之，仍以著祖师度世之勤，而代写梦九出处也。

附：梦九先生《自题藏蜕居记》

道人姓汪，名锡龄，字梦九，号圆通。江南徽州府歙县水界山人，侨寓扬州府江都县。历官别驾、州牧、户工二部，任四川剑南观察，受修养秘法于张三丰先生之门。爰凌云山水清幽，自营葬地于就日峰内，穴得云中仙座之形，扦己山亥向，为将来藏骨之所。留题七律一诗，录之于后："自扦吉穴埋仙骨，水绕山环倍有情。就日清泉垂德泽，丹霞静室守佳城。道人久脱尘凡累，孝子无劳风木惊。莫说老夫原未死，何妨标挂见分明。"雍正元年岁次癸卯四月初三日，圆通道人建椁自记。

秦安涸迹

秦安县有张蓬头，自云中州人，又称天外人。顶挽单髻，冬夏著一破衲，游行市上，状类疯癫。好事者畀以酒食，不问精粗多寡，唊辄尽。初未见其醉饱也，时或数日、或数十日不饮食，亦无饥渴态。晚宿寺观平地上，恒经旬不起，群以为死，足蹴之，乃欠伸张目曰："寐未熟，何涸而公为也？"县人蔡生，有别墅，在城西石佛寺，花木明秀，廊槛回环，欲奉之往，蓬头殊不辞。生恒喜交游，以墅为外宅，日与品竹弹丝者，相为征逐。蓬头了不为意，日方落，即僵卧如尸，终夜不闻息声。偶叩其术，曰："圣经次节，乃儒释道三教入门初基，由定而至得，①其途乃分。踏实一切者，孔门也；空诸一切者，牟尼也；超乎一切者，太上也。君称茂才，当自领之耳。"生妻最悍妒，诟骂翁姑，生畏之如虎。探知生与道者并诸交，在别墅为戏，怒甚，即往斥逐。生惧以告，蓬头曰："无伤，俟其来，我自当之。"比至，见蓬头当门坐，怒声雷动，肆口傑佾，直前以左右手力批两颊，蓬头怡然不动，妻觉两手痛不可忍，急归，而十指肿若悬槌，已发疔毒，嚎呼半夜，天晓死矣。迨乾隆四十九年四月，蓬头忽劝蔡归家，蔡心迷游戏，难之，强而后可。至正月望，逆猵马心明，携其党，自伏羌窜归石峰堡，道经石佛寺，蹂躏殆尽，而蔡独免。后有陈野仙者，亦来游秦安。野仙，平凉人，冠服作道装，而饮酒食肉，起居作息如常人，结庐龙门山危峰峭壁，殆飞鸟所不能到，不知何以上下也。其踪迹颇不远人，欲觅之，峰下呼陈爷即至。或叩以休咎，不答，但云："由他、由他！"又尝与乡人移石上崖，又尝与友人嘌水灭火，一切灵异，未可俱述。兹闻野仙来游，蔡即延至其家，令与蓬头相见，而野仙若甚自惭者。留三日，野仙

---

① 此句盖指《大学》"知止而后有定，定而后能静，静而后能安，安而后能虑，虑而后能得"一句而言。

辞去。蔡因问蓬头，野仙何如？曰："修仙有二，其上乘自静功入门，首戒妄念，次学胎息，再演降龙伏虎之法。此皆易事，惟金丹难炼耳，丹成便可飞升，来往自如矣。今野仙，乃符箓一派，静则云霞，动则霹雳，然必传授正、蕴秘深，真师来度，亦成南宫列仙，否则五百年后，难免雷劫矣。幸野仙存心仁厚，每以其法救人困苦，虽系别道，吾将以大道传之。"居无何，蓬头亦飘然去。野仙貌肥黑，礼仪甚恭。蓬头面奇古，而神极清，去来倏忽，如游龙然。

　　虚舟子曰：海亭言张真人，每尝往来城市，佯狂散发，自称蓬头，神也哉！真人之住世也，不示异，不见为仙，徒示异，又恐似野仙。夫惟扫除旁门，独标正道。而以诛悍妇，救蔡家，略露其以道兼法之妙，则真人之神通大矣！可惜蔡生不悟。

张三丰先生全集

卷二

古　文

陈雷谷传

　　雷谷仙翁陈可复，定海人也。生而疏爽，丰骨不凡。自少好仙术，无功名意。遇平江林道人铨，传以召雷法。时值大旱，祷祈莫应。或有戏者曰："陈道士能召雷雨。"命至官庭，将俟其不验而侮辱之。可复即以法兴云，须臾雷电大作，雨下尺余。常至鄞之天庆观。中秋，有方士赏月，可复不与其会。戏以墨水喷空，顷即乌云蔽月，而雨黑雨，坐客惊避，衣尽缁矣。众知其所为，延之入席，云收雾敛，月复朗然。其响应率皆类此。至元间，世祖诏见，命主长春宫。暇则杜门静坐，不与客见焉。

陈中行传

　　元江东明道书院山长，教授温州，陈公名遇，字中行，金陵人也。公外和内刚，深知大义。明太祖渡江，御史秦元荐之。帝致书征至，与语，大悦。俾典戎务，咨以机密，授供奉，不受；后又拜学士、中书左丞、宏文大学士、太常卿、礼部尚书，皆辞；又赐金帛等物，亦不受。高庙三幸其第，引入内赐坐，病则赐医药。年七十二，无疾而终。帝再三震悼，赐以棺帛。当时在廷公卿，皆以为无此宠遇。方公之初见太祖也，只劝其戒杀，以为生民之望，及诘以元政何如，公惟流涕而已。诏对之暇，焚香危坐，若山中老僧者。太祖数遣人觇之，公正念《金刚经》，曰："以如是降伏其心，以如是降伏其心。"故始终不相疑焉。然其不受人职，亦可谓忠于元者也。《元史》不载，吾故表而志之。

完璞子列传

　　完璞子，姓程名瑶，字光杓，新安人。征士抟霄之子也。状貌魁梧，性情豪宕。母倪氏，梦神人以赤玉授之而生。幼有神悟，诵经史如已熟读者然。倪氏卒，哀毁如成人。自是日日勤学，所谓孔孟心传、河洛宗旨，皆贯通焉。及长，娶周氏，氏名锡，字元姬，长知书理，阅《纲目》传记，能较其异同，称闺中博士。姬于君为同庚，而君生以冬至，元姬生以夏至，盖一少阳，一少阴也。孝翁敬夫，暇则聆光杓诵读，恒以义理相质。抟霄弃世后，守制如礼。服阕北游，宋濂一见即奇之，曰："风尘外物，抟霄为不死矣。"寻辞去。从吴桢学剑，甫期月而即尽其能，乃佩剑出游。遇王仲都于句曲，授以大道，命择地修炼。遂还北岳，潜修十二载，道成，时年三十六也。始归家见元姬，课子读书，遂独寝中堂。元姬潜窥，见其趺坐于榻，顶有金光，照耀一室。诘朝请曰："夫子何不以道相授乎？"光杓曰："方欲度尽天下，岂吝于子？但未谢师恩，故未敢也。"遂往大翮山，谒见王真君，赐号完璞子，拜谢而去。携剑游晋阳，转之荆楚。时有姚广孝者，出家妙智庵，法名道衍，虽从佛教，却喜谈兵，尝游南阳新野，访卧龙遗迹，题诗于庙，津津自喜。忽有一人，坐于其侧，大喝曰："和尚何人？敢诮武侯耶？"衍大惊，见其道装佩剑，容貌清奇，作礼曰："无心之咏叹，道长何责之深也？敢请从来。"道者云："吾号完璞，惟喜遨游，苍林碧巘，皆吾庐也。"仰天大笑而去。衍后为燕王所倚，助恶篡国，故完璞一羞之也。建文初，燕入会葬讫，还至淮阴，次子高煦，引兵来接，忽然风雾大作，沙石乱飞，无路可出，猛闻喝声曰："且饶汝！"天即清明，见一道者，按剑而哂。煦欲问询，风过不见矣。归令道衍占之，曰："此仙家游戏耳。"盖完璞自羞道衍后，即知燕王入朝，故于中途显遁甲以警之。夏四月，太祖小祥，燕遣世子煦、燧等入临，魏国公徐辉祖密奏请留之，煦入辉祖厩，盗良马先逃。时完璞访余于武当，遥见煦来，因掣剑指之，其马惊嘶跑转，控勒不止，欲下不能，直至江口，如从云雾中坠下。燕后围济南，铁铉令军民诈降，遂败燕于城下。时道衍亦在军中，出营巡视，一人至前曰："余有破城之诀。"以秘函付之即去。衍启视云："赞画军机，曾不识诈降之计，师到济南多不济，问何如刘诚意？全未。"衍览之，耻惧交集，细忆其人，宛似武侯庙前所遇者。完璞复去游淮上，值燕师进攻沧州，高煦殿后。俄而冰雹大作，齐奔北军，煦带重伤而走。周隐遥真人适来相遇，怪而问之曰："燕王应运之主，何为挫之？"完璞曰："先生误矣！燕王棣，今之管、蔡也。时无周公，使彼得行其志。而先生以应运归之，若此则强藩叛国，皆称应运，而纲常从此坠地矣。小子念此，殊不敢狥俗情，故尝两羞广孝，三辱高煦，盖欲振饬大伦，维持名教，使千秋以①后，知燕王之师，为山林仙客所不能容者，定非应运之主也。自古真人崛起，则必除残去暴，上如汤武，次如高光，乃克称应运焉。近今如太祖开国，平贼寇，继大元，亦可称为应运。然天以天下与明，率当以祖宗传贻者尊为天命，燕王不据位，安知建文之后，遂无世子耶？矧其立位以来，操心仁孝，上天原无改易之心，而燕王以强凌弱，此不过如乡人之豪夺其宗人之产，于天命何与乎？乃高煦暴物，佐父称兵，道衍奸奴，辅渠肆志，浅识者犹不平，况豪士哉？吾闻先生为角②里公贤孙，抑思商山辅翼，何不重少子而重嫡子？使当日戚后之儿，亦居惠帝之位，先生其许之否？"隐遥语塞，遂各分手而去。完璞仍还山居，元姬来拜曰："婚嫁之事，妾已代君完之，盍即以道相授乎？"遂传以返本还元之诀，日夜修炼。完璞子亦自温养胎婴，九年胎孙复孕，可以分身应物，神游千里。时元姬容颜日少，悟彻前因，乃与完璞子同登瑶岛之上矣。

赞曰：程完璞者，忠义神仙也。然其羞广孝，挫高煦，说隐遥，壮则壮矣，毋乃龙性未驯乎？既闻温养添孙，入包山珠楼，与徐君同修《仙史》，则又儒雅之甚矣。

慧通子列传

慧通子，姓徐，名人瑞，字辑五，滇池侯徐景夫英之子也。母宏氏，初生一姊名大姑，继生慧通，时洪武元年四月初八日也。韶龄时，死而复生，忽开神慧。先是，滇池侯性情豪迈，奋志从军，转徙于外，卒不能归，时慧通尚年稚也。尝③师韩教授，淹贯经史，里人有神童之目。而慧通天

---

① 以，《道藏辑要》本作"之"。
② 角，诸本均作"甪"，改。甪里公，即甪里先生，"商山四皓"之一，汉代著名隐士。
③ 尝，诸本作"常"，据文义改。

性澹远，素慕玄修。日自馆舍归，途遇赤须道士，招前语曰："稚子有心学道，抑知道不远人乎？忠孝仁义，道之基也。"遂传以妙品，逸入深林不见。慧通归家，乃存心报本，矢志忠诚。既念老父从征，音书久绝，遂欲遍处寻求，以母孤清，无人奉侍，不敢遽行。姊适娄江朱云章，专事游侠，言欲为朝廷出力，图取功名。慧通闻而叹曰："朱哥亦作此想耶①！"心窃忧之，未尝为母告也。娶陶氏，幼名钟姑，后改名复，字于根，心灵善悟，能读古经文。姑少慧通一年，而月日时则皆同也。能事老姑，人称双孝焉。慧通以内助贤顺，乃聚徒教授，馆谷奉亲。嗣后生齿渐蕃，谋生转拙，乃学为岐黄之业，精痘科，兼善治疫疠。国之人赖以活者，盖不可胜数矣。侧闻朱云章勤王战死，遂具舟往慰大姑。因思父亦从军，未卜何如，而寻亲之念，于是益切，谓穷天极地，必往求之也。时年已三十，五绺长髯，口河眉剑，目秀鼻隆，喜服天蓝袍、淡黄裙，飘飘然有神仙意。携二童相随，舟至江西，小儿患病者，咸求医治，馈遗之物，用度外，悉施贫苦。飘零楚蜀，至瞿塘三峡。又闻徐侯在滇南，爰往探之。至沐府问询，始知向镇大理，已去世二载也。沉痛欲绝，即日泣奔大理征寻，甫得于北门外之和平里。步入中庭，满怀怆戚，忽见两少年趋出瞪视，彼此惊疑，盖徐侯当日闻宏氏生子已亡，故更纳严、唐二姬，以继宗祧，而复生此二子也。相视相诘，方知为嫡庶弟昆，遂请两姨出拜焉。命二弟引往墓所，庐居七日，哀毁如礼。此时归省念起，欲请两姨同二弟东归。以姻亲在此，不愿重迁，乃拜别就道而还。初抵家宅，即入中堂拜母，猛见丧帏一具，揭视之，灵柩俨然，失声曰："此何为也？"家人咸来泣拜。钟姑曰："自君之去②矣，老姑积于思虑，卒然而昏。"慧通闻言，哀痛无既，乃行祭葬之礼，复深庐墓之情。一日遇前赤须人至，曰："吾西山隐仙也。闻吾子孝德动天，合当长生度世。"即召其夫妇至前，传以大丹之诀，慧通与钟姑，乃拜隐仙为弟子。仙既去，遂各净扫丹房，勤心修炼，不一载，而金丹已成。他日出游西山，再遇仙师，传以神丹，乃于林屋洞天，起炉超炼，白雪③满空，红霞遍地，自是而阖宅皆升矣。方慧通之初入西山也，见危岩深处，有石门焉，屈身而入，伏行既久，仿佛若有光，由是琼钟一叩，万象皆明，洞然之

---

① 耶，《道藏辑要》本作"也"。
② 去，青空洞天朱道生刊本作"出"，从《道藏辑要》本。
③ 雪，《道藏辑要》本作"云"。

中,别有天地(凡皆是入室时之景象也)。其间林泉旷廓,云水飞扬,溪山猿鹤,相啸于云烟之外,而瓦屋楼台,亦与人间无异,遍观其闲院,堂曰"堂堂",亭曰"亭亭",轩曰"轩轩",阁曰"阁阁",慧通至此,几不知身在何处也。突有二吏来迎,云:"奉玄圣命,专候仙才。"遂引慧通至石楼,额曰"玞楼华藏",二吏止之于中,返身扃门而去。慧通静坐沉思,一使供餐,琴书在几,香茗当前。及观楼壁,已有太上敕笺,命其细检琅函,纂修《仙史》,功成后,许其全家一见。于焉握仙管,拂云缣,日日勤研,功夫清谨,举凡古今仙迹,大道流传,无不编次详明,炳如星日。如是者,不知几朝暮矣。始见一丈人,启钥开关而进,慧通拜之,丈人曰:"吾即此洞主灵威子也。子成希世①之功,仙凡幸甚。"慧通谢之,求赐闲游。丈人曰:"子今可以出观,宝眷已移前第矣,请往见。"(婴儿、姹女两团圆之意)慧通乃下玞楼,青童前导,先从戊己门,转达东堂,瞥见钟姑易服宫妆,敛衽曰:"君可往见公姑。"乃更入内院,见其母同一伟貌胡叟并坐逍遥榻上(圣父、灵母生真仙之意),慧通泣拜母前,叩其来略。母曰:"吾昨逝后,见赤须道者,督一金刚神,日夜围护,言候汝子道成,即得齐登仙界。其并坐者,即汝父也。"一时父母妻子,咸聚首于林屋洞天之中。嗟乎!慧通之仙秩,其荣及于全家者,固若斯乎?夫挟济人之术,以寻万里之亲,可谓仁孝兼备矣。乃去则父殁而不得见,入则母死而不及送,人子之苦,莫甚于斯。及至玞楼编史,阖家度世,然后知天之报施仁孝,固不爽矣。后封为征时太史,兼寰中极济使,钟姑为易隐净贞夫人。(此传妙合丹经仙笔)

赞曰:徐慧通者,仁孝神仙也。馆谷养母,借医寻父,若博学多能,以成其为人者。然惜其远寻亡父,而不能转见生母,又何留此缺恨也!人子至此,故惟有出家访道,冀我族之同升也。然使无仙才,以成《仙史》之功,亦几几乎其难哉!

沈线阳小传

沈线阳者,万山长女也。声宏体硕,无女子相。生三岁而失去,莫知

---

① 世,底本作"自",《道藏辑要》本作"有多",改。

所之。方万山之徙云南也，吾往会于滇上，同炼天元大药，至期年而始成。日者线阳来见，已隔三十余年，父女相逢，两不相识，细询之，始知其为长女也。自小离亲，几成永诀，然在髫稚，亦不自知。其别庭闱之际，即遇薛真阳，古称中条玄女者是也。名之为玉霞，号之以线阳，命掌神剑，兼守玉匣诸秘法，得授灵通大道。吾与万山正炼天元，爰此来滇，共服成药，皆真阳教之也。万山大喜，即出成丹，与全家服之，皆冲举焉。线阳愿大慈深，慨然有普救生灵之志，尝言"能忍者有裨于道，好杀者必丧其元"。遂与父散游四方，随时化度云。呜呼！可谓女仙中英雄矣。

余氏父女传

东南之地多仙才，而可与点化之诀者，惟沈家眷属。余十舍者，万山之婿也。少好施与，万山以幼女妻之，并传以丹砂妙道，丰饶与妇翁相颉颃。万山徙云南，故十舍亦受株累，非无因也。至滇上，时西平侯沐春深抚慰也，侧见余氏女，风致端闲，宛然仙格，愿请赘于十舍，十舍允焉。及入西平府，薄其嫁赀不丰，颇不为礼。余女曰："公所利者，财耳，措之极易。"教备汞熔之，脱金环投入其内，有声如蝉鸣，真汞已干，而环如故。以汞揩①铜铁，悉成金宝无算，侯大悦。西平侯之镇云南也，前后七年，大修屯政，其得力于余夫人者多矣。后乞名号于吾，拜为小弟子，因名蕙刚，字健阳。与其父母同服万山翁大药，遂飞升于昆明池上。

长江月白，霜霞满汀，万山先生，子欲闻予之出处乎？

芦汀夜话

长江月白，霜露满汀，万山先生，子欲闻予之出处乎？予当生时，一鹤自海天飞来，咸谓令威降世。后知丁公仍在灵墟，予思彼人也，我亦人也，予岂不得似丁公？每嗟光阴之倏忽存没，富贵如风灯草尘，以是日夕希大道，弃功名，撇势利，云游湖海，拜访名师，所授虽多，皆旁门小法，与真道乖违，徒劳勤苦。延祐初，年已六十七，心命惶惶，幸天怜悯，初

---

① 揩，青空洞天朱道生刊本作"开"，从《道藏辑要》本。

入终南，即遇火龙先生，乃图南老祖高弟，物外风仪。予跽而问道，蒙师鉴我精诚，初指炼己功夫，次言得药口诀，再示火候细微、温养脱胎、了当空虚之旨，一一备悉。于是知欲进道者，必须法财两用，予素游访，兼颇好善，倾囊倒箧殆尽，安能以偿夙愿？不觉忧形于色。师怪问之，予挥泪捉膝以告。重蒙授以丹砂点化之药，命出山修之。立辞恩师，和光混俗，将觅真铅八两，真汞半斤，同入造化炉中煅炼，转制分接，九还已周，借此赀财，以了大事。由是起盖丹房，一身端坐，虚心养气，虚气养神，气慧神清，广觅药材，时饮蟠桃酒，朝餐玉池液，如醉如痴，补气补血，但得汞有半斤，可待他铅八两，月数将圆，金花自现，十手捉虎擒龙，採得先天一气，徐行火候抽添，自合周天度数。知复姤，进火退符；识卯酉，防危虑险。十月功完，圣胎显象；九年面壁，与道合真。所谓"跨鹤青霄如大路，任教沧海变桑田"也。吾之出处，大概如此。请与子鼓枻而歌，以尽今宵之乐！

四皓考

商山四皓，皆避秦乱者。一曰东园公，姓唐名秉，字宣明，襄邑人。高洁自守，遁于邱园，故以为号焉。一曰夏黄公，姓崔名廓（或作"广"），字少通。避居夏里修道，故自号为夏黄公。一曰角①里先生，吴人也。泰伯之后，姓周名术，字元道。逍遥自适，尝寓河内，更号灞上先生。此皆《陈留志》所记者，独绮里季不传焉。既阅皇甫谧《高士传》，乃知绮里翁者，姓朱名晖，字文李。种芝养命，泉石栖真。四皓之清风，乃如是哉！

八遁序

三丰先生因朝廷屡诏，而假遁以深藏，乃浩然曰：遁之为用妙矣哉！天子不得臣，诸侯不得友。不谒君公，不逢权贵。不以长生之术，分人主励精图治之心。自求自用，自得自娱。望之若白云之在天，而舒卷无定也；即之如明月之印水，而动荡难收也。或隐廛市，或居山林，或杂侪伍

---

① 角，诸本作"甪"，改。

之中，而人不识。大明以来，太祖诏之而不得，成祖求之而不能，是异人欤？是高人欤？是有得而成飞仙者欤？生平所师慕者八人，尝写为轴而拜之。汉则严光、法真，晋则陶潜、戴逵，唐则卢鸿、轩辕集，宋则陈希夷、林和靖。遁之上九曰："肥遁，无不利。"其此八公之谓乎？严子陵却光武曰："唐尧著德，巢父洗耳。士固有志，毋相迫也。"顺帝征法高卿不至，郭正曰："名可得闻，身难得见，逃名而名随，避名而名追，可为百世之师矣。"①安道辞召辟而逃身入吴，渊明性恬淡而弃官归野，元宗聘卢浩然，欲縻以爵，不受，终隐嵩山。宣宗迎轩辕集于罗浮而问仙道，轩辕曰："王者屏欲崇德，自然安享遐福，何必更求长生！"宋太宗谓诸臣曰："华山陈抟，独善其身，不干势利，可谓方外士矣。"宋琪等问修真之道，先生曰："山野之人，于时无用，君等协心同德，兴化致治，勤行修炼，无出于此。"林逋结庐孤山，终身不出，赐号和靖。此八公者，《史鉴》嘉之，《纲目》予之，非同捷径终南、移文北山者，得遁之义哉！今夫能为高隐，即是高真。方士羽流，纷纷躁进，自炫金丹，谎惑人主，究之暂时之迷，难逃天鉴之速。汉武帝好神仙，而李少君入矣，乃少翁术尽而首枭，栾大方尽而腰斩。唐宪宗好神仙，而皇甫镈得志矣，乃未几而宗李皆戮，又未几而柳泌伏诛。彼林灵素、魏汉津，论黄夸白，出入禁庭，其于宋徽宗时，亦奚有终身哉？甚矣！小人好进，而中主多愚矣。善夫李藩之言曰："道盛德充，人安国理，何忧无尧舜之寿耶？"善夫张皋谓穆宗曰："神虑淡，则血气和；嗜欲甚，则疾疹作。药以攻疾，无疾不可饵也。"善夫王昭素谓宋太祖曰："治世莫若爱民，养心莫若寡欲。"善夫裴潾谏宪宗疏略曰："方士难信也，世有真仙，彼必深潜崖壑，惟畏人知。凡伺候权门，自炫奇伎者，皆不轨狗利之人也。"三丰先生是真隐，亦是真遁，其立身愿效严、法、戴、卢、陶潜、林逋，其规箴愿师轩辕、希夷，而兼师其高尚，但愿求我者转而忘我，诏我者转而遗我，则我与八遁后先争高，而为圣朝之大遁也。

自题《敕封通微显化真人诰命》后跋

从古称真人者，必须外达真气、内涵真心、入有真操、出有真守，实

---
① 语见《后汉书》卷八十三《逸民列传·法真》。

之而得夫真道。弃世而不恋世，避人而不见人，不为势利所羁勒，不以黄白欺世主，岂若方术之士，谬邀锡命，而不自怍乎？由汉迄宋，其间明元机者，如吾尊崇之八遁，清风峻节，或逃名，或却聘，或功成勇退，或世衰遁藏，其怀真不露，奚常以长生药炫朝廷哉？余幼耽元理，晚得真诠，狂放自如，实厌流俗。窃以真人真君，锡自上帝者为宝，人间敕封，何足贵哉？夫惟天顺皇帝，亦明亦决，庙讳英宗，赐我诰命，乃受承之。至若成化、嘉靖之间，番僧劄巴、妖僧继晓，封国师、禅师；方士则邓常恩、李孜省、邵元节、陶仲文、唐秩、刘文彬，以及羽流数百，均系阿比宵小，设诡贪奸，妄称法师，普号真人，氾滥无涯，笑骂史册。当是时，碔砆乱玉，鱼目混珠，决不受此诰也。厥后或诛或罢，追夺前封，殆无遗匿，快哉乐哉！岂非上帝郑重敕典，不肯与人间滥予匪徒，而默削其浮名也哉？大元遗老三丰道人书。

与明冰壶《道法会同疏》

伏以大道至大，赖太上以传机；精微至精，冀全真之演教。法非道无以资其本原，道非法无以显其妙用。道法兼备，体用圆融。切念洞春（寓明玉家时，诡云姓庞，名洞春），天水云游，江湖懒散。悼彼日月，已兴大耋之嗟；顾我行藏，幸遘桑榆之景。或栖迟于林壑，或窈窕于崖溪。周、孔诸书，聊发端于幼稚；老聃《道德》，略适意于庞眉。霞友云朋，动念漫游方外；至人异士，垂怜跼蹐世间。指以元微，得朽腐再生之橐籥；蹈斯蹊径，见劫刃不陨之卷阿。红铅黑铅，煅炼方成影响；金液玉液，坐卧略致疏通。虽未臻了道之涯，固已骋造元之辙。倒拖藜杖，入中阳之洞天；询此华封，是内江之胜治。昨蒙冰壶先生，屈身问道，投以琅函，专志输忱，敷陈楮币。虽初觌高明之面，已稔闻清雅之音。六甲风雷，顿能藏于符篆；三天将吏，率已属于指挥。拯难扶危，济人利物。公欲将此妙法贻我，我能不以元机奉公？（一本有"我幸遇鹤颈鱼腮，公亦逢㹠鼻鼠耳"。）胶漆相投，当无离别之理；道法同会，总结非常之缘。翻身椊透玉葫芦，选甚东西南北；信手拈来金菡萏，常存春夏秋冬。仙诺既容，光鉴是荷。

跋《道法会同疏》后

吾游内江诸山，闻有天关地轴者，意其中必有秘典灵文，为养性立命之圭旨。及登其天关，则三堆山耳。又寻其地轴，则石笋山耳。因慨然曰："世之有名无实者，固如是乎？"既闻明先生颇称好道，逮与先生俱，则又落落无奇，反欲以符咒相授，而不知有金丹，岂知道也者自人身而有之，非旁门之左道也。先学静，次学悟，次学炼，次学养，其终乃出入乾坤，往来拯救，勤立功行，以待天符。故道可以兼法，而法不可以兼道，即或用妙术济人，亦惟以心为法，以神为符，以气为水，斯无投之不灵。若徒驱符遣咒，扰扰不休，若验若否，幻惑人心，有识者必将以方士目之。他日夜叉来逼，命系无常，此时用符不效，用咒不灵，虽素称为道士，道果安在哉？故欲学道者，只须就道寻道，毋以法为道也。存神过化，斯无道之非法耳。

跋《蓬莱仙奕图》

《蓬莱仙奕图》者，龙阳子湖湘冷谦所作。谦，武陵人，字启敬，龙阳其号也。中统初，与刑台刘秉忠仲晦、沙门海云游。无书不读，尤邃于《易》及邵氏《经世书》，天文、地理、律历，以至众伎皆通之。至元中，秉忠入拜太保，参预中书省事，乃释业儒。从游雪川，与故宋司户参军赵孟頫子昂，于四明史卫王弥远府，睹唐李思训将军画，顷然发之胸臆，遂效之。不月余，其山水、人物、窠石等，无异将军，其笔法傅彩，比将军尤加纤细，神品幻出，由是以丹青鸣当时。隶淮阳，遇异人，授中黄大丹，出示平叔《悟真》之旨，颖然而悟，如己作之。至正间，冷君已百数岁矣，其绿发童颜，如方壮不惑之年。时值红巾作乱，君避地金陵，日以济人利物为念，方药妙用如神。天朝维新，君有画鹤之诬，隐壁仙逝，则君之墨本绝迹矣。此卷乃至元六年五月五日为余作也。吾珍藏若连城之璧，而未尝轻以示人。今将访冷君于十洲三岛，恐后人不知冷君胸中邱壑三昧之妙，不识为真仙异笔，混之凡流，故识此。特奉遗元老太师淇国邱公，览此卷则神清气爽，飘然意在蓬莱之地，幸珍袭之，且以为后会云。时永乐壬辰孟春三日，三丰遁老书。（下有三丰①印章，见《皇明异人录》。）

按：《仙奕图跋》，郎草桥《七修类稿》强辨为伪，其辨云：永乐二年，转送淇国。淇国乃成祖心腹功臣，三丰至而敢匿不言耶？又云《跋》谓"冷武陵人"，而不知本钱塘，刘伯温曾在杭遇启敬，并《志》亦云钱塘人。又云《跋》谓"观李思训画，遂得其法，幻出神品，以丹青鸣于时"，何伯温之诗皆不言之，而止言善音律、术数耶？又云三丰既子身远游，岂复带画永乐时送人耶？又云《跋》曰"冷在至正间，已数百岁"，若在洪武，必百数十岁矣。如此老，尚为人臣耶？就使为之，如太公、伏生，人必言之，何不见于书耶？

长乙曰：郎瑛之五辨，皆非也。观此图跋语，清矫不群，绝似丰仙手笔。其送淇国也，为留冷之画本耳。当其时必一见而即去，难留云鹤之踪。淇国即不必匿其来，成祖亦必知其不可追也。一、神仙游处无常，在钱塘则钱塘人，在武陵则武陵人，何定之有？二、刘伯温虽遇冷仙，并非晨夕过从，久而不去者，即有诗篇，安能事事题赠？况丹青薄技，当不必一见即夸也。三、画非难携之物，送人乃郑重之思，淇国门高，或可宝此不失也。四、仙家百余岁，乃寻常事耳。老为人臣，犹之老官柱史，复何疑哉？

与完璞书

向蒙鹤驾，见访武当，坐榻谈心，真不知门外有尘寰矣。特以愚情无定，救世为心，云水茫然，如舟不系。足下亦以白岳久离，佩剑归去。昨遇尊师王仲都先生，极奖足下才高悟敏，为及门之冠，并嘱愚遇足下，须以真诠赠君。噫！愚何敢为足下师哉！但以大器挺生，必有群仙为之辅导，以成蓬山第一流也。足下英气绝俗，壮志辟人，青蛇在手，九州往来，特恐有损静功耳。白岳崇深，正好胎养。倘能子生胎孙，孙复生子，则分身应用，而立功于人间，更不少矣。尊聪广大，谅不嫌渎。此意区区，难忘规谏，足下以愚为老友焉足矣。云水道人张三丰稽首。

---

① 丰，《道藏辑要》本作"峰"，误。

《永乐大典》记

先儒有言，读书者多取，不如精取。自天子以至士庶，其学问同也。永乐初，朝廷命尚①书胡广、侍讲王洪等，编成一书，名曰《大典》，计二万二千八百七十七卷，一万一千九十五本，目录六十卷。其表文尝见于《蟫精隽》中。夫《御览》、《元龟》，不过千卷，求多者徒具望洋之叹而已。《大典》以万计，安能推布夫海内也哉！

"悟真"字解

噫！真，何由悟哉？世人皆欲悟真，而悟之不真，非悟也；真之不悟，非真也。今即字义解明之。悟者，觉也，求也。真者，实也，正也。夫人知之也。岂知"悟真"二字，书义亦深乎？"悟"从"吾"、"心"，先当以修心为本。太上云："吾从无量劫来，观心得道"是也。真者，何也？《六书》云："人受气以生，目最先，神之所聚，无非实也。故从'目'从'匕'。匕者，化也。又从'丿'（音浩），丿者，气之形也。"可知欲炼道者，须先炼目，炼目乃能聚气，炼目并可收心，所谓"机在目"者是也。识得此机，便见真机；识得此机，便知息机；识得此机，便入妙机。悟如是，真如是也。请以告天下之悟真者。

刀尺赋

三丰先生，常携刀尺以遨游，空乎两大，浩乎十州。客有怪者，不知其由，先生乃为之赋曰：

是刀也，能开混沌；斯尺也，用絜蓬莱。故相随而不失，知造化之剪裁。尔其百点明星，双叉皎雪。绳墨从之，锋芒割若。分修短兮合宜，剪水云兮快绝。期妙用之无方，岂微能之足述。至如裁妙理，削尘嚣，量度数，别昏朝。火功寸寸，风信刁刁；胎养刻刻，羽衣飘飘。度龙门之万仞，如虎剑之两条；梦益州而不愿，与方丈而同超。刀兮刀兮，妙之又妙；尺

---

① 尚，《道藏辑要》本作"上"，误。

兮尺兮，要所必要。匪欧冶之能熔，匪公输之能造。与我偕行，任他嘲笑。将求织女之云绡，缝出仙翁之衣帽。

歌曰：

一刀一尺遍天涯，四海无家却有家。
破衲补成云片片，袖中笼住大丹砂。

《玄要篇》自序

玄素叹人生光阴有限，富贵无常，若风灯草露，存没倏忽。自古及今，比比皆然，深可惊省。以是日夕希慕大道，弃功名，撇势利，云游湖海，遍访名师。所授虽多，总皆旁门小法，行于身心，无所益也。考诸丹经，而又不合，与道乖违。徒劳勤苦，性命惶惶，不得一遇至人，以了生平之愿。延祐①间，幸天怜我，初入终南，得遇火龙先生，询是图南高弟，绿鬓朱颜，俨乎物外神仙，春秋不知其几许矣。玄素异之，礼拜师事，跪问大道。蒙师慈悲，鉴我精诚，初指炼己功夫，次传得药口诀，再示火候细微，与夫温养节度、脱胎神化、了当虚空之旨，无不一一备悉，真所谓口口相传，心心相授。得闻斯道，何幸如之？又云造斯道者，必须法财两用，而后可以有为。乃玄素以勤于游访，兼颇好善，倾囊倒箧殆尽，安能造斯道哉？不觉每日忧形于色，师遂怪而问之。玄素又挥泪跪告。重蒙怜悯，授以丹砂点化之术，及赐汞见立干之药。玄素遂出山，双修性命，乃拜辞恩师。于是和光混俗，觅真铅八两，真汞半斤，同入造化炉中，煅炼日魂月魄，攒簇五行，和合四象，水火配对，金木调停，真土凝结，交姤温养，转制分胎，三次超脱，九转以周，自见黄芽白雪，明乾点化，妙不可言，到此何患无财以了大事！特择善地，起盖茅庵，端坐静室，虚心养神，安神养气，气慧神清，方求鼎器。暮饮蟠桃酒，朝餐玉液波，如醉如痴，若婴儿赤子，补气补血，丹田温暖，返老还童。自觉汞有半斤，可待他铅八两，是数者须候月之明圆，其铅花自然露见，下手擒龙捉虎，采彼先天一点真铅，吞入腹中，能干我汞。徐徐火候烹煎，自有斤两法度，既合周天之数，又必爻策无差，进火退符知复姤，虑险防危识卯酉。十月功完，圣胎显象，九年面壁，与道合真，跨鹤青天如大路，任他沧海变桑田，

---

① 祐，原作"佑"，校改。

此大丈夫功成名遂之时也。始信有此出世之法，虽有拱璧以先驷马，争如坐进此道，皆因广积阴功，累行方便，得遇至人而成也。玄素幸荷天庇，得以有成，虽不敢妄泄真传，亦不敢缄默闭道，因是作为修炼内外金丹歌论诗词，编次成录，以觉后学，名曰《玄要篇》（一曰《节要篇》）。其行道之工夫，与得道之口诀，及成道之旨趣，诚无有切于此者矣。倘有志之士，得遇是书，虽不得玄素之亲传，又奚异玄素之面授也哉！

时永乐十一年癸巳岁孟秋月既望日元邈遏道人张玄素三丰自序

湖南山中与胡给事夜话

汪圆通云："胡濙巡访之九年，行次湖南，憩驷山中。一夕三更人静，茶冷灯清，忽听有叩门声，俄然扉影自启，见一道者，貌似丰翁，胡欲狂叫，先生急掩其口，拂几细谈而去。此事明一代无有知者，昨先生降吾署中，言及此事，龄乃濡毫记之。"

其言曰：

老先生巡行天下久矣，鼎湖龙既不可见，空谷驹又不可得，能不虚此遨游乎？今感故人之谊，权为雪夜之寻，突如其来，幸勿惊也。夫月满湖山，风清舍馆，南寺钟残，西窗烟冷，先生此时，亦曾忆天池老衲，是阁下前身否？子休矣！归去朝端，善为我隐。见作不见，知作不知，庶不至车殆马烦之后，重为万里劳人也。北还复命，计以明年。一路民情，敷陈圣听，其亦先生之功德也哉！

隐 鉴

乾隆纯皇帝时，大学士张文和公廷玉奉敕纂修《明史》，其序《仙传》有云：明初周颠、张三丰之属，踪迹秘幻，莫可测识，而震动天子，要非妄诞取宠者所可几。诚哉，是言也。

张三丰先生隐鉴书法四条

一、隐于文章道学，嘉遁不出者，书曰"处士"，重纯儒也。
二、隐于泉石风流，乐志不移者，书曰"逸士"，重幽贞也。
三、隐于世治时变，解官不仕者，书曰"达士"，重明哲也。
四、隐于玄门净土，名利不贪者，书曰"居士"，重清修也。
上①《隐鉴》书法四条，实得品题微妙，此即一字褒也。或谓此四者，皆隐士也，何必分？曰：其气象之道学风流，退藏之早迟常变，自不同耳，非如此分疏，不能传其神致。外如高士、征士、节士、义士，皆可于四者统之。
总评：《隐鉴》笔法，篇篇清古，言言简淡，可作隐士小传读，正不必一一评论也。

元

无有先生

先生，大元逸民也。行藏莫测，或无或有，故以为号焉。生于元，游

---

① 上，底本作"右"，按体例改。

于明，神行于清，六百年来，不随物化。历世既久，阅人且多，见高尚其志者，每乐举以告人，非作隐士传也。盖与逍遥泉石之士，斟酌夫进退几宜而已。先生有言：隐之为道也有二，隐于衰世者，不可更仕兴朝；隐于兴朝者，不可藉隐弋名，以为仕宦之捷径。夫如是，则出处合宜，清高足录也。山人野客，即所言编辑成卷，以是为《隐鉴》一书。

刘梦吉

处士刘梦吉先生因，保定容城人也。天资颖悟，书过目不忘。初为经学，每阅注疏，叹曰："圣人精微，当不止此！"及得周、邵、程、朱之传，乃欣然曰："我固谓必有是也。"平时爱诸葛孔明"静以修身"之语，表所居曰"静修"。至元十九年，诏征入朝，擢左赞善大夫，以母老固辞，俸给一无所受。他日复诏之，终隐不出。

萧彝尊

处士萧彝尊先生斛，奉元人也。初出为府史，语当道不合，即引退。力学三十年，不干仕进。乡人有暮行遇盗者，诡曰："我，萧先生也"，盗惊愕释去。世祖时，辟为陕西儒学提举，不赴。后累授集贤直学士，改集贤侍读学士，皆不赴。无何，复拜太子右谕德，扶病至京师，入觐东宫，书《酒诰》为献，以朝廷时尚酒也。寻又称病，请解职，不许。俄擢集贤学士、国子祭酒，依前太子右谕德，俱引病力辞而归。其友张思廉，闻而叹曰："清高自守，功名不足以动其心，萧子可谓尚志之士矣。"

仇山村

逸士仇山村先生远，钱塘人也。遁迹江湖，博通经史。至元中，荐为溧阳教谕，转宝庆路教授，不赴。又改将仕郎、杭州路总管府知事，皆辞。家钱塘西城下，仰屋著书，闭门索句，或坐花间，独言独饮。尝闻其《闲居十咏》，真风流自赏之才也。今录二首，以见先生隐趣。

诗曰：
仰屋著书无笔力，闭门索句费心机。
不如花下冥冥坐，静看蜻蜓蛱蝶飞。

又曰：

茶瓯纱帽惯迎宾，不是诗人即道人。
细雨斜风君莫出，绿阴门外有红尘。

裘元量

达士裘元量先生万顷，淮海人也。少存达道志，意欲功成名遂，然后退藏其身。元贞初，公卿荐为司直，久之有厄闰之叹，遂绝意仕进，归维扬。茅屋数椽，栽松种竹，陶然得幽人趣。一日入深崖采药，得千岁黄精，蒸而食之，遂觉精神强健，登高山如履平地云。

吴伯清

达士吴伯清先生澄，崇仁人也。自幼潜心好学，著书立言，以宏吾道，诚当代之大儒。仕元为翰林学士。泰定初，引疾归家，杜门讲道。屡征不起，其恬退可嘉焉。惜其为宋朝乡贡，颇不满于人口也。号"草庐先生"。

陈茂叔

达士陈茂叔先生栎，休宁人也。性刚正孝友，致力圣贤之学。延祐初，中乡式，即不赴礼部，教授于家，不出户庭数十年，其斯为重道德而轻功名者欤！

杜伯原

处士杜伯原先生本，清江人也。博学善文。武宗朝尝被召至京师，即求归，隐建宁武夷山中。文宗闻其名，征之不起。至正间，丞相脱脱荐之，召为翰林编修。使者趣至杭州，又称疾固辞。平居沉静寡欲，无疾言遽色，与人交，笃于道义。学者称"清碧先生"。

戴汝翼

处士戴汝翼先生羽，九江德安人也。隐居积学，征辟皆不就。尝云："澹泊明志，恬静致远，此孔明一生学问也。"因作《武侯通传》三卷。

武伯威

处士武伯威先生恪，宣德人也。好读《周易》，每日危坐。或问："先生学，以何为本？"曰："以静为本。"著《水云集》行世。

张光弼

达士张光弼先生昱，庐陵人也。元末行枢密院判官、浙江员外郎，窃据者辟之不赴。日以诗酒自娱，号"一笑居士"。有《春日》句云："一阵东风一阵寒，芭蕉长过石栏杆。只消几度懵腾醉，看得春光到牡丹。"盖料士诚之必败也。尝云："吾死后，埋骨西湖，题曰：诗人张光弼墓，足矣。"后竟如其言。

吴渊颖

处士吴渊颖先生莱，金华人也。隐居不仕，筑室于深裹（音褒）山中。研究经史，悠然自得。善论文，尝云："作文如用兵，有正有奇。正者法度，如步武分明；奇者不为法度所缚，千变万化，坐作击刺，一时俱起，及其欲止，部武各还其队，原不曾乱。"闻者服之。其同乡黄晋①卿、柳传道辈，亦以文章鸣世，咸深重焉。

许白云

处士许白云先生谦，金华人也。自少力学，受业于宋末金仁山之门，居数年，而尽得其奥。屏迹入华山中，潜心养志，不求闻达。朝野交荐，力辞不起，是诚安于义命，而非伪隐沽名，以为仕宦之捷径者也。其教人以开明心术、变化气质为先，而独不教人以科举之文，曰："此义利所由分也。"

王原吉

达士王原吉先生逢，江阴人也。至正间，屡征不赴。避乱于上海之乌泾，筑草堂以居，自号"最闲园丁"。世所谓"席帽山人"者也。

---

① 晋，原作"缙"，从《元史·本传》改。

陶宗仪

逸士陶宗仪先生宗，天台人也。元统间，避难于松江城南之吉林里。雅好著述，虽力耕畎亩，恒以笔砚自随。置一瓮树下，遇有所得，即书以投其中，久之成帙，曰《南村辍耕录》。至正间，屡辞辟举。洪武六年，举人才至京，力辞放归。

蔡清真

逸士蔡清真先生微，琼山人也。通经史，好泉石，元末隐居不仕。筑室深山，问学者咸斗酒豚肩以就之，先生无不解说。人谓海南儒者，未能或之先也。

顾仲瑛

逸士顾仲瑛，名德辉，昆山人也。才情妙丽，轻财结客。筑别业于茜泾之西，造三十六亭馆，曰"玉山佳处"。招致四方文学之士，置酒赋诗其中。以母丧归绰溪，张士诚辟之，遂削发庐墓，自号"金粟道人"。明初，闻太祖严苛，欲按江南富族，乃托僧伽而遁。所著有《玉山璞稿》，并刻交游诗四十余家，曰《草堂雅集》，俱传于世。

李高冈

逸士李高冈，名鸣凤，吴人也。轻财好客，与顾仲瑛相等，东南士大夫，咸钦重之。尝助朱太祖军粮二万斛，淡然无邀宠意。入明初，以国法严刻，遂约嘉定富民方二郎，同挈妻子家赀，泛舟江海而去。

杨廉夫

达士杨廉夫先生维祯，山阴人也。前泰定进士，署天台尹。后徙居于松，筑元圃蓬台于松江之上。海内荐绅大夫，与东南才俊之士，无不承盖扶轮，造门纳屦。尝吹铁笛，作《梅花弄》，见者以为神仙中人。世称"铁崖先生"。著《正统辨》，读者皆以为公论云。

王山农

逸士王山农先生冕，元末会稽人也。身长多髯，少明经不偶，即焚书。读古兵法，戴高帽，披绿蓑，著长齿屐，击木剑，行歌于市，人以为狂。士之负材气者，争与之游。平生嗜画梅，画成必自赏也。明太祖闻而访之，既至，与粝饭蔬羹，山农且谈且食。帝喜曰："可与共大事。"授咨议参军，不受。一夕，梦罗浮仙人招之，醒即捉笔狂叫，写大梅一株，题以诗曰："我家洗砚池头树，个个花开淡墨痕。不要人夸好颜色，只留清气满乾坤。"明日遂卒。同时蒲庵和尚复见心，见而称之曰："会稽王冕，梅花仙也。"

明天渊

达士明天渊先生濬，北人也。世祖朝明安之后。髯长过腹，高雅不群。仕元为学士，国亡，削发为僧，而髯如故。洪武初，太祖闻其名，召而问之曰："汝不仕吾，吾亦任汝，但削发留须，亦有说乎？"对曰："削发除烦恼，留须表丈夫。"帝笑而遣之。所著有《蒲庵集》行世。盖忠于元而得道者也。

张伯雨

逸士张伯雨先生天雨，杭人也。宋文忠公九成之裔。风神凝峻，词翰兼长，与杨载、虞集为文字交。后入茅山学道，遇陈上阳，传以清修，冲然有得。自号"句曲外史"。

虞伯生

达士虞伯生先生集，临川人也。生有神慧，三岁即知读书。长负才名，官奎章阁学士，即引疾归。平时慕陶渊明、邵尧夫，因构书室二间，左室书陶诗于壁曰"陶庵"，右室书邵诗于壁曰"邵庵"。恬然淡然，讴吟自适。时人称"二庵先生"（一曰"邵庵"）。

赵子常

达士赵子常先生汸，休宁人也。元末辅元帅汪同起兵，保乡井，授江南行枢密院都事。洪武二年，诏修《元史》。史成，不愿仕，隐居东山。与一二幽人，卜筑清溪，系舟沙屿，萧然无尘俗气。其经学甚传于世，号"东山隐者"。

汪德辅

达士汪德辅先生克宽，祁门人也。元季隐居环谷。洪武初，诏修《元史》。书成，固辞不仕。隐居道人岩，研穷经学。其教授弟子，一以静心为本。

谢子兰

逸士谢子兰先生应芳，元末武进人也。自号"龟巢老人"。龟巢有二，一在滆上，一在横山，先后皆有记。其略云："千岁之龟，巢于莲叶，以叶为巢，初不费经营之力也。暇与田夫野老，涉桑苎之园，过桃李之蹊，瓦盆浊酒，歌舞酬酢，若曳尾泥涂者。"又云："平生所至，以龟巢名室，盖不以栋宇为巢，而以天地为巢也。峻宇雕墙，莫知其光；荜门圭窦，莫知其陋。"诵其文，可以知其达也。老人尝仕元，元亡不仕。其《启张云门》启云："鲇上竹竿，往岁之功名可笑；龟巢莲叶，近年之身世如浮。以视予山小园，超然远矣。"

沈元吉

逸士沈元吉先生贞，长兴人也。元末隐居横玉山，自号"茶山老人"。明初不仕，与黄石为徒，白云为侣，始终不出。以比招之即来、麾之即去者，其人品相越何如矣！

徐仲由

达士徐仲由先生旸，淳安人也。元末举秀才，明初不仕，自号"松巢居士"。倚声度曲，不让古人。尝见其《满庭芳》句云："清霜篱落，红叶林邱。渊明彭泽辞官后，不事王侯。"其高蹈之节，直从笛孔中度出。

黄子运

处士黄子运先生枢，元末休宁人也。洪武初被征，以蹙足免，乡人呼

"妙拐先生"。同时有吕不用、字则耕者，新昌人也。洪武二年，举本学教谕，以聋病辞，自号"石鼓山聋"。二公皆傲世不羁，得山林秀杰气者。

张惟中

处士张惟中先生庸，慈溪人也。元季①兵乱，窃据者署为上虞山长，不就。明初屡聘不出，遁迹溪山，浩歌白石间。与当代士大夫诗酒往还，及劝以入官，则婉辞谢之。人谓其贞不绝俗，隐不违亲，郭林宗一流人也。

王仲光

逸士王仲光先生宾，长洲人也。与吴县韩奕、昆山王履，称"吴中三高"。幽怀萧散，放棹烟江。尝与公望联吟，有"也知性僻难趋俗，却喜身闲不属人"之句，观此可以想见其异苔同岑也。

陈克昌

逸士陈克昌先生周，闽县人也。元末布衣，隐居石潭。尝倚竹作歌，以写其志。歌曰："修竹兮青青，内虚兮外直。素节兮贞姿，寒暑兮一色。泠泠②兮朝夕，予舍之兮焉适？"

梁不移

逸士梁不移先生兰，泰和人也。自号"畦乐先生"。邹仲熙谓其"隐居乐道"，王希范称其"素③志邱园"，吾见其西畦自适，悠然有陶潜之趣，旷然有魏野之思。

程抟霄

处士程抟霄先生翔，元末新安人也。明道之后，世传理学。洪武初，命旁求隐士，或荐先生，不起。二年春，又访山林遗老，共修《元史》，或再以先生举，终不赴。后诏儒臣修礼书，宋濂曰："非抟霄不能也。"奏之，

---

① 季，《道藏辑要》本作"末"。
② 泠泠，《道藏辑要》本作"冷冷"。
③ 素，《道藏辑要》本作"养"。

帝不欲强致，命就其家咨访。有劝之仕者，笑而不答，但曰："人爵不如天爵贵，功名何似道名高？"自此深藏不出，朝廷比之商山。

徐方舟

逸士徐方舟先生舫，元末桐庐人也。性好诗词，筑室于江皋之上，水竹云烟，助其吟啸。时刘伯温被征，邀之同行。舫荷蓑笠相见，酌酒赋诗而别。

韩公望

处士韩公望先生奕，吴人也。生于元至顺时。及长，嗜读书，无所不览，少有目眚，筮卦得蒙，知疾不可疗，遂扁其室曰"蒙斋"。洪武间，绝意仕进。郡守姚善迫欲见之，奕乃泛舟入太湖，往来烟波自适。姚叹曰："韩先生所谓，名可闻，身不可见者也。"

明

焦始谟

达士焦始谟先生谟，江阴人也。与明太祖为旧交，及帝都南京，日思其人，屡诏不赴，将命使臣索之，谟忽荷鸡豚村酒，由御道入，帝喜其来，以物付光禄，治具共饮甚欢。席前出金、银、角三带，命其自取以官之。谟取其角者，因授以千户。无何，径出高桥门，挂冠带于树间而去。

孙太初

逸士孙太初先生一元，明初人也。风神秀朗，踪迹奇幻，元巾白袷，以铁笛鹤瓢自随。高风所至，士大夫皆为之倾动。尝栖太白之巅，称"太白山人"。又尝西入华，南入衡，东登泰，北登医吾，南寻吴会，恒栖迟不去。与刘麟、龙宽、陆昆、吴珫①，号"苕溪五隐"。

---

① 珫，《道藏辑要》本作"玹"，从空青洞天朱道生刊本。

王廷珪

逸士王廷珪先生珙，明初常熟人也。卜宅于虞山之北，萧溪之上，植竹万竿，容与其中。其逸兴清凉，诗怀缥缈，人谓如秋月春云，令人景仰。

王先生

达士王先生者，以忠节隐其名。永乐初，寓居金华府东阳县之东山，自号"大呆子"。仪容俊伟，趣识超群，惟披麻戴笠，不服常服，日盘桓于山南村落之间，狂歌自适。其与宴游者，皆不识其姓氏。惟与王姓俱，则以宗兄称之，遂以王先生呼焉。尝与村中人曰："他日吾逝，只祈敛吾尸，悬于林杪足矣。"时又号"玉华山樵"。张三丰闻而叹曰："此建文遗臣也。"

徐延之

逸士徐延之先生伯龄，自号"篛冠子"，钱塘人也。天资敏妙，书过目不忘，特性情疏荡，不拘小节。对客每赤足科头，内衣无系带，行辄委堕，人多笑之。士大夫慕名而来者，一见后，即倦与往还，然其鸿才高致，终不可没也。性甘肥遁，尤善鼓琴。所著有《六音正谱》《醉桃佳趣》《香台集》《蝉精隽》《旧雨堂稿》，非外野而内文者欤？

王原夫

处士王原夫先生逢，饶州乐平人也。淹贯经史，研精理学，朝廷屡召不赴。深居崖谷，冲和淡然。宣德初，复以明经召见，力辞归家。著《言行志》诸书。学者称"松坞先生"。

俞古章

逸士俞古章先生杭之，富阳人也。肥遁邱园，名闻湖海。宦游于浙者，皆欲得睹其眉宇为快。正统间，藩臬诸公，先后封章荐举，不起。亲友间有劝之者，则为聋病谢之。闲游山泽，或对木石而谈，如疯颠状，人卒莫之信也。一日，吴和州又欲荐之，先生乃以诗力辞焉。诗云："青云有路念绨袍，迢递和州荐剡劳。下乘难随千里马，虚名恐误九方皋。嵇康自信随时懒，少室谁云索价高。纵使阳和动邹律，秋风双髯①已萧骚。"

徐勉仁

处士徐勉仁先生恕，宁波人也。正统间，以古文鸣世。甬东好文者，皆就其门而学焉。先生居山泽间，凡求名之士，虽是旧友，皆弗与流连。少年中有慕隐者，则奖许之，曰："绿髯青山，正堪掩映，颜、闵、伊、周，各行其是而已。"后屡有国召，皆不应。移家于杭，竟著书以终其身。

许澹初

居士许澹初先生，魏溪叟也。正统间，叟年九十，忽然弃家学道，不知所之。其同庚有石内含者，桐城人，居郭北石塘，享年一百有三，子众孙繁。百岁之日，赋诗忆澹初云："庚申共守人何处，甲午同生独咏诗。"盖亦明之篯铿也。

沈启南

逸士沈启南先生周，长洲人也。景泰中，以贤良应诏，力辞不赴。号"石田翁"。诗文之外，兼②工画石，高古清奇，笔墨与人品相肖。

方元素

逸士方元素先生太古，兰溪人也。自号"寒溪子"。清旷夷犹，超然出类。或问："先生何事？"答曰："万卷图书销日月，一湾鸥鹭共朝昏。"

程叔朋

逸士程叔朋先生玄辅，歙县人也。歌啸林泉，不求闻达。同邑知李献吉，而不知有叔朋，欣如也。自号"龙谷道人"。

秦仲孚

逸士秦仲孚先生奭，无锡人也。性至孝，其父修敬公，偶中心痛，仲

---

① 髯，古同"鬓"。
② 兼，《道藏辑要》本作"益"，误。

孚刺胸前血和酒饮之。母氏殷偶有膝伤，吮之即愈。郡县上其事，诏旌其门曰"孝子"。泰陵即阼，赐以冠带。尝作溪山清兴堂、清远阁，结亭于后，曰"涤烦"。《溪桥散步诗》，可为仲孚行照，其诗云："扫阁观书兴未阑，绿阴清昼更多闲。杖藜扶我溪桥步，看尽湖南十里山。"

董萝石

萝石董先生沄，海宁人也。以能诗闻江湖。年六十，游会稽，见阳明，与之语，连日夜，乃请为弟子，阳明不许。沄归，织一缣为贽，曰："沄之诚积若此缕矣。"因纳拜从游。其子弟招之曰："何老而自苦若此？"曰："吾从吾之所好耳。"因号"从吾道人"。

吴康斋

处士吴康斋先生与弼，崇仁人也。游京师，从杨溥学，见伊洛渊源，辄有尚友之志，以圣贤为必可师，收敛身心，倡明理学。天顺二年，诏征至文华殿，授左春坊、左谕德，不拜。帝欲强职之，凡三辞焉。遂称疾归，闭门讲学，从者千数百人。号"康斋居士"。

娄克贞

处士娄克贞先生谅，上饶人也。少与吴康斋游，其学以收放心，为居敬之门；以何虑何思、勿忘勿助，为居敬要旨。王阳明尝受业焉。号"一斋先生"。

陈白沙

达士陈白沙先生献章，广东新会人也。中乡举，即屏居不出。闻江西吴康斋，讲学临川，遂弃其学而学焉。教人不立语言文字，以主静为先，随处体认天理，紧要在勿忘勿助。又曰："学者以自然为宗，以忘己为大，以无欲为至。"布政使彭韶、总督朱英闻其名，交章荐剡，乞以礼征聘。吏部尚书某谓，献章例应听选，非隐士比，安用聘。召至京，令就试吏部。献章称疾不赴，乞归奉母，乃授检讨。自后屡召不起。

薛敬轩

达士薛敬轩先生瑄，字德温，山西河津人也。登进士第，官礼部侍郎。天顺间，在阁数月，见石亨等用事，叹曰："君子见几而作，不俟终日。"遂致仕归，隐居龙门山中。其学以复性为主，充养邃密，言动皆可法。著《读书录》二十卷，学者宗之。

张海观

逸士张海观先生锡，钱塘人也。天顺壬午领乡荐，春闱不偶，授山阴教谕，旋即引退林泉。家有竹数竿，作亭其内，名曰"医俗"，并自为记以赞之。其略云：余退闲之志，既不可医，乃挂冠神武门，几二十禩①。既而作老圃于家，种篔筜数百个，皆着鞭持节，因作小亭于其间，为柱六，覆以茅，取穷朴之意。坐于是亭，则清声戛玉，医耳之繁嚣；幽香细细，医鼻之铜臭；桐叶如翠，医目之尘氛；笋供茶馔，医口之贪饕；虚心劲节，又可以医夫自满而失守者。因取坡老诗，名之曰"医俗亭"。噫！世有高梁画栋而主人则俗者，何不一过此亭哉！

金元玉

逸士金元玉先生琮，上元人也。尝游浙之赤城山，徘徊不忍去，因自号"赤城山农"。居尝退啸清视，人莫能窥。处己接物，高简粹白。与史痴翁，同称"金陵二隐"。痴翁名忠，性豪爽，不事权贵，自号"痴翁"，署所居楼曰"卧痴"。

唐伯虎

达士唐伯虎先生寅，吴人也。举南畿解元，以冤锢，遂放浪形迹，然其出入天人间。宸濠慕而聘之，寅度濠有反志，佯狂自免。奇趣溢发，或寄于诗，或托于画，文采风流，照耀江左，图其石曰"江南第一风流才子"。晚皈依佛乘，自号"六如居士"。

---

① 禩，异体字为"祀"。殷代指年。

罗达夫

达士罗达夫先生洪先，吉水人也。以进士第一官赞善，疏请预定东宫庙仪，忤旨落职归，屏居不出。辟石洞，隐居其中，制半榻，默坐三年，事能前知。尝曰："不可以虚见为得手，须日日收敛，不使后天习气乘机潜发，始不负一生耳。"

赵淮献

逸士赵淮献先生金，乌程布衣也。正德时，征诏不起。造其门者，如入深崖邃壑。恒坐小艇，出入江湖，陶然自乐。南垣、箬溪二尚书，结岘山会，造庐请入社，不许。平生颐养，清静安恬。年九十，自为祭挽，无疾而逝。

沈子登

逸士沈子登先生仕，杭州人。明刑部侍郎锐之子也。身居贵介，志慕清真。野服山中，划然长啸。自号"青门山人"。举此以励世族之恋浮华者。

陈寄[①]委

逸士陈寄委先生体文，江阴人也。筑耕舍于郊西，有田数十亩，力耕而食。宾至必为治酒，酒酣，即赋诗。诗有云："得鱼便沽酒，有酒且留人。如此即为乐，何须复苦贫。无鱼亦无酒，宜主不宜宾。如此即高卧，何愁不及晨。"可谓达人之言矣。同时有五岳、十岳诸山人者，率皆以韦布效荐绅气，最为可鄙。畎亩中有此，庶几率真。

顾英玉

达士顾英玉先生璘，上元人也。仕至副使，即归隐白下，或谓其致仕太早，何以退养清廉？曰："若使宦囊有物，正非所以养清廉也。"坐卧一小楼，匾曰"寒松"。尝训蒙以自给。霍渭崖宗伯，欲以废寺田百亩资之，拒不纳。其固穷若此。

---

① 寄，《道藏辑要》本作"奇"。

朱君佐

达士朱君佐先生谏，温州乐清人也。仕至副使，即谢政归。结庐雁荡山，翛然有尘外之致。或有劝其出山者，曰："岂以五斗易我五珍！"五珍，谓龙湫茶、奇音竹、金星草、山药、官香鱼也。五者皆雁山所产。

徐先生

达士徐先生昌，闽之崇安人也。潜心理学，以明经训导莆田。亲丧回籍，服阕不起。或劝之再仕，昌泣曰："吾为升斗禄，冀养亲也。今亲不逮养，奚仕为？"遂筑室武夷山中，深藏不出。

来矣鲜

达士来瞿塘先生知德，字矣鲜，蜀之梁山人也。幼有至行，嘉靖时举于乡，归养不出。其学以致知为本，敦伦为要。有司疏荐，授翰林院待诏，不赴。生平著述甚宏，惟《易注》独殚心力。先读《易》于釜山草堂，六年不能窥其门径，乃远客万县瞿塘深山之中，沉潜反复，忘食忘寝，久之豁然有悟，积二十九年，而后成书。以后观天地，察造化，与物无触，悠然自得而已。

罗整庵

处士罗整庵先生，名钦顺，字允升，江西太和人。朝廷屡诏不起。嘉靖中，复征为吏部尚书，亦固辞。是时璁、萼用事，整庵岩居杜门，潜心格致之学。尝云："立身行己①，必先打破义利关头，否则扰扰到底。"所著有《困知纪》。

谢子佩

达士谢子佩先生廷蒩，富顺人也。嘉靖进士，官浙江签事，遂归养不出。万历初，巡抚曾省吾，奏廷蒩隐居三十年，著书乐道，宜加京秩，风励山林。诏即家，赠太仆少卿。时人称为"山中太仆"。

---

① 己，《道藏辑要》本作"以"。

陆子传

达士陆子传先生师道，长洲人也。登嘉靖进士。甫仕仪部，即告归养，时年未三十也。杜门却扫，三十余年，手抄典籍数千卷。风流儒雅，为世所宗，而其清高好道，尤人所不能。

李印南

逸士李印南先生应箕，字子骑，黄冈麻城人也。万历间，世尚苛条，遂为老圃不出。时两广赋税频加，南北之民，多有如菜色者。印南作《老圃吟》曰："吁嗟圃兮，吾与尔犹存；吁嗟虫兮，毋啮我菜根。肉糜肉糜，此上人之所食，而非野人之所宜。"闻者咸太息焉。尝于锄下掘一龙神像，朝夕虔奉。忽梦有金甲碧面者，与语片时，以后决未来事，效应如响。一日谓其弟与子曰："今蜀三大寇已平矣，贤者避世，其次避地。"乃背其神往，遁迹川中。

虞长儒

达士虞长儒先生淳熙，钱塘人也。万历进士，仕吏部主事。解官归，得葛岭栖霞之胜，冲烟蹑屐，终日陶然。黄寓庸传之曰："以儒为行，以玄为功，以禅为归，以山水为寄托，以词翰为游戏。"诚足囊括平生矣。

安我素

达士安我素先生希范，无锡人也。仕吏部主事，以昌言罢官归。杜门不出，出则乘一舫。图陶元亮、张季鹰、苏端明、米南宫诸名贤于倚窗，为烟水伴，恣其所之，乐而忘返。

姚公绶

达士姚公绶先生绶，嘉善人也。由御史出知永宁府，解官归。作"沧江虹月之舟"，往来吴越间，望之者，宛若神仙中人。家设亭馆，名曰"丹邱"，人称为"丹邱先生"。

周叔大

处士周叔大先生奕，滇之金齿人也。幼而奇巗，长益凝重，其学问一以知止为归。力耕养母，不撄势利。尝遇一丹士，欲以术授之。奕曰："多金何为？内丹何如寡欲，外丹何如节用？子休矣！我儒门道士，其取精用宏也久矣。"

陆嗣端

达士陆嗣端先生澄原，平湖人也。天启乙丑进士，历官员外郎。以不附东林，被察闲住。其封事略云："臣甘寡援孤立，为硁硁之小人，决不依草附木，为疑似之君子。"由是见嫉东林，排之甚力。一官罢去，长啸而归，盖古狂狷之流也。每见溪上人家，小桥流水，恒徘徊久之而不能去。

闻隐鳞

逸士闻隐鳞先生龙，鄞县人也。寄怀高远，托迹衡茅，每当风来竹外，云冷松根，辄遂其萧野之趣。或称其诗如溪上人家，曲几疏窗，长与水云弄色。吾谓其性情亦然。

陈仲醇

逸士陈仲醇先生继儒，号眉公，华亭人也。年甫壮，即弃名习隐。结庐于小昆山之阳，买舟载书，称无名钓徒。每当草蓑月冷，铁笛霜清，觉张志和、陆天随去人未远。

殷方叔

逸士殷方叔先生仲春，秀水人也。躬耕永乐之南村，怡然自乐。陈仲醇所谓："却羡白头殷处士，鹁鸪声里独耕田"者也。葭墙茅屋，不蔽风雨。慕王绩为人，亦自号"东皋子"。农事之闲，以医为业。得钱入市，买断简残书读之。

朱白民

逸士朱白民先生鹭，吴人也。负奇气，尝独游黄山，远寻嵩华。崇祯[1]初，骑驴入都，欲上赋颂，不果归。结庐于郡西之华山莲子峰下，躬亲井臼，不愿见豪贵。时与王芥庵、赵凡夫，称"吴下三高"，而白民为最。

李因仲

达士李因仲先生天植，平湖人也。崇祯癸酉举人。晚更名确，字潜夫。隐居龙湫山中，万松台畔，茅屋一间。人称其高蹈远引，诗含清江碧嶂之音。

谢汇先

达士谢汇先先生遴，宜兴人也。崇祯癸酉举人。晦迹衡门，种菜一畦，不入州府。陈其年寄怀诗云："半亩牛宫绕菜田，锄畦汲水独悠然。芒鞻[2]一緉千金值，不踏城中又十年。"

陆茂璩

居士陆茂璩先生连（一作"琏"），吴县人也。两中武科，甲申后，削发为僧，居莲子峰下。藤萝窈窕，结榻崖中，万峰当户，一涧绕门。自号"了缘道人"。有《枫江遗稿》。

黎左岩

达士黎左岩先生元宽，南昌人也。登崇祯进士，历浙江提学副使，以忤温体仁罢归。构草庐于谷鹿洲，与生徒讲学，淡然自守。顺治初，有荐之者，以母老固辞，终身不出。

方密之

达士方密之先生以智，桐城人也。登崇祯进士，官检讨，负海内名。明亡，削发，改名宏智，字无可，号"药地和尚"。遍游名山不返。所著有

---

① 祯，青空洞天朱道生刊本、《道藏辑要》本俱作"贞"，误，下同。

② 鞻，同鞋。

《周易图》、《烹雪录》、《浮山全集》。

刘念庭

达士刘念庭先生伯渊，慈溪人也。由进士，官至按察副使，引疾致仕，年百有余岁。先生自隆庆五年释褐，万历十六年归家，至崇祯十一年，春秋已八十矣。时危国变，隐者犹存，《八秩自嘲诗》，足见其志。诗云："谓我归田早，假令不早有何好？几人欲归不得归，黄犬东门添懊恼。"闻者高之。厥后更名托空子，遁入深山不见。

张昊东

达士张昊东先生若羲，华亭人也。崇祯癸未进士。甲申以后，潜身村野，躬自灌园。故友访之，则荷锄戴笠，相揖于紫瓜白苋之间。破屋数椽，淡如也。或自称为"寒松子"。

魏叔子

逸士魏叔子禧，江西宁都人也。明末诸生，与弟礼结庐于金华之翠微峰，偕隐不出。公卿闻其名，皆愿见之，弗往。礼，字季子，遍游海内名山，与叔子同居翠微，常有双鹤来伴云。

刘钦尔

达士刘钦尔先生永锡，大名魏县人也。举崇祯孝廉，授长洲教谕。明亡，隐于阳澄湖。巡抚欲荐之，以疾固辞。家贫，衣食或不给，处之泰然。常自操舟鼓枻出，至中流作歌，歌竟而返。望夕阳在山，独婆娑于烟树之下。

夏元贞

达士夏元贞先生道，大名人也。举崇祯孝廉，即绝意仕进。明亡，率妇子入山，耕绩自食。或操斤作纺车以鬻，人爱其坚致，咸争购之。短衣行歌，声振林木。间为诗文，脱稿即弃去。诸子读书，只令识字记数，长则牧牛负薪，溷其迹于烟霞焉。

林明俊

达士林位旃先生明俊，平都人也。慷慨有志，少时即能为诗、古文、词。崇祯甲申，蜀陷，阁部王应熊承旨讨贼，膺荐举第一人，授兵部职方司主事。明亡不出。顺治间，题授副使，称病不仕。后举博学鸿词，亦不赴。结庐桐阴，旷然自适，隐居三十余年。尝在平都请乩，余偶临其笔，赠以"铁肝石胆"四字。所著有《淡远堂文集》、《巴字园诗集》、《梧桐居近集》存世。

清

黄太冲

处士黄太冲先生宗羲，余姚人也。受业于明儒刘念台之门，研究先贤之学，以是从游者日众。康熙十八年，都御史徐元文，特荐于朝，太冲以疾辞。斋心危坐，力扫外缘。其著述上下千古，穿穴群言，自天官地志、三教九流之书，无不精研。学者称"梨洲先生"。

仇知几

达士仇知几先生兆鳌，字沧柱，鄞人也。少从黄宗羲，讲切性命之学，为诸生，有盛名。官吏部右侍郎，即引疾归。与会稽陶存存，研穷修养秘旨。久之，松颜鹤貌，照耀山林，盖浩然有得者也。所著有《四书说约》、《杜诗详解》及《黄老参悟》诸书行世。

陶存存

达①士陶存存先生素耜（元名式玉），会稽人也。少游越水吴山，燕台金阙，其才华益盛。乃初得科第②，即退处山阴。往来霍僮洞天，遇方外至人，传以修养秘法，遂焚时艺之文。作《道言五种集注》及《丹家杂义》，

---

① 达，《道藏辑要》本作"遗"，误，从青空洞天朱道生刊本。
② 乃初得科第，《道藏辑要》本作"登康熙进士"，从青空洞天朱道生刊本。

以招后学。仇知几称其"笑傲林泉，乐天达命"，洵知言也。自号"清净心居士"，又曰"通微道人"。

颜钦明

达士颜先生钦明，戎卢人也。康熙丙午举于乡，研穷经史之学。吴三桂据蜀时，士大夫多为迫胁，钦明独抗节不出。蜀平，结屋于玉蟾山下，终身不迹城市。

沈越溪

逸士沈越溪先生巨儒，万县人也。寄怀高尚，肥遁山中，自号"西溪野人"。四川总制李培之，知其夙学，劝之仕，不应。辟堂数椽，日以吟①笑为乐，望眉宇者，咸目为巢父、许由。

程伍乔

达士程伍乔先生梦星，江都人也。登康熙进士，官编修。以丁艰归，遂终身不出，盖淡于荣利者也。筑篠园，并漪南别业，讴吟偃仰于其中。每当竹摇翠雨，云度湖阴，便与幽人佳客，烹茶啖饼，即景言诗。望之者，不啻有孤云野鹤之象。

张幻花

达士张奕山先生梁，娄县人也。登康熙进士，即退隐西溪。筑葆闲堂十景，备水竹花药之胜。奕山善鼓琴，遇山水深处，及风月佳时，安弦动操，仙驭为之停空。子侄皆显贵，或劝之出山，清要可立致，笑不答也。心空及第，专务禅修，自号"幻花道人"。

金寿门

逸士金寿门先生农，钱塘布衣也。天怀冷峭，不与时趋，岁晚务闲，得人忙我暇之趣。尝于腊月杪，出其家酿，要诸邻翁谈笑，泛论古今逸民，真高士也。中年作汗漫游，遍走齐、鲁、燕、赵、秦、晋、楚、闽而归。

---

① 吟，诸本均作"冷"，据文义改。

尝愿如邈遏道人，日行千里；又愿如玉溪生，打钟扫地，作清凉山行者。乾隆间，寄迹扬州，隐于书画之间。

李客山

逸士李客山先生果，长洲布衣也。读书味道，隐于南冈。忍饥诵经，衡门两板，时或樵薪不继，怡然也。尝云："富贵可乐，不如神仙；朝市可住，不如林泉。"乾隆间，巡抚雅公，闻其名访之，避而不见，真吴中高士也。

赵鸥白

达士赵鸥白先生翼，一号瓯北，字云松，阳湖人也。乾隆二十六年，探花及第，官贵西道。以母老乞养，遂不复出。鸥白休官既早，游屐亦宽。尝游天台、雁荡、武夷诸峰，洒然有挟仙遨游之想。过贵州福泉山，徘徊于礼斗亭中，录《打坐歌》去。晚年饭后，行逍遥法，遂得年登大耋。管领林塘者，凡数十年。

殷果园

逸士殷果园先生如梅，元和人也。安贫乐道，幽节自贞。人或访之，则见曲水一湾，衡门两版，在横桥疏柳间，箪瓢屡空，自如也。尝题一联云："林卧真堪忘岁月，心闲应不愧神仙。"余神游见之，直评其为逸士。

吴竹桥

达士吴竹桥先生蔚光，昭文人也。登乾隆进士，官礼部主事，初入词馆，即改仪曹。渴慕烟山，复辞华膴，向禽之志切，箕颍之清深矣。啸傲湖山，覃研文史，搜奇碑版，跌宕琴樽。人皆羡其风流，吾独重其高隐。

罗两峰

逸士罗两峰先生聘，歙县布衣也。后寄几于扬州，尝受业于寿门，笔有奇情，喜画鬼物。凡有所遇，皆写长卷记之，成《鬼趣图》。余神游两峰之斋，鬼皆起拜，真奇事也。既能画，更能诗，喜游山水，更好禅宗。尝作《起信录》，释禅、净两家之惑。

翁澹生

逸士翁澹生先生春，华亭布衣也。性情清旷，诗笔萧闲，许用晦、罗昭谏犹不逮也。其友人序其集云："嗜恬淡，甘寂寞。菽水奉母，耕读教弟，四十不娶，亦不就有司试。为诗如朱弦疏越，一唱三叹。"八句尽澹生矣。翁游扬州，题壁有"二分月影关山梦，一派涛声今古愁"之句。余适化老道闲游，碍"愁"、"梦"二字，非逸士所言，为改"梦"为"共"、"愁"为"流"，取"共此一轮月，沧江流不息"之义。翁重过见之，悚然下拜曰："改吾诗者，非仙笔不能也。"

徐泂溪

逸士徐泂溪先生大椿，吴江布衣也。性好湖山，不慕荣利，平时以清净为宗。辟草堂于太湖之滨，门前七十二峰，青入座间。著《阴符经解》及《道德句解》，灿然可观。自营藏蜕居，题一联云："满山灵草仙人药，一径松风处士坟"。余神游见之。

张三丰先生全集

卷三

大道论

圆通道人　藏本

长乙山人　编次

磻山、遁园埜客　同校

上　篇

　　夫道者，统生天、生地、生人、生物而名，含阴阳动静之机，具造化玄微之理，统无极，生太极。无极为无名，无名者，天地之始；太极为有名，有名者，万物之母。因无名而有名，则天生、地生、人生、物生矣。今专以人生言之。父母未生以前，一片太虚，托诸于穆，此无极时也。无极为阴静，阴静阳亦静也。父母施生之始，一片灵气，投入胎中，此太极时也。太极为阳动，阳动阴亦动也。自是而阴阳相推，刚柔相摩，八卦相荡，则乾道成男、坤道成女矣。故男女交媾之初，男精女血，混成一物，此即是人身之本也。嗣后而父精藏于肾，母血藏于心，心肾脉连，随母呼吸，十月形全，脱离母腹。斯时也，性浑于无识，又以无极伏其神，命资于有生，复以太极育其气。气脉静而内蕴元神，则曰真性；神思静而中长元气，则曰真命。浑浑沦沦，孩子之体，正所谓天性、天命也。

　　人能率此天性，以复其天命，此即可谓之道，又何修道之不可成道哉？奈何灵明日著，知觉日深，血气滋养，岁渐长岁。则七情六欲，万绪千端，昼夜无休息矣。心久动而神渐疲，精多耗而气益惫，生老迫而病死之患成，并且无所滋补，则瘵病频生，而欲长有其身，难矣。观此生死之道，人以为常，诚为可惜，然其疾病临身，亦有求医调治，望起沉疴，图延岁月者，此时即有求生之心，又何益乎？予观恶死之常情，即觅长生之妙术，辛苦数年，得闻仙道。

仙道者，长生之道也，而世人多以异端目之。夫黄、老所传，亦正心、修身、治国、平天下之理也，而何诧为异端哉？人能修正身心，则真精、真神聚其中，大才、大德出其中。圣经曰："安而后能虑"，富哉言乎！吾尝论之矣。有如子房公之安居下邳，而后能用汉报韩；诸葛君之安卧南阳，而后能辅蜀伐魏；李邺侯之安养衡山，而后能兴唐灭虏。他若葛稚川之令勾漏、赵清源之刺嘉州、许真君之治旌阳，是皆道成住世，出仕安民者，彼其心不皆有君父仁义之心哉！孔子鄙隐、怪，孟子拒杨、墨。隐也者，乃谶纬说、封禅书之类；怪也者，乃微生高、陈仲子之类，仙家不然也。长春朝对，皆仁民爱物之言；希夷归山，怀耿介①清高之致，何隐、怪之有哉？杨子为我，墨子薄亲，仙家不尔也。三千功行，济人利世为先资，二十四孝，吴猛、丁兰皆仙客，又何杨、墨之可同哉？孔曰"求志"，孟曰"尚志"，问为何志？曰"仁、义"而已矣。仁属木，木中藏火，大抵是化育光明之用，乃曰仁；义属金，金中生水，大抵是裁制流通之用，乃曰义。仙家汞铅，即仁义之种子也。金木交并，水火交养，故尝隐居求志，高尚其志，而后汞铅生，丹道凝。志包仁义汞铅，而兼金木水火之四象，求之尚之者，诚意为之，意土合而五行全，大道之事备矣。故孔、孟当日，只辟隐、怪、杨、墨，而未闻攘斥佛、老。唐、宋以来，乃有韩、朱二贤，力辟二氏，诸大儒和之，群小儒拾其唾余，以求附尾，究竟辟著何处？反令世尊含笑，太上长叹。小儒辈不过徒吹滥竽，未必有韩、朱之识见也。何言之？韩、朱之辟二氏者，辟其非佛、非老之流，非辟真学佛、老者也。不然《昌黎诗集》往来赠答，又何以极多二氏之人？如送张道士有诗，送大颠有诗，送惠师、灵师皆有诗。或以为借人发议，故于惠师云："吾疾游惰者，怜子愚且淳"；于灵师亦云："方将敛之道，且欲冠其颠"，似讥之矣。然何以于张道士尽无贬词，于大颠师全无诮语？盖此二师者，乃真仙、真佛之徒。张仙以尚书不用而归真，颠佛以聪明般若而通禅，虽昌黎亦不能下手排之、肆口毁之也。且其家又生韩湘仙伯，雪拥蓝关，盖已知远来者之非凡人也。朱子少年，亦尝出入二氏，盖因不得其门而入，为二氏之匪徒所迷，故疑其虚无荒诞，空寂渺茫，回头抵牾耳。迨其晚年学博，则又爱读《参同契》，并云："《参同》之书，本不为明《易》，盖借此以寓其进退行持之候耳"。更与人书云："近者道间不挟他书，始得熟玩《参同》"，

---

① 介，底本作"直"，青空洞天朱道生刊本作"今"，依《道藏辑要》本作"介"。

是更津津然以仙道为有味也。然则韩、朱二贤，特辟其非佛、非老之流，非辟真学佛、老者也。否则前后一身，自相矛盾，则二贤亦可笑也。

予也不才，窃尝学览百家，理综三教，并知三教之同此一道也。儒离此道不成儒，佛离此道不成佛，仙离此道不成仙，而仙家特称为道门，是更以道自任也，复何言哉！平允论之曰：儒也者，行道济时者也；佛也者，悟道觉世者也；仙也者，藏道度人者也。各讲各的妙处，合讲合的好处，何必口舌是非哉！

夫道者，无非穷理尽性以至于命而已矣。孔子隐诸罕言，仙家畅言之、喻言之，字样多而道义微，故人不知耳。人由天地而育，亦由父母而生，含阴阳动静之机，具造物玄微之理。人能体生身之道，顺而用之，则鼻祖耳孙，嗣续而成；逆而用之，则真仙上圣，亦接踵而出，同其理也。《悟真篇》云："修身之事，不拘男女。此金丹大药，虽愚昧野人，得之立登仙位。"不拘贵贱贤愚、老衰少壮，只要素行阴德，仁慈悲悯，忠孝信诚，全于人道，仙道自然不远也。又须洞晓阴阳，深参造化，察其真伪，得阴阳之正气，觅汞铅之真宗，方能换骨长生，居不夜之天，玩长春之景，与天地同久，日月同明，此正大丈夫分内事也。

至于旁门邪径，御女采阴，服炼三黄，烧饵八石，是旁门无功也。又有以按摩导引，吐纳呵嘘，修服药草，为养生之方者，虽能暂去其疾，难逃老衰命尽，而被达人耻笑也。伯端翁云："闭息一法，若能忘机绝念，亦可入定出神。奈何精气神属阴，宅舍难固，不免有迁徙之苦。"更有进气补血，名为抽添接命之术者，亦能避疾延年，保身健体，若欲服食、养就胎仙，必不能也。其他旁门邪径，乃实为吾道之异端也，何足道？

或者谓人之生死，皆有数定，岂有违天数而逃死者？独不思福自我求，命自我造，阴骘可以延年。学长生者，只要以阴功为体，金丹为用，则天数亦可逃也。伏维我太上道祖，列圣高真，施好生之心，广度人之愿，宏开玄教，秘授仙方，名曰金丹。原始要终，因此尽露天机，大泄玄奥，其中行持妙用，三候三关，九琴九剑，药材法器，火候符章，悉已敷衍全备，各宜详究诸经，以还其性命之本。

予论虽俗，义理最美，所谓真实不虚也。倘得者无所猜疑，庶可以行持下手，虽不遇明师好友，得遇此书，即如师友在前，自能顿悟无上也。较诸行世丹经，悉合一理，罔不洞彻，实属苦海之慈航，指迷之智烛，虽曰行之惟艰，然勿畏难而苟安也。再有进箴者，身抱金丹之后，即宜高隐洞天，深藏福地，勿以黄白卖弄朝廷，为方士之先导，隐显度世，以待天符，白日飞升，不露圭角，此方为无上上品真人，历万劫而不坏者也。后来同志，玩之鉴之。

长篇巨观，首探大道之源，而讲生人之理，与人生老病之故，引彼回头向道，修正治平，如古来英雄神仙，身名两树，忠孝两全，非同杨、墨、隐、怪。使人知此道，亦儒道也。养汞培铅，无异乎居仁由义。韩、朱辟二氏，只辟二氏之假徒，更为通论。外扫旁门邪径，一归于穷理尽性以至于命之道，振聋发聩之洪响，经天纬地之大文。

中　篇

天地之间，至灵至贵者，人也；最忙最速者，时也；可大可久者，金丹也。惜人多溺于功名富贵场中，爱欲恩情之内，狼贪不已，蛾扑何休，一朝大限临身，斯时悔之何及？惟其甘分待终，就死而已。谁知有长生不老之方，谁悟有金丹灵药之妙，诚可惜哉！此金丹灵药，非世间之所无，非天上之不可得者，只在于同类中求之，乃生身固有之物也。简而且易，至近非遥。余尝有《金丹赋》记之，词极朗鬯，今追忆其中段云："夫造金丹者，始则借乾坤为玄牝，学造化于阴阳。识二八之相当，知坎离之互藏。候金气之满足，听潮水之汪洋。继则看铅花于癸后，玩月夕于庚方。制刀圭于片响，罢龙虎之战场。唤金公而归舍，配玉女而入房。"果能此道矣，虽愚必明，虽柔必强。

先儒曰："圣人不言易，以滋人之惑；亦未尝言难，以阻人之进。"若人用意追求，殷勤修炼，自必入圣超凡，长登寿域，永享无穷之乐也，岂小补哉？且人为功名富贵，亦有备极穷苦而后可成者。若以劳苦之心，易而为修炼之心，将见九还到手，万劫存神，以比功名富贵，孰短孰长耶？仲尼曰："不义而富且贵，于我如浮云。"又曰："其为仁矣，不使不仁者加乎其身。"不仁不义，莫甚于狂贪妄想。胡氏曰："志于道，则外物不足以累其身。"《悟真》曰："若会杀机明反复，始知害里却生恩。"是知欲求还丹，必先绝欲。勤于杀机者，刻刻有灵剑在手，外欲乍乘，急须就起杀机，勿容纵意，久久纯熟，对境无心，即可行反本归根之道。《易·翼》曰：

"终日乾乾，反复道也。"反复之道，得长生之果证也。人胡不勉而行之？万物如草木之汇，犹能归根反本，以历岁时。人为万物之灵，动至死地，是反不如草木也，能不愧乎？夫此反本归根之道，又非邪径旁门之说也。世人以德行为先，阴功为本，察阴阳造化之机，求玄牝乾坤之妙，辨二八坎离之物，定金花水月之时，施降龙伏虎之威，明立命生身之处，其间致虚守静，他主我宾，日月交光，戊己为用，则丹成反掌矣。《易》曰："男女媾精，万物化生。"人有此身，亦因父母而得，倘无父母，身何有乎？故作金丹之道，与生身事同，但顺则成人，逆则成仙，顺逆之间，天地悬隔，只要逆用阴阳，自然成就，并非邪径旁门也。

兹余所论，大泄真机，皆列圣口传心授之旨，人能照此下手行持，自能夺天地玄妙之功，穷鬼神不测之奥，诚金丹之口诀也。除此之外，再无别传。先贤云："圣人未生，道在天地；圣人已往，道著六经。"予之末论，虽不敢与圣经相比，亦可为问道之正途，如拨云雾而见青天，似剪荆棘而寻大路，坦然无碍，豁然有门。学者若能专心研究，自然默契仙缘，幸勿轻易视之也。万金难换，百宝难求，勿示非人，尚其重之。

《悟真篇》云："学仙须是学天仙，惟有金丹最的端。"此篇专讲金丹外药，而金液内药，亦次其中矣。反反复复，总劝人及时省悟，炼已求铅，觉世婆心，传神简上。旧赋一段，句句口诀，有志者，再求口诀中之口诀，则还丹不难矣。

下 篇

一阴一阳之谓道，修道者，修此阴阳之道也。一阴一阳，一性一命而已矣。《中庸》云："修道之谓教。"三教圣人，皆本此道以立其教也。此道原于性，本于命。命犹令也，天以命而赐人以令也；性即理也，人以性而由天之理也。夫欲由其理，则外尽伦常者其理，内尽慎独者其理。忠孝友恭，衷乎内也，然著其光辉，则在外也；喜怒哀乐，见于外也，然守其未发，则在内也。明朗朗天，活泼泼地，尽其性而内丹成矣。夫欲全其令，则殷勤顾之者此令，依法用之者此令。存心养性，此顾命之勤劳也；集义生气，此用令之法度也。炼气化神，炼神还天，复其性，兼复其命，而外丹就矣。吾愿后之人，修此正道，故直言之。

修道以修身为大，然修身必先正心诚意。意诚心正，则物欲皆除，然后讲立基之本，气为使焉，神为主焉。学者下手之初，必须知一阳初动之候，真铅始生之时。其气迅速如电，而不能久居于先天，霎时而生癸水，顷刻而变经流，迨至生形化质，已属后天而不可用矣。昆仑之上有玄门，其窍甚小，阴阳会合时，不许动摇，待其情性相感，自然彼我相通。凡有形质者，不能升入窍内，夫惟真气橐籥，乃能进于窍内也。故圣人直指先天一气，冲开此窍。又曰：修行之径路，可以续命延年，修真而全真，无来无去，不生不灭。

　　今之愚人，闻说有用阴阳之道者，却行御女巧诈之术，正如披麻救火、飞蛾扑灯，贪其美色，胡肆纵横，日则逞力多劳，夜则恣情纵欲，致使神昏气败，髓竭精枯，犹不醒悟，甘分待终。古之贤人不然，忠孝两全，仁义博施，暗行方便，默积阴功，但以死生为念，不以名利关心，日则少虑无思，夜则清心寡欲，以此神全气壮，髓满精盈。每叹凡躯，如石中之火，似水上之沤。未闻道者急求师，已闻道者急求药。又能广参博采，信受奉行，求先天之大药，寻出世之丹方，忙忙下手速修，惟恐时不待人。

　　夫道者，岂是旁门小技，乃至人口传心授，金液还丹之妙道也。非定息二乘之法，乃最上一乘之道。以有为入无为，以外药修内药；以己而求彼，以阴而配阳；以铅而投汞，以气而合神。无为者，非防危守城之方、温养沐浴之事，乃得丹之后，脱胎神化之功也；有为者，非采战提吸之术、九一动摇之法，乃安静虚无之道，守雌不雄，寂然不动，感而遂通，此即未得丹之前，炼己筑基之事也。有为、无为，体用之始终，已见于此；内药、外药，出处之法相，又详于彼。外药者，在造化窟中而生；内药者，在自己身中而产。内药是精，外药是气；内药养性，外药立命，性命双修，方合神仙之道。大修行人，欲求先天外药，必炼己以待阳生，用神气炼成慧剑，采金水匀配柔刚。古人采药进火，全凭此物，除七情之患，去五贼之害。若无炼己，以去贼之患害，则不能常应常静，魂魄焉能受制？情欲岂不相干？若要入室施功，临炉下手，则外火虽动，而内符不应。只因刚柔未配，以此慧剑无锋，群魔为害，心神不宁，欲念杂起，故乃逐境飘流，致使汞火飞扬，圣胎不结。如使炼己纯熟，则心无杂念，体若太虚，一尘不染，万虑皆空，心死则神活，体虚则气运，方许求一阳之道、二候之功。还丹容易，炼己最难。凭慧剑剖破鸿蒙，舒匠手凿开混沌。却用阴阳颠倒之法，水火既济之道，乃行地天交泰，使阳居下，火必照上，令阴在上，水能润下，只要苦行忍辱，身心不动，己之性若住，彼之气自回。人能如此，便得守雌不雄，寂然不动，感而遂通之效也。太极将判之间，静已极而未至于动，阳初复而未离乎阴，候此真先天气降，以法追摄，送入黄庭之中，日运己汞，包固周密，汞气渐多，铅气渐散，合丹于鼎。又须调停真息，周流六虚，至声寂而意合，乃气匀而脉住，丹始凝结。只待圣胎气足，十月功圆，脱胎神化，降生婴儿，调之纯熟，出入纵横，往来无碍，不被群魔引诱，只待九转功成，面壁之时，炼精则化气，炼神则化虚，形神俱妙，与道合真，此大丈夫功成名遂之时也。

　　是道古人不传于世，盖缘愚人信之不笃，行之不勤，而且反生诽谤，是以秘而不传。予自得遇至人以来，述此修身秘要，以警觉后学。同志者，各加黾勉，共陟仙都。

　　此篇穷性命之真，发圣贤仙佛之理，本本原原，如疏如注。有为、无为之序，内药、外药之分，养胎、脱胎之妙，尽著简编，观止已！蔑以加矣！

玄机直讲

圆通道人　藏本
长乙山人　增订
磻山逸士、卓庵居士　同校

炼丹火候说二篇

（删节《樵阳经》）①

夫功夫下手，不可执于有为，有为都是后天，今之道门，多流此弊，故世罕全真；亦不可著于无为，无为便落顽空，今之释门，多中此弊，故天下少佛子。此道之不行，由于道之不明也。

初功在寂灭情缘，扫除杂念。除杂念，是第一着筑基炼己之功也。人心既除，则天心来复；人欲既净，则天理常存。每日先静一时，待身心都安定了，气息都和平了，始将双目微闭，垂帘观照心下肾上一寸三分之间（必寻有活动气处相依，方不落空，方不执滞②），不即不离，勿忘勿助，万念俱泯，一灵独存，谓之正念。斯时也，于此念中，活活泼泼；于彼气中，悠悠扬扬，呼之至上，上不冲心，吸之至下，下不冲肾，一阖一辟，一来一往，行之一七、二七，自然渐渐两肾火蒸，丹田气暖，息不用调而自调，气不用炼而自炼。气息既和，自然于上中下，不出不入，无来无去，是为胎息，是为神息，是为真橐籥、真鼎炉，是为归根复命，是为玄牝之门、

---

① 空青洞天朱道生刊本、《道藏辑要》本均作："此祖师删改前人之作以示人者，故附入《全集》。"

② 本句批注，底本无，据空青洞天朱道生刊本、《道藏辑要》本增补。

天地之根。气到此时，如花方蕊，如胎方胞，自然真气薰蒸营卫，由尾闾，穿夹脊，升上泥丸，下鹊桥，过重楼，至绛宫，而落于中丹田，是为河车初动。但气至而神未全，非真动也，不可理他。我只微微凝照，守于中宫，自有无尽生机，所谓"养鄞鄂"者此也。

行之一月、二月，我神益静。静久则气益生，此为神生气、气生神之功也。或百日，或百余日，精神益长，真气渐充，温温火候，血水有余，自然坎离交媾，乾坤会合，神融气畅，一霎时间，真气混合，自有一阵回风上冲百脉，是为河车真动。中间若有一点灵光，觉在丹田，是为水底玄珠，土内黄芽。尔时一阳来复，恍如红日初升，照于沧海之内，如雾如烟，若隐若见，则铅火生焉。方其乾坤坎离未交，虚无寂灭，神凝于中，功无间断，打成一团，是为五行配合。至若水火相交，二候采取，河车逆转，四候得药。神居于内，丹光不离，谓之大周天，谓之行九转大还也。此时一点至阳之精，凝结于中，隐藏于欲净情寂之时，而有象有形。到此地位，息住于胎，内外温养，顷刻无差，又谓之十月功夫也。

又

夫静功在一刻，一刻之中，亦有炼精化气、炼气化神、炼神还虚之功夫在内，不独十月然也。即一时一日、一月一年皆然。

坐下闭目存神，使心静息调，即是"炼精化气"之功也。回光返照，凝神丹穴，使真息往来，内中静极而动，动极而静，无限天机，即是"炼气化神"之功也。如此真气朝元，阴阳反覆，交媾一番，自然风恬浪静。我于此时，将正念止于丹田，即是"封固火候"。年月日时，久久行此三部功夫，不但入圜十月也。故曰：运之一刻，有一刻之周天；运之一时一日、一月一年，即有一时一日、一月一年之周天也。然一刻中，上半刻为温、为进火、为望、为上弦、为朝屯、为春夏；下半刻为凉、为退符、为晦、为下弦、为暮蒙、为秋冬。一时则有上四刻、下四刻之分，即一日一月一年，皆同。此之谓攒簇阴阳五行，一刻之功夫，夺一年之气候也。到此乃①是真空真静，或一二年，至十年百年，打破虚空，与太虚同体，此为"炼神还虚"之功也。

---

① 乃，底本作"仍"，据空青洞天朱道生刊本、《道藏辑要》本改。

前功十月既满，须时时照顾婴儿，十步百步，千里万里，以渐而出，倘或放纵不禁，必致迷而不返。仙经曰："神入气成胎，气归神结丹"，所谓"一点落黄庭"是也。但人杂念少者得丹早，杂念多者得丹迟。

此法简易，奈人不肯勇猛耳。若能恒久行持，必然透金贯石，入水蹈火，通天达地。再行积功累行，服炼神丹大药，必然形神俱妙，白昼飞升，全家拨宅，此又在功德之浅深何如耳。设或不服神丹，只顾阳神冲举，回视旧骸，一堆尘土，夫亦白日羽翰，万劫长存[①]，可与宇宙同泰[②]者矣。

返还证验说

七返九还之法，下手兴功，先将上窍阳里真阴，入内金鼎气海之中，与下窍真阳配合。阳里真阴，即是自家元神，属三魂；下窍真阳，即是身中元气，属七魄。其先后二气一合，则坎离自交，魂魄混合，神气凝结，胎息自定，每日如外夫妇交情美快，切不可着他，水火自然既济，发运四肢，如外火之生焰焰相似，只要水火均平，此是小周天火候。调和薰蒸，喉息倒回元海，则外阳自然入内，真火自然上冲，浑身苏软，美快无穷，腹内如活龙动转升降，一日有数十样变化。婴儿姹女，自然成合，此是采阴补阳一节。

修炼玉液还丹，即筑基炼己，积内法财，终日逍遥，昼夜常明，乃长生久视之初阶也。世人常借五谷养命，数日不食，则气饥死矣。若人年老，下元亏损，骨髓俱空，不能胜五谷之气，是五谷能养人，亦能杀人。若会内外交接，水火既济，气血逆流，五脏气合，脾胃开畅，食入腹中，亦能化气、生精、养神。人果能得下手天机，直候骨髓盈满，腹脐如孕妇人一般，却不是有胎形相，不过是气满、精盈、神全而已。如果三全，则真火煅炼，调神炼虚，大丈夫功成名遂之时也。

奉劝学人，参访宗师，苦求至人，抉破一身内外天机，明白下手速修，炼己待时，候一阳至，择地入室，炼此龙虎大丹。必要僻静，鸡犬不闻之处，外边又要知音道友，不要一个闲杂人来到，恐防惊散元神。先言和光同尘，今言僻静处，何也？炼己于尘俗，养气于山林，是入室兴功，下手

[①] 存，底本作"有"，据空青洞天朱道生刊本、《道藏辑要》本改。

[②] 泰，底本、空青洞天朱道生刊本皆同，《道藏辑要》本作"春"。

之时也。要超凡入圣，岂是小可的事？必须要一尘不染，万虑俱忘，丝毫无挂，一刀两断，永作他乡之客，终无退悔之心。持空炼神，守虚炼性，浑身五脏、筋骨气血，都化成青气，专心致志，演神纯熟，成形受使，星回斗转，随心所变，直养得浑身无有皱纹，如蜘蛛相似。上七窍生光，昼夜常明，身如太虚，才是正时候，方可求仙道。这应验，气满神全，法财广大，方可炼大丹，才叫做一个丹客。工夫既得，时候自至，七窍光明，三阳开泰，神剑成形，趁水顺风发火，雷轰电闪，方夺外天机，下手擒拿，采吾身外真铅，以龙嫁虎，驱虎就龙。若会攒簇，不失时节，湛然摄起海底之金，即开夹脊，上泥丸，落入水晶宫之内，与木汞配合，不过半刻，攒簇已定，真火冲入四肢，浑身骨肉，火烧刀割相似，最难禁受，就是十分好汉，到此无一分主张。防危虑险，沐浴身心，水火既济，顷刻间，浑身如炒豆子一般相似，一齐爆开，浑身气血，都会成形说话，就在身上闹成一堆。舌根下，又有两穴，左为丹井，右为石泉，此正是廉泉穴，随骨脉一齐开，下肾水上涌到，如外水泉一般，咽纳不完，滋味甚异，比糖蜜更不相同。又其至妙者，临炉下手之初，地将产其金莲，天亦垂乎宝露，忽然一点真汞下降，透心如冰凉，即运一点神火随之，攒簇于交感宫内，浑然湛然，如千千战鼓之鸣，万万雷声之吼，又即是自己一身百脉气血变化，休要惊怕，只要踏罡步斗，执剑掌印，这里正是凶恶处，三回九转，降帅召将，如此防顾，于虚空中，或见龙虎相交，天地交泰，日月交宫，见众仙诸佛，功夫到此，诸境发现，切不可认他，恐着外邪。既认元神，汞铅相投，三日才生大药，三日里最难过，遍世界都是邪境，四面神号鬼哭，八方杀气狼烟，此正是大开关工夫，到此十个九个都吓杀了，心不可有恐怖，盖己虽化成神，却是阴神，阴神最灵，能千变万化，诸境为害，他岂肯善善降伏，前人说得好："你会六通神，方才脱生死；你若不会六通神，休想成道。"混沌又至三十时辰二日半，气气相通，气满至极，忽然活泼泼地，迸①出太阳流珠，脱壳入口，百万龙神，尽皆失惊，此是元阳真丹药入口，始知我命不由天也。仙云："这回大死今方活。"又云："一战而天下平。"即是此等地位，这才是天地交泰，日月交宫。真阳之药到口，顷刻周天火发，骨胎化作一堆肉泥，阳神脱体，撒手无碍，专心致志，持空养虚，以空养神，以虚养心，随心变神。夫万物皆天地生发，吾万神朝

---

① 迸，诸本均作"逆"，据方春阳点校本改。

拜而宾服，厌居尘世，道遥蓬岛，自有三千玉女奉侍，终日蟠桃会上，饮仙酒，戴仙花，四大醺醺，浑身彻底玲珑，海底龟蛇出现，万神受使，才是真铅、真汞颠倒，浑身紫雾毫光，瑞气千条，是五龙大蛰法也。

炼之百日，玄关自开，婴儿显相，龟蛇出现，自然蟠绕。学者到此地位，口中才干得外汞。炼之六个月，体似银膏，血化白浆，浑身香气袭人，口中出气成云，此是灵丹成熟，一块干汞，人服之永不死矣，亦能治死人返活。炼之十个月，阳神脱体，一身能化千万身。只候十二月，夺尽天地全数，阳神已就，浑身出入，八[①]万四千阳神，步日月无影，入金石无碍，入水不溺，入火不焚，刀兵不能伤，鬼神不能测，变化无穷，已成真人也。浑身气候，无不是真药，鸡餐成凤，犬食成龙，此理鬼神也难明，若不见过这样言语，必不信大药金丹也。

造化工夫，三回九转，七返八还，火候细微，攒簇口诀，只三五日间，把天地都颠倒过，都是自然，人身造化阴阳，亦是自然，却要体天地造化，方可成就。事从做过、见过，从试应验，到自然处，工夫虽是一年，火候细微，只在百日之内，动静凶恶，只在几日一时里，得内外攒簇，顷刻湛然。圣胎成就，产黍米之珠，吞入腹内，周天火足，脱胎换骨，只是要持空养虚，余皆自然。今人果得明师指示，先炼己于尘俗，积铅于廛市，攒年簇月，攒日簇时，大定之中，只在一刹那间，不出半个时辰，把天地都颠倒过，运火十月之工，体天地自然之法。若不能死中求活，焉能逃出三灾八难哉！

服食大丹说

三清俸禄，玉皇廪给，非先圣贤哲，焉能受得？如许旌阳、葛仙翁、殷真君等八百余家，俱是成道之后，方炼服食，以度群迷。仙云："内丹成，外丹就。"此言人得正传，先积精累气，收积内外法财，养得气满神全，金光出现，昼夜常明，如是则吾身内丹成，而吾身外丹亦发相矣。凡看书不可按图索骏，学者于昼夜常明之时，药苗已生，方可采吾身外之药，配吾身中之雌雄，以得金丹入口，周天火候发现，顷刻湛然，撒手无

[①] 八，空青洞天朱道生刊本、《道藏辑要》本作"只"，误。

碍，才似①金蝉脱壳，默朝上帝，中遇仙举，受其天禄，万神朝礼，能折天补地，摘星握月，驱雷转斗，呼风唤雨，举意万神，使觑天地如手掌相似，这福德胜三辈天子，智慧胜七辈状元，到这般时候，方可炼服食金丹。此丹如黍米一粒，落于地则金光烛天，方名神丹。若不通神，敢说是外丹服食？此理奥妙，天机深远，金种金，银种银，外边无有别灵神。此黄白之术，不是凡间金银，为母遏气，果得正传，能产先天大药，认得黄芽白雪，此为黄白，方可为母遏气，以炼神丹。但是金银水药，都属后天，且又不知真阳、真阴同类，万万无成。慨世学者，真假不辨，不遇正人，都是盲修瞎炼，实修性命之士，若未遇真师，且潜心看书。夫古圣丹书，不空说一字、妄言一句。只是后人不识邪正，又不知圣贤书中，都是隐语譬喻，遭遇庸师，执认旁门，毒药入心，又无通变，似是而非，自高自是，声音颜色，拒人千里之外，则高人望望然去之，况仙圣乎？学者未遇正人时，当小心低意，积功累行，遇魔莫退，遭谤勿嗔，重道轻财；一遇正人，笃志苦求，抉破一身内外两个真消息，忽然醒悟诸书，才不为人迷惑。若是志人君子，实心为命，扫尽旁门，重正心猿，重立志气，低心下意，经魔历难，苦求明师，穷取生身受气初。初者，是元始祖气，此气含着一点真阳、真阴。夫真阳、真阴，产于天地之先，混元之始，这颗灵明黍米宝珠，悬在虚空，明明丽丽。但未有明师指破的人，如在醉梦相似，离此一着，都是旁门。此灵明宝珠，于虚空之中，包含万象，潜藏万有，发生万物，都是这个。

一粒黍米说

此物在道门中，喻真铅、真汞，一得真得，不可着于乾坤、日月、男女上，只于己身内外安炉立鼎。炼己持心、明理见性之时，攒簇发火，不出半刻时辰，立得黍米玄珠，现于曲江之上。刀圭入口，顷刻一窍开，百脉齐开，浑身筋骨、五脏血肉，都化成气，与外水银相似。到此时候，用百日火功，方有灵妙，一得永得，无有返还，住世留形，炼神还虚，与道为一矣。

此物在佛门中，说是真空真妙觉性。下手端的，炼魔见性，片晌工夫，发起三昧真火，返本还元，一体同观，大地成宝，霞光万道，五眼六通，

---

① 似，空青洞天朱道生刊本、《道藏辑要》本作"是"。

炼金刚不坏之身，了鬼神不测之妙也。

此物在儒门中，说是无极而太极。依外天地而论，无极是天地周围，日月未判之前，四维上下，混混沌沌，如阴雾水气，直至时到，气满相激，才是太极。是时也，日月既生，清浊自分，在上为天，在下为地，天之清气为纯阳，地之浊气为纯阴。雨露从天降，是阳能生阴；万物从地生，是阴能生阳。天地是个虚无，包藏无穷尽、无边际。天之星宿神祇，动静转轮，各有方位；地下万物，按四时八节，自然发生，总论只是虚空。

夫日月是天地之精，上照三十三天，下照九极万泉，东西运转，上下升降，寒暑往来。日是纯阳之体，内含一点真阴之精，属青龙、姹女、甲木、水银、金乌、三魂，即是外；月是纯阴之体，内含着一点真阳之气，属白虎、婴儿、庚金、朱砂、玉兔、七魄，即是内。人身造化同天地，故人身亦有真日月，道在迩，人何求之远也！三魂属性，性在天边；七魄属命，命在海底。内外通来"性命"两个字，了却万卷丹书。性属神是阴，命属气是阳，故曰"一阴一阳之谓道"。千经万卷，皆是异名，然真性命，及幻法象，若不得真传，则又不可知耳。仙云："四大一身皆属阴，未知何物是阳精。"又云："涕涎精津气血液，七般灵物总属阴"，乃后天渣质之浊阴，非真阴也。真阴与真阳相对，真阴既不知，焉能知真阳乎？今之学者，不惟不知真阳，亦且不知真阴，若知真阴，亦必知真阳矣。不遇明师，焉能猜度？学者穷取一身中天地人三才之妙，穷一身内外真炉鼎之端的，及①一身内外阴阳之真消息。如不得旨，一见诸书异名，心无定见，执诸旁门，无有辨理。既不知穷理，则心不明，心既不明，则不能见性，既不见性，焉能至②命？古人云："只为金丹无口诀，教君何处结灵胎！"

登天指迷说

（迷，一作"南"）

道也者，生天地，育万物，放之则包罗虚空，敛之则退藏于密，两仪、日月、五行，都是道中之造化耳。物物各具一太极，即道也。人人心上有

---

① 及，底本作"即"，据空青洞天朱道生刊本、《道藏辑要》本改。
② 至，底本作"致"，据空青洞天朱道生刊本、《道藏辑要》本改。

先天，亦道也。五行顺而生人、生物，五行逆而成仙、成佛，故云"五行顺则法界火坑，五行逆则大地七宝"。这五行之精，秘于四大形山不内不外之密处，只是百姓日用而不知耳。民可使由之，顺行也；不可使知之，逆行也。夫鱼在水中，不知其为水也；人居气内，不知其为气也。此譬喻当潜心究竟，回光返照，明心见性，果证仙佛，复何难哉？

今人学道，个个自卖聪明，自夸伶俐，自称会家，终无了悟。又有一等小根盲人，见先圣所言外阴阳、外炉鼎、外药物，执迷子女为鼎器，则又可哀已也。某见酷好炉火者，百无一成。又以轩辕铸九鼎而成道，以为必用鼎器九人，谬之甚矣。尝见有进过五七鼎，亦无成就者，且人念头一动，先天淳朴即散，先天既丧，后天虽存，究何益于身心，不过聊存其四大而已。这样下愚，岂知天不言而四时行、百物生之妙哉？夫人身造化，同乎天地，但不知天何得一以清、地何得一以宁，且又不知主张造化的是谁？若能以清静为体，镇定为基，天心为主，元神为用，巧使盗机，返还天真，归根复命，岂患不至天地圣位。至用女鼎一节事，万无此理。

假使有缘之士，得遇真师，先行玉液还丹，炼己和光，操持涵养，回光返照，此即见性明心之事也。既见其性，更求向上之事，乃金液还丹，情来归性，直到真空地位，大用现前，龙女献一宝珠，金光发现，至此方为一得永得。亥、子之交，剥、复之间，于太阳初动兴功时，手探月窟，足蹑天根，回风①混合，从此有百日功灵之妙。此金液还丹，乃阴阳五行之大道也。除此玉液金液、性命双修、清静自然之道，余皆旁门小法。

某于一身内外，安炉立鼎，攒簇口诀，药物火候细微，已得虚空法度，便去入室，行外药入腹大事，发火行功。到秘密处，有虚空万神朝礼，仙音戏顶，此事鬼神难明。怎奈因自己不能炼己于尘俗，未得积铅于市廛，气脉又未甚大定，基址也未得三全，理虽融而性未见，故万物发现凶险，心神恍惚，不能做主，又因外边，无知音道侣护持看守，触其声色，惊散元神，激鼎翻炉，劣了心猿，走了意马，神不守舍，气不归元，遭其阴魔。何为阴魔？我不细言，后学不知。皆因真阳一散，阴气用事，昼夜身中，神鬼为害，不论睁眼合眼，看见鬼神来往，即耳中亦听得鬼神吵闹，白日间觉犹可，到晚来最难过，不敢静定一时，我身彼家海底命主，兑金之戊土，冲返五脏，气血皆随上腾，身提不着地杀身丧命，真乃鬼家活计也。

---

① 风，底本作"光"，据空青洞天朱道生刊本、《道藏辑要》本改。

某乃暂弃前功，遵师训指，大隐市廛，积铅尘俗，摄情归性，杀机返覆，自幼至老，被天地人物盗去的天真，今于虚无中、尘色内，却要夺盗返还于我天性之中，方得元精、元气、元神之三全，至是乃心明理融，理融见性，身心大定，五行攒簇，才去行上等事而了大道。想前代贤哲，多有中道而废，皆因未曾炼己持心，金来归性，以至二候得药，于四候进火之时，不知虚空法度，粗心大意，是以白玉蟾有"再斫秋筠节"之叹焉。谁知虚空消息，至微、至凶、至恶，若是擒捉不住，定不饶人。

若是学人，知一身内外两个真消息，了然无碍，方去操持涵养，克去己私，复还天理，则还丹工夫，至简至易。终日采吾身外之黄芽，以候先天之琼浆，此正是"饮酒戴花悟长生"之妙也。若混元一事，则无意无必，无固无我，悉生悉死，忘人忘物，如游手好闲，不务生理，终日穿街过巷，玩景怡情，淫房酒肆，兀坐忘言，岂不动世人之惊疑哉？摄境积铅，法财两用，岂不致俗子之笑谤哉？是以必资通都大邑、有力之家，以为外护，目击道存，韬光晦迹。仙云："要贪天上宝，须用世间财。"夫天上宝，非指青天之上而言也，乃吾身上九阳鼎之宝也，故轩辕铸九鼎而飞升。世之迷徒，一闻"天上宝"三字，遂执天上日月为水火，乃于月出庚方，用两目行度数以采之，为真水真铅；于日出卯时，亦运两目采之，为真火真汞。夫天上地下、乾坤坎离、男女内外炉鼎，喻吾一身之内外阴阳而言，并无男女等相。仙云："凡有所相，皆是虚妄。"还丹本无质，至哉斯言，尽矣。世间学好的人，必不为损人利己之事。宇宙间男女所赖以生而不死者，惟此一点阳精而已。岂有学仙的人，采女人之精而利己之身哉？此与世之杀人者，有何异焉？

又先圣言彼家男女、两家两国，及内外炉鼎等说，若人不得正传，其不错认者几希矣。某曾遇明师，耳提面命，抉破虚空内外两个真消息，不敢私于一己，冒禁相付，把一身天地人之造化，三教经书，药物火候，日月交合，盈满度数，尽都抉破，不立文字，但说真言，使学者无错认迷修之误。是书在处，有神物护持，若无缘下流见之，亦不过謷唱之文词耳。是金丹大道，万劫难遇，正是踏破芒鞋无觅处，得来全不费功夫。学者果能涵养于造次颠沛流离之际，保此方寸不失，是天理复矣。天理既复，然后求向上外药入腹事，顷刻湛然，脱胎换骨，浑然化一道金光，大地成宝，身外生身，阳神脱体，持空养虚，此是五龙大蛰法，受诸逍遥，超出风、水、火之三劫，不在生、老、病、死、苦中矣。今人不去修行，有贪图炉火外丹服食者，此又迷之甚矣。

按：此篇乃《玄要》下篇《道情总说》，"登天指迷"，即道情词曲之总名也。篇末云："下流见之，不过瞽唱文词"，即此可知为道情总说。

注《九皇丹经·龙虎铅汞论》

道君论龙虎、铅汞、抽添，正要后世有根有缘者，从此下手。虽曰"神仙还是神仙做"，吾却偏曰"凡人亦可做神仙"。只怕不明金丹理，方入地狱为兽员。

此龙属阳，自阳一失，却是一阴；此虎属阴，自阴有宝，却是一阳。龙，即我之玄关也；虎，即彼之玄牝也。龙却好淫，我却不泄一水，添一点土，偏要成一个"瑶"①字，成为玉液至宝；虎却好吃，我却不泄真火，加一"柬"字，偏要成个"炼"②字，收为金液至宝。虎虎虎，那怕你张口漏牙，把人亡魂丧胆，我却有伏虎手段，将你为空中色、色中空，用龙一戏，把你为龙虎风云会，不怕你不为我、把你虎穴中虎子得来，入我三田之中；龙龙龙，纵任你是淫欲之物，我却有降龙手段，那怕你变化无穷，我用一那吒金刚圈，降住你，抽你筋，做为一条养性接命的金带，时时系着，那怕你不去向太极真人前，请一点真一不二法门来，与我为混合之大道也。

铅，即两弦之铅；汞，即我身天地之汞。有日月之光明，天地才成"地天泰"，不为"天地否"。人身自父母生来，原有一汞一铅、男女交媾之理，故曰"乾为父，坤为母"，"男女媾精，万物化醇"，"易为先天之太极"。人不明此一理，只把汞去投铅，生男生女，不把铅来投汞，成佛成仙。这个铁馒头打得破，何难为三丰中之三丰也。

注吕祖《百字碑》

养气忘言守，

凡修行者，先须养气。养气之法，在乎忘言守一。忘言，则气不散；守一，则神不出。

---

① 淫，繁体字作"婬"。
② 炼，繁体字作"煉"。

诀曰：缄舌静，抱神定。

降心为不为。

凡人之心，动荡不已。修行人，心欲入静，贵乎制伏两眼。眼者，心之门户，须要垂帘塞兑。一切事体，以心为剑，想世事无益于我，火烈顿除，莫去贪着。

诀云：以眼视鼻，以鼻视脐，上下相顾，心息相依，着意玄关，便可降伏思虑。

动静知宗祖，

动静者，一阴一阳也。宗祖者，生身之处也。修行人，当知父母未生之前，即玄牝也。一身上下，乾坤八卦，五行四象，聚会之处，乃天地未判之先，一点灵光而成，即太极也。心之下，肾之上，仿佛之内，念头无息，所起之处，即是宗祖。所谓动静者，调和真气，安理真元也。盖呼接天根，吸接地根，即阖户之谓坤、辟户之谓乾。呼则龙吟云起，吸则虎啸风生，一阖一辟，一动一静，贵乎心意不动，任其真息往来，绵绵若存。调息至无息之息，打成一片，斯神可凝，丹可就矣。

无事更寻谁。

若能养气忘言守，降伏身心，神归炁穴，意注规中，混融一炁，如鸡抱卵，如龙养珠，念兹在兹，须臾不离。日久工深，自然现出黍米之珠，光耀如日，默化元神，灵明莫测，即此是也。

真常须应物，应物要不迷。

此道乃真常之道，以应事易于昏迷，故接物不可迷于尘事。若不应接，则空寂虚无。须要来则应之，事去不留。光明正大，乃是不迷，真性清静，元神凝结。

诀曰：着意头头错，无为又落空。

不迷性自住，性住气自回。

凡人性烈如火，喜怒哀乐，爱恶欲憎，变态无常，但有触动，便生妄想，难以静性。必要有真惩忿，则火降；真寡欲，则水升。身不动，名曰炼精，炼精则虎啸，元神凝固；心不动，名曰炼气，炼气则龙吟，元气存守。念①不动，名曰炼神，炼神则二气交，三元混，元气自回矣。三元者，精、气、神也；二气者，阴阳也。修行人应物不迷，则元神自归，本性自住矣。性住则身中先天之气自回，复命归根，有何难哉！

诀曰：回光返照，一心中存，内想不出，外想不入。

气回丹自结，壶中配坎离。

修行人，性不迷尘事，则气自回，将见二炁升降于中宫，阴阳配合于丹鼎，忽觉肾中一缕热气，上冲心府，情来归性，如夫妇配合，如痴如醉。二气絪缊，结成丹质，而炁穴中水火相交，循环不已，则神驭炁、炁留形，不必杂术自长生。

诀曰：耳目口三宝，闭塞勿发通。真人潜深渊，浮游守规中。直至丹田气满，结成刀圭也。

阴阳生反覆，普化一声雷。

功夫到此，神不外驰，气不外泄，神归炁穴，坎离已交，愈加猛烈精进，致虚之极，守静之笃，身静于杳冥之中，心澄于无何有之乡，则真息自住，百脉自停，日月停景，璇玑不行，太极静而生动，阳产于西南之坤。坤，即腹也，又名曲江。忽然一点灵光，如黍米之大，即药生消息也。赫然光透，两肾如汤煎，膀胱如火炙，腹中如烈风之吼，腹内如震雷之声，即复卦天根现也。天根现，即固心王，以神助之，则其炁如火，逼金上行，穿过尾闾，轻轻运，默默举。一团和气，如雷之震，上升泥丸，周身涌跃，即"天风姤卦"也。由月窟，至印堂，眉中漏出元光，即太极动而生阴，化成神水甘露，内有黍米之珠，落在黄庭之中，点我离中灵汞，结成圣相之体，行周天火候一度，烹之炼之，丹自结矣。

白云朝顶上，甘露洒须弥。

到此地位，药即得矣。二气结刀圭，关窍开通，火降水升，一炁周流，从太极中，动天根，过玄谷关，升二十四椎骨节，至天谷关，月窟阴生，

---

① 念，空青洞天朱道生刊本、《道藏辑要》本作"意"。

香甜美味，降下重楼，无休无息，名曰"甘露洒须弥"。

诀曰：甘露满口，以目送之，以意迎之，送下丹釜，凝结元气以养之。

自饮长生酒，逍遥谁得知。

养气到此，骨节已开，神水不住，上下周流，往来不息，时时吞咽，谓之长生酒。

诀曰：流珠灌养灵根性，修行之人知不知。

坐听无弦曲，明通造化机。

功夫到此，耳听仙乐之音，又有钟鼓之韵，五气朝元，三花聚顶，如晚鸦来栖之状，心田开朗，智慧自生，明通三教经书，默悟前生根本，预[①]知未来休咎，大地山河，如在掌中，目视万里，已得六通之妙，此乃实有也。吾行实到此际，若有虚言以误后学，天必诛之。遇之不行，罪遭天谴。非与师遇，此事难知。

都来二十句，端的上天梯。

自"养气忘言"，至此二十句，皆是吕祖真正口诀，工夫无半点虚伪，乃修行上天之阶梯。得悟此诀与注者，可急行之，勿妄漏泄，勿示匪人，以遭天谴。珍重奉行，克登天阙。

吕祖抱度人洪愿，而传此《百字碑》；张祖抱度人大愿，而注此《百字碑》，张祖之心，即吕祖之心也。故曰：纯阳、三丰，乃神仙中耳目。西月跋。

---

① 预，底本、空青洞天朱道生刊本、《道藏辑要》本均作"豫"，改。

道言浅近说

长乙山人　辑
磻山、卓庵居士　同校

一①

夫道者，其层次须知三候三关。大抵不外四言："无为之后，继以有为；有为之后，复返无为"而已。

二

内丹功夫，亦有小三候。积精累气为初候，开关展窍为中候，筑基炼己为三候。下手于初候求之，大抵清心寡欲，先闭外三宝，养其内三宝而已。

三

《系辞》："穷理、尽性，以至于命"，即是道家层次，一步赶步工夫。何谓穷理？读真函，访真诀，观造化，参《河》、《洛》，趁清闲而保气，守精神以筑基。一面穷理，一面尽性，乃有不坏之形躯，以图不死之妙药。性者，内也；命者，外也。以内接外，合而为一，则大道成矣。"以至于"三字，明明有将性立命、后天返先天口诀在内，特无诚心人，再求诀中诀以了之也。

四

"凝神调息，调息凝神"八个字，就是下手工夫。须一片做去，分层次

---

① 本篇序号，皆点校者划归体例所加。

而不断乃可。凝神者，收已清之心，而入其内也。心未清时，眼勿乱闭，先要自劝自勉，劝得回来，清凉恬淡，始行收入气穴，乃曰凝神。凝起神了，然后如坐高山而视众山众水，如燃天灯而照九幽九昧，所谓"凝神于虚"者，此也。调息不难，心神一静，随息自然，我只守其自然，加以神光下照，即调息也。调息者，调度阴蹻之息，与吾心中之气，相会于气穴中也。

五

心止于脐下，曰疑神；气归于脐下，曰调息。神息相依，守其清净自然，曰勿忘；顺其清净自然，曰勿助。勿忘勿助，以默以柔，息活泼而心自在，即用钻字诀。以虚空为藏心之所，以昏默为息神之乡，三番两次，澄之又澄，忽然神息相忘，神炁融合，不觉恍然阳生，而人如醉矣。

六

真消息，玄关发现时也。凡丹旨中，有"先天"字、"真"字、"元"字，皆是阴阳鼎中生出来的，皆是杳冥昏默后产出来的，就如混沌初开诸圣真一般，以后看丹经，可类推矣。

七

学道甚难，传道亦不易。传道者甚勤，学道者可懒乎？传道者耐烦，学道者可不耐烦乎？学不精，功不勤，心不清，神不真，以此入道，万无一成。孔子曰："知几其神乎？"不曰其念其意，而曰"其神"，可见微动之息，非神不知也。今为分之曰：微动者几，大动者直。欲知其几，使心、使意、使念，终不得见也。神乎！神乎！

八

神要真神，方算先天。真神者，真念是他，真心是他，真意是他。如何辨得真？诀曰："玄关火发，杳冥冲醒，一灵独觉"者是也。丹家云："一念从规中起"，即真神、即真念也。又云："微茫之中，心光发现"，即真神、即真心也。又云："定中生慧，一意斡旋"，即真神、即真意也。真神从不神中炼出，学者知之。

九

学道人，原有常格宜破，乃能引心入理。热心去，则冷心来；人心绝，则道心见。此吾所以撇功名势利，弃儿女家园也。顶真学道，要把道当为奇货可居，乃有效验。

十

大道以修心炼性为首，性在心内，心包性外，是性为定理之主人，心为栖性之庐舍。修心者，存心也；炼性者，养性也。存心者，坚固城郭，不使房屋倒坍，即筑基也；养性者，浇培鄞鄂，务使内药成全，即炼己也。心朗朗，性安安，情欲不干，无思无虑，心与性内外坦然，不烦不恼，此修心炼性之效，即内丹也。

十一

世有学道数月，而不见其寸进者，为无真心向道也。人若有心于道，自然无事于心；人若心重于道，自然心轻于事；人若心浓于道，自然心淡于事。守其性兮不散乱，存其神兮不昏沉，又安有渴睡杂念之扰哉？咄！理胜欲则存，欲胜理则亡。

十二

潜心于渊，神不外游；心牵于事，火动于中。火动于中，必摇其精。心静则息自调，静久则心自定。死心以养气，息机以纯心。精、气、神为内三宝，耳、目、口为外三宝。常使内三宝不逐物而游，外三宝不透中而扰，呼吸绵绵，深入丹田。使呼吸为夫妇，神气为子母，子母夫妇，聚而不离，故心不外驰，意不外想，神不外游，精不妄动，常薰蒸于四肢，此金丹大道之正宗也。

十三

大道从"中"字入门。所谓"中"字者，一在身中，一不在身中。功夫须两层做：第一寻身中之中，朱子云"守中制外"，夫守中者，须要回光返照，注意规中，于脐下一寸三分处，不即不离，此寻身中之中也；第二求不在身中之中，《中庸》云"喜怒哀乐之未发"，此未发时，不闻不见，戒慎幽独，自然性定神清，神清气慧，到此方见本来面目，此求不在身中之中也。以在身中之中，求不在身中之中，然后人欲易净，天理复明，千古圣贤仙佛，皆以此为第一步功夫。

十四

打坐之中，最要凝神调息，以暇以整，勿助勿忘，未有不逐日长工夫者。

十五

凝神调息，只要心平气和。心平则神凝，气和则息调。心平"平"字最妙，心不起波之谓平，心执其中之谓平，平即在此中也。心在此中，乃不起波。此中，即丹经之玄关一窍也。

十六

修炼不知玄关，无论其他，只此便如入暗室一般，从何下手？玄关者，气穴也。气穴者，神入气中，如在深穴之中也。神气相恋，则玄关之体已立。

十七

古仙云："调息要调真息息，炼神须炼不神神。"真[①]息之息，息乎其息者也；不神之神，神乎其神者也。总要无人心，有道心，将此道心，返入虚无，昏昏默默，存于规中，乃能养真[②]息之息，得不神之神。

十八

初学必从内呼吸下手，此个呼吸，乃是离父母重立胞胎之地。人能从此处立功，便如母呼亦呼[③]、母吸亦吸之时，好象重生之身一般。

[①] 真，底本作"不"，据空青洞天朱道生刊本、《道藏辑要》本改。
[②] 真，底本作"不"，改同上。
[③] 母呼亦呼，底本漏缺，据空青洞天朱道生刊本、《道藏辑要》本增补。

十九

大凡打坐，须将神抱住气，意系住息，在丹田中宛转悠扬，聚而不散，则内藏之气与外来之气，交结于丹田。日充月盛，达乎四肢，流乎百脉，撞开夹脊双关，而上游于泥丸，旋复降下绛宫，而下丹田。神气相守，息息相依，河车之路通矣。功夫到此，筑基之效已得一半了，总是要"勤、虚、炼"耳。

二十

调息须以后天呼吸，寻真人呼吸之处。古云："后天呼吸起微风，引起真人呼吸功。"然调后天呼吸，须任他自调，方能调得起先天呼吸，我惟致虚守静而已。真息一动，玄关即不远矣。照此进功，筑基可翘足而至，不必百日也。

二十一

《道德经》"致虚极，守静笃"二句，可浑讲，亦可拆讲。浑言之，只是教人以入定之功耳。拆言之，则虚是虚无，极是中极，静是安静，笃是专笃。犹言致吾神于虚无之间，而准其中极之地，守其神于安静之内，必尽其专笃之功。

二十二

人心者二，一真一妄。故觅真心者，不生妄念，即是真心。真心之性格，最宽大、最光明；真心之所居，最安然、最自在。以真心理事，千条一贯；以真心寻道，万殊一本。然人要用他应事，就要养得他壮大，就要守得他安闲，然后劳而不劳，静而能应。丹诀云："心走即收回，收回又放下，用后复求安，求安即生悟"也。谁云闹中不可取静耶？

二十三

游方枯坐，固非道也。然不游行于城市云山，当以气游行于通身关窍内乃可，不打坐于枯木寒堂，须以神打坐于此身妙窍中乃可。

二十四

学道以丹基为本。丹基既凝，即可回家躬耕养亲，做几年高士醇儒，然后入山寻师，了全大道。彼抛家绝妻、诵经焚香者，不过混日之徒耳，乌足道！

二十五

保身以安心养肾为主。心能安，则离火不外荧；肾能养，则坎水不外溯。火不外荧，则无神摇之病，而心愈安；水不外溯，则无精涸之症，而肾愈澄。肾澄则命火不上冲，心安则神火能下照，神精交凝，乃可以却病，乃可以言修矣。

二十六

凡人养神、养气之际，神即为收气主宰。收得一分气，便得一分宝，收得十分气，便得十分宝。气之贵重，世上凡金凡玉，虽百两不换一分，道人何必与世上争利息乎？利多生忿恚，忿恚属火，气亦火种，忿恚一生，气随之走，欲留而不能留。又其甚者，连母带子，一齐飞散。故养气以戒忿恚为切，欲戒忿恚，仍以养心、养神为切。

二十七

功名多出于意外，不可存干禄之心。孔子曰："学也，禄在其中矣。"修道亦然，不可预贪效验。每逢打坐，必要心静神凝，一毫不起忖度希冀之心，只要抱住内呼吸做功夫。

二十八

炼心之方[1]，自小及大。如今三伏大炎，一盏饭可也，再求饱不可也；一片凉可也，再求大凉不可也；数点蚊不足畏也，必求无蚊不能也。自微及钜，当前即炼心之境。从[2]苦中求甘、死里求生，此修道之格论也。

---

[1] 方，空青洞天朱道生刊本、《道藏辑要》本作"法"。

[2] 从，底本及空青洞天朱道生刊本无，据《道藏辑要》本增补。

二十九

金丹之道，虽曰易知难行，然不可不求其知，以为行之地也。知苟不正，行于何往？知苟不精，行安所入？知且未熟，奚云口诀？

三十

学道之士，须要清心、清意，方得真清之药物也。毋逞气质之性，毋运思虑之神，毋使呼吸之气，毋用交感之精。然真精动于何时，真神生于何地，真气运于何方，真性养于何所，是不可不得明辨以晰者，而细言之也。

三十一

气慧者，神自清。气即人身之时神表也，有何难知？特患心不静定耳。进气，是修道第一步要紧工夫。若不静心细参，则不能知终知始，如何便得下手？懵懂下手，知此不知彼，心中忙了又忙，遂时时有琐碎之心，而不团聚，故本一心，分作数心，何能一心做工夫？凡学道，总要诚一，一枪下马，免得另来打战。

三十二

凡下手打坐，须要心神两静，空空寂寂，鬼神不得而知。其功夫只宜自考、自信，以求自得。所谓诚其意者，毋自欺也。诚于中，自形于外，是以君子必慎其独。

附： 三丰先生辑说

一[1]

先生曰："空青洞天，向多有仙真来游，留下丹诀去者，此亦度人觉世之心也。山中人何必另寻瑶草、别采仙花，只此是救命符、延年药也。今

---

[1] 本篇序号，皆点校者划归体例所加。

特节录存之，以公好道之士。"

二

白紫清《调息诀》云：夫调息有法度，有器用，有火候，三者有参伍错综之妙用，须知之熟，思之稔，下手自砉然而解。调息火候，有摄取之息，必要能虚、能谦，精方入鼎，所谓缩地法也；有采取之息，神要不动不摇，药自就范，所谓拿云手也；有交媾之息，须要六根大定，片念不生；有进火之息，以意逼之，所谓"起巽风，运坤火"是也；有退符之息，以神敛之①，所谓"归其根，复其命"是也；有卯酉沐浴之息，乃柔字而已。诸般调息与法度、器用，宜参看。调之者，调度得其宜也。

三

紫清翁《玄关诀》云：玄关者，求玄之关道，玄妙之机关也。有体有用。何谓体？寂然不动。何谓用？感而遂通。不动有时候。神气交媾之初，絪絪缊缊，浑浑沦沦，是为一关，所谓"四大五行不着处"是也；神气交媾之际，昏昏默默，杳杳冥冥，是又一关②，所谓"无声无臭，无内无外"是也；及至静极生动，而用乃出焉，混混续续，兀兀腾腾，真气从规中起，是又一关，所谓"念头起处为玄牝"是也；念头起处，醉而复苏，有一个灵觉，当下觉悟，是又一关，所谓"时至神知"是也；此时以灵觉为用，如线抽傀儡，机动气流，微微逼过尾闾，是又一关，所谓"斡转魁罡运斗杓"，正此时也；沐浴卯门又一关；飞上泥丸，又一关；归根复命，沐浴酉户，又一关；大休歇，大清静，空空忘忘，还于至静，又一关。玄关之体用如此，千经③万论，皆在是也。

四

紫清翁《炉鼎诀》云：《四百字》宜熟玩"此窍非凡窍"一首，道尽鼎器之妙。"此窍"二字，分内外两个看。"非凡"者，赞词也。乾坤合之，

---

① 以神敛之，底本漏缺，据空青洞天朱道生刊本、《道藏辑要》本增补。
② 是又一关，底本漏缺，据空青洞天朱道生刊本、《道藏辑要》本增补。
③ 经，底本及空青洞天朱道生刊本作"金"，据《道藏辑要》本改。

为外窍；神气藏于其中，为内窍。神气交而坎离生，坎离交而元精产。此精不是寻常精，乃是"白虎首经至宝"也，得之者，立登仙界。此就还丹言。若小丹所用，则试与人言曰："此窍非凡窍，阴阳共合成。名为二气穴，内有真阳生。"可晓然矣。仙家有三秘：火候、药物、炉鼎，此诗尽炉鼎之妙矣。

五

紫清翁《动几论》云：孔子曰："几者动之微"。又曰："夫乾，其动也直。"孟子以"直养"，是以微动之直，养而至大，塞乎天地之间也。直，刚气也，即乾爻之一也，即初九也，即颜子"得一"之"一"也。直与一一也，动在人之窍中，十二时皆有。总要静以存之，方能动以察之耳。无味之中寻有味，无事之中寻有事，其在斯乎？

六

陆潜虚者，明嘉靖间回翁度之。其《论调息法》云：如何是勿忘？曰：守自然。如何是勿助？曰：顺自然。如何守？曰：依息。如何顺？曰：平息。依息则息能通息矣，平息则息能匀息矣。问：守与顺是二乎？是一乎？曰：知所以守，则知顺之矣；知所以顺，则知守之矣。是二是一，原是不错。由博返约，惟在凝神，切勿用意，如①用意，则非真意。真意从静中生，鸿濛初判，无有染着，乃克用之。故要死过来乃知生，不知生亦不知死，生死是动静深机。

七

潜虚翁《又论调息法》云：凡调息以引息者，只要凝神入气穴。神在气穴中，默注阴蹻，不交而自交，不接而自接，所谓"隔体神交理最详"，古仙已言之确矣。所谓"离形交气，别有口传"也。所谓"男不宽衣，女不解带，敬如神明，爱如父母"，皆此凝神聚气而已，故曰"道归自然"。《参同》曰："自然之所为兮，非有邪伪道。"此之谓也。

---

① 如，底本及空青洞天朱道生刊本作"知"，据《道藏辑要》本改。

八

潜虚翁《三论调息法》云：今夫水与水合，火与火合，风与风合，云与云合，常理也。调息者，以气合气，何待强为？只要凝神入气穴，神光下照阴蹻脉，不期而会者，一气之感通，自然而然也。《屯》卦曰："以贵下贱，大得民也。"《咸》卦曰："止而悦，男下女，是以亨。"《易》于交接之道，盖已言之的矣。但调息之法，有法功，有器用，丹道始终不离。

九

先生曰：吾与涵虚子谈七返九还金液大丹之道。涵虚曰：据先生言，是皆刀圭妙用耳。他日见涵虚作《戊己二土篇》，深合元意，爰录而传之。学人欲了长生，舍此不能通神也。

涵虚曰：《悟真篇》云："离坎若还无戊己，虽含四象不成丹。只缘彼此怀真土，遂使金丹有返还。"此四句诗，极尽和合丹头之妙。盖以火中生木汞，水里产金铅，木火金水，含四象于坎离之间，此时离中有己，坎中有戊，二土为媒，四象可合也。或谓真意属土，土有戊己，得非有二意乎？曰：似也，然非也。名为意则一，号为土则二，以一意分作两意，乃有二土之可名，始有内外之可别。然必知动、知静焉。原夫戊土者，外药也，阴里真阳也，以动为主，故取坎之期，惟侦其动，知动者意也，即以知动之时为一土；己土者，内药也，阳里真阴也，以静为主，故填离之后，致养于静，知静者意也，即以知静之时为一土。此一意分为两意，而可名为二土者也。又以两意合为一意，斯无二土之可拘，并无内外之可执，然必能动、能静焉。原夫己土者，内丹也，亦可变为戊土。以离日而映坎月，种铅得铅，只见戊而不见己，静能入乎动也。戊土者，外丹也，亦可化为己土，以坎阳而补离阴，种汞得汞，只见己而不见戊，动能并乎静也。此两意合为一意，而不拘为二土者也。然则彼此怀真土，亦各怀其一土乎？亦共怀其一土乎？聪明活泼人，自了然也。金丹返还之道，非此真意不行，匪惟和合四象，并能驱使四象。何也？盖以木中藏火，投之水乡而火发，木载金升，汞去复来，火得金而为返也。水里生金，烹以火功而水沸，金随木上，铅去复回，金得火而为还也。金火返还之术，即是七返九还金液大丹。人欲大丹成就，舍此真意奚由哉？

紫阳曰："赤龙黑虎各西东，四象交加戊己中。"陶仙谓："龙从火出，青龙变为赤龙；虎向水生，白虎更名黑虎。"只这"龙虎赤黑"四字，已具四象。交加者，攒簇也。愚按：作丹之士，欲使四象攒簇，必令五行相辏，其所谓"戊己中"者，不是离中、坎中，乃是中宫、中央也。东西间隔，刀圭合之，二物变为四象，四象团入一村，一村聚会五行，五行聚而丹乃结。故下二句曰："复姤自兹能应用，金丹谁道不成功。"复、姤运①用，十月火符也。进火于复，退符于姤，运用抽添，自然中度，金丹乃可成矣。

丹家以"戊己"为"刀"、"二土"为"圭"者，结字肖形，正示人以打合之意。但二土为圭，人所共知。戊己为刀，人所鲜知者。潜虚云："有一士人，会意而解'㇆'（音捏）己字，'丿'（音撇）戊字，前无所本，似为得之。"涵虚云：非无本也。琴谱以数字攒一字，一字取一画，合左右按弹之法，备见于一字之中。此即以琴谱为本者也。"㇆"者己之头，"丿"者戊之旁，戊己二土，以"刀圭"两字合之，盖望人将"离己"、"坎戊"之二土，合为一处也。仙家隐语，往往如是。

---

① 运，空青洞天朱道生刊本、《道藏辑要》本作"应"。

卷四

张三丰先生全集

玄要篇上

圆通道人　藏本
长乙山人　补正
卓庵道士　校订
磻山埜客　编次

仿古二章

（自注：《参同》云："吾不敢虚说，仿效古人文"，题名取此。）

一

元始祖气，朴朴昏昏。元含无朕，始浑无名。
混沌一破，太乙吐萌。两仪合德，日月晦明。
乾交坤变，坤索乾成。异名同出，一本共根。
内外虚实，刚柔平均。阴阳燮理，变化分形。
真精真气，恍惚杳冥。坎离颠倒，运施五行。
既济生神，未济死临。仙道谨守，鬼道邪倾。
人希天道，速避鬼门。由仙希天，道炁长存。
（均，一作"匀"）

二

天地大道，含和抱中。玄玄之祖，妙妙之宗。
玄妙贯通，劈破鸿蒙。窍门橐籥，朱雀烧空。
庚方月现，西南得朋。笑倾玄酒，宴饮黄中。
二八成就，乌兔混融。神光默默，黄屋玄翁。
巽风鼓吹，满鼎霞红。水火进退，朝屯暮蒙。
子午运用，卯酉无功。十月数足，卦象翻终。

了命功全，纯阳气冲。神几妙用，道法无穷。

（中，一作"钟"。）

此二章，俗本皆作一首，题作《金丹内外火候总论》，心窃非之。后得汪仙藏本，不觉爽然。

上天梯

大元飘蓬①客，拂拂髯如戟。一曲上天梯，可当飞空锡。
回思访道初，不转心如石。弃官游海岳，辛苦寻丹秘。
辞我亡亲墓，乡山留不得。别我中年妇，出门天始白。
舍我卯角儿，掉头离火宅。人所难毕者，行人已做毕。
人所难割者，行人皆能割。欲证长生果，冲举乘仙鹤。
后天培养坚，两足迈于役。悠悠催我心，流年驹过隙。
翘首终南山，对天三叹息。天降火龙师，玄音参一一。
知我内丹成，不讲筑基业。赐我外丹功，可怜谆告切。
炼己忘世情，采药按时节。先天无斤两，火候无爻策。
只将老嫩分，但把文武别。纯以真意求，刀圭难缕晰。
十月抱元胎，九年加面壁。换鼎复生孙，骑龙起霹雳。
天地坏有时，仙翁寿无极。

（沉雄顿挫，作古歌行读。月。）

亲口诀

圣师亲口诀，明②方万古遗。传与世间人，能有几人知。
衣破用布补，树衰以土培。人损将何补，阴阳造化机。
取将坎中丹，金花露一枝。庆云开天际，祥光塞死基。
归已昏昏默，如醉亦如痴。大丹如黍米，脱壳镇无为。
优游天地廓，万象掌中珠。人能服此药，寿与天地齐。
如若不延寿，吾言皆是非。

---

① 蓬，空青洞天朱道生刊本、《道藏辑要》本作"远"。
② 明，空青洞天朱道生刊本、《道藏辑要》本作"名"。

答永乐皇帝

天机不肯轻轻泄，犹恐当今欠猛烈。
千磨万难费辛勤，吾今传与天地脉。
皇帝寻我问金丹，祖师留下长生诀。
长生之诀诀何如，道充德盛即良图。
节欲澄心澹神虑，神仙那有异功夫。

此下又有五言一首："金丹重一斤，闭目静存神。只在家中取，何劳向外寻。炼成离女汞，吞尽坎男精。金丹并火候，口口是元音。"系吕祖所作，盖当时书以答永乐皇帝者。

道情歌

（别本作《了道歌》）

道情非是等闲情，既识天机不可轻。
先把世情齐放下，次将道理细研精。
未炼还丹先炼性，未修大药且修心。
心修自然丹信至，性清然后①药材生。
药材生，紧加功，雷声隐隐震虚空。
电光灼处寻真种，风信来时觅本宗。
霞光万道笼金鼎，紫云千丈罩天门。
若还到此休惊怕，稳把元神守洞门。
如猫捕鼠兔逢鹰，急急着力又加勤。
万般景象皆非类，一颗红光是至真。
此个红光是春意，其中有若明窗尘。
中悬一点先天药，远似葡萄近似金。
到此全凭要谨慎，丝毫念起丧天真。
待他一点自归伏，身中化作四时春。
一片白云香一阵，一番雨过一番新。

---

① 然后，底本、空青洞天朱道生刊本同，《道藏辑要》本作"自然"。

终日绵绵如醉汉，悠悠只等洞中春。
遍体阴精都剥尽，化作纯阳一块金。
此时气绝如小死，打成一片是全真。
到此功成才了当，却来尘世积功勋。
行满功成天命诏，阳神出现了真灵。
此言休向非人说，不逢达者莫轻论。
其中切切通玄理，此真之外更无真。
收拾行囊牢封固，他日功成可印心。
可印心，五十二句要君寻。
若有虚言遭天谴，说与非人鞭丧身。

炼铅歌

炼铅之法何人晓，得此便为真仙了。
痛嗟老大无觅处，遍游五湖及三岛。
六十七岁入终南，得遇真人传至宝。
真铅生于天地先，何用石金与木草。
炼之九九功若成，杳冥之内生金宝。
金骨一根动天地，二八调和生美形。
美形才生居土釜，须要念念牢封固。
一阳火起要温养，二阳火起有神功。
若到三阳同①泰卦，腾腾猛火烧虚空。
退尽阴符生灵质，灵质才生天地毕。
若还亏损再调和，再居土釜生灵质。
五千四百全其数，方尽炼铅真妙趣。
寄②语后来同志者，莫将炼铅看容易。
（语，一作"与"。）

---

① 同，底本、空青洞天朱道生刊本同，《道藏辑要》本作"开"。
② 寄，空青洞天朱道生刊本缺漏，《道藏辑要》本作"嘱"。

先天一炁歌

生来本是先天炁，隐在形山人难遇。
分明说破君须记，一弦春水包形势。
下口将来入口吞，十二雷门都惊惧。
醉兮醉兮复醉兮，丹田春透红如玉。
蟠桃漫饮瓮头香，巽风鼓动元和气。
阴魔战退一腔春，神号鬼哭翻天地。
功完行满足三千，乘鸾跨鹤飞仙去。

铅火歌

大药之生有时节，亥末子初正半夜。
精神相媾合光华，恍恍惚惚生明月。
媾罢流下喷泡然，一阳来复休轻泄。
急须闭住太玄关，火逼药过尾闾穴。
采时用目守泥丸，垂下左上且凝歇。
谓之瞻理脑升玄，右边放下复起折。
六六数毕药生乾，阳极阴生往右迁。
须开关门以退火，目光下瞩守坤田。
右上左下才凝住，三①八数了一周天。
此是天然真火候，自然升降自抽添。
也无弦望与晦朔，也无沐浴共长篇。
异名剪②除譬喻扫，只斯两句是真诠。
（夜，作入声。）

"左右"二字，作"前后"看，勿误。三丰自记。

---

① 三，底本、空青洞天朱道生刊本同，《道藏辑要》本作"二"。
② 剪，空青洞天朱道生刊本、《道藏辑要》本作"扫"。

了道歌

神不外游精不泄，气不耗散灵芽植。
五行四象入中宫，何虑金丹不自结。
内有真神①外有应，满目空花降白雪。
一阳来复亥子交，当中现出团圞月。
急忙下手用功夫，金逢望远不堪摘。
呼吸运起玄关火，青天劈破鸿濛裂。
黄河逆转上昆仑，九窍三关都透辟。
化为琼浆吞入腹，哑子吃蜜难分说。
到此功程要谨慎，采取沐浴按时节。
二品阴阳物类同，两般内外火符别。
灵药得来片晌时，温养还须十个月。
老成更要过三年，三三如九面丹壁。
丹成长啸出山去，隐显立功著化迹。
上帝闻名下紫书，诏我朝天飞空碧。
后人依此用勤修，便是三清会上客。

（起三句，别刻作"气不散乱精不泄，神不外游血入穴。攒来四象进中宫"。）

打坐歌

初打坐，学参禅，这个消息在玄关。
秘秘绵绵调呼吸，一阴一阳鼎内煎。
性要悟，命要传，休将火候当等闲。
闭目观心守本命，清净无为是根源。
百日内，见应验，坎中一点往上翻。
黄婆其间为媒妁，婴儿姹女两团圆。
美不尽，对谁言，浑身上下气冲天。

---

① 神，底本作"辰"，据空青洞天朱道生刊本、《道藏辑要》本改。

这个消息谁知道，哑子做梦不能言。
急下手，采先天，灵药一点透三关。
丹田直上泥丸顶，降下重楼入中元。
水火既济真铅汞，若非戊己不成丹。
心要死，命要坚，神光照耀遍三千。
无影树下金鸡叫，半夜三更现红莲。
冬至一阳来复始，霹雳一声震动天。
龙又叫，虎又欢，仙乐齐鸣非等闲。
恍恍惚惚存有无，无穷造化在其间。
玄中妙，妙中玄，河车搬运过三关。
天地交泰万物生，日饮甘露似蜜甜。
仙是佛，佛是仙，一性圆明不二般。
三教原来是一家，饥则吃饭困则眠。
假烧香，拜参禅，岂知大道在目前。
昏迷吃斋错过了，一失人身万劫难。
愚迷妄①想西天路，瞎汉夜走入深山。
元机妙，非等闲，漏泄天机罪如山。
四正理，着意参，打破玄关妙通玄。
子午卯酉不断夜，早拜明师结成丹。
有人识得真铅汞，便是长生不老仙。
行一日，一日坚，莫把修行眼下观。
三年九载功成就，炼成一粒紫金丹。
要知此歌何人作，清虚道人三丰仙。

道要秘诀歌

道要歌，道要歌，不知道要必遭魔。
看玄关，调真息，知斯二要修行毕。
以元神，入气海，
神气交融默默时，便得一玄真主宰。

---

① 妄，底本作"忘"，据空青洞天朱道生刊本、《道藏辑要》本改。

将元气，入黄庭，
气神和合昏昏际，又得一玄最圆明。
一玄妙，一玄窍，有欲观窍无观妙。
两者玄玄是要机，异名同出谁知道。
看玄关，无他诀，先从窍内调真息。
神恬气静极自然，妙自无生现太极。
古仙翁，多半语，恐泄真机不妄举。
或言有定在中央，或言无定自领取。
到而今，我尽言，此在有定无定间。
有定曰窍无曰妙，老君所说玄又玄。
指分明，度有情，留与吾门作赏音。
遇而不修为下鬼，为圣为凡随乎人。
初下手，最难行，离了散乱又昏沉。
大丈夫，有真学，必将神气分清浊。
先天神兮最清明，后天神兮乃浊物。
扫除浊物守清明，闭塞三宝居灵谷。
这灵谷，即窍儿，窍中调息要深思。
一息去，一息来，息息相依时相偎。
幽幽细细无人觉，神气团冲九窍开。
照此行持得窍妙，昏沉散乱从何来？

大道歌

君今洗耳听吾言，道有先天与后天。
后天渣质为无用，先天一点号真铅。
昧真铅，迷本性，此是修行第一病。
玉清殿上少人行，吾今指破神仙境[1]。
命要传，性要悟，入圣超凡由汝做。
静功悟性动取药，内有龟蛇颠倒缩。
一阳发动便行功，斡转天关须猛烈。

---

[1] 镜，底本及空青洞天朱道生刊本、《道藏辑要》等本俱作"镜"，校者改。

阴生在午阳坎中，卯酉行持要从容。
斗柄拨轮来紫府，笑迎仙子客黄公。
黄婆宫中会姹女，姹女婴儿自相配。
要筑基，须炼己，炼纯熟，明采取。
蒙师指我一段功，先将九窍关门通。
九窍原在尾闾穴，先从脚底涌泉冲。
涌泉冲起渐至膝，膝下功夫须着力。
释氏即此号芦芽，又如虫行又如刺。
过膝徐徐至尾闾，有如硬物来相抵。
方行最上一切功，三段功夫有口诀。
从此三关一撞开，泥丸顶上转将来。
金锁关穿下鹊桥，重楼十二真奇哉。
重楼即名绛宫室，绛宫黄庭有端的。
黄庭一室须要精，精在中间一点灵。
切莫糊涂为隐秘，黄庭便是真玄关。
不识玄关端的处，真铅采来何处安？
君不见，《悟真》诗，须凭玄牝立根基。
真精既返黄金室，一颗明珠永不离。
又不见，《参同》书，状似蓬壶比不诬。
下闭称无上闭有，两孔穴法气相须。
从今讲道谈玄理，除此为之都是虚。
关已开，功已积，制剑要明真消息。
莫邪①尚且铁为之，何况我剑本来直。
天为炉，地为冶，金水相停切莫野。
子午行功要铸成，能刚能柔能取舍。
剑已全，采真铅，采取鸿濛未判先。
若还采得后天气，只是将他命苟②延。
二七时，有真机，神州赤县当求之。
法财两用若求得，就好切思细详别。

---

① 莫邪，底本及空青洞天朱道生刊本、《道藏辑要》等本俱作"镆鎁"，校者改。
② 苟，底本及空青洞天朱道生刊本同，《道藏辑要》本作"却"。

粉红云，野鸡色，唇若涂朱肤似雪。
聪明智慧性温良，神光漆采①发纯黑。
气清视正步行端，方用中间算年月。
五千四八②生黄道，杳杳冥冥生恍惚。
依时采取定浮沉，不可毫厘令过越。
此际须明三日弦，妙在西方庚辛白。
慧剑灵，内心诚，敲竹相通始鼓琴。
天梯宜用不可缺，密密深机那个能？
海底巨鳌休乱钓，恐惊去了不回程。
炉莫损，候要别，采过后天延岁月。
一个时辰分六候，只于二候金丹就。
尚余四候有神功，妙在心传难泄漏。
真铅来，发神火，西到东来先觅我。
运我真汞一点红，相迎相迓成一颗。
过三关，升泥丸，下得重楼入广寒。
又不痴，又不慧，又不醒兮又不醉。
若非遍体使精神，怎得夫妻成匹配？
丹既定，心喜幸，屯蒙两卦朝昏应。
也知沐浴在其中，卯酉之时不宜进。
守城垣，罢战功，增得灵砂满鼎红。
如斯十月功夫足，器皿丹房一撒空。
入深山，抱元一，万事俱空不费力。
寒暑饥劳不可侵，巍巍九载面墙壁。
朝来北海暮瀛洲，忽然功行齐完日。
水府三官算寿年，一封丹书下瑶天。
青鸾白鹤舞翩翩，直至通明封拜罢，
永作长生不老仙。

---

① 采，底本及空青洞天朱道生刊本同，《道藏辑要》本作"珠"。
② 八，空青洞天朱道生刊本、《道藏辑要》等本俱作"百"。

真橐籥歌

休言大道无为作，底事房中弄橐籥。
欲时不动片时闲，紫气红光乱灼灼。
青龙喜，白虎恶，青龙缠定乌龟壳。
两条正气透天宫，决然上有三清阁。
阁内分明有玉池，中有长生不死药。
依时下手采将来，服了蓬莱受快乐。

玄关一窍歌

玄关一窍通真诀，乾坤辟破蓬壶阔。
黄庭有个元翁客，抱琴待守天边月。
二水清兮三水浊，金花开，兑头缺。
峨眉山上紫霞飞，霞飞化了红炉雪。
龙吟逼，虎啸迫，灵龟吸尽金乌血。
骑龙挂剑醉归家，运转三关朝北阙。

炼铅歌

太上道，复重宣，抉[①]破先天与后天。
只论铅生于癸后，不言阳产于癸先。
拴意马，锁心猿，无杂念，意须专。
断却贪嗔三毒灭，剿除爱欲五贼潜。
华池水，上谷泉，古人用此润三田。
若知返本延年药，须是还丹续命铅。
出北海，走西川，施匠手，种金莲。
生擒虎髓炉中炼，活捉龟精鼎内煎。
先天气，太素烟，醍醐一灌驻容颜。

---

① 抉，底本作"决"，据空青洞天朱道生刊本、《道藏辑要》本改。

得了任他寒暑变，服之跳出生死关。
寻首经，觅初弦，吾今指出妙中元。
水火既济交一遍，阴阳会合数三千。
到彼岸，不须船，灭虑除情绝妄缘。
静静清清看命宝，昏昏默默守胎仙。
受辛苦，二三年，阳神出现圣功圆。
养火无虞全造化，长生不老寿同天。

金丹歌

金丹一粒重一斤，世人知得永长生。
筑基扫尽尘间事，炼己只是养元神。
黄庭土釜先天汞，万虑皆空绝世情。
离了己身不是道，执着己身也是空。
我今泄漏天机理，说与学道诸英雄。
目前现有长生路，千万凡夫迷本宗。
扫尽灵台无一念，身闲清静运玄功。
呼吸虚无神守舍，百脉归源如水清。
身中自有真铅现，一颗红光似月明。
玄关往来无定位，阴阳升降有时辰。
年中取月月取日，中秋现出月光轮。
三旬只在家里坐，时刻不离紫微星。
南面对观北斗柄，正是日午打三更。
西北安炉炼灵药，东南立鼎法神功。
鼎炉相对真做手，慧剑挂在水晶宫。
黄婆勾引为媒聘，灵龟入炉深更深。
醍醐灌顶真橐籥，采取先天一气真。
一息一纽天谷穴，河车搬运上昆仑。
过了鹊桥入华池，降下重楼十二层。
尾闾夹脊三关过，金公归舍入黄庭。
铅来投汞猫捕鼠，汞去投铅兔见鹰。

九转神丹入金鼎，十月胎完造化成。
寒暑不知真造化，体变纯阳是真金。
尘中积行三千满，白日飞升朝玉京。

金液还丹破迷歌

还丹诀，还丹诀，吾今仔细与君说。
旁门小术路三千，除此金丹都是僻。
万般渣质皆非类①，真阴真阳正栽接。
阴阳交，铅汞接，婴儿姹女空中烈。
龙虎上下转升腾，海底灵龟弄星月。
长黄芽，飞白雪，水中金露先天诀。
真黄婆，真橐籥，金丹就是长生药。
先筑基，后进药，百日工夫牢抱着。
若追二气归黄道，三家相见仙胎结。
性要炼，命要接，休在人间虚岁月。
若将铅汞归真土，添汞抽铅永不灭。
乌八两，兔半斤，二物同入戊己村。
两头武，中间文，四象擒来一处烹。
十月功勤火候足，纯阳炼就寿无穷。
换鼎移胎三五载，九年面壁出阳神。
玄是祖，牝是宗，先天先地万般根。
点开透地通天眼，斡转天关斗逆行。
窍要开，气自通，雷转斗柄声正轰。
海底云汲龙翻浪，泥丸风生虎啸声。
若会阴阳颠倒法，乾坤造化立时成。
讲《悟真》，说《参同》，此理原来是一宗。
此药虽从房中得，金丹大液事不同。
饶服气，空炼精，
闭尾闾，望飞升，不得金丹总不成。

---

① 类，空青洞天朱道生刊本、《道藏辑要》本作"小"，误。

鸟兽类，知全形，
龟纳鼻息能调气，鹿运尾间亦炼精。
又有鹤胎常稳抱，夜伴云松静养神。
畜生到有千年寿，为人反不悟长生。
遍世人，贪利名，不怕阎罗鬼簿情。
人有生灭畜有死，三寸气断鬼为邻。
先天药，后天药，此是阴阳真妙物。
先天药，能超脱，后天药，延命壳。
世人若会栽接机，长生不死还大觉。
性要修，命要全，采得先天种泥丸。
童儿修，精气全，静里一炁可升天。
只有无为身不破，才是修真大罗仙。
幼年间，丧了①阳，半路出家性颠狂。
乾爻走入坤爻里，变成离卦内虚张。
取将坎位中心实，返本还原复作阳。
真水火，配阴阳，世人莫要乱思量。
饶你无为空打坐，不免亡身葬北邙。
习静功，守中黄，到老差殊枉一场。
纵然明了真如性，阴魄投胎入鬼乡。
延命药，返魂浆，金丹就是药中王。
若将一粒吞归腹，返老还童寿命长。
又休妻，又绝粮，持斋说法往西方。
任你旁门千万法，除斯同类总成狂。
我把天机都泄漏，还丹端的是仙方。
累代神仙从此得，脱离尘世上天堂。
我劝后来学道者，休听邪师说短长。
若得口诀金丹药，延年住世寿无疆。
以此修出长生路，报答师恩谢上苍。
著斯诀，作慈航，行满功圆感玉皇。
破迷金液谁人作，万古流传元化张。

① 了，空青洞天朱道生刊本作"也"，《道藏辑要》本作"元"。

龙虎还丹指迷歌

一

饶君到处问仙梯,一阳初动始称奇。
水淹昆仑翻碧海,虎啸岩头是祖基。
直指逍遥捷径处,一轮明月照须弥。
水中虎,火中龙,八卦五行显耀中。
捉得龙兮生紫雾,伏了虎兮金花①露。
二象何缘立道根,只因久假曹溪路。
男配女,阴配阳,交媾分明战一场。
戊己土,作黄房,神气清兮是药王。
炼得紫金丹粒就,跨鹤乘鸾朝玉皇。

二

虎藏碧海伴儿眠,龙自扶桑日里旋。
待等一阳春意动,虎放金光龙吐涎。
腰悬宝剑收龙雾,虎见龙归自共潜。
二物相随归戊己,一炉真火慢烹煎。
子至午,火候严,卯酉加临莫放闲。
吞祖气,啖琼浆,色内真空那个详?
炼之只在生身处,十殿冥王共此方。
速顿悟,莫痴贪,休道老人说异端。
饶尔翻谈三藏法,不悟无生也是闲。
打破这个铁馒头,自在逍遥亿万年。

---

① 花,底本作"光",据空青洞天朱道生刊本、《道藏辑要》本改。

注《九皇丹经》

三月生魂金丹三还一返歌

一月一月，都是少莲花里真精血。
不须安炉立鼎，只用无为抽彻。
也不候两弦炁到，候只候印堂星阙。
也不候八两半斤为活子，候只候五千四八[①]正当月。
不用神交与体隔，只用上呼下吸两〇说。
一来浑身暖，二来囟门彻，三来天目开，便见大千世界。
此等效验处，方是生胞、生胎、生魂的的来。
分咐修仙子，须向云中跨鹤，切莫沙土中埋。

注《九皇丹经》

四月生魄金丹四还二返歌

老祖名为降魔护道祖，贯通七魄制于酉。
酉内有真金，金能保长生。
帝真魄命元，从此妙元元。
洞房花烛夜，对境忘情耶。
嗒哩唎，嚩哩唎，金吒木吒咤喃唎，
唵，似我也，似我也，南无般若波罗密唎。

注《九皇丹经》

七月开心七窍金丹七还五返歌

道君坐太微，降生大天尊。
垂此真法语，引人上玉清。

---

① 八，空青洞天朱道生刊本、《道藏辑要》等本俱作"百"。

一个㸑字诀，七个月象形。
左二右三名为五，太极浑然有五灵。
五灵方得七窍开，须把天目运此来。
叫人修真的的是，穿破机关上琼台。

注《九皇丹经》
十月形神坚固金丹十还歌

弄玉仙姑吹玉箫，声声吹入元关窍。
此窍名为天地根，先天足来八①景自生神。
八景生了二十四诸天，九窍自通灵。
圣胎原借真一炁，王母瑶池泛金液，莲花心。
心心含著黄芽生，香在里，锦乾坤，
夺得真香妙氤氲，保我劫劫常存。
自我②纯阳道祖一泄此，万世贤良细用心。
蓬莱岛，当留名，瀛洲会，
须效许真君，白日间，拨宅飞升。
三丰今日苦叮咛，但愿人人俱有寿，阳合元根。

固漏歌③

一

说玄妙，讲玄妙。
运精神，转九窍，三关八门都撞倒。
闭黄房，修丹灶，休将六贼来喧闹。
主人翁，哈哈笑，守住黄庭单橄要。

---

① 八，空青洞天朱道生刊本、《道藏辑要》等本俱作"百"。
② 我，空青洞天朱道生刊本、《道藏辑要》等本俱作"从"。
③ 底本无，依据空青洞天朱道生刊本、《道藏辑要》等本增补。

婴儿来，姹女叫，两家一处成玄妙。
结金丹，怀中抱，浑身一片霞光照。
坐丹田，清虚号，紫气红光常晃耀。
上至须弥泥丸宫，下至涌泉彻幽奥。
七宝池内将宝盗，杂精杂气都不要。
琼枝玉蕊金花新，珊瑚玛瑙车璖造。
固漏身，固漏窍，不铛铛，固漏鏊。
十二重楼都开导，七经八脉合三焦，百骸四体皆征效。
大肠周，小肠烁，上下鹊桥平稳趫。
赵州桥上去饮茶，甘河里边听人叫。
大运通，小运到，三家相见同欢乐。
我把一身固漏坚，万载千秋无老少。

二

固漏形躯炼太阳，精气神全守中黄。
铅汞熬煎成至宝，金丹一粒放毫光。
婴儿显象长相守，与天同寿免无常。
有人学得《固漏歌》，便是长生不老方。

了道歌 ①

混世虫，混世界，终日混，无宁奈。
真孔窍，人不解，寻得着，真自在。
莫人喜，莫人爱，无人嫌，无人怪。
不参禅，不礼拜，不打坐，懒受戒。
走天涯，看世界，遇酒吃几杯，遇肉啖几块。
化碗饭，塞皮袋，寻块布，遮四大。
房屋破，自家盖，主人公，要安泰。
不登名利场，不管成和败，
不欠国家粮，不少儿女债。

---

① 底本无，依据空青洞天朱道生刊本、《道藏辑要》等本增补。

他来寻我，我无挂碍。
朝游五湖边，暮宿青山内，
顽石当枕头，青天作被盖。
虎豹不能侵，妖魔不敢害，
不觉睡到日头红，无恐无惊无怖骇。
从今打破是非门，翻身跳出红尘外。
拍手打掌笑呵呵，自在自在真自在。

回文诗[1]

（象返还也。一作"平越府还丹题"，一作"流塘回文"）

桥边院对柳塘湾，夜月明时半户关。
遥驾鹤来归洞晚，静弹琴坐伴云闲。
烧丹觅火无空灶，采药寻仙有好山。
瓢挂树高人隐久，嚣尘绝水响潺潺。

金丹诗三十六首

养道皈真

（张、邓本与俗本，皆无"皈真"二字）

落魄江湖数十秋，逢师咬破铁馒头。
十分佳味谁调蜜？半夜残灯可着油。
信道形神堪入妙，方知性命要全修。
自从会得些儿后，忘却人间万斛愁。

---

[1] 底本原在《大丹诗八首书武当道室示诸弟子》后，据空青洞天朱道生刊本、《道藏辑要》本排序调整。

离尘归隐

（张、邓本无"离尘"二字）

一片闲心绝世尘，寰中寂静养精神。
素琴弹落天边月，玄酒倾残瓮底春。
五气朝元随日长，三花聚顶逐时新。
炼成大药超凡去，仔细题诗警后人。
（顶，亦作"鼎"）

扫境修心

（张、邓本作"筑基"，俗本作"扫境筑基"）

纷纷内外景如麻，有地驰驱事可夸。
撒手不迷真捷径，回头返照即吾家。
六根清净无些障，五蕴虚空绝点瑕。
了了忘忘方寸寂，一轮明月照南华。
（绝，别作"没"）

力敌睡魔

（张、邓本作"敌魔"，俗本作"采药筑基"）

气昏嗜卧害非轻，才到初更困倦生。
必有事焉常恐恐，只教心要强惺惺。
纵当意思形如醉，打起精神坐到明。
着此一鞭须猛省，做何事业不能成？

一求玄关

（张、邓本无"一求"二字）

一孔玄关要路头，非心非肾最深幽。
膀胱谷道空劳索，脾胃泥丸莫漫搜。
神气根基常恍惚，虚无窟里细探求。
原来只是灵明处，养就还丹跨鹤游。
（莫漫搜，一作"实可羞"）

再求玄关

傀儡当场会点头，应知总是线来抽。
抽他虽是依人力，使我人抽又孰谋？
原赖主公常月白，期教到处好风流。
炼丹若要寻冬至，须向灵台静里求。

总论玄关

身即乾坤勿外求，虚灵一窍最深幽。
二三自许同为侣，一四何妨与共俦。
五土建中司发育，巽风起处定刚柔。
自从识得还元妙，六六宫中春复秋。

镕铸神剑

师传铸作青蛇法，坤鼎乾炉煅炼成。
非铁非金生杀气，无形无影自通灵。
掣来匣外乾坤窄，收入胸中芥子生。
万两黄金无觅处，隐然身畔斩妖精。

后天筑基

（张、邓本作"栽接"，别本作"后天培养"）

气败血衰宜补接，明师亲授口中诀。
华池玉液逐时吞，桃坞琼浆随日吸。
绝虑忘思赤子心，归根复命仙人业。
丹田温暖返童颜，笑煞顽空头似雪。

（归根复命仙人业，别本作"无情少意丈夫烈"，今照汪本拨正易之）

后天炼己

（张、邓本无"后天"二字，俗本作"动静筑基"）

炼己功夫谁得知，精灵常与我相随。
一尘不染心俱静，万虑皆忘性若痴。
邪贼无由侵内境，学人终日侍严师。
饥来解饮长生酒，每日醺醺醉似泥。

（学人，一作"圭公"）

炼己得药

炼己功夫继筑基，心头万虑已忘之。
一轮月色相为伴，五夜雷声独自知。
雪向静中飞白点，芽从虚里长黄枝。
夺他阳炁归来孕，产个千年跨鹤儿。

（炼己功夫，一作"牢固阴精"。之，一作"机"。千年，一作"婴儿"。儿，一作"飞"。）

炼己下手

（张、邓本无"炼己"二字）

体隔神交理甚详，分明下手两相当。
安炉立鼎寻真种，对境忘情认本乡。
拿住龙头收紫雾，凿开虎尾露金光。
真铅一点吞归腹，万物生辉寿命长。

先天鼎器

（张、邓本作"鼎炉"）

一从识破鸿濛窍，认得乾坤造化炉。
不用神功调水火，自然灵气透肌肤。
朝朝黄鹤藏金鼎，夜夜银蟾灌玉壶。
要识金丹端的事，未生身处下功夫。

先天真铅

（张、邓本无"真铅"二字）

举世人多好入玄，入玄不识这先天。
五千日内生黄道，三十时辰认黑铅。
不在乾坤分判后，只于父母未生前。
此般至宝家家有，自是愚人识见偏。
（见偏，一作"不全"）

先天大药

（张、邓本无"先天"二字，俗本作"自得先天"）

信道金丹理最精，先天一点少人明。

不拘贫富家家有，无论贤愚种种生。
吞向腹中方有孕，将来掌上却无形。
世人问我难回答，遥指天边月出庚。
（遥，一作"直"）

擒捉先天

（张、邓本作"金铅接命"，不在三十六首之内）

笑睹神州有妙玄，耳边切切细相传。
凿开混沌寻金汞，劈破鸿濛捉水铅。
黍米一珠含北海，蟾光万道照西川。
若人采得吞归腹，何虑凡夫不作仙。

凝聚先天

（张、邓本作"金铅接命"，不在三十六首之内）

识得金丹正好为，元微只向此中奇。
牝门一粒真铅动，玄户三家造化基。
凝结丹田生玉叶，送还土釜长琼芝。
世人欲达先天理，须认红花顶黑龟。
（基，一作"机"。琼，一作"灵"）

认药采取

（张、邓本不在三十六首内）

日红海底山头月，灵山会上寻茄色。
花开鸟唱一天春，颠倒龙涎配虎血。
神光射入玉壶田，密数坤申子午诀。
刀圭百日大丹成，丹成永做蓬莱客。

直指真铅

（张、邓本无）

真铅本是月中华，西北相生共一家。
雌里怀雄成至宝，黑中取白见灵芽。
金多水少方为贵，阴盛阳衰未足夸。
更识其间包戊土，时时炉火起丹砂。

直指真汞

（张、邓本无）

真汞原来日里精，东三南二自相生。
木中藏火非闲说，雄里怀雌是宝珍。
莫使一毫阴浊染，须教全体太阳明。
其间己土培元气，炼得灵芽渐长成。

铅汞相投

（张、邓本无）

真铅真汞两相投，似漆如胶意未休。
以汞投铅如①浴日，将铅制汞若添油。
铅调汞性常依傍，汞爱铅情乐泳游。
内外五行攒簇定，结成赤白大丹头。

颠倒妙用

（此首别本以吕祖"星辰聚会入离乡"诗攒入其中，今得原本，完璧归赵）

寻真访道有何难，只要人心识倒颠。

---

① 如，底本作"同"，据空青洞天朱道生刊本、《道藏辑要》本改。

休向山林寻至药，必须城市觅真铅。
青龙锁住离交坎，白虎牵回兑入乾。
此术效他行将去，自然有路上青天。

和合丹头

（俗本作"结丹点黄"，张、邓本无）

既生黄道始生荄，必有真阳应候回。
三昧火从离位发，一声雷自震宫来。
气神和合养灵质，心命相依结圣胎。
透得里头消息子，三关九窍一时开。①
（命，一作"性"）

三家相见

（张、邓本作"结丹"）

央请黄婆善作媒，无中生有荷栽培。
却因姹女当时待，勾引郎君自外来。
两窍相通无隔碍，中宫聚会不分开。
翕然好合春无限，产个婴儿号圣胎。

九转大还

（俗本作"发蒙"，张、邓本无）

九转还丹下手功，要知山下出泉蒙。
安炉妙用凭坤土，运火功夫藉巽风。
兑虎震龙才混合，坎男离女更和同。
自从四象归中后，造化机缄在我躬。②
（躬，一作"侬"，出韵）

---

① 此首，系出自元李道纯《中和集》卷之五《述工夫》第三首《进火》，略有改动而成。
② 此首，系出自元李道纯《中和集》卷之五《述工夫》第一首《发蒙》，略有改动。

火候细微

年月日时攒一刻，一刻不刻阴阳别。
抽添符候兔鸡临，升降功夫龙虎烈。
虑险防危罢火功①，称铢分两同爻策。
自然数足合周天，日日如斯行十月。

（一刻，一作"应知"。符，一作"火"。升降功夫龙虎烈，一作"进退工夫升降毕"）

脱胎神化

（张、邓本无"神化"二字）

丹成我命不由天，陵谷任②他有变迁。
荣辱无干随处乐，利名不挂逐③时颠。
但知壶内乾坤景，谁记人间甲子年？
欲问归踪何处是，醉中遥指白云边。
（欲，一作"借"）

面壁九年

（张、邓本无"九年"二字）

九年面壁养神体，默默昏昏如炼己。
无束无拘得自由，随缘随分能知止。
心同日月大辉光，我与乾坤为表里。
打破虚空不等闲，收来④六合一黍米。
（能，一作"安"）

---

① 功，底本作"攻"，据据空青洞天朱道生刊本、《道藏辑要》本改。
② 任，空青洞天朱道生刊本、《道藏辑要》本作"随"。
③ 逐，空青洞天朱道生刊本、《道藏辑要》本作"遂"。
④ 来，空青洞天朱道生刊本、《道藏辑要》本作"拾"。

换鼎分胎

（别本无"换鼎"二字）

重安炉鼎立坤乾，巧手移丹入上田。
道德崇高神益迈，虚空粉碎法无边。
从今易舍还成质，以后分胎又入玄。
儿养孙兮孙养子，老翁老母一齐仙。

（附：别本此首前六句云："丹砂汞死即真铅，投胎养汞亦如前。须识铅中常发火，要知火里好栽莲。从今夺舍当成质，自后投胎又入玄。"语多重杂，而"夺舍投胎"，乃是四果之学，却不是道，俗本之误如此。）

转制通灵

养得玄孙渐长成，强宗胜祖善谋营。
昨宵灯下逢佳偶，今日堂前产俊英。
个个孩儿森玉树，飘飘仙嗣簇金茎。
一班胜似连城璧，无税良田只自耕。

九转灵变

（张、邓本无）

九转丹砂岁月深，养成舍利鬼神钦。
一炉白雪浑如玉，满鼎黄芽胜似金。
曾见鸾飞和凤舞，但看虎啸与龙吟。
五金八石皆成宝，还炼天元拔宅升。

修炼天元

（张、邓本无）

天元丹品问谁知，有自无生世所稀。

天地为炉真造化，阴阳作药自玄微。
鸡餐变鹤青云去，犬食成龙白昼飞。
到此方称高妙极，许君携手一同归。

潇洒优游

（张、邓本作"道成杂咏"。一本分《潇洒优游》为二首，以此诗作《潇洒》。以吕祖"似水如云一片心"为《优游》。均误。）

道人久已泯耳目，潇洒自如脱拘束。
朝从扶桑日头起，暮去昆仑云脚宿。
青牛过关知几年，此道分明在眼前。
昨夜瑶琴三叠后，一天风冷月娟娟。

了道度人

（俗本作"别杭州友人"）

铁笛双吹破晓烟，相逢又隔几多年。
曾将物外无为事，付在毫端不尽传。
白发数茎君已老，青云几度我当先。
世间穷究只如此，何若同游归洞天。

总咏内事

（张、邓本作"总咏大丹"）

清净身心修内药，栽培气血返童姿。
借他铅鼎寻真种，点我凡躯入圣基。
十月怀胎加漫火，九年面壁养灵儿。
嫦娥最爱儿年少，夜夜笙歌宴玉池。

总咏外事

（张、邓本无）

真铅真汞结夫妻，两意交欢产个儿。
幼子成人离祖业，玄孙主事建新基。
恢宏家道成三业，大展门庭第九枝。
满室堆金何足羡，但看拔宅住瑶池。

咏先天鼎

二七谁家女，眉端彩色光。
人皆贪爱欲，我看是亲娘。
一点灵丹透，浑身粉汗香。
霎时干我汞，换骨作纯阳。

（张、邓刻本，于此诗题下注云："以合太乙含真。"他本作"采取先天"。入三十六首之内，均误。）

金丹诗二十四首

此二十四首《金丹诗》，以象二十四气也。泸州廖复盛刊刻讹误，剿袭沽名，尝辑古仙诗歌为一部，名曰《醒道雅言》，而于群真姓字，大半不书，欲使未见者诧为己作，正丰翁所谓"鬼计悭贪窃道玄"者也。今照汪仙真本改正，以复旧观，庶使好道者，不致迷误耳。

一①

采取先天炼后天，循环二炁共根源。
欲知有象原无象②，须识初弦与下弦。
杳杳乾坤将判处，冥冥父母未生前。

---

① 本篇序号，皆点校者划归体例所加。
② 象，底本作"相"，据空青洞天朱道生刊本、《道藏辑要》本改。

服之混沌犹如梦，变化婴儿寿万年。

二

月本无光借日光，每从晦朔定阴阳。
蟾乌交媾合真质，牛女相期入杳茫。
自是魂灵应魄圣，从他地久与天长。
学人解得玄中妙，紫府高悬姓字香。

三

七日阳来下鹊桥，上桥夫妇任逍遥。
逆回海水流天谷，倒转风帆运斗杓。
手握乾坤分造化，时凭年月步周遭。
神仙手段常如此，那与庸夫斗舌苗。

四

橐籥吹嘘藉巽风，搬来坤火自鸿濛。
徐徐摄上昆仑顶，渐渐吞回土釜宫。
铅汞相投成至宝，精神凝合变婴童。
将来跳出乾坤外，不属璇玑造化中。

五

安炉立鼎炼金丹，水怕干兮火怕寒。
既未煅时常守护，屯蒙行处要勤看。
抽铅添汞须加紧，虑险防危莫放宽。
毫发差殊功不就，半途而废复行难。

六

龙升虎降转河车，赤火擒来制白砂。
二炁凝胎铅自减，三花聚顶汞还加。
开炉漫搅成钟乳，起鼎应知是马牙。

两物齐拿休纵放，放之失却美金花。

七

采回坤地水金多，种在乾家入爱河。
阳火阴符依进退，铅龙汞虎自调和。
浆收东位成甘露，酒饮西方醉绮罗。
但要至诚勤爱护，胎圆十月化青娥。
（收，一作"取"）

八

夺得乾坤一点精，阴阳交媾自然成。
夫妻会合攒三姓，戊己交加簇五行。
朔望屯蒙鸡兔跃，晦弦既未虎龙争。
地天收在玄关内，运转河车霹雳声。

九

身中水火即阴阳，二气相孚化紫光。
日日醍醐延命酒，时时吞咽返魂浆。
玄机不许庸人识，大药须令志士尝。
九转功完还太始，坤柔炼尽变乾刚。

十

火性炎炎水性流，河车搬运自然周。
昆仑片玉原无价，沧海明珠竟暗投。
三昧初从离下发，一符始自坎中浮。
自家消息谁能会，莫向人前插话头。

十一

修仙须要修天仙，金液神丹仔细看。
添在离宫抽在坎，寄于兑位种于乾。

死生了当非神气，性命功夫在汞铅。
世上纷纷谈道者，几人于此达真诠？

十二

炼己寻真固不难，先擒兔髓配乌肝。
牵龙就虎归根窍，制汞投铅复命关。
金气往来通夹脊，河车搬运上泥丸。
夫妻共入黄婆舍，火候调停自结丹。

十三

阖辟乾坤橐籥形，屯蒙呼吸坎离精。
鼎和四象真铅降，炉备三才妙汞生。
一有两无同变化，两无一有共相成。
时人要识玄中妙，配合青娥仔细论。

十四

中宫戊己自知音，二物媒来共一心。
姹女用吹无孔笛，金公为抱没弦琴。
深深密密谁能测，杳杳冥冥孰解寻？
指日还丹成就后，总教大地尽黄金。

十五

温温铅鼎透帘帏，认定人身活子时。
虎啸一声忙采取，龙吟初动①急施为。
守城野战天翻地，入室防危坎复离。
夺得团团龟凤髓，请君服食赴瑶池。

十六

入室虚心炼大丹，神功妙用不为难。

---

① 动，空青洞天朱道生刊本、《道藏辑要》本作"敕"，误。

能窥天巧参元气，解饮刀圭夺紫丸。
朔望符来三姓合，晦弦火退五行攒。
羿妃纵会奔蟾窟，争似青娥驾彩鸾。

十七

木中砂汞水中金，漫向离宫坎位寻。
只就乾坤分主客，还依龙虎定浮沉。
故能金木成三姓，遂使夫妻共一心。
庭院归来相聚会，黄婆媒妁是知音。

十八

真炉真鼎发真机，采药须凭亥尽时。
铅母氤氲光欲动，金胎跳跃火临期。
休忘气候调真息，但守虚无运坎离。
临阵莫教轻纵敌，兢兢业业更防危。

十九

十月功完造化坚，若加火候必伤丹。
仙房器皿①浑忘却，宝鼎玄②炉不用看。
面壁九年形脱壳，身超三界体生翰。
只缘黍米吞归腹，行满功成跨凤鸾。

二十

上吞下唼两弦弦，逐节堤防入玉田。
往往来来宾返主，夫夫妇妇倒和颠。
结丹已喜婴儿兆，出壳皆凭圣母全。
远近遨游看四正，东西南北任周旋。

---

① 器皿，空青洞天朱道生刊本、《道藏辑要》本作"气血"。
② 玄，空青洞天朱道生刊本作"京"，《道藏辑要》本作"金"，皆误。

二十一

韬光晦迹隐红尘，有作谁知妙更真。
伏虎降龙须混俗，超凡入圣乃惊人。
深深秘秘修丹道，白白明明显至神。
《药镜》玄机俱泄尽，古今由此达天津。

二十二

金碧参同及指玄，翠虚性命与思①仙。
阴符宝字逾三百，道德灵文贯五千。
入药镜中推橐籥，悟真篇内究蹄筌。
金丹切近叮咛语，总论前弦与后弦。

二十三

火候功夫本自然，能通此妙即神仙。
五行攒簇盗天地，八卦循环作圣贤。
造化炉中烹日月，乾坤鼎内产金莲。
有人识得玄②微理，随我飞升朝帝前。

二十四

虔诚稽首拜星君，顶礼星辰护本身。
二十八宿齐朗耀，三百六度尽分陈。
上圣能攒年月日，中宫保合气精神。
照临应许增遐寿，掩映还同二曜新。

---

① 思，空青洞天朱道生刊本、《道藏辑要》本作"忠"，误刻。
② 玄，空青洞天朱道生刊本作"京"，《道藏辑要》本作"精"，皆误。

大丹诗八首书武当道室示诸弟子

（此诗亦被廖复盛抄袭改更，于丹旨多有悖谬，自称法师，误认不少，难免识者之笑也。今照原本，复还旧观。）

一①

学道修真出世尘，遨游云水乐天真。
身中灵药非金石，腹内神砂岂水银。
采炼功夫依日月，烹煎火候配庚辛。
黄婆媒娉三家合，饮酒观花遍地春。

二

采聚他家一味铅，捉精炼气补先天。
前弦八两后弦八，内药还时外药还。
紫府玄宫垂宝露，黄芽白雪化金蟾。
神仙妙用常如此，火里能栽九节莲。

三

初关中关与后关，下田中田与上田。
层次原来分井井，火功须要法乾乾。
室窗透亮三更到，昼夜通红九鼎全。
文武阴阳勤转炼，辟开万窍好朝天。

四

身内功夫我自知，天机玄妙许②谁窥？
初寻龙虎来争战，又见龟蛇喜唱随。
天地倒颠观否泰，火符起止在虚危。

---

① 本篇序号，皆点校者划归体例所加。
② 许，空青洞天朱道生刊本作"二"，《道藏辑要》本作"有"，皆误。

南辰北斗映前后，日月乌蟾来往飞。

五

修真大道乾坤祖，采取阴阳造化功。
要制天魂生白虎，须擒地魄产青龙。
运回至宝归中舍，变化阳神入上宫。
一炁凝成丹一粒，人能吞服貌如童。

六

道法傍门有万千，不知火候总徒然。
先穷妙理将真悟，后拜明师把诀传。
欲使三家情意合，只凭一点道心坚。
朝朝煅炼精神炁，结就真神上九天。

七

寻真要识虚无窍，功夫只在意所到。
往来顺逆炼阴阳，升降坎离在颠倒。
恍恍惚惚太极生，杳杳冥冥婴儿兆。
出玄入牝由自然，若忘若存守坛灶。
（忘，去声）

八

知先达后炼金丹，火冷水干做不全。
上德无为成至圣，下功有作在周天。
一阳动处窥天地，二品合时生佛仙。
月里栽花无片晌，蟾光现出照西川。

琼花诗

琼枝玉树属仙家，未识人间有此花。

清致不沾凡雨露，高标长带古烟霞。
历年既久何曾老，举世无双莫浪夸。
几欲载回天上去，拟从博望借灵槎。

七绝

（道书中杂辑）

一

真心浩浩无穷极，无限神仙从里出。
世人躭着小形骸，一颗玄珠人不识。

二

佛印指出虚而觉，丹阳诀破无中有。
捉住元初那点真，万古千秋身不朽。

三

泝流一直上蓬莱，散布甘泉润九垓。
从此丹田沾润泽，黄芽遍地一齐开。

四

年月日时空有着，卦爻斤两亦支离。
若曾会得绵绵意，正是勿忘勿助时。

五

大药无多只一丸，须求同类两相欢。
世人欲问长生诀，先觅阴阳二品丹。

玄要篇下

圆通道人　藏本
长乙山人　订正
遁园居士、磻山野客　同校

登高台

按：《参同契》有"瞑目登高台"之句，犹言抉破重玄，使人心目明亮，如登高台，远近皆见也。调名取此。

金丹造化妙难言，玄微道理谁分辨？幸遇明师指，抉破水中天。先教咱守定玄关，盘膝坐调神理炁，除思虑塞兑垂帘。次教咱，鼓动巽风，搬运水火，守固真精，保定元阳，拨转天关。又只见，黄河水，滔滔逆流，从涌泉，灌尾间，至夹脊，升上泥丸。过明堂，入华池，神水渐涨，下重楼，入绛宫，直至丹田。这才是筑基炼己，从今后，住世延年。（此乃小还丹功夫。）

更欲求最上乘，飞升道理，还教咱重安炉，复立鼎，采取先天配后天。遇子午，专行火候；逢卯酉，沐浴金丹。（照道书校正）再教咱，先明天地机，次把阴阳辨（亦作"变"）。有天先有母，无母亦无天，这才是，大道根源。把周天从头数，将乾坤颠倒安。采后天，殷勤玉炼；夺先天，成圣成仙。

我已曾拜明师，心心相授，口口相传。筑基时先明橐籥，炼己时只用真铅。坎中满，离中之物；离中虚，取坎还填。逆成仙，龙吞虎髓；顺成人，虎夺龙涎。喜的是木龙藏汞，爱的是金虎吐铅。月之圆，存乎口诀；时之子，妙在心传。采先天之功，全凭戊己；夺后天之炁，龙虎初弦。

青龙白虎相争战，玉兔金乌一处抟。防只防，身中无慧剑；怕只怕，急水滩头挽不住船；等只等，黄婆勾引；候只候，少女开莲。此事难言，五千日内君须算，三十时辰暗里盘。子前午后分明看，铅阳未动，癸现于前，真铅、真阳随后边。药到临炉，此时休息慢，急速下手擒入关，随后用六百抽添。十月胎圆，婴儿出现。面壁九年，独露真诠，才做个阆苑蓬莱物外仙。

按：祖师词曲，前无所谱，只在发明丹旨耳。然谱皆古人所创，何妨自我作古耶。"登高台"，本《参同》之句，以为调名，恰与玄音雅称。或谓立题固妙，分段太多，不知词谱中如《哨遍》、《莺啼序》之类，亦有三四段者，此分四段，有何不可？正不得以令、慢、单、双相拘也。

天仙引

（俗作《南宫词》，原名《天仙引》。）

按：《悟真》云："学仙须是学天仙，惟有金丹最的端"，原名取此，望人甚深。后四调，稍有不同，即以词家分体论，此篇作第一体。

第一体

因寻地内天，为觅云中电。时时降意马，刻刻锁心猿。昼夜不眠，炼己功难间，持心志愈坚。闭三宝，内守深渊；擒五贼，外观上苑。令彼我如如稳稳，使阴阳倒倒颠颠。退群魔，全凭慧剑，采乌龟始气，取白虎初弦。将天根直竖，把月窟空悬。显神通向猛火里栽莲，施匠手在弱水里撑船。

扫荡的心清意静，保养的精盈气全。不羡他美丽娇花，只待他甘露醴泉，使无情放下娘生面。攻神州，破赤县，捉住金精仔细牵，送入丹田。防危虑险除杂念，定息安神绝妄缘，沐浴洗心罢争战，圣胎脱然。面壁九年，炼神还虚，是咱功程满。

第二体

看归根复命篇，观养性修真卷。方知金里水，才识地中天。微妙玄玄，原来生杀隔一线，龙虎隐二弦。讲玄牝，《道德》仙经；穷戊己，《悟真》圣典。论庚方生金所在，说兑位产药川源，分明直指于赤县。如露如电，如雾如烟，只等的乌龟吐气，白虎喷涎。

斩三尸，境灭魔潜；擒五贼，马卧猿眠。追神气入归元海，运真炁周流涌泉，采金精纳入丹田。自然贯穿，浑身百节周流遍。心似火，意如电，养育金丹，汞渐添，闭兑忘言。九年面壁功无间，八极神游遍大千，七返婴儿自出现。六贼遁焉，五行数全，四海人知归阆苑。

第三体

先调呼吸匀，后把金木并。铅精藏牝户，汞液隐玄门，造化之根。杳冥中有信，恍惚无见闻。养药苗常令炉全，取黄芽不教鼎损。使元神不离方寸，觅金水灌入昆仑，仗慧剑追逼群魔。闭三宝持心意谨，擒五贼炼己功勤。断贪嗔祛除万虑，遇时景不染一尘。

我只待，曲江上月吐庚申，形山里踏雪寻春。采金精方离赤水，和真息周流一身，运己汞包裹阳精。炉火长温，时时刻刻加精进。如愚蠢，似痴钝，默坐忘言。且守贫，保养全真。俺向那深山面壁无人问，静室灰心惟俺亲。调神息，凭咱训，不言十月怀孕，只言九载辛勤，今日行足功圆方证本。

第四体

闲看《龙虎经》，静玩《入药镜》，本来铅一味，假作许多名。他在水底潜形，暗①寄希夷顶，端居造化坑。赤洒洒隐在甘泉，密匝匝藏于丹井。我只待，冬至令一阳初动，秋分时二炁方升。华池有信玄珠进，当仁施德，立义设刑，防其变诈，引诱欢情。

观神州，气盛阳腾；见赤县，癸动铅生。赤条条，龙头直竖；红拂拂，龟眼圆睁；黑洞洞，虎口出声。相争显能，使阴阳颠倒，把金木交并。捉北方玄武龟精，锁在黄庭。沐浴常扫三田静，温养须教九转灵。积满阴功八百行，名书上清，神登玉京，宴赏罢蟠桃酩酊。

第五体

不容意马狂，岂把心猿放。三尸无扰攘，六贼尽归降。魔境俱忘，保

---

① 暗，空青洞天朱道生刊本、《道藏辑要》本作"赠"，误。

养的精神壮，调和的气血强。诸虑忘，离却贪嗔；万缘尽，不生妄想。遣神女侍炉铸剑，藉金水配对柔刚。凭匠手生擒活捉如翻掌，开刀圭锁钥，解龙虎绳缰。饮延年仙酒，吃续命琼浆。

丹入腹遍体生香，情归性换骨回阳。休心景牢封土釜，灭意春深闭洞房。远声色固守真常，堤防损伤，如遇使纵休轻丧。十月后，婴儿降，调理的通灵会神，独步仙乡。谁知静里乾坤大，我爱壶中日月长。任你人间是非谤，披云衣鹤氅，捧丹书玉章，紫府神仙齐庆赏。

按：《天仙引》，亦是祖师创调，命名之义，极为雅正。盖必须如此，乃是金丹大道，若作《南宫调》词，则小矣。南宫，乃符箓之派，与金丹不同，且列南宫者，尚有轮回，方得成道。《太上度人经》云："未学道浅，仙品未充，运应灭度，身经太阴，临过之时，同学至人，为其行香，诵经十遍，以度尸形。如法魂神径上南宫，随其学功计日而得更生，转轮不灭，方得神仙。"据此，则南宫之流，乃夺舍投胎之辈也。天仙妙旨，岂可以南宫名哉？又此词，不可分段，兹分两段者，亦因可分之处而分之也。张、邓刻本，分为三段，一段名《鹊桥仙》，二段名《玉女摇仙佩》，三段作《尾声》，盖唱道情者为之也。且《鹊桥》、《玉女》，乃是古曲名，祖师所作，既不拘拘旧谱，则孟浪安名有何意味？今照汪本正之。

一枝花

（一作《美金花》。）

按：玉蟾翁《快活歌》云："黄芽半夜一枝春"，本集《后五更》云："一枝春色金花丽"，盖取此为调名也。词照彭好古选本、张邓刻本及《神仙鉴》参订。

行持造化功，下手调元炁。自从师传后，独自守无为。玉液长提，元炁归真位。透三关，过尾闾，逆转河车上泥丸。撞昆仑，发震如雷，甘泉香生甜如蜜。入玉池化作金液，逍遥饮，甘露自垂。下重楼十二阶梯，牢封固护守坚持，原来是精气神三般儿。归根复命，原来是金木水火土五行攒簇。

玄中玄，有不死还丹；妙中妙，有接命的根基。谁不行，谁不会，谁不做，都只在采取先天一窍迷，怎肯胡为？俺也向花丛中，敲竹鼓琴心似水。从今参透真消息，忘物忘形，子前午后可为持，卯酉之中沐浴时。讲甚么生死轮回，说甚么姹女婴儿，都只要，采取鸿濛未判一粒黍米。

（先天一窍迷，彭选本作"天窍路上迷"。米，张、邓刻本作"珠"字，此照彭选本。）

第二

心如出水莲，意似云中电。昨宵因小事，误入丽春院。时时降意马，刻刻锁心猿。昼夜不眠，炼己功无间。闭三宝内守黄房，擒五贼外观上院。令彼我如如稳稳，使阴阳倒倒颠颠。退群魔怒提起锋铓剑，敢取他出墙花儿朵朵新鲜。挂起我娘生铁面，我教他也无些儿动转。娇夭体态，十指纤纤，引不动我意马心猿。

俺是个试金石儿，高低便见；俺是个铁馒头，下口难餐；俺是个清静海，一尘不染；俺是个夜明珠，空里长悬。道坚志远，幼年间常把身心炼。绝名利，不去贪，捉三尸，鼎内煎。我的心坚，我学的造化无人见。愁则愁功不成、名不就，空把时光转；愁则愁日月如梭趱少年。有一日拨转天关，腾空在半天，那时节才把冷淡家风道教阐。

（黄，邓选作"银"。）

第三

先明天地机，次把阴阳配。有天先有母，无母亦无天，此是道教根源。把周天从头数，将乾坤颠倒安。月之圆存乎口诀，时之子妙在心传。提起我无刃锋铓剑，怕则怕急水滩头难住船，感则感黄婆勾引，候则候少女开莲，此事难言。

五千日近坚心算，三十时辰暗里盘。我将龙头直竖，他把月窟空悬。显神通向猛火里栽莲，施匠手在逆水上撑船。不羡他美丽娇花，只待他甘露醴泉。攻神州，破赤县，捉住金精仔细牵，送入丹田。防危虑险除杂念，沐浴自然。面壁九年，才做个阆苑蓬莱物外仙。

（醴，彭、张选本作"生"字。）

第四

　　因求大道玄，走尽天涯畔。撇功名势利，弃家业田园。万般辛苦，衣破鞋穿师难面。愁则愁六七十年光阴短，入终南，感得火龙亲口传。命玄①出山，觅侣求铅。遍访名贤，尽是些诡计悭贪窃道玄。

　　也是俺该有那出世因缘，幸遇着仗义疏财沈万三。争奈他力薄难全，俺只得把炉火烹煎。九转完，向丽春院采药行符。经五载，入武当山。面壁调神又九年，猛听②得朝命宣。欲待要不睹君王面，又恐怕胡尚书性命难全。驾云直上朝阳殿，官家见喜悦龙颜。俺欲待口口相传，恐违了玉皇命言，俺只得跨凤乘鸾上九天。

　　（因求大道玄，《仙鉴》作"访道求玄"。也是俺该有那出世因缘，张、彭诸本作"诡计设奸，令我要求个出世因缘"。俺欲待，张、彭诸本作"我本要与你"。跨凤乘鸾，别本作"驾鹤腾空"。）

咏蛰龙法

渔父词

　　蛰法无声却有声，声声说与内心听。
　　神默默，气冥冥，蛰龙虽睡睡还醒。

蛰龙吟

　　睡神仙，睡神仙，
　　石根高卧忘其年，三光沉沦性自圆。
　　气气归玄窍，息息任天然。
　　莫散乱，须安恬，
　　温养得汞性儿圆，等待他铅花儿现。

---

① 玄，底本、空青洞天朱道生刊本同，《道藏辑要》本作"俺"。玄，即张三丰自称。
② 听，底本作"可"，据空青洞天朱道生刊本、《道藏辑要》本改。

无走失，有防闲；真火候，运中间。
行七返，不艰难；炼九还，何嗟叹。
静观龙虎战场战，暗把阴阳颠倒颠。
人言我是蒙眬汉，我却眠兮眠未眠。
学就了，真卧禅，
养成了，真胎元，卧龙一起便升天。
此蛰法，是谁传？
曲肱而枕自尼山，乐在其中无人谙。
五龙飞跃出深潭，天将此法传图南。
图南一派俦能继？邋遢道人张丰仙。

美金华二首

（一作"一枝花"，一作"未遇外护词"，均误）

题义：按《参同》云："古记题《龙虎》，黄帝美《金华》。"《龙虎》、《金华》，皆古圣垂训书也。丹家以金华比真铅，故《契》云："卒得金华，转而相因。化为白液，凝而至坚。"盖言汞得真铅而化液，入黄庭而成至宝也。又云："铅体外黑，内怀金华。"盖以造丹者，于黑铅之中，取出白金，制成戊土。名曰"美金华"，则金华之贵重极矣。调名取此。

一

金华朵朵鲜，无财难修炼。
不敢对人言，各自糊盘算。
访外护未遇高贤，把天机牢抱几年。
聊试验，妙更玄，凭慧剑，采先天。
今日方知，道在目前，才信金丹有正传。
吹的是无孔之笛，弹的是无弦之弦。
喜的是黄芽白雪，爱的是首经红铅。
饮的是延命仙酒，服的是返魂灵丹。
做的是壶中活计，戏的是海底金蟾。

捉将日月炉中炼，夺得乾坤鼎内煎。
这是我修行真诀，出家手段。
恨当初，俺无钱，昼夜告天也可怜。
到而今，时来运转，
只待我行满功圆，撒手逍遥物外仙。
（妙更玄，一作"也有些儿玄妙"。）

二

金华玉蕊鲜，世人难分辨。
长生须伏气，栽接要真铅。
筑基炼己采后天，玉液还丹。
纵得了住世延年，还要图金液九还。
堪嗤大众学神仙，
一个个尽都是盲修瞎炼，一程程谁晓得实究真参。
天地里黄芽长遍，满乾坤白华开绽，
总待他水尽金生月正圆，我这里手提宝剑挂南山。
诛尽了七情六欲，恩爱牵缠；
扫尽了万里浮云，一尘不染。
唬的那五鬼三尸心胆寒。
我把阴阳颠倒颠，
用神机暗合周天，戒身心防危虑险。
轻轻的摇动地轴，
慢慢的拨转天关，霹雳一声天外天。

一诀天机

（一作"真口诀"。）

《敲爻歌》云："时人不达花中理，一诀天机值万金"。调名取此。

说与你，真口诀；指与你，天边月。

月圆时，玉蕊生；月缺时，金花卸。
三五按时节，老嫩细分别。
送入黄婆舍，休教走漏泄。
栽接栽接，灵龟吸尽金乌血；
烈决烈决，做个蓬莱三岛客。
（卸，读"息"。）

玄关交媾曲

（俗抄道情本作"驻云飞"）

大道本无说，妙理话难彻，玄关一点达摩诀。
上至昆仑泥丸顶，下至重渊涌泉穴。
铅为母，汞为爹，
铅汞阴阳把子结，姹女婴儿一处歇。
（爹，叶的。）

阴阳交会曲

（俗抄道情本作"金平调"）

颠倒坎中离，龙虎风云会。
妙玄一点包天地，
毫厘大小人不知，返三回五透天机。
离归坎，坎归离，
坎离水火运东西，婴儿姹女作夫妻。
阴盗阳精取坎实，阳伏阴精补离虚，
三三六六分天地。
这些功夫非容易，变乾坤漏泄先天炁。

洞天清唱六叠

（俗抄道情本作"雁儿落"。）

邱祖《青天歌》："昼夜清音满洞天"，盖指独露全真时也。调名取此。

一叠

俺则待、剖开混沌包，劈破鸿濛窍。
俺则待，觅一滴续命浆，寻一枝还①魂草。
俺只见虎啸气来潮，癸动药生苗。
会黄婆、将琴鼓教，见金公、把竹板敲。
不觉的丹田热烧，原来是命宝归黄道。
那时节、把神息匀调，静观水火交。

二叠

俺将那、没底篮仗人挑，俺把那、没弦琴怀中抱。
俺轻轻拨正赤凤头，嘿嘿钻入乌龟窍。
擒阳气，过鹊桥，运阴符，急相包。
忽然觉、泥丸如汤沸，丹田似火烧。
设屯蒙，忘昏晓，达四肢，薰蒸到。
若有那魔境相招，俺这里、只是静坐，如如不动摇。

三叠

炼己将五贼平，换景把七情并。
制伏的六欲宁，扫荡的三田净。
性定②自通灵，心虚内照明。
配刚柔，金水称；会阴阳，颠倒行。
既济功成，万神悉听命。

---

① 还，空青洞天朱道生刊本、《道藏辑要》本作"返"。
② 定，底本作"地"，据空青洞天朱道生刊本、《道藏辑要》本改。

闻诏飞升，丹台阶已注名。
（称，去声）

四叠

俺只待隐市廛，默静功。
俺只待择善地，方作用。
俺只待仗慧剑，将白雪培，凭匠手、把黄芽种。
俺只待搬火炼真空，寻光破鸿濛。
俺只待摄二炁，归离户，采一阳、入震宫。
学旌阳行踪，冲举乘丹凤。
仿轩辕神通，飞升跨火龙。

五叠

采铅精，配汞苗，立炉鼎，修玄要。
夺乾坤造化机，会日月盈亏妙。
合水火，左右烧；使魂魄，往来交。
按四时，不失序；顺八节，应卦爻。
辨昏朝，明消长；观天道，须教周天十二遭。

六叠

七返火[①]珠明了性，九还金液大丹成。
霹雳一声，早见真人出顶。

丽春院词二首

（别本所载二首，与此词全部不相同，另录于杂词之内。）

一

丽春院内月轮高，琼树花新破寂寥。

---

① 火，空青洞天朱道生刊本、《道藏辑要》本作"大"，误。

半夜开丹灶，三更运斗梢。
玉汉银河谁得到，牛郎织女天边笑。
紫府会仙曹，归去来兮俗垢消。

二

丽春院内日华清，金液还丹已炼成。
欲令情归性，须将性合情。
富贵功名休再问，婴儿姹女风流甚。
炉鼎放光明，从此昆仑顶上行。

西江月

（俗抄道情本作"桂枝香"，非。）

道在玄关一窍，窍包元气元精。
元精元气养元神，神满自然动静。
动静三回九转，九转①变化乾坤。
乾坤颠倒种仙②根，根发西江月正。

自题《无根树词》二首

鹧鸪天

按：此调五六二句，当作三字句，叶一韵，乃是《鹧鸪天》。一本作"难与世人条辨论"，以二句为一句，则又似《瑞鹧鸪》也。兹两存之。○《瑞鹧鸪》，与七律体同。

道法流传有正邪，入邪背正遍天涯。

---

① 九转，空青洞天朱道生刊本、《道藏辑要》本作"周流"。
② 仙，空青洞天朱道生刊本、《道藏辑要》本作"花"。

飞腾罕见穿云凤，陷溺多成落井蛙。
难与辨，乱纷华，都将赤土作丹砂。
要知端的通玄路，细玩无根树下花。

卖花声

无根树下说真常，六道含灵共一光。
会得威音前后事，本无来去貌堂堂。

无根树道情二十四首

题义：无根树者，指人身之铅气也。丹家于虚无境内，养出根株，先天后天，都自无中生有，故曰"说到无根却有根"也。炼后天者，须要入无求有，然后以有投无；炼先天者，又要以有入无，然后自无返有。修炼根蒂，如是而已。二十四首，皆劝人无根树下，细玩仙花，其药物、气候、栽接、采取之妙，备载其中，此道情之不朽者也。

（眉批：世上有《无根树二解》，发明元妙，殆无遗蕴，有志于道者览观之。①）

一②

无根树，花正幽，贪恋红尘谁肯修？
浮生事，苦海舟，荡去飘来不自由。
无边无岸难泊系，长在鱼龙险处游。
肯回首，是岸头，莫待风波坏了舟。

二

无根树，花正微，树老将新接嫩枝。
桃寄柳，桑接梨，传与修真作样儿。
自古神仙栽接法，人老原来有药医。

---

① 据空青洞天朱道生刊本、《道藏辑要》本补入。
② 本篇序号，皆点校者划归体例所加。

访明师，问方儿，下手速修犹太迟。
（微，一作"危"。真，一作"行"。）

三

无根树，花正青，花酒神仙古到今。
烟花寨，酒肉林，不犯荤腥不犯淫。
犯淫丧失长生宝，酒肉穿肠道在心。
打开门，说与君，无酒无花道不成。
（寨，一作"巷"。）

四

无根树，花正孤，借问阴阳得类无？
雌鸡卵，难抱雏，背了阴阳造化炉。
女子无夫为怨女，男子无妻是旷夫。
叹迷徒，太模糊，静坐孤修气转枯。

五

无根树，花正偏，离了阴阳道不全。
金隔木，汞隔铅，阳寡阴孤各一边。
世上阴阳男配女，子子孙孙[1]代代传。
顺为凡，逆为仙，只在中间颠倒颠。
（木，一作"水"，非。）

六

无根树，花正新，产在坤方坤是壬。
摘花戴，采花心，花蕊层层艳丽春。
时人不达花中理，一诀天机值万金。
借花名，作花身，句句《敲爻》说得真。
（壬，一作"人"。）

---

[1] 子子孙孙，底本及空青洞天朱道生刊本同，《道藏辑要》本作"生子生孙"。

七

无根树，花正繁，美貌娇容似粉团。
防猿马，劣更顽，挂起娘生铁面颜。
提出青龙真宝剑，摘尽琼花朵朵鲜。
趁风帆，满载还，怎肯空行到宝山。
（琼花，一作"墙头"。到，一作"过"。）

八

无根树，花正飞，卸了重开有定期。
铅花现，癸尽时，依旧西园花满枝。
对月才经收拾去，又向朝阳补衲衣。
这玄微，世罕知，须共神仙仔细推。
（又向，一作"旋称"。微，一作"机"。）

九

无根树，花正开，偃月炉中摘下来。
延年寿，减病灾，好结良朋备法财。
从兹可成天上宝，一任群迷笑我呆。
劝贤才，休卖乖，不遇明师莫强猜。

十

无根树，花正圆，结果收成滋味全。
如朱橘，似弹丸，护守堤防莫放闲。
学些草木收头法，复命归根返本元。
选灵地，结道庵，会合先天了大还。

十一

无根树，花正亨，说到无根却有根。
三才窍，二五精，天地交时万物生。

日月交时寒暑顺，男女交时妊始成。
甚分明，说与君，只恐相逢认不真。
（妊始，一作"孕自"。）

十二

无根树，花正佳，对景忘情玩月华。
金精旺，耀眼花，莫在园中错拣瓜。
五金八石皆为假，万草千方总是差。
金虾蟆，玉老鸦，认得真铅是作家。
（耀眼花，此句诸本皆错。园，一作"篮"。）

十三

无根树，花正多，遍地开时隔爱河。
难攀折，怎奈何，步步行行龙虎窝。
採得黄花归洞去，紫府题名永不磨。
笑呵呵，白云阿，准备天梯上大罗。

十四

无根树，花正香，铅鼎温温现宝光。
金桥上，望曲江，月里分明见太阳。
吞服乌肝并兔髓，换尽尘埃旧肚肠。
名利场，恩爱乡，再不回头空自忙。

十五

无根树，花正鲜，符火相煎汞与铅。
临炉际，景现前，采取全凭渡法船。
匠手高强牢把舵，一任洪波海底翻。
过三关，透泥丸，早把通身九窍穿。

十六

无根树，花正浓，认取真铅正祖宗。
精炁神，一鼎烹，女转成男老变童。
欲向西方擒白虎，先往东家伏青①龙。
类相同，好用功，外药通时内药通。

十七

无根树，花正娇，天应星兮地应潮。
屠龙剑，缚虎绦，运转天罡斡斗梢。
煅炼一炉真日月，扫尽三千六百条。
步云霄，任逍遥，罪垢凡尘一笔消。

十八

无根树，花正高，海浪滔天月弄潮。
银河路，透九霄，槎影横空泊斗梢。
摸着织女支机石，踏遍牛郎驾鹊桥。
遇仙曹，胆气豪，盗得瑶池王母桃。
（泊，一作"北"。）

十九

无根树，花正双，龙虎登坛战一场。
铅投汞，阴配阳，法象玄珠无价偿。
此是家园真种子，返老还童寿命长。
上天堂，极乐方，免得轮回见阎王。
（偿，一作"宝"，非。）

二十

无根树，花正奇，月里栽培片晌时。

---

① 青，底本及及空青洞天朱道生刊本作"了"，据《道藏辑要》本改。

拿云手，步云梯，采取先天第一枝。
饮酒带花神气爽，笑煞仙翁醉似泥。
托心知，谨护持，惟恐炉中火候飞。

二十一

无根树，花正黄，产在中央戊己乡。
东家女，西家郎，配合夫妻入洞房。
黄婆劝饮醍醐酒，每日醺蒸醉一场。
这仙方，返魂浆，起死回生是药王。
（家，一作"舍"。醺蒸，一作"掀开"。）

二十二

无根树，花正明，月魄天心逼日魂。
金乌髓，玉兔精，二物擒来一处烹。
阳火阴符分子午，沐浴加临卯酉门。
守黄庭，养谷神，男子怀胎笑煞人。

二十三

无根树，花正红，摘尽红①花一树空。
空即色，色即空，识透真空在色中。
了了真空色相灭②，法相长存不落空。
号圆通，称大雄，九祖超升上九重。
（圆，一作"玄"。）

二十四

无根树，花正无，无影无形难画图。
无名姓，却听呼，擒入中间造化炉。
运起周天三昧火，煅炼真空返太无。

---

① 红，底本作"金"，据空青洞天朱道生刊本、《道藏辑要》本改。
② 灭，底本作"法"，据空青洞天朱道生刊本、《道藏辑要》本改。

谒仙都，受天符，才是男儿大丈夫。
（影，一作"相"。谒，一作"赴"。）

四时道情

春①

春色可人、可人，桃杏花开满眼新。
山园风物嫩，看来到也无忧闷。
仙喜的是洞府去游春，
子晋先生吹玉笙，玉笙吹与知音听。
俺则道闲来时，焚一炷香，抚一曲琴。

夏

夏赏荷池、荷池，两个鸳鸯水面飞。
摆列成双对，清风明月闲游戏。
仙喜的是吕祖遇钟离，
二翁留下长生地，终南山上乘云去。
俺则道闲来时，焚一炷香，下一盘棋。

秋

秋景云疏、云疏，远岫苍黄木叶枯。
夜看银河布，牛郎到把织女度。
仙喜的是卖卜隐成都，
君平先生挈玉壶，日得百钱把酒沽。
俺则道闲来时，焚一炷香，看一卷书。

冬

冬景雪飞、雪飞，万里关山似玉堆。

---

① 本篇标题，皆点校者划归体例所加，下同。

和靖掩庐睡，天寒鹤守孤山内。
仙喜的是湘子度文公，
屡劝回头不肯回，蓝关路上才相会。
俺则道闲来时，焚一炷香，画一树梅。

道情四首，乃吾隐终南时，作以自唱者。其体带《竹枝》，节节硬逗，看似不接，其妙正在不接之接也。自记。

青羊宫留题道情四首

一

觅故人天涯不见，叹迷徒要学神仙。
有一等守顽空的，有阴无阳是孤炼。
有一等用鼎器的，舍死忘生谈采战。
各执一端，玄关不知在那边。
莫把无为来妆拌，尽都是空门面。
怎得个云朋霞友也，混俗和光过几年。
访道须要访先天，先天是神仙亲口传。
神仙、神仙，只在花里眠。

二

炼黍米，须要有法财两件。
心腹事，须要托二三为伴。
怎得个张环卫共谈玄，马半州同修炼？
薛道光曾把俗还，王重阳幸遇良缘。
伯端翁访友在扶凤县，达摩祖了道在丽春院。
才晓得花街柳巷也，正好参禅，再休题清净无为空坐闲。
访道须要访先天，先天是神仙亲口传。
神仙、神仙，只在花里眠。

三

访明师，殷勤了无限。
都说是实授真传，某神仙同法眷。
一个说补上田，一个说益下元。
一个说守中黄，是正法眼。
更笑他，两肾中间当玄关。
似①这等千门万户也，百尺高竿，闪了无数英贤。
访道须要访先天，先天是神仙亲口传。
神仙、神仙，只在花里眠。

四

学仙的听吾言，切莫要盲修瞎炼。
须晓得内外阴阳，同类的是何物件。
必须要依阴阳，修出阴阳；
依世法，修出世间。
顺成人，逆成仙，一句儿超了千千万。
再休题清净无为也，不得还丹，总是枉然。
访道须要访先天，先天是神仙亲口传。
神仙、神仙，只在花里眠。

五更道情

题义："五更"须活看，只是功夫不息之义，勿谓一更是一更功夫、二更是二更功夫也。余类推。

一

一更初，独牧青牛，勿纵狂行，不放闲游。
我这里换景移情，攀花折柳，密炼潜修。

---

① 似，底本及及空青洞天朱道生刊本同，《道藏辑要》本作"是"。

闭六门、无为静守，擒五贼、有法拘囚。
匹配刚柔，耐得春秋，炁盛神全，采药何愁？

二

二更里，匹配调和，逐散诸阴，赶退群魔。
俺只要招凤来巢，唤龟还窟，引虎归窝。
看铅生、须知谨守，逢月现、认得真么？
下手莫错，望远时过，赤水含珠，造化无那。

三

三更中，一阳才萌，赤县门开，真炁方升。
这时节微露铅华，初含玉蕊，半吐金精。
锁心猿、龙吟云应，拴意马、虎啸风生。
采颗芝英，送入黄庭，封固无虞，百日功灵。

四

四更残，饮罢醍醐，乘槎张骞，笑煞麻姑。
凭这点灌溉三田，融通百脉，润泽肌肤。
周流遍、牢关土釜，升降毕、谨守如初。
念虑皆无，声色尽除，温养胎仙，十月功夫。

五

五更终，添汞抽铅，换鼎分胎①，移上丹田。
从今后阳长阴消，性成命全，体固身坚。
静调神、一周渐大，勤面壁、九载还元。
行满功圆，八百三千，与道合真，便是神仙。

---

① 胎，空青洞天朱道生刊本、《道藏辑要》本作"丹"。

五更道情

一

一更里，铅汞全，三尸六贼都游散。
心猿意马牢拴定，铅鼎温温水不寒，诸魔不敢抬头看。
安神息，任天然，龙自吟，虎自欢。
这椿妙理行持惯，遍身水火配离坎。
成仙成圣何嗟叹，要做个长生也不难。
曾记得火龙直指得还丹，逍遥自在，自在神仙。

二

二更里，丹诏来，乘龙跨凤青霄外。
大还到手人人爱，方信金丹好药材。
母见娇儿共一堆，安稳睡，且妆呆。
清虚地，不染埃，从今灭却冤家债。
做一个长生不老，养就了杏脸桃腮。
（母见娇儿，一作"怀抱儿童"。）

三

三更里，活子时，仙家美景现华池。
灵龟吸尽金乌髓，丹凤啣来玉兔脂。
玄明酒，醉如痴，群阴尽，艳阳期。
一枝春色金花丽，佳人有意心相许，郎君把玩两情怡。
得遇了还元返本，寿与天齐。

四

四更里，更漏深，铅生癸后阴阳分。
正值一弦金水满，恰似莺花二月春。
不贪财，不爱名，饮琼浆，听玉音。

碧天连水清波净，虚白堂前拴意马，无影树下锁心猿。
三回九转真人现，得遇了先天大道，寿比乾坤。
（癸，一作"子"。分，一作"顺"。）

五

五更里，采得他，功名富贵都抛下。
一心盼望蓬莱景，十洲三岛便为家。
免欲火，无牵挂，这长生，在自家。
养育恩情休要差，逢人莫说艰难话，刀兵虎全然不怕。
任你是艳色垂帘，再不恋路柳墙花。

五更道情

一

一更里，入禅房，
清净身心不用忙，心猿意马休轻放。
守定灵台白玉光，无事真人里面藏。
主翁端坐昆仑上，黄婆勾引入洞房。
婴儿姹女配成双，三家会合曲江上。

二

二更里，上蒲团，
思念父母未生前，本来面目常发现。
采取先天补后天，三关运转至泥丸。
华池神水频吞咽，水火相交暖下田。
偃月炉中至宝煎，三回九转把丹炼。

三

三更里，一阳生，

坎离交媾结婚姻，无牵无挂常清净。
海底泥牛直上奔，绵绵一炁透昆仑。
金水夫妻来交并，白雪生长在黄庭。
炼就金丹不坏身，方才识透玄关性。

四

四更里，觅宗风，
西来大意在其中，时时常把功夫用。
皓月当空彻顶红，照看自己主人翁。
方知炉内铅投汞，玲珑塔里现真宗。
金丹炼就了真空，千年万载身不动。

五

五更里，合天机，
玄关一窍少人知，谁人识得生死地？
全凭戊己产婴儿，金光灿烂现牟尼。
至宝收在丹田里，养就灵根与天齐。
阳神妙体同太虚，黍珠一粒包天地。

五更道情

静中观面观象，搜寻道窍根源。
太乙炉中运周天，三昧真火煅炼。
箭射九重铁鼓，三关运转泥丸。
拿着宝月配日眠，此时铅汞相见。
（上调《西江月》。）

按：此乃古仙词唱，祖师借来，作《五更道情》引首，故仍之。

一

一更里，马稳，莫放猿猴跳。
气静神清，自然心地扫。

看守黄庭，运转先天道。

清静闲观，透出玄中妙。

乘一时，才心定，

性在天边海底命，悟着青铜镜。

青铜镜，无象光明铁陀硬。

你看你，变乾坤，采日精，尽都听，法王令。

二

二更里，炉内，万朵莲花放。

炼就黄芽，一点从天降。

死中拨活，无象却有象。

普照十方，到处皆明亮。

看天沟，明耀耀，

牧放群羊拍手笑，早把云梦跳。

云梦跳，脚踏灵台高声叫。

你看你，领金牌，把名表，得证了，无为道。

三

三更里，调理，巍巍全不动。

一枕孤眠，识破黄粱梦。

白鸦来朝，太极光明洞。

海水枯干，颗颗珍珠弄。

紫阳宫，独自立，水晶宫里闲游戏。

好个九品无生地，都帅大堂金刚列。

你看你，上天梯，怎得知，珊瑚石，真琉璃？

（立，叶利）

四

四更里，猛勇，要把魔王战。

无象宫中，使出双尾剑。

战退魔王,万里成一片。

体貌纵横,又入蓬莱院。

这消息,谁知道,自己思量自己笑。

好个玄中妙、玄中妙,一副棋子盘中闹。

你看你,士相卒,摆列炮,进车马,将军照。

五

五更里,方醒,自觉心开悟。

急紧加功,再进竿头步。

奔到紫阳宫,透出漕溪路。

这些功夫,等闲休分诉。

提金容,把剑首,自己收拾休教漏。

放出蛟龙斗、蛟龙斗,莫把羊儿饥饿瘦。

你看你,堤防很,贼不偷,守定了,周天候。

五更道情

倒卷黄河一脉通,养来柔弱似婴童。

世人若问长生路,笑指蓬莱碧海东。

一

一更里,修行要仔细。

休教意马走东西、走东西,猿猴锁在方寸地。

这青牛、老子能骑,这青牛、老子能骑①。

金丹花儿勾一,宝剑插在炉里。

龙虎交,会坎离,水火颠倒成既济。

金丹花儿快乐念,念上一声佛,

南无混沌世界佛,南无花开叶儿落。

花开叶落,比阳生阴尽之时。若是凡花,则花开叶亦生矣。余仿此。

---

① "这青牛、老子能骑",为校者增补。该句处,原注"重一句,下仿此",故补,下同。

二

一更里，修行提正念。

十字街前炼金丹、炼金丹，不用水火不用炭。

只要悟、打坐参禅，只要悟、打坐参禅。

金丹花儿勾二，黄婆引去婴儿。

上泥丸，透玄关，婴儿姹女两团圆。

金丹花儿快乐念，念上一声佛，

南无释迦牟尼佛，南无花开叶儿落。

三

二更里，修行要团圆。

姹女婴儿在两边、在两边，黄公黄婆为媒眷。

将二家、结就因缘，将二家、结就因缘。

金丹花儿勾三，说起生死不难。

说不难，却又难，不在身边在那边。

金丹花儿快乐念，念上一声佛，

南无西方如来佛，南无花开叶儿落。

四

二更里，修行要心专。

手提一根无影剑、无影剑，六贼赶至魔王殿，

将三尸、斩首目前，将三尸、斩首目前。

金丹花儿勾四，我今遇着明师。

与咱指，一条路，时时刻刻用功夫。

金丹花儿快乐念，念上一声佛，

南无大肚弥勒佛，南无花开叶儿落。

五

三更里，修行要防危。

休将六贼搬弄你、搬弄你，聚气凝神总不移。

烧纸钱、送将出去，烧纸钱、送将出去。

金丹花儿勾五，我今得了功夫。

采先天，补后天，滚出云门天外天。

金丹花儿快乐念，念上一声佛，

南无接引准提佛，南无花开叶儿落。

六

三更里，修行莫漏机。

黄河倒卷上天梯、上天梯，玄关站定青牛蹄。

颠倒颠、取坎填离，颠倒颠、取坎填离。

金丹花儿勾六，狮子炼成火猴。

我今想，去云游，翻过甲子到瀛洲。

金丹花儿快乐念，念上一声佛，

南无十八罗汉佛，南无花开叶儿落。

七

四更里，修行要用心。

双树林中点慧灯、点慧灯，照见世尊他去。

极乐国、门前等一等，极乐国、门前等一等。

金丹花儿勾七，空中有人提携。

骑青牛，过玄关，炼颗金丹圆又圆。

金丹花儿快乐念，念上一声佛，

南无燃灯古老佛，南无花开叶儿落。

八

四更里，修行要用功。

须看西南起巽风、起巽风，水火既济颠倒用。

将药火齐入炉中，将药火齐入炉中。

金丹花儿勾八,婴儿姹女赴龙华[①]。
主人翁,认得他,打成一片是作家。
金丹花儿快乐念,念上一声佛,
南无大鹏金翅佛,南无花开叶儿落。

九

五更里,修行金鸡叫。
迷人不是这条道、这条道,铁树开花蕊不少。
完满了、自有根梢,完满了、自有根梢。
金丹花儿勾九,说起人人皆有。
说起有,却又无,说无说有永不休。
金丹花儿快乐念,念上一声佛,
南无孔雀明王佛,南无花开叶儿落。

十

五更里,修行太阳红。
须防火候一场空、一场空,霞光万道金莲涌。
完满了、自然成功,完满了、自然成功。
金丹花儿勾十,我今来在家里。
见主人,笑嘻嘻,我问真人在那里?
金丹花儿快乐念,念上一声佛,
南无长耳定光佛,南无花开叶儿落。

十一

念罢五更到天明,正东闪上小桃红、小桃红。
东生西落催人老,躲三灾、报答师恩。
金丹花儿勾十一,我今来在深山里。
搭一座,草茅庵,降龙伏虎自然宽。
金丹花儿快乐念,念上一声佛,

[①] 赴龙华,空青洞天朱道生刊本、《道藏辑要》本作"荣华",误。

南无阿弥陀佛,南无花开叶儿落。
(叶,音"协",和洽,合。叶韵。)

十二

念罢五更一坦明,一道红光是至真。
黄龙透出三关顶,到今日、跨鹤飞升。
金华①十二一齐开,玉皇老子丹书来。
穿仙衣,坐莲台,炼就金身全不坏。
金丹花儿快乐②念,念上一声佛,
南无无量受福佛,南无花开叶儿落。

九更道情

(时无九更,而此以"九更"名者,更,更去声,言更番修炼,以成九转之数也。)

生我之门死我路,几个惺惺几个悟?
夜来铁汉自思量,长生不死由人做。
按:此乃钟祖句,亦祖师引来,以作《九更》起首者。

一

一更里,回心向善,为生死、其实艰难。
自从离了古灵山,混沌初分下世间。
西方有本,丢下根原。
来在东土,性命落凡,失迷了,老母当初未生前。

二

二更里,成人长大,城市中、立下根芽。
知饥知渴知上下,不知生死何处发。

---

① 华,空青洞天朱道生刊本、《道藏辑要》本作"花"。
② 金丹花儿快乐,校者补。

二房居住，不识真假。

不修出路，只顾眼下，顺六贼，坏了自己主人家。

三

三更里，邪淫休念，牢锁定、意马心猿。

花街柳巷少贪顽，别人妻女成婚眷。

尽是破戒，尽是魔缠。

二鬼来勾，不敢倒看，入地府，那时难见如来面。

四

四更里，贤愚难辨，惺悟的、识破机关。

看见世人不久远，百岁光阴急如箭。

及早回头，正是中年。

拜求明师，口诀相传，指与你，从前本来娘生面。

五

五更里，皈依如来，为生死、斩断恩爱。

观见世事好伤怀，恐怕惹下轮回债。

心猿锁定，休教损坏。

提出正念，无边无界，趁香风，及时正好早归来。

六

六更里，细认本宗，将猿猴、锁在房中。

若来若去莫放松，昼夜挂剑守深宫。

四门上锁，压定妖风。

看破红尘，尽是浮空，主人翁，时时常把真经诵。

七

七更里，要脱尘埃，多亏①了、恩师携带。

---

① 亏，空青洞天朱道生刊本、《道藏辑要》本作"承"。

受持三规并五戒，发下洪誓永不开。

世事皆小，生死事大。

斩断轮回，金刚不坏，滚浪里，现出一枝白莲来。

八

八更里，把守真铅，古弥陀、倒坐玄关。

呼吸元阳上下转，前后三三一担担。

黄河倒卷，泥牛耕田。

鹊巢灌顶，地涌金莲，须弥顶，透出一道灵光现。

九

九更里，苦炼三家，红炉中、火候不差。

无影树下现金花，性命二字两头发。

三车搬运，赵州斟茶。

去到西方，参拜佛家，小婴儿，见娘呵呵喜笑煞。

叹出家道情七[①]首

《出家》七首，羽流多套袭以为己作，又有疑为罗洪先所作者，非也。末篇云："五十二句玄中理，明明白白说与君"，盖指道情歌也。据此观之，的系丰师所传无疑。继阅汪本，更为可证。

一

叹出家，到也奇，看破了世路云泥。

一心不染红尘事，任凭他浮名美利。

任凭他爱子娇妻，劳形不如归山去。

俺怎肯终日奔驰，俺怎肯终日寻思？

修行当发冲天志，做一个慷慨男子。

打破了生死机关，无烦无恼无忧虑。

---

① 七，底本作"九"，但诗歌七首，据空青洞天朱道生刊本、《道藏辑要》本改。

二

叹出家，到也幽，断却了妄念忧愁。
人生那得无尘垢，俺怎肯图利贪求？
俺怎肯空自罢休，断然不落无常手。
发洪誓去把师求，发洪誓时把真修。
自然有日功①成就，任凭我跨鹤乘舟。
任凭我散步优游，真玄道妙谁参透？

三

叹出家，到也深，学些儿借假修真。
行住坐卧把真心定，爱的是养气提神，
喜的是木降金升。
灵光现出圆如镜，顷刻间窍窍通灵。
黄河②水运转昆仑，自然认得真玄牝。

四

叹出家，到也玄，看破了打坐参禅。
主人现出是何物件，玄中理默默无言，
动静处添汞抽铅。
如痴如醉神不倦，进火时文武相煎③。
温养时子后午前，水火既济同烹炼。

五

叹出家，到也精，准备着猛将强兵。
堤防六贼来搬运，任凭他驾雾腾云，
任凭他惯战能争，全凭妙用将他胜。
举慧眼万骑齐奔，提慧剑斩断魔精。

---

① 功，空青洞天朱道生刊本、《道藏辑要》本作"丹"。
② 河，底本作"庭"，据空青洞天朱道生刊本、《道藏辑要》本改。
③ 煎，底本作"炼"，据空青洞天朱道生刊本、《道藏辑要》本改。

三尸束手魔王顺，现出了赤胆忠心。
自然见富国安民，一战功成皆宁静。

六

叹出家，到也高，学了些散淡逍遥。
顺逆颠倒通玄妙，一瓢饭能吃多少。
三杯酒面像仙桃，花街柳巷呵呵笑。
小葫芦常挂在腰，万灵丹带上几包。
到处与人行方便，遇缘时美酒佳肴。
淡薄时饮水箪瓢，富贵穷通由天造。
任凭他身挂紫袍，任凭他骏马金貂。
转眼难免无常到，三寸气顷刻飘渺[1]。
一家人哭哭叫叫，那管子贤和孙孝。
算将来修道为高，延年寿病减灾消。
无忧无虑无烦恼，等时来到步云霄。
会八仙去上仙桥，那时方显玄中妙。

七

叹出家，到也真，洗心源必要清净。
玄中理方可见明，修真养性谁来问？
俺也曾过了些崎山峻岭，走了些州县府城，
大都廛市和光混。有一等不犯腥、不犯淫。
有一等宽怀忍气财分明，西南国上把朋来进[2]。
昔日里醉似昏昏，醒眼看四海苍生，
红尘滚滚金花嫩，天边月谁人认真？
世上事那件分明？人人抱着个修仙兴。
五十二句玄中语，明明白白说与君。
拜明师要访高人，殷勤了才得长生赠。

---

[1] 顷刻飘渺，空青洞天朱道生刊本、《道藏辑要》本作"缥缥缈缈"。
[2] 进，空青洞天朱道生刊本、《道藏辑要》本作"敬"。

天边月道情九首

（取"天边月出庚"之义）

一

天边月，月影明，照见人间似覆盆，
覆盆多少冤家阵。累劫修才得人身，
失却了万劫难寻，难寻八宝真如性。
贪妻子羊伴虎群，夸富贵倚势欺贫，
欺贫还有天报应，到不如跳出红尘，
拜明师、早去修行，那时自有仙家分。

二

天边月，月影幽，贪恋荣华谁肯休？
不休那得仙缘凑。叹世人，系孤舟，
好一似水上浮沤，浮沤散却难依就。
到不如早早回头，拜明师、倒跨青牛。
积功累行丹成后，守志时四海云游。
得志时步上瀛洲，那时节、姓名才上金阶奏。

三

天边月，月影寒，要做神仙也不难，
不难要把三尸斩。降龙钵、口口相传，
伏虎盂、妙诀难言，难言莫与匪人显。
大神通、火里栽莲，高匠手、逆水撑船。
逆水撑船休要乱，主人翁掌定风帆。
浪滚中采取真铅，那时方赴灵霄殿。

四

天边月，月影高，有个神仙驾鹊桥，

鹊桥路险人难到。黄庭宫、采取药苗，
银河内、长有水潮，水潮方显玄中妙。
有牛郎、降下天曹，那织女、忙把手招，
牛郎织女同欢笑，愿上天、赐一个黄婆，
好姻缘恍惚相交，功完行满天书诏。

五

天边月，月影孤，修行人，大丈夫。
大丈夫、才入修行路，张仙姑、曾拜吕祖。
有龙女献上宝珠，宝珠拥出嫦娥护。
泥丸宫降下琼酥，如珠橘、酿酒醍醐，
醍醐到口如甘露。进阳火要退阴符，
入丹田牢牢封固，那时自有通天路。

六

天边月，月影飘，有个神仙品玉箫，
玉箫品出通天窍。地天泰、不动不摇，
颠倒用、手段要高，手段高、方显玄中妙。
白雪飞飞上九霄，黄芽长长就灵苗。
先天奥妙谁知晓，滚盘珠、难画难描。
牟尼殿紧固坚牢，那时方把师恩报。

七

天边月，月影低，十八弟子戏牟尼，
牟尼竟入长生地。西来意、如醉如痴，
观自在清净无为，无为妙用有为起。
铅投汞、寿与天齐，水火交、永保无虞，
三尸缩首魔王避。延寿酒，不用杯，
甜如蜜、自饮刀圭，醺醺去赴蟠桃会。

八

天边月，月影圆，古松树下悟真玄，
真玄只许自家见。鸾凤飞腾在高山，
鹦鹉唱守在泥丸，泥丸得见婴儿面。
衔月华不后不前，抱日眠无地无天。
无天反做玲珑殿，愿上天、赐阵清烟，
抱黍米升上云端，那时方赴灵霄殿。

九

天边月，月影无，无相无形难画图，
画图难入修行谱。无名姓、却听招呼，
无方体、谁认亲疏？亲疏妙用全不露。
无念时何用工夫，无想处本体如如，
如如才是娘生路。无色界有条真路，
无罣碍有个仙都，那时才把彩云步。

一扫光道情十二首

一

一扫光，照见真，拍拍满怀都是春。
玉非宝，珠非珍，北邙路儿不随身。
有象有形皆是假，无声无臭始为真。
身非道，道非心，莫把身心当真人。

二

一扫光，照见君，花前月下醉醺醺。
文非字，学非文，东君笑人寡见闻。
桃红柳绿李花白，一挥而就不思寻。
人纷纷，物纭纭，无异于人自超群。

三

一扫光，照见帝，神化机关一旦契。
鱼自跃，鸢自飞，造化何常潜算计？
气化形生基始兆，一点冲和归根蒂。
包虚空，生天地，一见百事自如意。

四

一扫光，照见主，豁然洞观来时路。
陆乘车，水舟渡，不移一步天堂处。
顷刻而成理最真，立跻圣域语非误。
不窥牖，不出户，便知天下有把握。
（握，读"务"）

五

一扫光，照见生，一点冲和二五精。
性即理，命即情，氤氲妙用一时成。
迷时取之头头错，悟后拈来处处神。
死自死，生自生，培由栽兮覆由倾。

六

一扫光，照见灵，朝游暮宿玲珑亭。
醒也宁，睡也宁，春来无处不青青。
达聪不听有弦琴，明目须读无字经。
毋恍惚，毋窈冥，常宁常静常惺惺。

七

一扫光，照见一，一贯一毕一归一。
圣也一，贤也一，天地万物无非一。
人间百虑皆一致，天下殊途同归一。

仙也一，凡也一，一了百当自简易。

八

一扫光，照见心，儒书佛典仙子经。
尽赘瘤，皆附瘿，都是各道其道人。
立图设象枉费心，巧譬曲喻徒敲唇。
不执迹，不泥文，即是神而明之人。

九

一扫光，照见明，混沌初分焉有文？
秦焚书，汉注经，注经经亡焚书存。
心口相传文字授，总是无事惹事情。
无衣钵，无剑琴，才算一尘不染人。

十

一扫光，照见仙，始信通字是强言。
窍非妙，牝非玄，非水非火非汞铅。
也无无极合有极，也无先天与后天。
性归命，命归天，复命归根混沌前。

十一

一扫光，照见佛，须知彼岸无有佛。
佛非心，心非佛，枉自持斋念弥勒。
莫把灵山当佛地，除却灵山别有佛。
圆陀陀，光灼灼，千圣不传这一着。
（勒，音"六"）

十二

一扫光，照见圣，通天彻地一轮镜。
静中动，动中静，一任万物不相侵。

花开花落地自贞，云来云去天常净。
正大光，光大正，分而能合定能应。

鹧鸪天

战魔须战睡魔先，此是修行第一鞭。
目下辛勤熬一夜，壶中日月换千年。
筑基事，志要坚，须凭玄牝觅玄玄。
神归气复成丹体，然后开炉讲炼铅。

五更道情

一

一更里，万事休，抖精神，坐床头。
巍巍不动主人守，偃月炉中黄芽逗。
七宝林中玉液流，真阳一撞三关透。
顷刻间、水火既济，灌泥丸、降下重楼。

二

二更里，要心坚，三尸神，在目前。
七情六欲来磨炼，目前仗起青锋剑。
倒跨白牛走上山，阳神去把阴兵战。
顷刻间、水火既济，一霎时、撞过三关。

三

三更里，要持行，采先天，兔逢鹰。
杳冥之内来真信，铅汞相投归炉鼎。
取坎填离入内庭，黄婆用意相勾引。
顷刻间、水火既济，六月天、井底成冰。

四

四更里，用功勤，要高提，智慧灯。
方把虎龙擒得定，紫阳双修性与命。
散则成炁聚成形，九还七返真人认。
顷刻间、水火既济，退阴符、炼就阳神。

五

五更里，莫放参，将白牛，赶上山。
婴儿出见明珠现，金丹一粒如珠点。
收来放去任回还，尸贼锁在空王殿。
顷刻间、水火既济，百日功、老变童颜。

玄机问答

前见羽流抄本，有三丰先生自问自答二条，极为玄妙。或以为永乐遥问，而先生遥答之者，是亦一说也。

其问云：

这道人，开口就讲道。我问你，这呼吸，谁收谁闭？谁举谁提？父母未生时，这一点真阳动静，在那里修根养蒂？在那里立命安基？你与我讲个元音，明个道理，切莫要错讲糊支！

其答云：

那道人，稽首便答道：你看我，这呼吸，自收自闭，自举自提。父母未生时，那一点真阳动静，在虚无内修根养蒂，虚无内立命安基。这是咱讲的元音，明的道理，又何必指东猜西？

张三丰先生全集

卷五

云水前集

《云水前集》序

　　《云水前集》者，我三丰先生在元、明间所作者也。永乐时，胡广等收入《大典》之内，世间少得其本。嘉靖中，诏求方书，仍从《大典》中翻出梓行，颁示国师等等。锡龄于康熙五十九年①，得此本于扬州书肆，宝而藏之，即花谷藏书也。后有起者，将此板刊出，必能传其人，读其诗，知先生之清风高节，为不可及也。

圆通弟子谨识

云水集②

登华表山

华表山高爽气凌，令威骑鹤此飞升。
乍看雨脚从空至，未必云头阻我登。
独立峰峦心旷远，遥观渤海兴奔腾。
他年愿步丁公后，长啸蓬邱第一层。

游辽阳诸山作

千里辽阳自往还，眼中山色画中看。

---

① 康熙五十九年，公元 1720 年。
② 底本和《道藏辑要》本等前后两集刻印次序颠倒，今给予调整。

人夸地气来长白，我欲云峰炼大丹。
风过列屏横淡霭，雨余群嶂各高寒。
此间好觅长生路，入世休言出世难。

甲子秋游燕京作

我不愿登黄金台，我只愿饮黄花杯。
醉里昏昏忘天地，古今名利总尘埃。
休驰骤，且徘徊，
早将壮岁尘缘了，五岳三山归去来。

呈廉阁老

真人不露真，玄门不露玄。
方士乃何物？自献徒纷然。
尧舜享高寿，无为静也专。
几曾饵金石，而乃得遐年。
我爱廉夫子，忠悃心拳拳。
上书攻异教，肝同铁石坚。
吾家有二老，至今作天仙。
子房师辟谷，志和隐钓船。
素与天子近，不谈汞与铅。
功成身勇退，英雄则有焉。
帝王自有事，岂在白云边？
凡为大臣者，孔戒必当先。
我爱廉夫子，正气如孟贤。
（时人有"廉孟子"之目。）

题止善堂呈主人

半点尘埃不许侵，四围垂柳正阴阴。
主人自是能知止，无物能摇至善心。

廉平章以书荐余名于刘仲晦太保感而咏此

贤与贤相近,得逢推荐人。
愧非梁栋质,名动帝王臣。
有意求勾漏,无心据要津。
辞尊往说法,愿现宰官身。

送廉公之江陵

我有老亲,头已白矣。
我得微官,公之德矣。
公自爱才,我非贪禄。
公往江陵,民皆受福。

博陵上仲晦相公

姓字劳公记,山人入宦场。
一官容懒散,百姓尽淳良。
囹圄生秋草,男儿思故乡。
别求贤令尹,吾不坐琴堂。

有感

毛义从兹隐,葛洪岂恋官?
欲寻李太白,同说大还丹。
家国伊人任,孤哀独我单。
潸然双泪落,飞雁影高寒。

答刘相公书

太平良宰相,千古能几人?
青囊乃余事,不愧帝王臣。
得公一语重千金,公书赐我我动心。
所言地理无人识,惟我默默信其深。

公何为者重贱子，此恩此德提吾耳。
公柬来时独憾迟，亲骸已葬不敢起。
长白干龙数千里，我从小干藏之矣。
不望名，不望利，只望吾亲安斯地。
穴城大山宫小山，门有仙桥获我意。
以此答公公谅之，莫云小子强陈词。
他日访公邢州道，八盘山下请公思。

读先子房传有感

纷纷六国众诸侯，扫入秦疆汉又收。
若使沛公如项羽，子房未必肯依刘。

家居无事，忽有邱道人见访，临别诗以赠之

我见先生方外来，先生见我笑颜开。
无官自合寻黄石，有客何妨共绿醅。
出世心从天海落，入山兴与岳云回。
几时佩剑携长笛，相访高真到碧台。

遥挽刘仲晦相公

（时至元十一年冬月初旬也）

博学其余事，今之古大臣。
澹然忘嗜欲，高矣脱风尘。
举世谁知我，登朝屡荐人。
八盘他日过，清[1]酒奠公神。

三十二岁北游

幽冀重来感慨忘，乌纱改作道人装。
明朝佩剑携琴去，却上西山望太行。
（西山，太行别阜也。）

---

[1] 清，青空洞天朱道生刊本作"甬"，《道藏辑要》本作"清"。

上曲

疏柳苍黄尽夕曛，悠悠滱水净尘氛。
芒鞋独上尧峰顶，西望常山只白云。

恒岳

毕昴精凝处，恒山气象高。
藤萝牵绝壁，松柏吼飞涛。
朔野何空阔，灵风乃怒号。
结庐仙岭上，望里兴飞豪。
（山有望仙岭。）

悠悠歌北岳作

（时至元三十年甲午岁也①）

悠悠歌，悠悠歌，
四十八岁空销磨，人生寿命能几何？
株守恒山十六载，燕赵往来成逝波。
倒不如携琴剑、整笠蓑，东走蓬莱唱道歌。

东游

此身长放水云间，齐鲁遨游兴自闲。
欲访方壶圆峤客，神仙万古住三山。

赠棠邑令家希孟弟

我到清河上，棠花处处开。
老兄骑虎出，吾弟跨鹤②来。
政事由求侣，乾坤宰相才。

---

① 《道藏辑要》本作"时至元三十一年甲午岁初也"。
② 跨鹤，青空洞天朱道生刊本作"刡鹤"，《道藏辑要》本作"割鸡"，从左江书局本。

四知良①不愧，相与坐斯台。

（治内筑有四知台。）

游岱宗步希孟弟原韵

轶荡天门上石关，人生到此拓雄观。
西崖宛峙神仙阜，东海谁投任子竿②。
七十二家封禅古，三千余里③范围宽。
与君共坐秦松下，一阵天风扑面寒。

日观早起观日

天鸡一唱海门开，日涌波涛出海来。
万里眼光红不断，三山头脑绿成堆。
遥闻笙鹤从空降，只见云龙带雨回。
别有飞仙挥鹿麈，令人企首望蓬莱。

山中寻张忠高隐处有作

岩栖谷饮旧家风，今我寻翁不遇翁。
仙阜一声发长啸，白云飞在太山中。

丹岩山

丹岩顶上蓬莱阁，可望蓬莱不可即④。
天风海水荡心胸，苍苍浪浪自开阔。
我到东牟眼界空，诗情豪放若英雄。
朝暾远出扶桑外，楼台贝阙金银宫。
拍手长歌云鹤起，仙人冉冉来前矣。
把杯祭海祝海神，为展光明千万里。

---

① 良，《道藏辑要》本作"长"。
② 竿，《道藏辑要》本作"牵"。
③ 里，《道藏辑要》本作"异"。
④ 即，《道藏辑要》本作"却"，误。

遥情欲观海外天，天浮清①际海无边。
欲驾飙车飞过去，未能羽化心茫然。

徂徕山

百丈奇峦百树松，松松古干老苍龙。
山间六逸今安在，几度言寻到此峰。

河东

三年步履遍河东，戴月披星两袖风。
登山笑倚一根竹，遇水闲弹三尺桐。
海岳几时逢道侣，尘寰何处访仙翁？
不如觅个安闲地，了了忘忘养寸衷。

雷泽晚行

水复山重路渺茫，此中应是白云乡。
晚来独自行雷泽，明月清风望首阳。

游中条山

九天浮翠郁岧峣，绿笠青蓑映碧霄。
款款心儿思上界，翩翩羽客到中条。
脚头不用黄河濯，肩臂②常将白日挑。
两片飞凫轻似鹤，王官谷里过溪桥。

中州纪行

中州南北遍寻真，到处高歌吊古文。
滚滚烟飞卿相宅，茫茫日落帝王坟。
身如断梗随流水，臂负瑶琴带夕曛。
来日又从河内去，袖中携取太行云。

---

① 清，《道藏辑要》本作"海"。
② 臂，《道藏辑要》本作"背"。

王屋山

海内大洞天，王屋称第一。
终古飞白云，至今护元室。
岩壑响笙簧，峰尖挂月日。
我欲结茅居，炼取神仙质。

嵩岳

重离大火开丹壁，表正中州真峻极。
仙灵隐隐立三台，太少峨峨分两室。
我今访道如青莲，奇峰六六造其巅。
石上弹琴思缥缈，云中飞鹤舞翩翩。
忽然口渴忆玄酒，手掬山泉聊漱口。
晚来明月挂溪松，松涛几阵如雷吼。
静中有动动偏闲，椰瓢棕拂坐岩间。
不遇真师亦快活，留将鸿爪记嵩山。

西游

胸中五岳待①全探，泰岱恒嵩已过三。
今日更登西华去，白云开处望终南。

关中旅寺有怀

抛别家山处处游，塞云关月几经秋。
丁公有志归华表，子晋何时返故邱。
今日渭南如旅雁，去年河北似浮鸥。
溪泉放艇寻诗句，两岸风篁几万头。

华岳

巍巍太华俯全秦，百二河山此地尊。

---

① 待，《道藏辑要》本作"侍"，误。

云起谪仙搔首处，雨过神女洗头盆。
闲从翠嶂寻松实，醉看青天枕石根。
我爱希夷高卧迹，应携后进入玄门。

扶风明月山中，有清风洞，过而口占

明月山头玩明月，清风洞口坐清风。
吟风啸月吾将老，对月听风响未终。

宝鸡晚行

倏尔游秦凤，飘然到宝鸡。
路随流水远，山压暮云低。
对面三峰立，关心一榻栖。
结茅聊息足，吾亦老磻溪。

小庐题壁

陈仓山下道人家，不种桑田不种麻。
埋姓埋名藏僻地，自薪自汲老生涯。
几重石嶂撑如虎，一个茅庐小似蜗。
气健身强年已暮，乾坤何处问丹砂？

书怀

心命惶惶亦可怜，风灯雨电逼华年。
不登阆苑终为鬼，何处云峰始遇仙。
九死常存担道力，三生又恐落尘缘。
瓣香预向终南祝，应有真人坐石边。

终南呈火龙先生

白云青霭望中无，已到仙人碧玉壶。
拼却芒鞋寻地肺，始瞻大道在天都。

乾坤二①气藏丹室，日月两丸曜赤炉。
实与先生相见晚，慈悲乞早度寒儒。

出终南二首

一

生平好善访仙翁，十万黄金撒手空。
深谢至人传妙诀，出山寻侣助元功。

二

一蓑一笠下终南，云白山青②万象涵。
他日大丹熔炼就，重来稽首拜仙庵。

丹成作歌

洞里深藏太古春，心虚气静养元神。
直寻世外千年药，不惹③人间半点尘。
时饮蟠桃酒，时采灵芝根，如醉如痴气血生。
八两真铅汞半斤，月圆花现景难论。
捉虎擒龙浑易事，先天一炁要殷勤。
火候分明度数的，十月功完脱圣真。
凡愚何处求丹法，此是吾家不二门。

由夔府下江陵作

十二巫峰历历游，夔门长啸下荆州。
朝吟落月峨眉碛，暮对斜阳燕尾洲。
山水苍茫怀道侣，乾坤浩荡少仙俦。
不如自跨辽东鹤，乘舆④还乡省故邱。

---

① 二，《道藏辑要》本作"一"。
② 青，《道藏辑要》本作"清"。
③ 惹，《道藏辑要》本作"染"。
④ 舆，底本作"兴"，据《道藏辑要》本改。

辽阳积翠村二首

一

手执长弓逐鸟飞，是谁知是老翁归？
白杨墓上留诗句，城郭人民半是非。

二

纷纷景象乱如麻，身世初①完早出家。
莫待巢危复累卵，功名势利眼前花。

燕赵闲游，晤邱长春，遂同游西山

天寒白日澹幽州，燕市重寻旧酒楼。
新学疯狂为醉汉，故交豪杰已荒邱。
驹光不似壶中日，蚁命犹如水上沤。
我遇至人谈大道，西山晴雪共遨游。

津门柳

津门柳，津门柳，
岁岁年年，丝丝缕缕。
长与官家绾别离，能绾游仙去路否？
一声长啸出天津，破衲飘然不回首。

两湖吟

化作渔翁荡小舟，湖南湖北任遨游。
酒干直欲吞云梦，吟罢高飞过鄂州。
万里遥看吴地月，一声长啸楚天秋。
湘滨老叟相逢笑，手指嘉鱼下钓钩。
（嘉鱼，县名。）

---

① 初，《道藏辑要》本作"粗"。

赤壁怀古

（赤壁有数处，在嘉鱼者，乃周郎破曹处也。）

石壁巉巉压水隈，三分事业此间开。
龙争虎斗今安在？月白风清我又来。
滚滚长江淘日夜，茫茫战垒激风雷。
兴酣欲拉坡仙啸，吹笛乘舟共往回。

洞庭晤吕纯阳先生

这回相见不无缘（先生句），访道寻真数十年。
雅度翩翩吹凤笛，雄风凛凛佩龙泉。
身从海岳来斯地，手拂湖云看远天。
愿学先生勤度世，洞庭分别到西川。

题阳台①

为雨为云最有神，莫将尘梦拟真人。
仙环隐隐从空下，一片思膏一片春。

蜀市题

朝隐青城暮入峨，蜀中来往阅人多。
眼看白日忙忙去，口唱蓝仙踏踏歌。
一个葫芦无价宝，两川风月安乐窝。
山林廛市遨游遍，到处题诗认得么？

太和山道成口占二绝

一

太和山上白云窝，面壁功深似达摩。

---

① 空青洞天朱道生刊本、《道藏辑要》本漏刻标题。

今日道成谈道妙，说来不及做来多。

二

九年无事亦无诗，默默昏昏不自知。
天下有人能似我，愿拈丹诀尽传之。

题武当山

七十二峰苍翠间，武当山色似衡山。
明朝飞过湖南去，八九峰头自往还。

衡岳

今日完全五岳游，身骑黄鹤驻峰头。
曾于北镇先寻访，直到南衡始罢休。
万里漫云燕楚隔，两山刚被坎离收。
天然道妙同行辙，又看湘波九面流。

登岳阳楼用杜韵

欲上君山顶，飞吟到此楼。
一湖南北限，千里水云浮。
沙外几行雁，天边数点舟。
江河渟蓄处，广大不奔流。

道走河南，公卿颇有闻余名者，书此笑之

弃却功名浪荡游，常将冷眼看公侯。
文官武将皆尘土，绿黛红妆尽髑髅。
鹤驾高飞南嶂月，鸦声乱噪北邙秋。
离离草色俱凋谢，早向云山问路头。

晚步咸阳

天边飞雁排云表，我亦长吟咸阳道。

咸阳古道草迷离，百代王侯尽枯槁。
西行万里多感怀，人生岂若神仙好？
任他沧海变桑田，鹤貌松姿长不老。

带月过武功飞行至栈

布衲椰瓢欠整齐，夜来飞过渭河西。
白云叫破梁山雁，凉月催回鲁店鸡。
出世多游秦蜀路，摩崖自看往来题。
身行险栈如夷坦，始识鸾车胜马蹄。

锦江

江自岷山走蜀都，顺流东去出夔巫。
扁舟愿效元真子①，更号烟波小钓徒。

江上吟

学得渔翁欸乃腔，高歌自驾木兰艭。
云帆历乱迷三楚，烟水苍茫过九江。
收拾乾坤归小艇，任他岁月付奔泷。
此身放浪原无定，孤雁凌波影一双。

游庐山

远望屏峰九叠张，到来初识是仙乡。
唤回山虎吟溪月，呼起云龙抱石梁。
高岸吼时飞瀑布，淡烟浮处满炉香。
道人分外添幽兴，消受匡庐日月长。

吴越吟

大江南北任浮沉，游遍苏杭道益深。

---

① 元真子，即玄真子张志和（732—774），唐代著名诗人，曾弃官弃家，浪迹江湖著有《玄真子》十二卷、《大易》十五卷。

跨鹤吴山容我啸，飞鸾禹穴避人寻。
茫茫笠泽藏渔艇，淡淡苕溪洗客襟。
水秀峰奇吴越路，飘然自背落霞琴。

元杭省左司员外郎家光弼昱庐陵人，余游杭州相遇于湖，自谓将有湖山之志，书此壮之

君我相逢姓又同，莫将高尚托虚空。
而今气象兼舒惨，自古贤豪善始终。
千载西湖多隐遁，六桥南渡老英雄。
骑驴放艇留佳话，请与先生道此风。

天目闲居歌

临安秀气钟天目，晨朝自放白云出。
石池高注两峰头，波光圆净如日月。
道家三十六①洞天，琼册琅函万古传。
结庐小住山之巅，青鸾白鹿共周旋。
闲来便到杭州去，笑傲湖山得真趣。
化作游僧倚杖行，三生石上谁相遇？
梅花屿，杨柳堤，瑶笙画舫自东西。
道人长啸归山去，回观世上烟迷迷。

赠广海和尚

深入浮屠断世情，奢摩他行恰相应。
天花隐隐呈微瑞，风叶琅琅咏大乘。
室密昼闲云作盖，庭空夜静月为灯。
定中万象无何有，到此谁能见老僧？

遇家伯雨外史杭州人

看破浮生远市寰，歌声踏踏上茅山。

---

① 六，诸本均作"四"，校者改。

老兄赠汝无他物，惟有仙家一味闲。

游金陵赠沈万三

秦淮落落大渔家，看破浮云似暮霞。
乘月泛舟沽绿酒，感君从我问丹砂。
黄中妙理何人识，白下英雄此个夸。
愿把赀财参道法，一堂妻子不咨嗟。

别万三

群雄扰扰尽征戡，我与先生把道谈。
今日东南王气盛，他年晤子到西南。

西湖二首

一

湖上红亭亭上人，亭前水写眼前身。
青蓑绿笠何为者，我是烟波画里真。

二

人歌人笑满朱舲，杨柳长亭复短亭。
却爱渔翁闲雅甚，自摇小艇到西泠。

赠金粟道人

玉山佳处好园亭，多少游人入画屏。
蓦地将来都撒去，清心澹虑水泠泠。

还蜀吟

六合是我家，二曜为我烛。
我虽辽东人，游蜀似还蜀。
淡淡巫山云，弯弯峨眉月。
鲜鲜锦江波，熙熙巴子国。

到处阐玄风,颠狂自怡悦。
鸾驭止何方,又到青城宿。

归秦

自蜀来秦不避秦,西秦久住似秦人。
宝鸡石上题诗句,谁识逍遥物外身。

大元至正二十六年丙午暮秋,金台观游魂七日,归来付杨轨山一偈

(诗喻元终明始意,盖二十八年,即洪武元年也)

元气茫茫返太清,又随朱雀下瑶京。
剥床七日魂来复,天下齐看日月明。

入蜀

剑门雄壮蜀山高,飞去飞来鹤亦劳。
万点苍尖分历落,千重碧嶂几周遭。
时时牧笛吹秋草,处处樵风吼暮涛。
最爱峨眉峰顶月,清晖白上道人袍。

渔父词

湘雨湖云满钓蓑,逃名隐姓乐如何。
新日月,旧山河,成败兴亡莫管他。
洞庭睡到长天晓,谁识高人张志和。
(新日月,指明;旧山河,指元)

赠焦始谋先生

子陵高屈汉光武,一个客星照万古。
如今我见焦先生,高节清操谁为伍?
少与皇明乃旧交,风声洒洒吹许巢。

故人崛起做天子，几回丹诏来山坳。
一豚蹄与一壶酒，径来见帝酬吾友。
大呼光禄治山肴，对饮哈哈笑拍手。
席前三带角银金，命公取之观其心。
强持角带作游戏，幽情默默在云林。
朝廷从此称千户，先生冷笑何足数。
飘然抛去入名山，子房永别汉高祖。
（起结相映，妙合自然。）

余阅山水多年，所尝留意者，蜀之大峨、楚之武当，因各构一庐，为往来栖真之所。出则青鸾万里，入则白云一窝。佳夕澄清，在武当栖云庐，望大峨留月庐作此

楚蜀频来自往还，结庐高卧两名山。
静中偶动仍非静，闲里能安乃是闲。
只候紫书来阙下，细研丹诀度人间。
武当夜对峨眉月，遥忆吾徒已闭关。

栖云庐闲望

云木苍苍满翠微，道人闲眺立岩扉。
猛禽鸷鸟无猜忌，门外冲烟踏叶归。
风卷山云飞过水，雨飘柳絮落残春。
精庐镇日全无事，两卷《黄庭》养性真。

闲吟

一

数声猿鹤响松关，坐冷孤云意欲闲。
有迹已教同世外，无心何必去人间。
林阴棋局空残劫，炉底雌雄见大还。
流水桃花杳然在，一回头隔万重山。

二

天地悠悠一片云，何心重与结声闻。
迷离红翠花三树，町疃高低鹿一群。
自是清空通沉潏，不将摇落叹河汾。
虚无柱把灵台凿，混沌由来总不分。

将之巴蜀，示门人邱元靖

苦心苦行守栖云，大道他年寄与君。
莫舍吾庐轻易出，致教人赋《北山》文。

题玄天观寄蜀王

等闲钓罢海中鳌，一笑归来祖晋陶。
花吐碧桃春正好，笋抽翠竹节还高。
心怀凤阙龙鳞会，身寓龟城马足劳。
何必终南论捷径，宦情于我似鸿毛。
（节，一作"叶"）

成都留题姜氏家

往往来来度有情，葫芦游戏锦江城。
身藏大道无人识，只爱梅枝插土生。

却聘吟

（洪武十八年）

流水行云不自收，朝廷何必苦征求。
从今更要藏名姓，山北山南任我游。

读元故提举杨廉夫先生集

铁崖吹铁笛，清韵满崖中。

末世声名大，深山气象空。
为文超宇宙，守节老英雄。
惟有华亭月，清高似此公。

尝作《八遁篇》，并为《八赞志》，景仰也。今录其赞于此

严子陵光

昭昭严光，谦谦光武。
帝曰子陵，胡不相辅？
严曰陛下，毋容相苦。
归钓富春，一竿千古。

法高卿真

矫矫法真，千载几人？
只闻其声，不见其身。
亦非钓誉，亦非隐沦。
孔曰求志，孟曰天民。

陶渊明潜

挺挺陶潜，晋室贤士。
五柳可居，五斗难絷。
带月而归，采花而至。
柴桑之间，如葛天氏。

戴安道逵

轩轩戴逵，高节自命。
抱义而居，却书而遁。
谢元一疏，身名两定。
陶然洒然，鼓琴适性。

卢灏然鸿

超超卢鸿，嵩山之巅。
逍遥居士，快活神仙。
赐官不受，赐服不穿。
草堂何处，白云满天。

轩辕集

落落轩辕，罗浮远引。
木食草衣，云衾石枕。
帝以道问，公将道隐。
匪同金石，如卖脂粉。

陈希夷抟

浩浩希夷，守正怀奇。
不夸丹道，不露元机。
不令人测，只求己知。
华山高卧，吾师之师。

林和靖逋

卓卓林逋，独有孤山。
离尘绝垢，气慧神闲。
探梅而去，招鹤而还。
不入城市，长啸峰间。

（以上八赞，皆先生自己写照也，风韵高于诗品。）①

外有焦孝然先像赞一首，今附于此

皎皎焦先，汉室高贤。
或曰隐士，或曰神仙。

---

① 据空青洞天朱道生刊本、《道藏辑要》本顶批增补。

草庐可托，风雪可眠。
三诏不起，於戏孝然。

将之云南，先寄故人

（并序）

余自洪武二年己酉，至二十四年辛未，居武当二十有三年矣。其间著丹经，舒清啸，晦迹韬光，云来鹤往。近闻沈三山，得罪朝廷，徙于滇上，株连其婿余君。西南之约，吾其行乎？爰为作此，先慰天南海曲之迁戍者。

壶中日月洞中春，二十三年静里身。
遥知远徙云南客，蛮雨蛮风忆故人。

滇南会沈子三山，兼赠令倩余十舍

一家眷属小游仙，翁婿同居滇海间。
玉润①郎君余十舍，冰清老丈沈三山。
都因象齿能为祸，未触龙鳞早犯颜。
今日我来齐度脱，大丹还胜大刀环。

赠沈线阳、余飞霞两女仙

线阳仙女，薛真阳之高徒，沈三山之长女也。弱龄出世，父徙云南，忽来拜省，与余女同服大药，冲举而去。余女者，十舍令爱，西平侯沐春夫人，得母翁外丹之传。飞霞，乃吾赐号也，尝有小传记之。

十舍非无子，三山亦有儿。
仙姑与妹女，阆苑两灵芝。
服我天元药，飞升昆明池。
老翁开笑眼，吾道属娇痴。

---

① 润，《道藏辑要》本作"涧"。

夜郎

朝别昆明下夜郎，崇山处处有仙乡。
鱼年共赛神鸡碧，鸟道高飞我鹤黄。
细往遥盘关索岭，诸峰宛抱武侯冈。
由来木密多幽地，笑杀南人住此方。

曲靖到黔阳

真峰顶上紫鸾翔，送我看山到贵阳。
一路飞吟声未散，先生已过古城乡。

平越福泉山礼斗吟

此山云水尽澄清，夜夜焚香表恪诚。
首戴莲花朝北斗，星君为我署①长生。

由思南过黔江题乌鸦观

万里长江渺碧霞，彤云飞映到乌鸦。
崖寒木落仙寰别，水秀山奇景物华。
游子楼头倾竹叶，牧童牛背落梅花。
兴来一览乾坤阔，笑傲湖天岁月赊。

巴岳山赠僧定一

巴川挺巴岳，苍苍翠几重。
不是匡庐山，中有香炉峰。
偶焉此驻足，欣与高僧逢。
我有竹枝杖，变化为青龙。
持以赠禅客，他日倘相从。

---

① 署，《道藏辑要》本作"著"。

北津楼

（在顺庆府北五里，今诗碑犹存）

谁唤吾来蜀内游，北津楼胜岳阳楼。
烟迷沙岸渔歌起，水照江城岁月收。
万里清波朝夕涌，千层白浪古今浮。
壮怀无限登临处，始识关南第一州。

凌云峰

蜀山灵秀属凌云，水木清华远俗氛。
九顶烟中鸾凤啸，仙音不与世间闻。

鹤鸣山

沽酒临邛入翠微，穿崖客负白云归。
逍遥廿四神仙洞，石鹤欣然啸且飞。

赠完璞子见访武当

如吾子者仙豪也，跨虎龙兮壮士哉。
天下往还扶日月，剑端游戏喝云雷。
战场三夺高煦气，谈笑两羞广孝才。
今日劝君归洞府，婴儿还要产婴孩。

赠王先生歌

（建文臣也）

王先生，忠义全，自号大呆子，
亦曰性天然，埋名隐姓如疯癫。
或住玉华邱壑内，或住金华山泽边。
山边村落时来往，士人诗酒相周旋。

醉后出神思故主，两眼汪汪哭向天。
平常衣服与人异，披麻戴笠心事传。
先生闲①与野人言，死后将吾系树巅。
得非地无干净土，一心愿做鹤巢仙。

答永乐皇帝

皇帝陛下，福德无疆。臣本野夫，于时无益。荷蒙宸翰，屡下太和，车马数驰，猿鹤相讶。伏愿陛下，澄心治理，屏欲崇德，民福主福，民寿主寿。方士金石，勿信为佳。恭进一诗，乞赐一览。外附口歌三章，皆系山人祛欲修身之道，毋视为异术，则臣幸甚。

地天交泰化功成，朝野咸安治道亨。
皇极殿中龙虎静，武当云外鼓钟清。
臣居草莽原无用，帝问刍荛若有情。
敢把微言劳圣听，澄心寡欲是长生。

朝真作

（永乐十四年午月朔日，南极万寿会也。）

一朝明主又朝元，南极宫中列绮筵。
红日当阶呼万寿，庆云满座会群仙。
道通卦气身居兑，名序爻班位让乾。
手捧丹书归福地，度人心事更无边。
（元，一作"天"）

南京道观崇清寺题壁

一

千古丹经载圣经，两言定静可延龄。

---

① 闲，《道藏辑要》本作"间"。

何须遍处求方术，致使妖书乱典型。
（书，一作"言"）

二

烟霞客抱长生诀，山泽臞游不老春。
谁与皇家谈此理，不修治道想修真！

三

天罗已网邵元节，地狱才收陶仲文。
他有灵丹应不死，此人既死复何云。

四

玉皇案吏无天子，金阙楼台属隐沦。
我愿君王端拱坐，澄思屏欲是玄音。

读《蒲庵集》

蒲庵道貌足清腴，话到沧桑每叹吁。
不仕他人甘削发，要还故我耳留须。
打钟得句凭谁赏，飞锡凌空乐自娱。
一点丹心藏智烛，明光皎皎照昏衢。

隐居吟

（武当南岩中作）

三丰隐者谁能寻，九室云岩深更深。
漠漠松烟无墨画，淙淙涧水没弦琴。
玄猿伴我消尘虑，白鹤依人稳道心。
笑彼黄冠趋富贵，并无一个是知音。

西苑宫词

自注云：正德、嘉靖间，曾受封诰，是时宫中日日以请鸾为戏，故作此诗，以存讽谏之意，勿谓神仙不知国体也。

一

西苑无人白昼长，至尊端敬吕纯阳。
神仙早已知名分，不受分宜一炷香。
（严嵩，分宜人）

二

泥金写疏达瑶池，静候青鸾降笔词。
圣驾独含周穆意，宫人要看女仙诗。
（词，一作"时"）

三

张颠请过又周颠，草写空同至道篇。
天子醮坛开口笑，朕今封汝作天仙。

四

五云扶辇圣人来，始见通天别有台。
此处不行郊社礼，拈香一拜望蓬莱。

云水后集

《云水后集》序

《云水后集》者,锡龄与三丰先生相遇后所作者也。先生神游天海,兴好朗吟。或来剑南道署,必有新诗垂示。集而抄之,袭然成卷,异日与《前集》并刊,以志先生鸿印,庶几见我先生之神妙也夫!

圆通弟子谨跋

大峨遇梦九观察口占赠之

上界神仙吏,人间大隐来。
为民祈雨降,何日御风回?
石向蓬山卧,桃曾阆苑栽。
功成归去好,早早炼灵台。

赴西池仙会

十洲三岛会群英,跨鹤骖鸾到碧城。
剑佩声飞琳阙远,炉烟气绕贝宫清。
黄金殿上翻金箓,白玉堂前奏玉笙。
照室明珠千万颗,修身自幸得长生。

天外来

天外来,天外来,衣冠全不染尘埃。
鹤背翻云空宇宙,龙涎喷雨出山隈。

游峨眉小雷门

一

行穿野外入云根，自有青松锁洞门。
石壁倒流千丈水，道人清坐钓矶温。

二

白云深处复闲行，铁笛横吹嶂有声。
樵子寻余寻不得，化为奇石古先生。

访梦九石堂溪上清晖精舍

绿阴门掩道人家，烟篆随风一缕斜。
洞里酒香流竹叶，溪边春过失桃花。
只余我辈颜长好，纵遇尘埃幔可遮。
到此乾坤真别有，山林试驭五云车。

快快吟

快快快，红尘外。闲闲闲，白云间。
妙妙妙，松崖一声啸。来来来，蓬岛瑶花开①。

石室山用五言全仄书石上

尽日坐石室，古洞自寂寂。
竹隐数万笋，绿径少过客。
鸟语唤卓午，气静倚②翠壁。
踏到水涧外，鹿步响木叶。
忽见伐木者，对面两静立。
问我姓与字，一笑不可识。

---

① 蓬岛瑶花开，《道藏辑要》本作"蓬鸟岛花开"，误。
② 倚，《道藏辑要》本作"何"，误。

过圆通静室

今夕春风分外清,风来画阁响檐铃。
落花满地何人识,呼起红灯照绿棂。

题梦九丹房

（集古）

楼观沧海日,壁挂昆仑图。
大隐在朝市,尘中一丈夫。

闹中苦

闹中苦况极凄凉,尘海悲歌泣数行。
世事如棋不易着,人情似胆最难尝。
问谁解得风波险,游子相逢面目苍。
我愿浮生多息足,白云深处乐无央。

静中乐

静中乐事倩谁传,鱼鸟亲人喜欲颠。
野步安闲真福地,山居快活即壶天。
将云补嶂浮青竹,引水通池养白莲。
都是一般清意味,谁知幽客自陶然。

留题天竺院赐叶居士

将去又留半刻谈,春风回绕径三三。
不知门外闲花落,细拨炉灰坐小庵。

山行

细雨空蒙碧嶂深,好山无数影沉沉。
萧然野寺人踪少,草满仙坛静道心。

自述与汪子

做尽疯狂妆尽呆，归真守道远尘埃。
风波险处抽身转，水月光中鉴面来。
山顶时闻元鹤啸，石头小坐白云陪。
这般景象谁能得，说与同门笑眼开。

采莲歌

莲叶莲花正满塘，纳凉人坐水中央。
忽闻艇子撑烟外，荡得芙蓉满涧香。

听梦九子思敏读书

最宜听是读书声，隔院传来字字明。
杨柳当窗草满地，春宵雨过一斋清。

籲云歌赐梦九

君莫羡鸿行远，鹤蠹空。
君莫夸豹披雾，虎啸风。
听我歌一曲，其气更熊熊。
渥洼余吾生青龙，是名天马马之雄。
西涉流沙数万里，一蹴上与青云通。
云程迢迢，云气濛濛，云衢渺渺，云影溶溶。
忽然几阵罡风，吹入四蹄上，直踏十三万仞来苍穹。
噫嘻乎！快不可追，高不可及，惟① 有仙之人兮，与尔长相从。

御风吟

生不愿歌大风怀壮士，亦不愿乘长风破万里。
尝愿身如古列子，仙乎仙乎其乐只，今日道成有如此，
飘飘然、泠泠然、浩浩然，凭虚御风而不知其所止。

---

① 惟，青空洞天朱道生刊本、《道藏辑要》刊本均作"怕"，左江书局本作"惟"。

能仁院留题

漠漠连朝雨，蒙蒙万树云。
江声随岸转，渔唱隔溪闻。
天地诗中大，楼台画里分。
绮窗斜倚处，仙客远尘氛。

晚晴

小雨收回远嶂青，晚来秋气满中庭。
明朝纵有晴光到，也带清凉入翠屏。

静室

地隔红尘隐绿萝，静中时听雨声多。
来朝旭霁开空碧，笑策云骈上大罗。

题梦九院中

小乾坤里大乾坤，中有吾家不二门。
劝汝世间求道客，休从尘海走浑浑。

初秋夜行千风寺听人弹琴

新雨涤残暑，早秋生嫩凉。
夜游黄叶寺，人唱白云乡。
梵磬沈方丈，龛灯照法堂。
爱他弹绿绮，清韵自琅琅。

紫芝洞题石

江云湿，江天碧，烟外钟声初歇。
木苍苍，山寂寂，拄①杖闲观如鹤立。
洞门瑶草封丹室，静中谁识古仙客？

---

① 拄，《道藏辑要》本作"挂"，误。

晚景

月黑山深虎啸风,壮夫行过剑光红。
神仙采药归来晚,听得樵歌唱水中。

长清院

春雨春烟两度游,都于小院暂勾留。
乾坤事事皆如寄,花酒闲吟乐自由。

示梦九

得剑除烦恼,弹琴引静机。
道心从此悟,流水过渔矶。

山行戏装地仙状

披烟客过蓑衣岭,冒雨人归斗笠山。
莫道龙蛇捉不住,长歌已在白云间。

山行夜过清晖阁

拍手时吟啸,徐徐度翠微。
千崖新雨洗,万嶂湿云飞。
夜阁琴声静,秋阶草色肥。
泠然清兴远,倚树立岩扉。

九峰山

渡江飞上翠微颠,九顶蒙蒙秀入烟。
我自清音亭畔望,东来一鹤似坡仙。

闲眺

山借云霞藏峻骨,水将舟舫送行人。
乾坤一览饶吟兴,造物原来各有因。

初春

春风送我鹤车驰,又到仙坛小集时。
新李初含雪白蕊,嫩桃都放水红枝。
隔年乍别重相聚,今日齐逢笑咏诗。
不用拘拘守绳尺,乾坤烟景尽堪思。

岳阳楼晚步

虫声唧唧透窗幽,一片新凉已似秋。
残雨尚闻檐际落,莫将长笛倚高楼。

归去来

归去来兮归去来,蓬宫云散月华开。
身骑黄鹤九千里,到此丹台半夜残。
(残,一作"才")

石帆山高道士草庵

一

清夜焚香爱我庐,蒲团打坐乐何如。
月光飞到秋窗外,笑卷疏帘看道书。

二

云拥寒山山拥庐,道心澄静自如如。
鹤闲虎卧松崖下,采药归来又读书。

维扬口占三绝

一

秋山隐隐水迢迢,放艇闲吟廿四桥。
绿柳千行鸦万点,夕阳红处听吹箫。

二

瓜步潮声挟雨声，秋随鸿雁到芜城。
只今明月二分夜，犹爱吴侬度凤笙。

三

人生到处足遨游，莫把尘埃老黑头。
手握金丹抵万贯，公然跨鹤出扬州。

游陈道士菊轩

路转东篱一杖斜，晴光满地照黄花。
绿樽映日图元亮，乌帽临风写孟嘉。
三径草生尘迹少，两畦烟散野阴遮。
道人负手行歌处，不见峰峦露髻丫。

咏红叶示人

草木无情却有情，丹枫乌桕[①]可怜生。
登楼笑指寒山醉，倚槛初疑小雪晴。
真气已枯空有色，夕阳相对总无声。
峰间独爱梅花好，守白凌霜体自贞。

西峰亭

夜月归来客掩关，江亭流水响空山。
倚楼长啸鹤声起，天外孤烟岭上还。

山中吟

山中古日月，壶里大春秋。
愿他急早赋宜休，若不休时总是愁。
愁、愁、愁，白了人头。

[①] 桕，底本作"柏"，音韵不合，改。乌桕，落叶乔木，种子可榨油，树皮和叶可入药。

臣泸硖子中行

桥窄让人先过去，天空由我独飞行。
新诗两句传心迹，又见吹来海月清。

游戏

来来往往原无碍，往往来来度有情。
醉跨苍龙游玉宇，闲呼白鹤到瑶京。
上天陪得高真坐，下地能随丐者行。
木叶做衣云作笠，神通自在属先生。

庐山雨后题石

飞瀑悬崖石，一落一千丈。
骤雨洗烟岚，一峰一屏嶂。
海风吹我来，山云随我上。
头簪瑶草花，口诵渔家唱。
拍掌而登楼，幽阁琴声亮。
信笔写龙蛇，字字作活像。
欲识我为谁，笔架峰头望。

过三香阁赠居士

喤喤虎啸出山冈，课课鱼声响佛堂。
最是梅花疏月外，儒书读到五更长。

与梦九

我唱无根却有根，琪花瑶草欲封门。
洞中藏得小天地，睡到盘陀石上温。

能仁院

风卷残黄落满山，老僧晏坐掩柴关。

蜡梅一树香于雪，白昼无人我更闲。

游南峰

山如好友常谋面，水似行人屡掉头。
绿黛重重波曲曲，教侬一步一勾留。

题陈道人像

一

卷帘相与看新晴，小阁茶烟气味清。
朗诵《黄庭》书一卷，梅花帐里坐先生。

二

先生丰度自高寒，头戴方巾两足盘。
欲向晴峰[①]看雪露，起身携杖挂蒲团。

梅屿

北风吹雪古云寒，岭上梅花此际看。
三百树头飞片片，一时回舞到林端。

马蹄月

马蹄月，马蹄月，人事奔波，劳劳碌碌。
不识红尘苦，岂识清虚乐？
清虚乐，蒲团打坐，焚香一炷，弹琴一曲。

黄山题石

天外风吹鹤，池中水见龙。
我今长啸去，三十六云峰。

---

① 峰，《道藏辑要》本作"山"。

石生泉

凿石得清泉，泉流仍洗石。
戴笠出山来，一笑空烟碧。
（冷峭）

天亭山

亭亭天亭峰，跨鹤上崖去。
空山静无人，独与云枫①遇。

自题画像

风日清于酒，水云淡若诗。
乾坤壶里坐，这个老仙师。

四言

性田无翳，心地自明。
雨余山色，历历空清。

再过台城

再访台城路，重摇两桨游。
鸦啼疏柳岸，蝉噪六朝秋。
曲水环京口，奇峰抱石头。
青鞋无皂帽，笑眼对轻鸥。

游戏吟

游戏红尘下翠微，神仙事业只慈悲。
平心付②物原非有，信手敲诗不用推。
龙气远舒云片片，鹤声高咏冢累累。

---

① 枫，《道藏辑要》本作"相"。
② 付，《道藏辑要》本作"什"。

愿人共悟长生理，天海飞吟乐唱随。

题圆通绰绰山房

一

有余退步留遐福，无事抽身乃达人。
淡雨微云风荡漾，莺花天气正沉吟①。

二

花到二分逾秀劲，月当十四已团圆。
及时两字人能会，便得逍遥快乐天。

---

① 沉吟，《道藏辑要》本作"青春"。

云水三集

《云水三集》序

　　《云水三集》，三丰先生再游剑南之作也。雍正间，先生来此，提撕梦九观察，尝往还于高标、凌云，观察去而先生隐矣。迩来圆阳老人、卓庵居士，及遁园、蟠山诸野客，志在山林，性耽泉石，隐士生而先生又至矣。青城、大峨之间，或遇老樵子水石逍遥，或遇老渔夫溪山吟啸，缁衣黄冠，种种变化，久之而乃知其中有先生在，此亦我曹之幸也。先生法相，不轻示人，即示人，人亦不识。清词妙语，惟事笔谈。不言吉凶祸福，不语黄白丹砂，其所常谈者，忠孝仁慈、谦和清净而已。间或放为诗歌，响遏云水。飞吟既久，墨记日多，爰梓而存之，使人知神仙之乐，只如是已，又何异焉！

汉嘉长乙山人李西月谨识①

云水三集

重游剑南歌

（并引）

　　剑南自汪观察去后，余不到嘉州，又一百年矣。近观少微星，朗照乎凌云、乌尤、青衣、长乙之间，爰作重游剑南诗，以志访焉。

---

① 此句，底本及诸本无有，据方春阳点校本增补。

化鸾化鹤化云烟，又化渔樵与老仙。
隐显遨游度有缘，少微星照九峰巅。
或寻崖谷咏诗篇，或观水石弄溪泉。
或骑黄犊来山前，或抱青琴坐松边。
不知不悔住林园，不忮不求养性田。
是皆处士与高贤，我愿访之共周旋。
妙绝青衣古洞天，峨眉一气相钩连。
倒拖铁杖寻幽偏，中有数人谈自然。
快哉乎！不到剑南今百年，再来犹是张玄玄。

白云庵

卓午林阴雨气凉，千竿修竹覆经堂。
老僧放梵云初净，室小身闲日正长。

潇湘吟

花外风来桂子落，秋气清空，鸿雁高飞湘水曲。
湘水曲，一笛长吹，游仙快乐。

渔父词

一只船儿坐卧宽，风波险处自平安。
云淡淡，水漫漫，洞庭烟雨当诗看。
晓来独坐君山下，只见芦花扑钓竿。

七夕雨

听罢缑山子晋笙，又闻秋雨韵瑽琤。
大风吹下天河水，不作凄凄楚楚声。

游蜀

阆苑归来蜀地游，一身时被白云留。
烟蓑雨笠闲装束，化个农夫乐自由。

寒冬游峨

携手游峨峰，冬寒生木末。
风从北嶂来，黄叶满崖谷。
深林折磴中，犹有千秋雪。

与遁园

日日复日日，秘秘复秘秘。
有诗徐徐吟，有酒绵绵吸。
醉中狂笑无人识。
绿阴满地日当栏，与君共坐磐陀石。

农人引

场圃当窗面面佳，客来相与话农怀。
田家乐，泂不乖，春风春雨到茅斋。

题涵虚金丹诗

仙骨一身笔一枝，兴来高唱百篇诗。
从今更长金丹价，万两黄金莫卖之。

泌水洋洋

泌水洋洋见道机，池亭深处看鱼飞。
白云一片空中去，天外霞光映碧晖。

示槃山

莫要忧来莫要愁，莫将尘虑扰心头。
山间明月江中水，涤荡胸怀万事休。

双清阁和髯仙原韵

阁外人来三两个，壶中日照几千秋。

诸郎各奋青云路，我辈宜居白玉楼。
笑把庚辛齐撒手，谁将甲子记从头？
蓬山会上年年乐，不唱红尘懊恼讴。

附：　　髯仙双清阁原韵

撑肠文字五千卷，转眼蓬山八百秋。
点点星光寒堕水，茫茫云气远吞楼。
沙中写了诗无数，阁外栽将竹万头。
风到齐闻笙韵发，道人拍掌正清讴。

冬至

昨日阳伏阴，今日阴见阳。
阴阳晴雨①隔，送客到山堂。
山堂脱木响，萧萧十月霜。
霜多阴气冱，隐隐雁南翔。
洞庭发长啸，一笛过三湘。

元夕轩然台

高会逢元夕，楼台与岁新。
江山俨如画，灯火尽皆春。
洒落千山雨，消除万里尘。
蒙蒙烟树月，此处见吾真。

清漪观

青衣水绕清漪观，满眼清漪画者希。
江上晚烟帆影远，树中春雨磬声微。
何年结下长生社，此处频来宝杖飞。
蓑笠老翁人不识，口边闲唱鹤来归。

---

① 雨，《道藏辑要》本作"隔"，误。

西江月

云外浑忘宇宙，壶中不计春秋。
三月归来乐自由，满眼江山如旧。
花木及时栽植，亭台到处优游。
自古名山住我俦，对境吟诗酌酒。

道院即事

春阴黯黯护元门，槛外花枝嫩有皴。
尽日垂帘相对坐，无声无色话玄①因。

书轩然台匾

诸子今宵共一斋，道人自写轩然台。
岂惟诸子谈奇妙，即我亦夸笔神来。
海水天风随吾肘，拈毫不觉龙蛇走。
动摇五岳凌沧洲，四座欣欣笑拍手。
笑拍手，字迹永存台不朽。

仙家乐用涵虚韵

空青洞里道人家，静静清清远俗哗。
瀑布倒飞丹嶂雨，山塘闲种白莲花。
林间把酒消清昼，石上横琴抱落霞。
此是修真好去处，何须海岳问灵砂。

附：　　　原作

蓬莱岛上古仙家，修炼长生远世哗。
铁树常栖千岁鹤，瑶峰笑采四时花。
眠龙唤起游青嶂，猛虎骑来到赤霞。
吹片白云封了洞，一炉纯火养丹砂。

---

① 玄，《道藏辑要》本作"京"，误。

老游仙图

八百三千数早赢,而今善果更如京。
奇踪异迹频频著,竹杖棕鞋处处行。
千岁翁皆成故友,万年历与纪长生。
年来涸迹游尘世,又学浮邱易姓名。

附:　　　吕祖和作

久随日月辨虚赢,未领云霞飞玉京。
五老应添六老坐,八公常饯九公行。
山间每遇赤松子,世上浑疑白石生。
今古事情都看破,十洲三岛尽知名。

附:　　　涵虚同作

昨见①吹箫女姓赢,让他年少步天京。
风尘涸迹谁知到,月夜飞空独自行。
早学人间都散汉,曾师乾竺古先生。
芝苓顿顿家常足,海岳遨游得寿名。

附:　　　藏崖同作

昔从老子避秦赢,百世年华莫与京。
古鬓长髯飘洒洒,三山五岳唱行行。
曾烧大药用无尽,又见扶桑枯复生。
一笑蓬莱水清浅,已忘其姓与其名。

附:　　　蟠山同作

神丹饵后气充赢,云水逍遥遍四京。
天地同流真快活,海山长啸独游行。
养成老鹤胎重孕,食过蟠桃实又生。

---

① 见,《道藏辑要》本作"夜"。

鸾驭偶临彭祖墓，笑他导引枉沽名。

老隐仙图

先入桃园避乱嬴，不随伪隐谒神京。
家移翠嶂心逾静，话到红埃足懒行。
抱瓮丈人呼至友，接舆狂士拜先生。
儿孙个个调鸾鹤，忘却尘中利与名。

附： 吕祖和作

化为鸾鹤气嬴嬴，寿考年来近百京。
洞里烟霞长啸傲，山中日月自流行。
种瓜不类东陵子，逃世能先北郭生。
溪水桃花隔尘世，未闻时事与时名。

附： 涵虚同作

辟世那知项灭嬴，并忘刘辟汉西京。
芝田十亩呼龙种，藜杖一枝趁鹿行。
古洞心空长自得，多年齿落又重生。
青溪白石闲来往，总是埋名与避名。

附： 藏崖同作

手种青松已长嬴，无忧无虑免京京。
放怀箕颍空天地，陪伴巢由定止行。
秋圃春田游太古，渔山樵水过平生。
不干半点尘埃事，直以无名作姓名。

附： 蟠山同作

不为吏隐学侯嬴，跨犊高歌胜跨京。
猿鸟队中曾变化，云霞深处独飞行。
梅妻鹤子为仙眷，绿鬓苍髯是友生。

莫怪老人高尚志，清风久不慕荣名。

南峰

随兴游山即爱山，山中山外与云还。
青蓑绿笠行峰顶，初五蛾眉月正弯。

潮阳宫

蛮语啾啾闹佛堂，极凄凉处不凄凉。
闲吟十二栏干外，月色朦胧到上方。

山斋夜集

清风洒洒飘林外，凉月纤纤挂竹梢。
此夜花斋同把酒，谈元拍手尽仙曹。

乌尤绝顶

大江如①带夹城来，霁色清明瓦屋开。
外看估帆云共远，中藏僧院竹相偎。
奇峰直抵波涛壮，爽气遥飞烟雾回。
此地真成方外胜，携壶踏叶上高台。

游青衣山

新晴山色好，趁此访青衣。
客整冲云屐，村飘卖酒旗。
携壶踏高顶，扫石话元机。
此境谁堪比，金陵燕子矶。

---

① 如，《道藏辑要》本作"外"，误。

游砥柱山

一

路从怪竹丛中过,人自高峰顶上行。
暂扫苔花相坐语,桂林深处午钟清。

二

松外时闻百鸟音,探幽携手上高岑。
聊借桂宫书小句,一山风送静中吟。

三

花朝时节百花香,访胜提壶到上方。
我爱乌尤奇绝处,烟霞来抱老文昌。

四

入翠微兮出翠微,乌尤山里白云飞。
松林竹岛相萦拂,长啸一声天外归。

竹抱斋听门人杨蟠山读予《云水前集》

杨生矫矫瘦丰姿,爱我当年云水诗。
竹院清风明月夜,听他搔首咏迟迟。

宴听潮轩送李西来之阆中

归来来又去,去去早归来。
酒共离人饮,轩因送别开。
潮声驱远岸,月色冷空杯。
挽客重排宴,池边共往徊。

题竹抱斋

曲径通幽远世喧,空斋半背倚深村。
楼钟缥缈来云际,栏槛回环绕石根。

修竹千头栖鸟友，小塘一口种鱼孙。
最怜雨后排窗望，无数青山到寺门。

花酒吟

花开可喜落堪哀，莫放花前酒数杯。
饮酒簪花神气爽，有花有酒去还来。

题印月、涵日二池

红栏倒印诗仙院，碧水深涵我佛居。
好是紫薇花下看，枝枝树影立池鱼。

天门引二首

一

稳步天门笑眼开，黄金为殿玉为台。
凡人莫望仙车引，自驾云梯许上来。

二

欲问云梯何处通，云梯即在汝身中。
若知炼气还丹妙，平地飞升上碧空。

诗仙院祀太白、东坡

瓣香常拜两公诗，文彩风流后进师。
千古精神若相接，大家乘月上峨眉。

元夕过杨子新筑蟠山草堂

我是三丰叟，门横一字山。
今宵来汝宅，风景甚相关。
春气临新舍，林塘入小湾。
杨家清白第，果尔出尘寰。

轩然台

轩然台上客，静坐远尘氛。
树影浮丹嶂，钟声叩白云。
三峨空际立，九顶望中分。
好是长江上，秋潮静夜闻。

江楼

分神游海岳，长啸过江峰。
秋气满楼阁，高窗云自封。

长乙山房留题

一

不可居无竹，悠然别有天。
庐中藏日月，崖外拥林泉。
诗酒娱千古，乾坤付七弦。
最怜好风景，灯月照门前。

二

酒多诗益放，山静室弥清。
今夕乃何夕，笔情谈道情。
案头千字古，檐外一灯明。
纵目观村落，主人雅趣生。

题《道德经东来正义》

回翁首序定评论，自①叙尤开入②德门。
又见关中来紫气，真看李下毓玄孙。
欲教后世人同度，能使先天道益尊。

---

① 自，《道藏辑要》本作"目"，误。
② 入，《道藏辑要》本作"八"。

多少注家推此本，宝函长护镇昆仑。

自焚画下火偈

天仙不滞旧形躯，一画何能见道欤？
烈火光中今日去，阳神纷碎满空虚。

轩然台

白云深处晓鸡鸣，听到铜壶第五更。
群雁早冲秋塞远，七星高映斗坛清。
乾坤大笑无边际，海岛飞吟有色声。
好是山楼横玉笛，早秋斜月过江城。

用长乙韵

山居休说软红事，门外长留濯锦江。
处处栽根延命药，时时打个定心桩。
我来绮阁风生座，人诵《黄庭》日满窗。
最爱九秋情意好，羽人同唱羽仙腔。

最凄凉

叹世人、尘情不了，全不想、世外逍遥。
家中丧却无价宝，将何买路登三岛？空老、空老！

和吕纯阳先生元韵

和声常用笛，炼气不离琴。
寄语圆阳子，须知大道情。
天开孤月照，云起万山沈。
别岛闲居客，何劳访大林。

双清阁同飞仙联句限十五咸韵

小设蓬山宴，凉宵入翠岩。

乾坤游客路，天地散人衔。
大啸云中鹤，遥呼海上帆。
桫椤三岛树，仙雁九秋缄。
笠戴瀛洲雨，烟披火浣衫。
风箫吹瑟瑟，龙驭出巉巉。
折柬邀明月，题诗写赤函。
琼浆排画阁，宝杖倚星杉。
此地原离垢，群真尽隔凡。
霓裳歌上界，瑶草拾灵岩。
笑语沧桑事，铺陈石鼎瑊。
昂头空碧落，赓韵答韶咸。

冬日自蓬莱至蜀之行云阁

飞身啸出海门东，又别蓬莱到此中。
满腹元精凝耿耿，从头妙手运空空。
万行草字双毫落，千嶂烟霞一路红。
试看蜀山山叠秀，最怜木①叶褪霜枫。

闻涵虚山人弹琴

（时秋雨初收，雁声过塞时也）

雨余山静听丝桐，宝篆银灯照阁中。
欲与太无相混合，直令诸有尽皆空。
江声远应月摇水，岚气初沈风入松。
最爱清心传指上，不须举目送飞鸿。

得句示居士

风送滩声来阁上，云将雨气入山中。
西崖伐木闻柴斧，北涧鸣榔放钓筒。

---

① 木，《道藏辑要》本作"才"，误。

我与渔樵相溷迹,谁知山水隐仙翁。
笑将得句传居士,方外来寻路可通。

联句

共此好风日（韩清夫）,
群真相唱酬（白紫清）。
长歌空世界（邱长春）,
一笑度江楼（三丰）。
气与乾坤合（清夫）,
心同水月幽（紫清）。
古今多少事（长春）,
忘却洞天秋（三丰）。

清吟

清茗清香清道心,清斋清夜鼓清琴。
人能避浊谈清净[①],跳入云山不可寻。

初春偕李长乙过蟠山小饮

东风如大药,一到活枯荄。
径草茸茸合,园林处处皆。
菜花黄似染,村水净于揩。
并爱南溪上,青山气象佳。

赠李圆阳

万无解印还家后,再有贪凡下界时。
只把性天朝暮养,休将心地鬼神知。
乾坤浩荡琴三弄,气息调和笛一枝。
欲向阴阳修出世,须从阴阳外修之。

---

① 净,《道藏辑要》本作"静"。

重九日，与回翁及蓝养素、白玉蟾同游峨眉

雨后飞行上大峨，尘寰下视瘴烟多。
群真雅集成高会，万里空明各放歌。
鹤啸入云蓝板和，鸾鸣通汉白车过。
独余吕老无词曲，挥剑穿崖笑擘窠。

重阳后一日

烟村江树景茫茫，画意诗情引兴长。
寄语山坛诸弟子，不妨赏雨补重阳。

约诸子游青城洞天二首

一

欲寻仙院访仙踪，请上岷山第一峰。
十月小阳春气好，洞天深处话从容。

二

仙院依然展碧窗，青城细话景无双。
一声清磬云门晓，山月依楼未过江。

新津老君山

手招仙客上云霄，张子来吹碧玉箫。
太清妙境谁能识，只在心中认沕寥。
哈哈、携手逍遥，呵呵、同步天桥。
两个葫芦盛美酒，大家同醉访松乔。

长生宫

翠木参天处，云行到此宫。
路抄黄叶外，山在赤城中。
别院供回老，遗辉想范公。

来朝凌绝顶，浩气驭长空。

饮鹤巢亭

仙家小饮最高峰，正在青城一点中。
无数白云围几席，插天屏障列西东。

天师洞木桥

木桥横过碧云溪，流水声中绿影低。
好在两山崖合处，听他仙鸟隔林啼。

青城山联句

悟同道士乐长吟（吕纯阳），
天外飞行步碧岑（三丰）。
山喜来龙开大面（刘海蟾），
仙皆停鹤话同心（白紫清）。
三台隐隐冲烟出（中山），
九室层层入雾深（三丰）。
犹忆当年离世网（海蟾），
飘然云路咏松阴（紫清）。

白云青云两溪

云行风淡淡，山静水潺潺。
不尽清凉意，都来泉石间。
道人吹铁笛，老衲闭柴关。
信步东西涧，高真共往还。

鹤鸣山

道士来时石鹤鸣，飞神天谷署长生。
只今两涧潺湲水，助我龙吟虎啸声。

天谷洞

天谷本天生，长歌石窍鸣。
栖神须此地，坐炼大丹成。

赠长乙山居主人

秋雨连宵暑气除，中元佳夕画难如。
溪风岭月神仙友，豆架瓜棚处士庐。
我辈遵行老氏法，山人能注孔门书。
焚香读《易》谈玄理，儒道同源天地初。

秋晚至岳云楼

秋江楼上看秋灯，点点秋灯照水明。
我自两湖吟到此，长天空阔有余声。

缥缈山戏招圆阳、长乙

道士身藏缥缈山，洞门风细水潺潺。
白龙高卧玉池冷，黄鹤暮归松顶闲。
手捻琪花凭石几，肩横铁杖步天关。
二君早晚来相访，三十六峰廿四湾。

游潮洋寺

吾从海岳来，带得海云至。
敞袖放云飞，云去封山寺。

游罗浮山

戏骑罗浮大蝴蝶，神游栩栩遍岑寂。
忽然变出真容来，又是一蓑与一笠。
玉蟾峰上且徘徊，遥见海琼飞到来。
二人拍手发长啸，苍崖叠巘何崔嵬。

绿毛仙，黄野人，山中隐现多仙真。
何不竟为东道主，扫石安杯饮数巡。
海风洒洒来天外，吹出罗浮好境界。
快哉快哉真快哉，紫清携手归蓬莱。

雨后看峨眉坡仙句作起

峨眉翠扫雨余天，渺渺吟情字字仙。
收拾岚光归笔下，放开豪气立楼前。
诗中有画谁能悟，静里无愁最可怜。
爱此烟霞铺半壁，令侬幽兴满山川。

登瓦屋山

大冈高远压峨岷，顶上云开眼界新。
万树风号来虎气，诸峰雨过出龙神。
辟支崖有千秋雪，弥勒洞无半点尘。
大地河山归脚下，西方世界此超伦。

附： 蟠山同作

瓦屋山高一桁平，天仙飞入化人城。
毫光放出云光白，爽气收回石气清。
万壑松杉嘘远籁，千崖雨露滴新晴。
条条匹练从空落，倒泻银河更有声。

江涨

西北下雨东南晴，晴江忽见波涛生。
满岸儿童齐拍手，山奔水立雷声吼。
划然滩石浪冲开，如马如牛逸蹄来。
仙之人兮从空降，只见川心飞雪浪。
化作浮槎荡漾行，随风逐浪到蓬瀛。

早秋山居

芭蕉雨过天然翠，菡萏风摇自在凉。
正好谈禅凭水阁，个中又有木樨香。

雨中看覆篷山

中峨不肯露长眉，正值斜风细雨时。
渔父眼前同入画，墨云头上急催诗。
山如承盖偏非小，峰以退藏益见奇。
笑我一蓑兼一笠，与君相对两迷离。

汉张桓侯诞日

在唐留姓（睢阳）宋留名（武穆），万古回环正气撑。
杀贼雷霆走精锐，运筹冰雪净聪明。
当阳喝[①]震曹无色，刁斗铭传汉有声。
车骑英雄文武备，成都醉酒祀麊旌。

即景六言

疏雨梧桐滴沥，秋风杨柳苍黄。
行吟蓼花潭上，看出画图水乡。

久雨

风风雨雨暗新秋，御气仙人踏水游。
烟寺钟声云外湿，江天帆影雾中收。
瑶坛早见月离毕，玉笛长吟风满楼。
欲唤白龙归洞去，天心人事两悠悠。

元夕后一夕同诸子集听吟风馆

风竹潇潇韵满楼，师生夜话在林邱。

---

① 喝，《道藏辑要》本作"唱"，误。

元宵已过何劳说,莫把光阴付水流。

示隐士二绝

一

久识团阳是隐星,峨眉山下养真灵。
闲邀野士谈丹诀,夜月寒烟户不扃。

二

水田深处白云飞,听彻秧歌入翠微。
昨夜鸠声啼不断,今朝细雨入茅扉。

题王生持平子宅

半房山色映檐牙,绿竹阴阴照碧纱。
老子于斯兴不浅,桃源深处古人家。

携诸子游龙泓二绝

一

龙泓口内有青山,一湾一湾复一湾。
试待晴①明风日丽,又携云屐试寻攀。

二

正是山钟打暮天,诸生请上草蒲团。
吾将化个云仙子,来往楼中啸晚烟。

回轩然台

今夕分神下太清,天风吹下玉箫声。
云衢开展三霄静,雪月交辉万里明。
候我全身骑鹤降,寄君一语待鸡鸣。

---

① 晴,《道藏辑要》本作"清"。

青衣岛上清漪观，楼阁参差似碧城。

暮春

今日好天气，春风吹绿杨。
水随行客转，花自过溪香。
蝴蝶飞依草，蜉蝣舞过墙。
我观诸造物，回首叹沧桑。

清溪令

（词）

春去多矣，听杜鹃啼时，五更须起。
鸟尚勤勤，问蒲团中人，谁能遣此？
欲使神活心先死，死心汉、即是那神仙种子。

即景示诸子

知音从古少，山色雨余多。
点点云边出，巍巍岭上过。
林泉风日静，野寺水烟和。
一样池中物，红蕖映绿波。

销夏

销夏宜于古佛楼，群山众水座前收。
江风满袖云涛吼，一笑长吟浩气流。

夏抄轩然台二首

一

滚滚滩声到寺门，登楼倚阁四山昏。
只余一点红钉[①]照，笑共游仙把酒樽。

---

① 钉，原作"缸"，误，据文义改。

二

风雨潇潇入画楼，山寺清凉已近秋。
隔江野树云烟绕，似倩倪迂笔里收。

新秋

斗柄横天汉，新秋渐指西。
梧桐风乍起，吹月过桥堤。

新秋夜雨示团阳、持平二子

一

说道谈元不计年，逍遥物外古神仙。
尘尘扫去根根净，始得吾家最上禅。

二

秋色从西万里来，梧桐雨落到苍苔。
笑拈几句题山石，吟罢嫣然对酒杯。

高楼秋夜

夜静高楼上，秋江见远灯。
渔家相笑语，并坐补丝缯。

秋雨

漏天风雨洒，平地水云生。
漠漠三秋暗，飘飘一笠行。
飞仙谁见影，来雁未闻声。
我更骑鸿去，潇湘接海晴。

秋夜闻雁

雨声渐沥到三更，野寺鸣钟分外清。

正逢雁字横秋塞，风雪关山一万程。
稻粱泽国知何处，我笑飞鸿向南度。
长空碧宇叹宵征，神仙跨汝潇湘去。

秋晴示团阳、持平二子

皇天施好雨，陂塘秋水肥。
鸟欢红稻剩，仙驾白云飞。
物我各闲适，乾坤随所归。
神游嬉造化，气聚款禅扉。
雅兴连丹嶂，高吟动翠微。
新诗随地赋，剔壁写苔衣。

九日登轩然台

去年今日会山亭，天为重阳特放晴。
今岁依然循此例，道人初打午钟清。

寒露

此日逢寒露，深宵白露寒。
凉秋来塞外，黄叶下林端。
远嶂灯光出，高云雁语盘。
笑吹长笛去，楼阁倚飞栏。

秋夜万景楼

随意登临到此来，天风莽荡撼楼台。
挥毫直拂烟霞起，隔岸渔灯出水隈。

秋日东坡楼

七星花发照楼前，暮落朝开最可怜。
赖有拒霜心一点，故将秋色更增妍。

瓶梅

天寒玉蕊正含香,雪地栽培气候长。
莫把铜瓶来供养,始能留得满庭芳。

晚景

江云隐隐认沙洲,又听钟声出寺楼。
我欲凌风一长啸,数群鸦噪隔烟浮。

对景

楼外大江来,青山隔岸开。
峨云遮不断,我自海峰回。

秋日与诸生集轩然台饮酒杂唱

拍掌临风啸,清讴满座听。
水光浮槛白,山气入楼青。
把酒谈玄理,当窗诵道经。
诸天应大笑,师弟各忘形。

秋夜与诸生复集轩然台

一

细雨纱窗外,虫吟不忍听。
云封千树黑,夜静一灯青。
禁句谁能道,前人总未经。
自拈蕉叶写,草字作龙形。

二

此乐今年少,今宵莫负之。
听风兼听雨,谈道复谈词。
各唱《无根树》,休夸限韵诗。

不拘诸法律，高咏自怡怡。

月里江山

江山月里画中求，倚阁开窗远近收。
峰顶压云深入夜，竹梢沾露重凝秋。
虫声唧唧啼苔砌，灯影荧荧照树头。
遥看榕阴涵晚雾，蒙蒙烟树隐高楼。

秋夕

淡淡星河夜，秋风响桂林。
凉云三径晓，冷露一楼侵。
竹影高怀僻，山居道意深。
迩来无别语，尘扰漫关心。

堪叹

堪叹世人不学仙，四时常怕病来缠。
岂知一气原无敌，气满身中命可延。

笑呵呵

笑呵呵，复高歌，风流醉舞出烟波。
披渔蓑，走岩阿，日暮江山乐事多。
我在斜阳村外过，何人知我醉婆娑。

与诸子定雨

今日东南大雨行，槐风梅雨甚关情。
上天不与分明说，个里阴阳一炁成。

爱竹堂

白雨清风，洒然来自蓬宫。

琼花满地香冉冉，扑上帘栊。
这三伏天气，人间尽在热恼中。
争如我仙家快乐也，海上飞蓬。

喜光于来岳云楼

有缘千里来相会，无累一身任远游。
我爱阆州李居士，飘然来到岳云楼。

乐乐乐

说说说，乐乐乐，风正停，
月未出，滩正明，秋气肃。
我有一道情，深深浅浅说。
人能脱尽尘中俗，后天真气频温服。
不怕风寒，不遭瘟疫，年可延兮嗣可续。
万般都是精神作，精神作兮获多福。
不要符来不要药，但遇天行尽扫却，乐乐乐。

晓吟

日观峰头趁晓来，忽闻山寺鼓钟催。
扶桑顶上天鸡唱，一带红霞曙色开。

示朱生、李生

二子将稀古，抽身远市喧。
澄心宜寡欲，养气戒多言。
阆水辞千里，嘉①山住一番。
从今寻本性，自此脱尘樊。

题族人德轩墓

孝友人家百忍堂，能修祖德自流芳。

---

① 嘉，《道藏辑要》本作"佳"。

德轩稳卧方山下，产作灵芝九朵香。

示刘白酒、李鱼溪

白酒渔竿客，青山道衲风。
二生皆可笑，年壮髭须翁。
世外烟霞古，江边气象空。
早研清净理，几片白云中。

寻幽

雅水雅山寻雅士，嘉山嘉水乐嘉宾。
偶闻云外青鸾语，知有蓬莱客到门。

新秋即事仿回翁体

新秋新雨后，月出嫩凉生。
江影涵空碧，星光照太清。
凭楼吹玉笛，跨鹤度瑶京。
往来无定所，飞啸步蓬瀛。

送阆泉阆山归阆中同碧城道人联句

云水客如雁（三丰），新春向北归（碧城）。
关山千里远（三丰），道德一身肥（碧城）。
不问亭长短（三丰），那知世是非（碧城）。
飘然任①来去（三丰），腊岸柳依依（碧城）。

仲春初旬示诸生

一年不与一年同，岁月犹如箭脱弓。
花下团圆春宴好，振将吟兴唱和风。

---

① 任，《道藏辑要》本作"往"。

飞吟

朗吟云梦晓,飞过洞庭春。
飘然无定所,掉臂入峨岷。
呵呵!这风流谁得似也?曰回道人。

题麻仙姑听何仙姑吹笙图

按行蓬岛入云天,欲访青霞女洞仙。
一曲瑶笙何韵冷,别来阆苑已千年。

卷六

张三丰先生全集

天口篇

先民有言："圣为天口。"愚非圣，安能代天立言？特以维皇上帝，阴骘下民。发聩振聋，本照临之美意；劝善规过，亦普度之良因。舌端艾艾期期，不辞根钝；天下林林总总，恳听吾言。爰作训体文若干篇，名曰《天口》，盖以报碧翁崇褒之意云尔。

洞玄真人臣张三丰书

正教篇

古今有两教，无三教。奚有两教？曰正、曰邪。奚无三教？惟一、惟道。一何以分？分何以三？盖自有孔、老、牟尼，乃至有孔、老、牟尼，虽至有孔、老、牟尼，仍非有孔、老、牟尼。

孔，固儒也；老，固道也；牟尼，固释也。然有所分，故究无所分；故以无所分，故必有所合，故不孔亦不老，不老亦不牟尼，牟尼、孔、老，皆名曰"道"。

孔之"绝四"，老之"抱一"，牟尼之"空五"，皆修己也；孔之"仁民"，老之"济世"，牟尼之"救苦"，皆利人也。修己利人，其趋一也。彼世人之别为孔、老、牟尼者，盖以名分、不察实也，抑以形分、不按理也。见为孔、老、牟尼，即非孔、老、牟尼，虽非孔、老、牟尼，还是孔、老、牟尼。

孔、老、牟尼，皆古圣人。圣人之教，以正为教，若非正教，是名邪教。儒家杨墨，道家方士，释家妖僧，亦三教也。虽分三教，仍一邪也。是故分三教者愚，分邪正者智。

儒书篇

六经而外,立言可法者,必推孔门,不谈出世,不讲玄经,盖恐人落身崖壑,无实行也。孔、颜存心,只望人隐居求志,行义达道。道在济人,山林无非朝市;道在修己,朝市不染山林,故出言实多玄义,而解人之索甚难。

《大学》第二节,孔子之"修身"也;为仁用"四勿",颜子之"炼己"也。功夫未纯,不离陋巷;功夫已熟,不忘国家,故能隐中求行,行中达隐。隐处有孔、颜,行处亦有孔、颜,乃至无行无隐,而非有孔、颜。神明在我,变化从心,真大道也。

孔子传曾子,曾子传子思,《中庸》一部,道妙深明。悟玄之家,窃取成真者,恒河沙数。子思而后,厥推孟子。持心养气,勿助勿忘,充天塞地,至大至刚。人人得度,默默取将;浩然之妙,口诀难言。辟邪辅正,杨、墨掀翻。

吾愿尔士庶,不须三岛求真,只向《四书》领取,以颜、曾、思、孟为明师,以子、臣、弟、友为功行,以身心、性命为汞铅,以义精仁熟为升举。修道时,莫贪用道;养道时,莫贪行道;得道时,便可显道。道不可显,飘然而返,传之名山,源流自远。

禅旨篇

于意云何而名为释?牟尼云:"吾好释,故以释开教,取释去万缘之意。"于意云何而又为佛?大士云:"吾好佛,故以佛设教,取觉悟众生之意。"

如是我闻,释主离世;如是我闻,佛主醒世。金①经数百藏,无非超脱尘垢,警悟沉迷。是故牟尼清净,复得大士清净,牟尼总其清净,大士普其清净,非有所执其清净,非有所坏其清净,非有所吝其清净,乃至无清净、非清净,非清净、亦清净,是大清净,是满清净。

人能呗诵潮音,必得清净心,必得般若心。但得般若,便忘般若,不

---

① 金,《道藏辑要》本作"全"。

忘般若，即非般若。既非般若，不名般若。非非般若，乃是般若。得般若者，是谓之释，是可成释，是有释释。是释非有释释，是释自有释释，是谓之佛，是可成佛，是有佛佛。是佛非有佛佛，是佛自有佛佛。牟尼，如是也；大士，如是也，即沙门比丘，亦如是也。不如是，能成释不？不也。不如是，能成佛不？不也。何以故？即释是释，非释即非释；即佛是佛，非佛即非佛。何以故？释外无释，取释为释；佛外无佛，取佛为佛。何以故？释释释意，并无释意，乃己释意；佛佛佛念，并无佛念，乃实佛念。不释而释者上乘，不佛而佛者大乘。释佛之经藏，即释佛而成藏，是谓正法眼藏。

玄音篇

玄学以功德为体，金丹为用，而后可以成仙。仙品有五，实言之则只四。

一曰人仙。人仙者，炼元精而补元气，已培修仙之本，然能养健，不离生死，此人中仙也。

一曰地仙。地仙者，炼元气而结内丹，已无漏通之患，然可陆行，不离尘埃，此地中仙也。

一曰神仙。神仙者，炼元气而化元神，已有神通之妙，水火无害，又名水仙；炼神还虚，即天仙也。是故天仙而下为神仙，神仙而下为地仙，地仙而下为人仙，人仙而下，则有鬼而无仙也。

鬼者，纯阴；仙者，纯阳。人得半阴半阳，则不离乎生死，缺阴之半则成仙，缺阳之半则成鬼。故人在可仙、可鬼之中，亦暂在可仙、可鬼之中。欲逃出可仙、可鬼之中，即当住天仙、神仙之中。

回头识岸，撒手离尘，丹经万言，总在自己。认己为他，即落旁门。前圣遗书，亦须善玩。非金非石，非汞非铅，非炉非鼎，非女非男，非日非月，非坤非乾，非公非母，非龙非虎，非乌非兔，非牝非牡。玄在何处？玄在玄处。妙在何处？妙在妙处。我有真传，不敢妄言；人有真情，亦不闭门。广积阴功，始为仙品；广行方便，始是仙基；广修因果，始是仙根。

若得是人而求吾道，吾愿与说最上乘法，指点微言，必如拨云雾而见青天，长啸而去。

此篇指陈仙品，明明朗朗，惟望人积阴功而求真传，则神仙之道，实不难至也。

五德篇

人生有五德，吾尝以譬天地之五行、人身之五经。仁属木也，肝也；义属金也，肺也；礼属火也，心也；智属水也，肾也；信属土也，脾也。是知五德之不可少一，犹如五经之不可绝一，即如五行之不可缺一。

人皆曰木不可少也，而何以无仁也？无仁者，必无养育之念，其肝已绝，而木为之槁枯矣。

人皆曰金不可少也，而何以无义也？无义者，必无权宜之思，其肺已绝，而金为之朽钝矣。

人皆曰火不可少也，而何以无礼也？无礼者，必无光明之色，其心已绝，而火为之衰熄矣。

人皆曰水不可少也，而何以无智也？无智者，必无清澄之意，其肾已绝，而水为之昏涸矣。

人皆曰土不可少也，而何以无信也？无信者，必无交孚之情，其脾已绝，而土为之分崩矣。

是知为人者，必先有心之五德，而后有身之五经。仁不绝，肝气生；义不绝，肺气平；礼不绝，心气明；智不绝，肾气灵；信不绝，脾气醒。德包乎身，身包乎心，身为心用，心以德明。是身即心，是心即身，是五德即五经。德失经失，德成身成，身成经成，而后可以参赞天地之五行。

孝行篇

桂宫列楹联，百行孝为先。文祖能行孝，馨香万万年。
故其于一身，成道即成仙。成仙即成圣，成圣即兼贤。
光明开日月，爱慕通地天。世人欲希孝，孝真百行原。
虞舜百揆叙，孝在明扬前。周文百度贞，孝居令闻先。
曾子贵三道，事亲独大焉。闵子冠四科，事母独殷然。
古来多孝子，略略为敷宣。莫作孝典看，须作孝则观。
或为米之负，或遗羹之甘；或瞻云之白，或表衣之斑。
或哭杖力减，或怀橘味鲜；或祷竹生笋，或感石流泉。
或念乌反哺，或祈鱼跃渊；或捧安阳檄，或废蓼莪篇。

或思而罢晏，或奉而刻颜。此皆贤哲流，岂无德功言？
就其百事好，不若孝缠绵。惟孝始能友，移孝可作忠。
惟孝型于妻，以孝信乎朋。一孝包五伦，须知孝可风。
至孝孝在心，爱慕见天真。中孝孝在身，奉养宜殷勤。
口中虽讲孝，能道要能行。面上徒妆孝，欺人并欺亲。
孝德无穷尽，一念得一分。分分而寸寸，寸寸格天神。
孝孝复孝孝，肫肫复肫肫。我作此孝经，经中之大经。

淫恶篇

桂宫题楹帖，万恶淫为首。所以恶报多，不如淫报丑。
天刑件件奇，天罚样样有。或诱他人妻，己妻为人诱；
或搂他人女，己女为人搂；或以奸杀身，或以奸绝后；
或倾家业财，或夺功名寿；或生子孙贱，或随诳骗走。
淫报极纷纷，笔谈难缕缕。此恶放过谁，伊胡不回首？
漫曰淫者盈，罪满报方临。即淫即有报，天鉴不容情。
一条淫鬼案，可叹真可叹。劝汝世间人，莫把淫戒犯。
未见不可思，既见不可乱。处女不可戏，节妇不可玩。
遇人妻妾女，当作姊妹看。勿污婢与奴，勿狎①妓与旦。
红粉一时花，精神一刻散。保身须出坑，离苦须过岸。
即汝妻与妾，闺情亦宜节。欲生端相儿，须立敬避格。
或逢圣神诞，或逢日月食；或当祀灶期，或当忌辰日；
或遇阴晦交，或遇雷电疾。必分被与床，或分床与室。
天神察其恭，求福福自赐。天仙重其操，访道道可获。
再能免诸恶，更是大豪杰。

施报篇

　　富贵之家积善易，欲求善报则不易，非不报善也，必衡其量而报之。贫贱之家积善难，而得善报则不难，非独报善也，亦衡其量而报之。至于

---

① 狎，底本及《道藏辑要》本俱作"狭"，据义改。

非富非贵、非贫非贱者，积善获报，夫亦称量予之也。

以助金论，富贵助金，百金十功；贫贱助金，十金十功。以济人论，富贵济人，百人十善；贫贱济人，十人十善；非富非贵、非贫非贱者，自当以中人定论也。富贵而借口中人，不可；借口贫贱，尤不可。前人聚，后人消矣；前人强，后人弱矣。虽然，富贵而行善得当，寥寥数百金，亦必有大报也，但当扩而充之耳。贫贱而强学中人，不可；强学富贵，尤不可。奉养缺，罪过生矣；冻馁深，妻子怨矣。虽然，贫贱而行善得当，茫茫家道倾，必即有大报也，但当权而用之耳。

天固不负善人也，倘有居富贵而吝赀财，以善多而报少，以善速而报迟，遂不留心作善者，其召祸必不常，其逢凶必不少，望族转瞬而冰消，侯门再过而灰烬，均此类也。居贫贱而谈功果，以善少而报少，以善迟而报迟，遂敢轻心视善者，其召祸必更奇，其逢凶必更甚，惨淡刀兵之际，流离病疫之间，皆由此也。其处非富非贵、非贫非贱者，亦是此例。何也？身居富贵者，有积善之势，有积善之权，人生处此，即有善而无报，亦分内事，衣丰食丰，声有名有，但得常常若此，享其安荣，及其子孙，是亦善报矣。乃敢薄善而不为，以望报肆其狂贪，故上天转移其权而与善士，绝不肯稍留余情。居贫贱者，无积善之势，无积善之权，人生处此，遇小善而即行，似非奇事，惜字惜物，爱人爱儒①，但得常常若此，结土成山，结水成海，必得善报矣。乃敢非善而不为，以望报昏其心志，故上天益加其穷，以诛恶类，绝不肯稍存私覆。善报如是，恶报如是。非富非贵、非贫非贱者，请试观之；尔富尔贵、尔贫尔贱者，请试思之。

嗟乎！施报之理，惟圣贤看之甚明，惟仙佛处之甚大，豪侠之士，或有过情者，然世人能如豪侠亦足矣。吾也少，好施与，幸上九清，故于天人报应，洞彻颇详，此岂玄微之说哉？虽天心亦皆如是也，然天何言哉！

盈亏篇

天下国家之事，尝有消长晦明，一盈一亏。常人目为天运，达士归之人心，理固正也，词固醇也，吾何议论之云云？然世有未盈则亏，欲亏不亏者，此情此故，吾当亹亹发明，以为世劝。

---

① 儒，《道藏辑要》本作"物"。

国家之气势，安极始危，乃有一传而生事变，再世而叹危亡者（为国家言，而一身可推矣）。谓为亏欠，何以尚有中兴？谓非盈欠，何以忽萌大难？（停顿有处）盖不亲贤才，则奸雄坏政；不敦诗礼，则子孙奢狂。人事承平之会，当存履险之思（捷接）。思患预防，君子宜儆惕焉，以尽上天之历数，然天亦无尽数之时也，人日持盈，万万年亦可至耳。国家之气机，乱极始治，乃有运将衰而复盛，势稍降而复升者。谓不亏欠，何以几邻累卵？谓已亏欠，何以复享安磐？盖临崖勒辔，即可免其颠危；触景回头，自可绵其世祚。人情宴饮之微，尚难存尽欢之想，即小征大，君子宜猛省焉，以挽上天之劫数，然天亦无劫数之见也，人日畏亏，平平者自可久耳。

咦！天心在人事中矣，人何不勉于善哉！

毁誉篇

人何以故而毁我？人何以故而誉我？彼何以故而毁人？彼何以故而誉人？望人誉而功不至，斯毁之矣；防人毁而过能悛，斯誉之矣。是故毁誉我者无其渐，我招毁誉有其渐；毁誉人者无其因，人招毁誉有其因。吾爱天下人，不求誉而行可誉之事；吾恶天下人，不畏毁而行可毁之端；吾耻天下人，不知毁誉而湮没以终。湮没以终，人不毁而自毁也。生前以有过自毁者，人必誉之；生平以有功自誉者，人必毁之。虽然，誉人而过乎其实，标榜之风必起矣；毁人而过乎其实，求全之辈可诛矣。世人勉之戒之！

修短篇

谁合修，谁合短，皇矣下观，原无别眼。欲教民物共长生，大块芸芸必充满。是故仁则寿，恶则谴；功则寿，过则减；养则寿，戕则损（音散）。仙佛圣贤劫可免，以歌当话招流返。

穷达篇

达之人兮无穷愁，愁之人兮少德修。
荣枯两途兮一春一秋，吾亦两居兮隐显自由。

人命忙忙兮其驶如箭，达何足欢兮穷何足叹？
境可缚兮非英雄，命可安兮且闲玩。
读书养道兮浩气犹龙，颜瓢点瑟兮孔许其同，
原襟宓琴兮吾亦可从。
庐中龙兮上云霄，湖上驴兮自逍遥。
云之出兮为霖雨，流之退兮访松乔。
抑或无心仕进兮严竿王樵，何必自苦兮闷死蓬蒿。

（王樵，即王质）

人品篇

人品近似之界，不可不明。
有人焉，正气自存，离群特立，人以为"傲"也，吾以为"毅"；
有人焉，谦光自处，与世无殊，人以为"流"也，吾以为"和"；
有人焉，优游自适，率乎天真，人以为"惰"也，吾以为"安"；
有人焉，啸咏自如，由乎天命，人以为"狂"也，吾以为"达"；
有人焉，郑重持身，丰裁峻节，人以为"骄"也，吾以为"严"；
有人焉，浑厚立己，性格坚苍，人以为"拙"也，吾以为"朴"；
有人焉，义利分明，一私莫着，人以为"矫"也，吾以为"介"；
有人焉，襟怀卓异，一尘不亲，人以为"僻"也，吾以为"高"；
有人焉，雍和满著，不识文词，人以为"俗"也，吾以为"儒"；
有人焉，清净为缘，不知经忏，人以为"愚"也，吾以为"觉"；
有人焉，饮食无异，寒暑不灾，人以为"怪"也，吾以为"仙"。

贤否错出之间，有相似而实不同者，不可不细观也。勿有薄人心、厚己心，轻人心、重己心，无人心、有己心，则至人之精神出矣。舜居深山中，其所以异于人者几希，及其闻一善言，见一善行，而舜如赤城之标，朱光在天上矣。

快活篇

有安城老叟，言于危城公曰："吾闻生太平之世，为太平之人，无上无

下，居易居仁，子亦知快活之事乎？请为子小赋而陈之：

红埃滚滚，苦海滔滔。

循吾分，守吾操；养吾浩，全吾高。

保太和兮淡世虑，灭争竞兮少气淘。

耐清寒兮增学养，忘嗜欲兮住林皋。

出为好官兮无罪戾，入为达士兮免牢骚。

训儿孙兮戒淫赌，教妇女兮肃庭户。

耕不歉乎官租，学不荒乎德圃。

饮社酒兮治聋，为天民之巨拇。

庞庞兮貌古，落落兮神全。

任是非之杂沓，斯怨尤之胥捐。

能放生而戒杀，亦养性兮延年。

与乡老兮谈格言，招后辈兮讲功过。

将成己而成人，化千个而万个。

铺野席于茆堂，推山翁为上座。

池栽君子之莲，篱种陶公之菊。

山香处士之梅，涧满幽人之竹。

随遇而安，乐乎不乐？

今吾子两道愁眉，一腔死血。

足踏市朝，身抛泉石。

入而不安，出而无益。

既好贪兮又好争，羌好穿兮又好吃。

与尘市而同磨，看夕阳之转灭。"

危城乃愀然曰："噫！仙叟之教我者，至于斯夫！谨受训。"深揖而退。

能让篇

养和之室，积厚之家，西壁东堂，宜书格语。譬如吃亏一条，人多不平，不知吾能忍让，即是为自己养和，为子与孙积厚之事。今将圣神贤士，至理名言，约书几句，以为人劝。

有云："便人乃自便，宜人乃自宜，我便人不便，我宜人不宜"者；有云："吃得亏、人多厚福，赚得盈时总是亏"者；有云："若使人人皆得胜，人间谁合受亏人"者；有云："乾坤两字盈虚定，吃尽亏时劫已除"者。予亦有句云："亏我多时天不忍，老天定与我便宜。"诸生勉乎哉！吃亏人，终不受亏也。

忠恕篇

忠恕者，宣圣一贯之传也。一以贯者何？忠为体，而恕为用也。中心为"忠"，由中立心也。如心为"恕"，如人之心也。己立立人之义，其在斯乎？

忠所以贯乎恕也，以恕道为仁，则能不欲勿施，天心无人欲之扰。以恕道处世，则能犯而不校，人心无横逆之来；以恕道治世，则能所恶勿施，臣心无残酷之政。圣贤道理，滴滴归源，真可以终身行之者也。使徒欲如己之心，而不欲如人之心，则其心必生是己非人心、厚己薄人心、重己轻人心、利己害人心、成己败人心。诸如此心，皆不如人心。既不如人心，安能如己心？虽欲如己心，贪多害己心；不能如己心，忍多坏己心。其心坏，其心失也。其心失，无中心也。中心亡而仁根死，无怪其心不恕也。然则不忠者，亦以贯乎不恕也。

吾愿尔士人，寻一贯之旨，存一贯之真，庶非孔门之罪人也。

虚无篇

虚无者，老、释同传之旨也。虚者何？虚心也。心虚故神清，神清故性慧，大超脱、大解悟，从此生矣。无者何？无我也。无我故无人，无人故无欲，大清净、大欢喜，从此得也。今汝两门人，不明虚无，只探实有。"实有"二字，其名亦佳，究竟入迷者如谷之数。日求实而谈金石，无一得也；日求有而参禅偈，生六尘也。无量恒河沙，谁是第一波罗密哉？吾悯尔等愚，吾开尔等智。观心虚而至性慧，知虚之能取实也；观无我而至无欲，知无之能包有也。孔子毋我，颜子斋心，虽儒家尚如是也，况尔等乎？

养生篇

　　人之所欲，莫甚于生；欲得其生，须重其生；欲重其生，切莫轻生。杀身成仁，见危授命，非轻生也。平日保其生，至此用其生，乃不同夫虚生，乃虽死而犹生。忠臣义士，烈女贞媛，惟重生者能之也。若夫生值太平，躬逢盛世，或贵或贱，全孝全忠，为国家耆英，为世间人瑞，则生生者，不可不知养生也。养生之论，与修真不同。修真可以逃劫数，道也；养生可以延年命，术也。然养生而不明古今天人之理，亦终无集验之方。

　　上古之民，浑朴为风，寡虑寡思，寡言寡笑，寡视寡听，粗衣粝食，不识不知，故能保全其真，以永眉寿。近今之民，浮华日启，多虑多思，多言多笑，多视多听，丰衣厚食，荡志荡神，故尝戕伐其性，以致夭亡。

　　天道之泰，在乎能复，日昃又中，月缺又圆，雨漏又晴，雷鸣又蛰，故能留不敝之神，以绵天运于常新；人道之否，在乎多剥，精任其泄，气任其亏，神运不停，形摇不守，故难回已毙之身，聊居人世于朝暮。然则养生者，药食为后，保护为先，学天道可也，学古人可也。

五劫篇

　　呜乎，悲哉！凡人之有五劫也。五劫维何？生、老、病、死、苦也。人岂不必生？但当直而生、正而生，不可罔而生也。

　　生为圣贤，夭犹生也，英灵在世，声名在世，馨香在世，与仙佛何异焉？独有生而恶、生而暴、生而酷者，一生之后，必不复生，不必不与生，正当与之生，绵绵劫劫，皆入恶趣，受无间罪，虽欲不生，不可得也。生，一劫也。如是而沉沦世上，困厄人间，不知回向，不识变迁，悠悠老矣，又一劫也。如是而精耗形枯，神亡气竭，药不能补，养不能回，恹恹病矣，又一劫也。如是而无常忽至，大限已临，身家何处，妻子何人，匆匆死矣，又一劫也。如是而有恶必报，有过必报，转徙阴曹，啾啾啼泣，是极苦矣，又一劫也。幸而托生有日，或命带刀兵，或命带水火，或命带诸疾难，或命带诸困穷，仍将流连于五劫之中而无底止，不必说到刀山地狱间也。堕此劫者，非有因果，非有德功，不能消其罪戾。

　　故人之一生，须要修善积福，返本还元，庶克同上春台，咸登极乐。

有生长生，长生不生，不生故不灭，不灭故超脱也。人其勉诸！

敬神篇

神也者，妙万物而为言者也。上帝以神道设教，故神实司乎善恶。凡聪明正直者，皆以神之权授之。夫天神为神①，主引万物；地神为祇，主提万物。此神德之荡荡者，百姓日受而不知，亦惟尽乎人以合乎天地焉可也。若夫岳渎郊坛、庵堂祠院，其间之竖碑立像者，无非振古之精神，寺宇崇宏，声灵赫濯，瞻望者莫不肃然起敬也。然而香火盛，则祈福之人多；祷告繁，则邀福之人至，神岂为人所愚哉？

夫神之出处不一，要皆从正气中来。《鲁语》曰："圣王之制祀也，法施于民则祀之，以死勤事则祀之，以劳定国则祀之，能御大灾则祀之，能捍大患则祀之。"加之山川社稷，皆有功烈于民者也。夫曰"法施于民"，原不期人之报也；"以死勤事"，原不冀人之感也；"以劳定国"，原不望人之恩也；"御大灾"、"捍大患"，原不待人之求也；广功德于人间，原不俟人之祝也。即或春秋典重，斋诞频临，太庙者，亦止祈神灵以保我君国，而于己无与也；亦止祈神灵以保我父母，而于己无与也；亦止祈神灵以泽我民物，而于己无与也；亦止祈神灵以超度沉魂滞魄，而于己无与也。而且肃吾身，洁吾念，澹吾虑，濯吾肺肝，敬其心，以敬神焉，则不求福而自获福也。是则敬神者，不如自敬其心之为妙也。

凡人心即神，神即心。无愧心，始无愧神；可对神，仍可对心，抑非心之外，遂无神也。相在尔室，相在尔心焉耳。有如天之神，栖乎日，日光所照，何处不明？人心之神，栖乎目，目光所到，何物不见？人顾欲谄媚神祇，以图消其罪垢，岂可得哉？

戒之曰：敬神之道有二，下流之谄渎不与焉。上士存心正大，立功行而至意遥深，居处之间，恐神鉴察，有福有庆，仍归神恩，斯人也，虽未焚香秉烛，恭叩庙门，而已得敬神之大道也；中士存心谨恪，言帝天而身益震慑，善念之生，因神鼓励，有功有德，心荷神庥，斯人也，抑或斋戒沐浴，参礼菩萨，亦可谓敬神之小道也。至于外饰小心，中藏大慝，纷纷往来，朔日谷日，神将曰："尔来乎，吾正索尔！勿谄我，勿渎我，尔敬我

---

① 神，青空洞天朱道生刊本作"申"。

香，我加尔锁，归去革心，庶乎其可。"

爱人篇

万物之生，惟人最灵，既灵于物，须爱其生。毋以阴谋陷人，毋以利器伤人，毋以药物毒人，毋以权势厄人。陷人、伤人、毒人、厄人者，明有国刑，暗有天罚，终难逃也。今夫飞物之能言、能舞，植物之有香、有色，动物之可驯、可玩，潜物之可育、可娱者，人犹爱之，人岂不重于物哉？今观[1]尔世人，相生相聚，无相凌虐，出入往来，当思爱人之名，成人之名；爱人之功，成人之功；爱人之事，成人之事；爱人之利，成人之利。夫成人之名，即所以成己之名也；成人之功，即所以成己之功也；成人之事，即所以成己之事也；成人之利，即所以成己之利也，皆爱也。其成人之名与功、事与利者，勿掩忠臣之忠，勿窃勋臣之勋，勿毁节孝之妇，勿谤童女之贞。勿妒能，亦勿假人之能；勿忌才，亦勿昧人之才；勿隐善，亦勿盗人之善；勿扬恶，亦勿效人之恶。勿阴阻人之进阶，勿妄抹人之文字，勿败人之盛举，勿堕人之善行，勿坏人之良图，勿损人之富寿，勿占人之田土，勿算人之货财，勿助匪人而夺仁人之风水，勿党小人而诱名家之子孙。胞与之怀，难尽述也。以故永命天尊，惓惓于勿辱善良，勿欺穷困，勿离人父子，勿间人骨肉，勿破人婚姻，勿侮人聋聩，以及救人之难，济人之急，悯人之孤，容人之过，拯人疾苦，赒人饥寒，提携亲族，赈济邻朋，矜孤恤寡，敬老怜贫者，皆于人而爱之也。

嗟乎！天生亿兆，为仁人用仁之地，为善人积善之场。果能推心广博，保育群黎，居富贵而爱人者，必裕后昆；居贫贱而爱人者，必能显达。惟天佑善，惟帝福人，伊古以来，最多最速。故欲知处世之道者，吾仍劝之曰"爱人"。

医药篇

医之为道也，能治[2]国，亦能病国；药之于世也，能活人，亦能杀人，

---

[1] 观，《道藏辑要》本作"劝"。
[2] 治，《道藏辑要》本作"活"。

不可不慎其术也。中有理焉，学之无尽，行之无穷。

药分君、臣、佐、使，病分虚、实、旧、新，凡医士皆能言之，而能知之者罕也。圣贤学问精而志气益下，道德高而心怀益谦，操岐黄者，亦宜如是。不可自轻，不可自误，不可自欺。自欺欺人，自误误人，自轻轻人，其罪集于乃躬也。故此道立功易，取过亦易；积福难，招祸不难。欲求有功无过、有福无祸，则必兢兢自持。脉理微细，浅学难知。

今劝尔医士，入病人之榻，先问从来，勿以药试人也；今劝尔病家，对医士之前，先明原故，勿以命试医也。以命试医，咎在己；以药试人，咎在医。更宜扶危急，莫高身价；救困穷，莫计金赀。能洞见其症候者，即行拯拔；不能见其症候者，以俟高明，则积稳诚之善也。更劝汝儒学者流，多考灵方，细研医旨，勿秘勿妄，利己利人。范文正、陆宣公，人臣之心思，且于医三致意焉，人可忽于医道哉？

相卜篇

上人有相，下人有相，中人无相。上人有命，下人有命，中人无命。惟上与下，性受难移，不必论也。兹惟尔中人，不上不下，可上可下，或上或下。不上不下仍是下，可上可下犹是下，或上或下终是下，离下绝下乃非下。

相自我改，命自我造，古人有言，不汝欺也。即操相算者，亦止相汝身，难相汝心；亦止算汝命，难算汝德。不能相汝心，即不能相汝身也；不能算汝德，即不能算汝命也。莫受相者愚，心智于相也，心体正，好相也；莫被算者鬼，德神于算也，德性坚，好命也。吾愿尔世人，自相自算；吾愿尔相者，劝人修心；吾愿尔算者，劝人积德。一切骨气，且照书谈；一切运气，且照书推。推己复言德，谈己复言心，寓劝化于相算之中，麻衣三祖、子平先生，必赐尔等衣饭矣。

堪舆篇

惟天覆善恶，惟地载善恶，惟仙师为天地埋藏善恶。天无私覆，地无私载，仙师无私恩。人有私欲，则见理不明。地理者，天理也。既有天理，即无人欲，故此道，惟聪明正直、圣人贤士，乃克言之。今汝世人，妄谈风水，冒渎山灵，举亲骸以求福禄，对时师以论殃祥，或代搜求，或自寻觅，赚人货财，要人夸好，如此人心，安知天理？十个堪舆九个穷，何足怪也。仙师赐地，吉人与吉，凶人与凶，吉不受恩，凶不受怨，理自公也，心自明也。吾尝与人讲堪舆，即以堪舆兼报应，亦是如此。夫司地者，仙师也。职既与仙，便不与凡。人向凡夫求地，何不向凡夫求仙？

训世文

戒淫说

天道无往不复，此理有固然，事有必至也。人生天地间，禀五行之秀，具刚正之气。夫夫妇妇，人道之常，越礼乱伦，等诸禽兽，淫邪之行，志士所当力戒。夫天下蠢然者莫如物，乃雎鸠定偶而不相乱，哀雁孤鸣而不成行。人不如鸟，负此人名，逊物之灵矣。奈此蚩蚩之氓，不解色即是空，同于幻泡，犹羡红颜绿鬓，恩爱缠绵，岂知人同此心，返观可悟！

尔等于淫人妇女时，转思吾妇女若伴淫人，尔必心中如刺，眼内如火，奋击追杀，刻不容缓，何至以我淫人，自鸣得意乎？此时天地鬼神，临之在上，质之在旁，嗔目切齿，谋为报应，灾祸之至，定不旋踵，兴言及此，能不寒心？又况舍身利剑，碎首邻阶，阳台之梦未终，泉台之扃已掩，青磷①碧血，皆红粉之恋为之。美人原是胭脂虎，岂不信哉？即不至此，强者鸣官，弱者隐恨，宗族含不解之羞，夫妇绝百年之好，死生莫测，祸变多端，或隐图报复，或暗地伤残，至若夫若子，世玷清名，永为话柄，是杀人之惨，只及一人，而淫污之毒，不啻杀其人于数世也。

夫好色之人，己身不正，一种柔肠媚骨，不能制人，必多为人所制。由是徇私情，废孝友，父母兄弟，弃置不顾，舍此一好之外，懵然无知矣。由是妻妾子女，失所防闲，任其秽乱闺闱，默为报应，亦必懵然无知矣。且好淫者，子孙必多夭，后嗣必不蕃，何则？我之子孙，我之精神种之。今以有限之精神，供无穷之花柳，譬之以斧伐木，脂液既竭，实必消脱，其所生之单弱也，在所必然。薄之又薄，弱之又弱，覆宗绝嗣，适得其常，

---

① 磷，《道藏辑要》本作"怜"。

淫祸之烈，可胜言哉？

嗟乎！人寿几何，百年一瞬。纵不顾名节，不守身命，未有不念及子孙，谋及血食者，苟一计及，方追悔之不暇，又何娱乐，尚思逞欲哉？若夫空门清节，孀寡冰心，更不比一切尤物冶容，仅云品行所关，身家所系，其为不可，无容多赘。是在有志者，清心为基，知耻为用，坚忍为守，戒惧为志，持之以不苟，养之以湛如。举凡诲淫之书，付与祖龙；狎昵之友，摈不与通。殚精会神，图为有益，将见何名不立，何利不收？而五福之休，毕集我躬矣。岂非理有固然，事有必至哉？是为劝。

此原作也，常州孙念劬曾刊于《全人矩矱》中。

戒淫文

天地生人，禀五行之秀，具两大之精。夫夫妇妇，人道之常；草草花花，狭邪之径。倘窥墙钻穴，越理乱伦，是如貉之寄、狗之合、鸳鸯之在野、鹁鸽之混巢，则人也而等诸禽兽矣。况夫物之蠢然者，亦有时知其配偶，关雎定位而不乱，凤凰于飞而长偕，人不如鸟，又何人之足名乎？奈何蚩蚩者氓，不寻礼义之防，每犯邪淫之戒。红颜绿鬓，恩爱相缠，窃玉偷香，颠狂日甚。岂知人同此心，即同此理；人同此理，即同此情。

我愿尔欲界中人，于欲淫人妇女时，回头猛省，设若吾妇女被人牵染，枕边调笑，曲尽绸缪，而以己介于其旁，目睹此种情况，未有不刺眼焚心，张拳怒发，奋击交加，刻不容缓者。吁嗟乎！人同此情，即同此理；人同此理，即同此心。污一人，污其数世；污他人，仍污自己。淫欲之念，不可不急除也。犯淫之报，戒淫之书，古圣先贤，条例最多，惟愿回头者，觅而观之。

敬日月文

天地之有日月，犹人之有两目也。目之所视，喜洁净，喜端方，人人皆然。今使人对尔目而便溺，必怒甚；对尔目而澡洗，必羞甚；对尔目而咒骂，必恚甚。奈何昭昭下视，而不加敬也。且自有日月而后，阴阳分，昼夜别，视见明。是故日西沉而白昼尽，人有目而昏昏焉；月西落而清夜晦，人有目而茫茫焉。人得日月之照临，人窃日月之光耀，人不知日月之至德，可乎哉？今劝尔世人，存敬畏心，体尊仰意，勿对日月便溺，勿对日月澡洗，勿对日月咒骂。对日月便溺者，则有十万神煞，激射其人，必得奇病；对日月澡洗者，则有十万阴兵，针刺其骨，必得寒疾；对日月咒骂者，则有一万纠察神，默记其过，从而困厄之，从而殄灭之。故日月不可不敬也，世人勉之戒之！

劝世修理坟墓文

尝思屋舍为生人之宅，坟墓乃亡人之家。瓦漏墙圮，风雨飘洒，生人不能安也；土崩榇坍，蚁入虫钻，亡人奚以安乎？今劝世人，各培祖墓。有才量，独任其功，福之来也己受之；无措施，自出其力，灵之妥也荫随之。勿恤钱财，勿惰心力，家业素丰者，须知今日之荣耀，仍是祖人之遗留；家道掘起者，须知今日之亨通，仍是祖人之孙子，于我何功、于我何德？生前衣我、食我，高厚之恩难酬；死后朝思、暮思，泉壤之地宜切。世世培修，尔之子孙还厚尔；年年补葺，神之善报益觉神。不信者，夭贫、死绝、寒微；诚信者，寿富、安康、贵显。尝见佳城冷落，即知后世荒凉。石碣卧寒烟，子嗣隤颓者几姓？荒邱埋腐草，儿孙堕败者孑家！人孰无情，谁能遣此？吾今说个常情，尔当明其道理。讲风水者培沙枝，观瞻尚取其包护；修墓基者为台砌，地脉尚不肯伤残。而且寻常百姓之家，甫葬先骸之日，两旁密种疏篱，一抔勤累土石。如何前日经营，忽到后人荒废？今谕尔等，人人拜扫，好土宜加；岁岁游观，恶木宜拔。斯坟头无缺陷之害，脉气弥蒸；佳城有茂草之生，树根安入？祖灵安妥，贤嗣繁昌。若违吾训，定遭神谴。

俯仰沉吟，苍凉感叹，绝世丰神。

地理说

地居三才之中，言地理而天人之理即相应焉。人欲相地，天亦相人；人欲择地，地亦择人。世间固多有谈地之理者，然亦知有得地之理乎？谈地之理人主之，得地之理天主之，而地复为隐之而显之。

夫知地之难求，而即不求其地者，不可也；然知地之难求，而犹欲强求其地者，亦不能也。昔子平先生有云："地理之说，本不为荫后而起，然后嗣取以妥先灵，先灵即以福后嗣，此一以贯之之道也。"今夫地有三等，而得地者，亦分三层。上等之地，上应星象，下呈舆图，天地生成，卦行安定，全是天工，而人力不与焉。此等惟圣贤豪杰，大有德行阴功之士，乃能得之。中等之地，亦系生成景象，然有变化于其间，八卦相荡，五行相推，一团真气，隐隐隆隆，此等惟老成忠厚，小有德行阴功之士，乃能得之。次等之地，一山一水，随地铺陈，十里一见，百里再见，无处非有，无处不可求，然亦要知龙之来历，山之向背，土之颜色，妙于裁取，巧于安排，以山川合罗盘，不可以罗盘合山川，地人相得，始得其平，此等凡老成忠厚、无怨无恶者，即可得之。此三等之大义也，而其下不足议矣。并无吉地以处不善之人也，牛眠吉壤岂易言哉？

嗟乎！人虽善相夫地，天亦善相夫人也；人虽善择乎地，地亦善择夫人也。人可不勉为吉人，以得吉地也哉？吾见世之求地者甚多，因作"地理说"，以醒之焉。

张三丰先生全集

卷七

九皇经

斗母元尊九皇真经

祝香赞

天中斗，心中斗，
敬斗先敬心，敬心还敬斗。
心符七返七，数合九还九。
宝鼎焚香，皈依斗母。
三沐三薰，稽首顿首。

志心皈命礼

太初神后，天竺圣人。主宰魁罡，往来印度。躬居高上之境，极建大中之天。统摄万灵，游行三界。丹成九鼎，道济群生。大悲大愿、大圣大慈、一炁梵王、先天神后、摩利支天斗母无上元君。

志心皈命礼

至真传道，太清选仙。居武当而启教，为文始之正传。如痴如醉，混仙迹于丽春；教孝教忠，阐玄风于华夏。度万三于滇海，婿女同升；续龙虎之神通，道法兼备。十方宝筏，三教宗师。大悲大愿、大慈大仁、至玄至妙、至奇至神、东华首相、三清外臣、雷霆神吏、灵宝天师、太和一炁始祖、道通文远真君、通微显化天尊。

志心皈命礼

玉清内相，金阙选仙。化身为三教之师，掌法判五雷之令。黄粱梦觉，忘世上之功名；宝剑光辉，斩人间之妖怪。四生六道，有感必孚；三界十方，无求不应。黄鹤楼中留胜迹，紫芝洞内炼灵砂。存圣像于云崖，显仙踪于玉宇。阐法门之香火，作玄嗣之梯航。大圣大慈、大仁大孝、开山启教、玄应祖师、天雷上相、灵宝真人、纯阳演正警化孚佑帝君、兴行妙道天尊、普度光圆自在文尼真佛。

开经玄蕴咒

一炁胎无极，先天先地根。洞虚含造化，恭肃候神明。
月吐白毫相，云归赤色门。天潢随转运，帝辇不留停。
德合三元理，功传九子灵。巍巍真父母，郁郁古经文。
至道包玄妙，真人体至诚。虔心能感格，万古署长生。

先天神后斗姆元尊大道九皇真经

尔时先天道后、斗姆元尊，居一炁梵天、斗枢宫内，与周御国王斗父天尊俱，俯观下方，有一真人，姓张名通，道号昆阳，乃系九皇第五天禽临凡。修道于北元南明之际，寄迹嵫峨福泉山，虔诚礼斗，候诏飞升。斗姆慈心感动，璇玑运处，划然一声，现出光明妙相，乘七豕之车，一时辰内，即降真人礼斗坛中。结彩云，悬宝座，而为说此《九皇真经》。真人稽首顿首，伏拜座前。

是时斗姆告真人曰："起！吾语汝。吾即摩利支天万泰阳也。天皇之前，吾已出世，地皇之先，吾住西洲天竺国，运大神通，往来印度，继见北洲郁单越周御国王辰祭从，心慈好善，因往助之。觅净土，筑垣阙，持书戊己之宫，实养金胎之室，一团神气，三次超脱，为生圣嗣九头。长曰天英，是为人皇，后升玉真仙灵；二曰天任、三曰天柱、四曰天心、五曰天禽、六曰天辅、七曰天冲、八曰天芮、九曰天蓬，琼林玉蕊，亭亭森森，是为九子，皇号九皇。人皇与群季，分治九州，称居方氏，仁风灏荡，普惠群生。九皇升举，子母同居。元始称吾为先天道后，以著养育九皇之德。鸿钧在手，掌握斗枢。九皇上映九星，九星环绕一垣。吾凭一炁妙，更化七元君，九辰或下世，七元代运行。"

斗姆曰："若世有修德行道之人，敬问九皇所司、七元所代者，但与说北斗列星，其所宰皆可知也。斗为天车，运于中央，临制八表，燮理阴阳。建四时，和五行，定诸纪，移节度，均系于斗。一为天枢，主阳德；二为天璇，主阴刑；三为天玑，主福善；四为天权，主祸恶；五为玉衡，主生杀；六为开阳，主百谷；七为摇光，主六师；八居开阳之左，名曰辅星；九居摇光之右，名曰弼星，皆所以佐斗成功者也。"

于是，说大圣北斗九皇星君列号曰：

"大圣北斗九皇第一，阳德贪狼星君。

大圣北斗九皇第二，阴刑巨门星君。

大圣北斗九皇第三，福善禄存星君。

大圣北斗九皇第四，殄恶文曲星君。

大圣北斗九皇第五，生杀廉真星君。

大圣北斗九皇第六，树谷武曲星君。

大圣北斗九皇第七，统师破军星君。

大圣北斗九皇第八，左辅洞明星君。

大圣北斗九皇第九，右弼隐光星君。

"如是星君名号，灿著天文。掌延生注死之籍，司福善祸淫之权。天子诸侯，公卿士庶，一切生命，均属斗宫。若有善男子、善女人，身遭老病，种种苦趣，但能悔罪消愆，诚心礼斗，诵此大道经训，燃点九皇神灯，照护命宫，自然转祸为福，化祲为祥，所有效验，不可具述。"

斗姆曰："北斗之回旋，端望七元之返复。其体坤中乾，其性柔中刚，道阐妙中妙，气禀阳中阳。秦末之年，显化西汉，现身说法，面服高皇。若有祈福善人，欲睹七元金仙大圣之仪者，必先扫除尘念，清净心源，恭身频首，冥目静观。天乐浮空之际，自现金容，自露金身，有若麻姑神像，有若上元夫人。女子英雄之气，慈悲普救众生。但得七元君，陟①降于中庭，诸邪皆鹬退，百福似骈臻。"

于是说《北斗七元解厄应验咒》曰：

大圣北斗七元君，能解一身厄。

大圣北斗七元君，能解二竖厄。

---

① 陟，空青洞天朱道生刊本作"涉"，据《道藏辑要》本改。

大圣北斗七元君，能解三尸厄。

大圣北斗七元君，能解四杀厄。

大圣北斗七元君，能解五贼厄。

大圣北斗七元君，能解六淫厄。

大圣北斗七元君，能解七伤厄。

大圣北斗七元君，能解八难厄。

大圣北斗七元君，能解九横厄。

大圣北斗七元君，能解十魔厄。

圣哉七元君，福及信善人。

有疾皆能解，无常不敢侵。

神于医治病，应似谷传声。

欲睹光明像，焚香候月生。

斗姆曰："七元返复，又望九皇回还。敬七元者，能使人却死延生；敬九皇者，更令人成仙作佛。若有善男女，先礼七元高真，复礼九皇大圣，其居家住宅，必有甘露下降，醴泉发生，掬而饮之，返老还童，金光罩体。再于九皇位前，一周供养，九载行持，功成行满，跨鹤升空。礼斗善报，有如是者。"

于是，说《北斗九皇应验咒》曰：

大圣北斗九皇君，能解一切厄。

大圣北斗九皇君，能解二曜厄。

大圣北斗九皇君，能解三灾厄。

大圣北斗九皇君，能解四缘厄。

大圣北斗九皇君，能解五蕴厄。

大圣北斗九皇君，能解六尘厄。

大圣北斗九皇君，能解七杀厄。

大圣北斗九皇君，能解八风厄。

大圣北斗九皇君，能解九幽厄。

大圣北斗九皇君，能解十缠厄。

神哉九皇君，恩光遍九垠。

无障无灾体，不生不灭身。

往来勤度世，天地普游春。

道法无边际，祥云护上真。

斗姆重告真人曰："七元九皇，皆吾先天一炁相接而生。一炁之动静，阴阳晦朔，昼夜昏晓，皆倡率焉。一气之造化，五行八卦，河洛易数，皆浑括焉。年月日时，天干地支，东西南北，山川海岳，卵胎湿化，无非一炁之所在，大无不包，细无不入，信之者生，背之者死，从之者昌，违之者亡。三教大众①，均宜知此。汝本九皇第五天禽下界，不恃前因，只凭现在，现在能修，前因可续，七九功成，将臻圣境，故吾说此经典，名曰《先天一炁九皇真经》。吾说汝传，最为亲切。此经在处，万灵守卫，千圣称扬，三元梗概，一气相连。熟读此经，克离死生；熟读此经，克悉玄因。宝而传之，非人勿示。"

斗姆说经将毕，天仙列宿来迎，还于斗宫。是时真人受得妙法，上对斗姆言："某今誓愿流行，以传善士。若有男女，受持读诵，我当与斗中仙官，所在拥护。"

于是再拜斗姆，而说赞曰：

"家有《九皇经》，本命降真灵。

家有《九皇经》，父母保长生。

家有《九皇经》，七祖皆超升。

家有《九皇经》，九玄亦登真。

家有《九皇经》，诸厌化为尘。

家有《九皇经》，万邪自归正。

家有《九皇经》，众恶永消清。

家有《九皇经》，十族自生荣。

家有《九皇经》，长保亨利贞。"

斗姆曰："善哉善哉！汝可宣扬正教，功德无边，按引后生，同修道果。"真人稽首礼谢，信受奉行。

先天神后斗姆元尊大道九皇真经

先天纯阳氏孚佑帝君曰："某昔与涵三大众，敷说瞻星礼斗章，以为世传斗科，仅有礼拜之仪，而少秘密之诀。今观斗姆元尊与昆阳真君所说《九皇》经典，浑三元之大道，明一炁之灵通，足与《太上五斗》，后先同揆也。上士修之，必能超凡入圣；中士悟之，亦可见性明心。普愿三千大

---

① 众，空青洞天朱道生刊本作"罪"，据《道藏辑要》本改。

千、百世万世中人，皈依崇奉，功德无量。某今为礼斗之士，宜列科条。凡习《九皇真经》者，先要清除斗室，屏息尘缘，面北稽首，端拱而立，恍如斗姆天容，降临在上，又如千真万圣，环侍其间，然后虔诚礼斗。身欲其端，心欲其正，神欲其定，意欲其慧，气欲其和，声欲其平。升降有节，进退有文；起止有仪，兴伏有度。先拜睿号，次诵真经。诵经礼毕，复持斗咒二章。某虽不敏，窃尝考诸《道藏》、《佛藏》，而知斗姆梵音有数十余条，不能使人遍持。兹将藏经所载简切灵应者，与诸善士一宣扬之。"

《斗姆心咒》曰：

曩谟啰怛曩，多啰夜野，怛你也他，阿迦摩枭，摩迦摩枭，阿度摩枭，支钵啰摩枭，摩诃支钵啰摩枭，阿怛驮，曩摩枭，摩里支野摩枭，曩谟粹都帝，啰乞叉，啰乞叉，牟娑，缚萨怛缚难左，娑缚怛啰，娑缚娑喻钵捺啰，吠毗药，娑缚贺，南无三漫多没驮喃，唵吗哩嗟，吽娑诃。

梵音便读：

南无来旦拿，多来夜野，旦你也拖，阿迦摩徙，摩迦摩徙，阿度摩徙，卜不来摩徙，摩诃卜不来摩徙。阿旦陀，拿摩徙，摩利卜野摩徙，拿摩岁都帝，来吉槎，来吉槎，牟沙，辚萨旦辚烂左，娑辚旦来，沙辚娑子不纳来，费皮药，娑辚贺，南无三漫多母驼南，安麻利即，芒娑诃。

又宣扬《北斗心咒》曰：

唵，呴哌哪，吸吸哪，啰喽哪，啫呾哪，吐啫哪，啵喐哪，啵啷哪，唵，吽，吽，吽，唄胝帝，赊苏吒，阿若密吒，呜嘟吒，唄嗜吒，啵啷啼吒，耶微若吒，俱罗啼吒，嗜摩吒，萨婆诃。

梵音便读：

唵，勾底那，及及那，罗娄那，昔答那，止昔那，拔头那，拔耶那，唵，吽，吽，吽（念录），俱胝帝，赊苏渣，阿惹密渣，乌都吒，俱耆渣，波赖帝渣耶，微惹渣，俱罗帝渣，耆摩渣，萨婆诃。

纯阳帝君宣述斗咒已毕，真人百拜稽首，而说统赞曰："福泉峰顶，秋月三更，长空一碧净无尘。天姆慈心，感格降山亭。说法台前，仙花灿灿馨，倏忽到而今。孚佑帝君，述咒补真经。大悲大愿，天姆亦欢欣。"

先天神后、摩利支菩萨、斗姆无上元尊。（九称）

愿以此功德，普及于一切。

我今得受持，光华传万劫。

三教经

前三教上圣灵妙真经

　　三部真经，笔仿《黄庭》。其言本劝人顶敬神圣，而却于金丹之道，亦具其中。字面字义，皆可奉行。愚本不敢赞一辞，因奉师手授，并命其即授为注，愚乃退而注之。

　　题解曰：前，指太极之先。三教，谓立命、了命、复命之传。上圣，喻言上品金丹。灵，比先天元神，极隐微而难测。妙，含兑中少女，纳震男之阳光。真经，即真铅也。昔上阳真人注《太上度人妙经》，作题颂曰："太上端居太极先，本于父母未生前。度人度我真经度，若问真经癸是铅。"愚于此题亦云。

孚佑帝君开经赞

先天祖炁，默默深深。

琴弹法韵，笛奏仙音，香花满室似瑶林。

内院沉沉，无上三尊圣驾临。

　　先天祖炁，大药也。默默深深，未判时也。琴，喻致和也。笛，喻调息，并喻空中也。香花句，比铅花出鼎。末二句，实指一尘不染，至诚感动也。一偈已见全经之旨。

经文 ①

尔时洞玄张仙真，虬龙捧笔演真经。经言三教古圣人，道高万世享明禋。东周尼山素王生，冬月望日临昌平（周正建子，冬月属戌，于今则属九月十五日也。）。西方悉达牟尼身，四月八日临卫城（商正建丑，四月属辰，于今则属三月初八日也。）。十方三界太上君，二月十五降威灵（商正建丑，二月属寅，于今则属正月十五日也。）。几千百载转鸿钧，元炁足兮钟圣英。天上地上此三尊，浩浩劫劫皆知名。

尔时者，尔即己我之对，时即阳生之时，先天大道，皆自尔时发露，故说真经，多用此语作起。祖师演《洞明经》，晋秩洞玄，洞，无所不通，玄，能穷其妙。今又演此《灵妙真经》，包括金丹大药。虬，属阴；龙，属阳，阴阳会于笔下，大道出于真经也。经言古圣人出世成道之后，受享万代明禋，勉后学顶礼圣人，勉后学诚求金丹也。然此上圣三尊，诞期不同，即可想先天药产，活子时亦不可拘。圣人要数千百载转鸿钧，元炁充足而后钟育其灵，此正如金丹之道，必越五千四十八日，然后金气足而水潮生也。天地之上，惟此三圣最尊；一身之中，惟此②金铅最贵。浩浩劫劫，皆闻其名，得丹之后，经浩劫而不坏也。

吾今敷说三圣经，水有渊源树有根。愿人体此三圣恩，岁逢圣诞抒虔诚。不须笾豆如朝廷，不须忏会鸣鱼鲸。只须斋肃正冠巾，洒扫精庐绝纤尘。空空虚室然银灯，香篆盘旋一缕清。水果茗花洁且馨，卑躬顶礼候云軿。愿保乾元亨利贞，愿断贪痴爱欲嗔，愿习《道德》五千文，愿行三教游长春。一念真参念不纷，鸿庥下赐不因循。三圣统该万部神，予福予寿谁阻临。

祖师以敬圣人之意，敷说真经，则尊真经者，即当如尊圣人。先天一炁，自虚无中出，似莫测其根源，而岂知阳产癸中，实是水有源、木有本，但愿人体念其本源之恩。若逢真一炁临，必抒虔诚迎迓，如值圣人诞期焉。

---

① 经文，此两字系点校者整理时所加。后两经同此，不再一一出注。
② 此，《道藏辑要》本脱漏。

《参同契》曰："至诚专密，谨候日辰"是也。君子以此道为贵，则笾豆之事，付与司存①；忏会之徒，任彼僧道。我惟斋吾心，肃吾神，入室临炉，正冠岸巾而待。以黄房为精庐，以玄关为虚室，纤尘尽扫，万虑皆空，金银光现，俨若明灯。银灯，喻铅鼎也。一缕清香，即是一阳初气。水果茗花，正佛家药物之喻也。尔时水源至清，玉蕊初发，岂不洁且馨乎？《参同》曰："真人至妙，若有若无。"尔时要卑躬顶礼，曲听旋视，则真人之云軿方至，候真人如候圣人也。乾元亨利贞，比五行之攒簇。贪痴爱欲嗔，须一丝之不挂。《道德》五千言，说此真常道也。参酌乎三教之训，乃许大用当前，得之俄顷，永保长春，故曰"一念真参，鸿庥下赐"也。不因循者，片晌结成阳丹也。三姓会合于中宫，万神皆为之听令，故曰"统该万部"也。福我寿我，全在先天，一身之识神，谁敢阻哉？

若把真经当真金，胜似人间凡铅银。至诚专密怀奇珍，汝家定许不空贫。润身润屋富庚辛，安居自在乐无垠。匪惟减病②而延龄，亦将立命以全形。暗中黑籍除幽冥，视履嘉祥瑞霭兴。眼前已展大门庭，身后还育贤玉昆。积功累行洽比邻，风行乡党化为仁。百年蝉蜕返瑶京，朱霞拥护登天门。

真经，即指真金，祖师至此明说也。真金，为长生命宝，岂是凡铅、凡银所可同③语？但当至诚专密，宝若奇珍，则真金返舍，黄白满堂，夫岂复叹家贫乎？润屋润身、安居自在，皆言凝合丹头，真丕在抱也。阳丹到手，不④但如炼己筑基，只堪减病延年，直可立命全形，长生久视也。斯时也，仙班题姓，黑籍除名，所谓罪垢凡尘一笔消也。视履之间，安然澹然，大展门庭，丹庐署仙人之府，再以阳丹母气，擒伏阴丹子气，炼成金液九还，复加以换鼎分胎，则金昆玉仲，个个会骑鹤也。由是而隐显人寰，积功累行，既度了我，复度他人，天符一到，白日飞升，则"朱霞拥护登天门"矣。上根道器，须体经义实行，乃可臻此，勿谓终身口诵，即可成仙也。

---

① 笾豆之事，付与司存，《论语·第八章·泰伯篇》云："笾豆之事，则有司存。"
② 病，《道藏辑要》本作"寿"，误。
③ 同，青空洞天朱道生刊本作"则"，《道藏辑要》本作"同"。
④ 不，青空洞天朱道生刊本作"之"，从《道藏辑要》本。

莫逢圣诞不关心，忿恚交加逞恶声。房中昵色并宣淫，天神察夺难留停。平时敬圣极怵忧，到此尤宜戒惧深。此刻全无顶礼情，即此可以推居恒。

人逢圣诞，最要关心。时值阳生，须当用意。若犹忿恚逞恶，贪恋淫色，未有不走真气者，非特自损其身，天神纠察，亦将夺其年寿。待时炼己，固属怵忧；入室临炉，更深戒惧。求铅无郑重之情，则居恒炼己，亦可推其不纯也。此节反复诰诫，词旨极明。

吾愿人人奉承，洗心涤虑孤衷纯。视虽不见听不闻，俨然三圣乘红云。宣尼威仪旭日暾，释迦法象秋月轮。函关紫气来缤纷，使人瞻畏时兢兢。高山景仰弥殷勤，士庶终非凡俗伦。

敬圣者，须致钦承；求铅者，宜守静笃，洗心涤虑，纯其①衷以观其复焉。纯与杂相反，求丹纯诚，乃克有济。大抵气定神凝则纯，欲动情胜则杂；按候求铅则纯，非时妄作则杂。又况先天之气，默默深深，无声无影，不见不闻，夫惟恭己视听，乃如有见有闻也。观圣人之乘云，若真人之出鼎，师所谓："一颗红光是至真"也。如旭日者，阳光新现，初三之夕也；如秋月者，金水充足，十五之夜也。如紫气者，真气腾腾，玄关火发也。丹家言初三、又言十五者，初三象金水之气新，十五象金水之气足。气不足，则水不生。初三、十五，须在一时看，须作一串想，不可以数算计也。若以数算计，安得谓之活子时乎？初三之中，即兼十五。初三，则二分药嫩；十五，则二分水清，仍是才动，三日出庚是也。②阳气纯全，《黄庭》云："三五合契九九节"是也。③此时进火，则有紫气入关之象，否则稍迟刻数，即落后天，而阳丹难就也。故当要瞻望兢兢，勿失爻动之候。高山景仰，所谓"形山对面迎真人"也。丹家知此，虽士庶亦超凡伦。入圣之机，就在此一战成功，人可不重其事哉？师传口诀，尽泄于此，为同志告。

① 其，青空洞天朱道生刊本作"兵"，从《道藏辑要》本。
② 二分水清，仍是才动，三日出庚是也。此句青空洞天朱道生刊本、《道藏辑要》刊本，无。
③ 阳气纯全，《黄庭》云："三五合契九九节"是也。此句青空洞天道光刻本，无。

中天花雨遍乾坤，说法台前气象新。山河大地生光明，莲社花开白雪春。上帝嘉怜演真经，遣神侍卫来丙丁。是日是夜月出庚，清辉朗映虚危星。碧落隐隐闻箫笙，捧炉信士望空迎。尊经为主身为宾，从此修持解邪祲。

中天，比虚无之境。花雨，譬金水之生。虚无妙合乾坤，鼎炉在其中，天星地潮，正如遍满乾坤也。说法台，炼丹所也。台前之气象何如？泥丸云："山河大地发猛火"；张果云："开炉已觉放光明。"此台前之气象也。莲社花开白雪春，铅花现，如雪花白也。上帝，喻心君。心爱真金，即运神火以炼之，《悟真》谓"更假丁公煅炼"也。是日是夕，正逢月出庚方，虽明演经之时，正表求金之时也。清光吐露，照映虚危之穴；碧落箫笙，恰似汞迎铅入，夫妇交欢景象。捧炉信士，即指修丹之人。我投彼家，彼反主而我反宾，宾主浮沉，彼我颠倒，极是求丹妙法。从此修持，得丹入鼎，则阴消阳盛，可解邪祲矣。

天地不和诵真经，风雷雨霁及时行。节气不和诵真经，春秋冬夏能调匀。邦国不泰诵真经，东南西北庆咸亨。民物不安诵真经，山陬水泽尽欢欣。九幽九狱闻真经，可超滞魄度亡魂。名山名院藏真经，可接羽士引高僧。

诵，谓修持也。天地，比一身。一身之运动无常，则雨暴风飘，坎离奔逸，雷轰露冷，男女惊狂。欲使风雷雨露之顺布，则必善修真经也。节气，言四时。四时之政令不审，则春卯秋酉，沐浴乖违；冬暑夏霜，阴阳反变。欲使春夏秋冬之合符，亦必善修真经也。邦国，比丹基。真经安全，则东南西北皆共庆。民物，亦比丹基。真经泰定，则山陬水泽皆相欢也。他如幽狱、魂魄，皆属阴邪，得真经而阴退也。山院羽僧，体存阳半，得真经而阳全矣。

真经妙谛包层层，真经首重圣诞辰。片晌信受亦生荣，矧能永保登上乘。千祥未可具敷陈，瑶函参透即蓬瀛。巍巍宣说《灵妙经》，洞玄主宰天师孙。

妙谛层层，承上段而总束之。民物、邦国、节气、天地，其于筑基、炼己、采药、和丹之层次，密包其中。然此篇真经，只重金丹大事，故开首即讲圣诞，以比先天之生金丹。以真阴、真阳二八同类之物，擒在一时，炼成一粒阳丹，其造化在片晌。人能片晌信受，即能片晌生辉。况又保而不失，举阳丹以合阴丹，炼为金液九还，岂非更登上乘乎？九还成就，千祥云集，人能参透瑶函，则与蓬山不远也。宣说此经，阐扬灵妙，若非洞参玄微之主宰，其孰能之？主宰为谁？张天师圣孙，三丰祖师也。惟真师能谈真道，夫岂易言者哉！

中三教大圣灵应真经

中，喻自外入内，金来归性之功也。三教，喻养性、见性、复性之道，与前三教，合取一义。大圣，比大还。灵，即一粒灵丹。应，比内外相应。真经者，金液也。

孚佑帝君开经赞

醍醐灌顶，味酽香醲。

法台扫净，花雨弥空，白云开嶂出晴空。

满院和风，遥望三尊圣德容。

当头一偈，已见此经，皆言金液大还之旨，兹不必注。

经文

洞玄至人张仙翁，经传《灵应》下苍穹。道有三圣位居中，先倡后随声教隆。一尊邹峄兖州东，一尊潮音落伽峰，一尊关令启玄风，道行华夏及胡戎。中三圣人降天宫，恩波浩浩泽溶溶。集义为气精神充，至刚至大谁陶熔？寻声赴感慈悲洪，救苦救难苏尘蒙。文始先生如游龙，领袖群真参化功。三圣灵光间气钟，亦因学养足三冬。大人尚志饬儒躬，居仁由义出群雍。普陀念道抱孤衷，十魔九难证圆通。石楼山上云霞封，苦志精修神丹红。拔宅齐升直上冲，至今明月照萝松。

《灵应真经》，祖师下苍穹，传与人间，何殊甘露下降也。三圣虽殊，总一复性之道，总一守中之理，故皆位乎中焉。先倡后随者，前三圣倡之，中三圣随之，有如金丹倡于前，金液随于后也。《参同》云："卒得金华，转而相因。化为白液，凝而至坚。"又曰："金华先倡，解化为水。"金华者，先天一炁而已。功夫到此，声教愈隆。当其先三圣之出处，各有不同，然皆是乾金之体，钟灵毓秀，下降天宫，恩佑世人。此亦如金丹入鼎，与乾交合之后，渡鹊桥，上昆山，旋化为一盏醍醐，灌顶门而下鹊桥，归黄房而结灵丹也。浩浩溶溶，实形美液之状。此丹也，乃是集义而生，义属金，至大至刚，天地不能陶铸。又复寻声而至，至比还，救苦救难，甘露遍洒尘迷。他日破顶而出，矫若游龙，可参造化之功也。灵光如此，无非自修持养育得来。亚圣之尚志，慈航之炼道，石楼之修丹，皆同此也。

吾愿人间尽恪恭，仰瞻功德如高崧。若闻三圣诞期逢，茗香馥郁水花浓。默诵真经荡涤胸，如沾圣惠睹真容。俨然入庙调笙镛，俨然入寺谐鼓钟。池上龟浮听敲筒，云间凤舞和丝桐。法驾青鸾白鹤从，有感即应庆重重。

金液之生，祖师愿人敬重之。此个诞期，是比金液生时。茗香馥郁水花浓，比其香如酥、甘如蜜也。荡涤胸襟，始沾金液之惠，结成灵质，如睹金光之容，此等道味，非凡人所得尝也。陈上阳真人云："刀圭入口，运己真火以养之。"运火之际，忽觉夹脊真气，上冲泥丸，沥沥然有声，似有物触上脑中，须臾如雀卵颗颗，自腭下重楼，如冰酥香甜，甘美无比。觉有此状，乃验得金液还丹，徐徐咽归丹田。自此而后，常常不绝。闭目内观脏腑，历历如照烛，渐次有金光罩体也。至于笙镛以调之，钟鼓以乐之，正金公与青娥相见时也。敲竹唤龟，龟听我唤；鼓琴招凤，凤受彼招，此即《悟真篇》之旨也。青鸾，喻龙之弦气。白鹤，喻虎之弦气。龙吞虎唉，内外药凝，有感即应，声气相通也。此言金液内药，必合金丹外药，而后成功庆幸耳。

儒生顶敬开明聪，缁流顶敬豁痴聋，羽人顶敬振昏愦。莫将三圣分三公，三教殊途妙自同。养性存神万里融，见性定神万法空。玄门退步多英雄，炼性调神合其宗。

学真道之人，无分三教，只要敬重灵药，结为灵丹，则养性存神，见性定神，炼性调神，三教皆合一宗也。

真经讽出韵琤瑽，璎珞琅玕相玲珑。涨墨消除宝焰熊，世间当用赤纱笼。可以传之戒商工，可以表之勉士农，可以训世而课童，可以户诵而龛供，可以迪吉而免凶，可谓玉应而金舂。真经细玩垂帘栊，方知三圣身始终。时雨化物生葱茏，甘露洒天垂芙蓉。九篇文势拥河灉，言言宝筏度人舯。

真经，比金液。触泥丸而有声，故曰"韵琤瑽"。结成大丹，则与佛家璎珞、外丹琅玕，玲珑相映也。涨墨除而宝焰熊，喻如铅乾汞添也。灵丹入鼎，百脉归根，环匝关防，运符包裹，即如赤纱笼也。众生识此，皆可入道。《参同》云："覆谬众文，传世迷惑，遂使宦者不仕，农夫失耘，商人弃货，志士家贫，吾甚伤之。"祖师与魏伯阳，同慈悲也，故为重言可以以晓之。人能细玩真经，则三圣之始终可知，金丹之始终亦可知也。孟子之时雨，大士之甘露，文始之词源，皆如此。金液大丹，真乃度世宝舯。

学儒学佛学仙踪，不知三圣皆凡庸。覆载林林与总总，愿人顶礼毋疏慵。三圣之书如菽粟，千门万户备飨饔。三圣之道如穹窿，八方四极齐帡幪。对经思圣宜肃雝，灵台勿使念憧憧。静养天怀若稚种，主人明月白瞳朣。时时刻刻戒轻松，温温存存加研功。经堂四面暖云烘，一粒心花含紫茸，入圣超凡由我侬。

人不知三圣之功，必皆坠落凡庸；人不知金液之道，必不能成神仙。愿人对经思圣，愿人照经炼丹也。炼丹之法，先要净扫灵台，勿使念扰。合丹之后，又要静养婴儿，心如明月，时时刻刻，温温存存，此十月功夫也。经堂，喻丹田。暖云烘照，《悟真》云："内有天然真火，炉中赫赫长红"者也。结成一粒心花，则入圣超凡，由我做矣。

莫忘君父违孝忠，莫学冥顽逞禅锋，莫效旁门落悾侗，下堕泥犁入鬼丛。三圣在天日瞳昽，显良佑善开阴濛。真经传出气如虹，文光赫赫斗牛冲。高提长剑倚崆峒，天仙灵圣号三丰。

莫忘四句，戒人立大本、求大道也。三圣在天，明如皎日，默为良民善士，扫去灾邪，此亦如九还到手，正阳立而诸阴散矣。经气如虹，光赫赫而射斗牛，正如婴儿出胎，破顶冲霄的气象。今日之长剑高提，倚崆峒而说法者，即从大道得来，位登①无上，三丰仙师也。

后三教大圣灵通真经

后，指丹成之后。此三教，义取同归。大圣，即大道。灵通，则变化无方。真经者，真圣也。

一阳何祖开经偈

修经圆满，普度良缘。
香凝宝篆，地涌金莲，大儒大佛大罗仙。
跨凤登天，又见三尊圣象严。

真经修圆满，是指大道已成也。惟当普度良缘，位证至无上耳。此篇立意，即如此偈。

经文

洞玄真人张玄玄，怀抱真经与世宣。于今又说三圣篇，三篇九圣九阳全。梓潼文帝七曲巅，达摩初祖一茎莲。孚佑独撑大愿船，派开南北道无边。三圣灵通普八埏，修身苦行曾经年。孝友仁慈功德完，广行三教心拳拳。过江面壁志向坚，道包三教神闲闲。终南十试屹如山，大哉三教公能肩。人见无为乐自然，谁知有作在其先。

祖师抱真常之道，重与世宣，又作第三篇，以全九阳之数，喻九还之成就也。三位圣人，皆证大道，然皆自苦行修来。《悟真》曰："始于有作无人见，及至无为众始知"，正此意也。无为，喻面壁之事。若云神通显化，则是圣人之慈悲，却又有为于世也。

---

① 登，据文义似当作"证"字，又《后三教大圣灵通真经》注中有"位证至无上"云云。

三圣慈悲满尘寰，化迹无方难缕谈。十七世为卿相班，《阴骘文》中常有言。万古宏恩堪咏叹（音谈），福星朗照彻微垣。东西土说大乘禅，少林寺上岂无缘。六朝衲子正纷然，非师谁与挽狂澜。佩剑遨游遍海天，英雄男女授真诠。奇名幻①姓题山川，九州妇孺皆闻焉。

此段言三圣之分胎出神，灵通显化。盖望后之成真者，亦如三圣慈悲，训俗化人，黜邪扶正，朝游北岳，暮宿苍梧，普度良缘也。

今我宣扬志士前，功果须如三圣圆。成圣成佛与成仙，善心善量宜广宽。若无德行培本元，动有群魔作障缠。道成混迹隐烟寰，仙阶他日乃高迁。

此段勉后人，上希三圣，敦崇功果，广修德行，而后能成大道也。

三圣之心如醴泉，沛泽长流济后贤。向使清河忘人间，何必现身为宰官？向使多那隐涅槃，何来五叶下西乾？向使回翁永隔凡，谁度何王与刘韩？三圣之心最缠绵，后尘谁步许谁联。

此段即三圣之功德，而反言之。若使三圣道成，全无显露，安有若大慈悲、若大法派哉？谁步后尘？虽似祖师自喻，亦以勉励后学。

今我敷辞不惮烦，望人精进穷瑶函。文祖真经阐妙鸾，注参《大洞》包灵丹。达祖真经见诗缄，珍藏腹内养泥丸（达摩祖有诗句云："腹内运真经，泥丸别主宾。"）。吕祖真经极大观，诗词歌论韵珊珊。万人皆度万人欢，巍巍宝驾驻云端。

此段言三圣著述，皆以上品丹道为主。文昌帝君，本以儒而参明《大洞》，得成神圣者也，圣贤何尝不学仙道耶？达摩祖师，亦以佛教修②炼金丹，得成神僧者也。是真佛释，何尝不求仙道耶？而吕祖，则不待言也。万人皆度，三圣婆心，不已见三教之同源哉？

---

① 幻，《道藏辑要》本作"约"。
② 修，《道藏辑要》本作"似"。

我愿群生顶礼虔，每逢吉诞焚旃檀。花水果灯洁且鲜，尘埃净扫豁松关。默诵真经见圣颜，一轮海日上三竿。万里朱霞照大千，恍如聋哑捧华銮。宛如飞锡半空旋，又见红云起碧蓝。笑迎黄鹤舞翩翩，天神天将摇雷鞭，三圣凌风入紫烟。

此段即三圣之法象。灵通，喻出神之妙用。吉诞，比脱胎之时。松关，比上丹田。尘埃脱尽，方是还虚。见圣颜，喻见己身法象也。日升霞照，喻神光也。三圣之法驾，即比今日之法驾也。神将雷鞭，所谓天丁迎卫、霹雳一声天外天也。

莫道乩沙难求攀，至今训草如邱峦①。莫言只履遗市廛，至今蓬发尚回还。莫谓栖真只②涵三，至今常降岳云坛。

此段言三圣之灵通。不但当日道成，显化人间，即今教训人寰，其神德犹未已也。颂曰："性量圆满，法周沙界。万缘虽息，一真自在。见种种相，及万万代。引导群迷，真修不坏。"（颂语极好）

於戏三圣泽咸沾，愿人凛凛对庄严。为演真经作疏笺，不须问卦与祈签。只须积德养清廉，自有神庥叠次覃。文昌笔录皆诬传，胡僧棒偈那须参？《灵宝毕法》休研钻，真经妙谛挟针砭，瑶台说法掀美髯。

此段言沾三圣之泽者，必体三圣之真道。祖师真经，即当修行之士，一通洪愿疏文，但愿积德养廉，修成大道，不须打卦求签也。道成之后，神庥叠赐，有如天符累诏。他如妄学笔录，求文帝开悟聪明；妄谈棒偈，谓佛法原来如是；修持《灵宝》，只图却病延年者，皆非三圣之真传也。祖师作三篇大经，标明大道，正可为世人针砭。古仙云："为甚此心开大道，只因原向道中来。"祖师慈悲之心，不又与三圣相同哉？师髯最美，当年邀游云、贵，人皆呼"美髯张公"。登台说法，如见掀髯微笑也。

---

① 峦，《道藏辑要》本作"蛮"。
② 只，《道藏辑要》本作"止"。

洞玄经

长乙山人　敬辑

卓庵居士　珍本

蟠山埜客　校字

洞玄度人宝忏诸天无上真经

开经偈

太和一气转鸿濛，演教人寰霁月红。
包罗万象森群峰，慈爱文章锦绣胸。
鼓铸元黄气，潜吹①橐籥风，经为天口话高穹。

经文

尔时金阙至尊玉皇上帝，端拱弥纶之境，高临焰摩之天，红云捧座，身现三十二色宝光，照临下界。睿念惓惓，因降玉音，垂训左右诸弼，而白众言："方今海宇群生，沐承平之化，多乡善之人，但有独善，必须兼善；若无兼善，即非善善。汝等愿力宏深，更须乘时阐教，默赞熙朝，仁风远播，化雨长施，慈悲度越群伦，仙秩还超圣境。"

是时玉虚师相真武玄帝，稽首上言："臣自黄帝时，养真太和，克成上道，叨侍紫霄，迄今四千余载，始生一人，天师之后，号曰全一，广立功行，有大神通，辟邪演正，敷训元明。南极会上，曾封为继武真人，谓其

---

① 吹，青空洞天朱道生刊本作"明"。

光显太和，道①踪臣后。

玉清至尊，封为广慈普度；上清至尊，封为飞龙济世；太清至尊，封为文远真君。西南诸省，屡受鸿庥。臣念此真，足当钜任，但恐职微，难宏普教，至尊加宠，必不负恩。现诣昊天，敬申高听。"

至尊闻奏，喜畅天颜，敕宣陛见，毋致逡巡。真君乃从容入觐，稽首座前，玄光覆顶，圣眷欣欣。

帝曰："卓哉！尔全一真君，深明大道，师相称扬，已知尔德，果能推心浩远，畅发玄经，伫命仙苑史臣，代制宝诰，锡尔光荣。兹将尔全一真君，晋秩洞玄帝君、玉虚右相，参法天师，监察无方，便宜行事，上下八极，任尔游行，有功无过，再申宠锡。"

玉音下垂，真君拜命。

帝受拜已，乃退黄金之殿，居赤玉之宫。昊天师相，即命玄天侍从，导引洞玄帝君，流览北极，宴叙三朝，与诸真列宿，洗程饯送。乃复遨游三清，恳垂宝训。

元始天王曰："天地未判，鸿鸿濛濛。五居十内，玄统黄中。胚胎万物，涵养三才。静而生动，混沌初开。"

又说最上法言曰："太和之气，种于乾父。震为长男，生自坤母。出日入月，辟门阖户。掌握阴阳，为道根祖。人若遇之，寿延万古。"

灵宝天王曰："顺道成人，逆道成丹。造丹之法，以让以谦。立中生正，兀兀腾腾。下闭地户，上开天门。人若见此，道炁长存。急急如律令，侍卫我法身。火符驱万邪，一点注黄庭。"（要言不烦）

道德天王曰："至道之精，不在繁言。外缘屏去，神注丹田。人心忘忘，天息绵绵。往来内院，顺彼自然。或长或短，或后或前。生气灏灏，如车转旋。行之纯熟，便可成仙。"（要言不烦）

诸天训已，昊天使至，复赐瑶函一章，并锡宝珪、宝印、宝剑、宝册、九德偃月冠、七星如意簪、素绡绮霞之帔、紫绡华衮之裳、羽属绛彩之裙、八宝铢衣、元光玉履、飞云金辂、羽盖琼轮，仗九光之节，予十绝之幡，前踞双凤，后随八鸾，千乘万骑，朗耀清虚。望阙谢恩，返躬无既。帝君乃拜辞诸天上圣，奉教推行。

洞玄帝君，降行云之阁，开度世之航（开度世之航，乃此一卷经根

---

① 道，青空洞天朱道生刊本作"追"。

原)。尔时漏天久雨，暑月凝寒，人民怨咨，稻粱淹浸。法筵初起，瑞雾团团，佳气频临；清风洒洒，朗星照水。曙日出山，乃登妙台，用开宝训。

帝君曰："大哉！至道之微，以言洞达；至道之精，以言明彻。经可为法，尊圣经以法吾法；经本常道，尊圣经以道吾道。非有法相，非无法相，日用行习，即呈法相；非有道名，非无道名，事理伦常，即是道名。从经者昌，违经者亡。吾普法言于薄海，吾宣道妙于遐方，吾引善人于仙乡。"

又言："天人之间，只有福善、祸淫两条。是故作善者，降之千祥；不善者，降之百殃。修身之士，止于至善，而心定六尘，不扰六根，由是三尸去，五贼除。尸贼不能逞其毒，殃害不能近其身，积善之中，有驱殃之法焉。非积善之后，而乃有善报也；实去恶之时，而已无恶报矣。三圣大典，善量无边；三圣大经，善缘普度。人何不勉而行之？"

帝君曰："经典聿成，人宜遵奉。十方大众，六合群生，敬喑瑶章，须知宝训。夫读书须当为己，而演经先在济人。慈悲广注，福禄来崇。兹谕尔善男信女，每值良辰，焚香礼拜，或居静地，扫阁翻书，须存三大愿，广立无量功。一愿君王仁圣，民物咸亨；二愿父母康强，宗族共盛；三愿沉魂滞魄，度世超生。存希有量，合三无心，不求福而福自降，不禳祸而祸自平。此经喑处，神鬼齐听，为此谕行，各宜遵信。"

帝君曰："经文最重，参礼为尊。先民有言，至诚感格，神驾临虚，人须顶敬。勿夸水陆之奇珍，勿饰法筵之仪器。心清室静，气聚香霏，如睹列圣诸尊，三元五岳，洞天福地，海岛山洲，一切神灵，都来顶上，列列皈依，合掌恭敬。"

志心朝礼（此句每念圣号，一位一声，即行礼拜）

玉清圣境元始天尊

上清真境灵宝天尊

太清仙境道德天尊

玉皇大天尊玄穹高上帝

九天应元雷声普化天尊

北极素王玄圣道君

南极长生赤精大帝

东华木公青阳大帝

西华金母元皇上帝

中央黄老元皇上帝

周御国王斗父天尊

摩利支天斗母元尊

诸天诸界诸尊圣父大帝

诸天诸界诸尊圣母元君

日宫太阳帝君

月宫太阴皇君

三元三品三官大帝

五方五岳诸尊大帝

三十六天一切尊帝

九天开化文昌元皇道君

西来开化释迦牟尼佛王

普陀显化灵感观世音王

然灯古佛玉虚明皇大帝

北极真武玄天仁威大帝

佑圣司命帝君

翊圣保德帝君

玉清首相关圣帝君

天枢上相武侯帝君

太初玄元铁祖齐阳帝君

金阙上相钟祖正阳帝君

玉清内相吕祖孚佑帝君

玉清侍节韩祖恒阳帝君

普化玄觉张祖飞阳帝君

太清上相曹祖洪阳帝君

西华清妙何祖一阳元①君

上清真宰蓝祖养素帝君

◎八真派演一切广道真君

太清右相刘祖海蟾帝君

上清右相王祖重阳帝君

---

① 元，《道藏辑要》本作"帝"。

符阳邱真君

紫阳张真君

◎南北二派列位真君

龙虎正法辅元演教正一始祖

◎龙虎掌法列代仙师

太白救化青莲先生玉清文妙真君

苏文忠公东坡先生衡文翼道真君

苏文定公颖滨先生衡文辅道真君

◎历代文儒一切得道真君

上清首相隐仙寓化犹龙二祖文始先生

上清真宰隐仙寓化犹龙三祖麻衣先生

太清静宰隐仙寓化犹龙四祖希夷先生

上清右相隐仙寓化犹龙五祖火龙先生

玉虚右相参法天师犹龙六祖昆阳先生

宏愿沈真君

晋愿汪真人

◎祖师派演一切真人

海上三山一切高真

海内十洲一切高真

十大洞天一切高真

四大空同一切高真

四大名山一切高真

四大部州一切女①真

三十六洞天高真

七十二福地高真

四十大名山高真

清源妙道赵真君

◎历代斩邪护国神

历代大忠义之神

历代大孝节之神

---

① 女，《道藏辑要》本作"高"。

济生上化药王孙真君

济生普化药王许真君

◎历代一切济生真君

历代地仙仙师

历代剑仙仙师

云天二十八宿万象星君

六十甲子支干列位星君

十二宫神分野星君

当年本命元辰星君

三百六十应感天尊

九天司命东厨定福府君

天上天下值日功曹考校仙官

天上天下值日纠察豁落大将

雷门守将十二天君

五百灵官感应一切天君

本府城隍硕德尊神

本县城隍辅德尊神

通天都府司瘟王①者

下界行瘟一切尊神

当方土地社令神祇

飞符传语赍奏之神

一切大慈悲，十方诸神众。

祥云满虚空，弟子今顶礼。

愿存三大愿，普注人人身。

弟子今世非，以及前生恶。

悉令得消除，永生行善心。

志心归命礼

传经仙师洞玄无上帝君（三称三叩毕）

是时，诸天尊帝，集清微之天，临虚明之殿，三清上座，列圣中分，

---

① 王，《道藏辑要》本作"主"。

有一高真，孚佑帝君，出班稽首，而曰①诸天尊言："弟子今观下界，善缘结自西南，洞玄大开经典，度人无量，奉教推施，明德新民，天恩无既，臣愿述《洞玄经赞》。曰：

  人习《洞玄经》，定生方正心；

  人习《洞玄经》，定生慈祥心；

  人习《洞玄经》，定生清净心；

  人习《洞玄经》，定生智慧心；

  人习《洞玄经》，定生超悟心；

  人习《洞玄经》，定生仙佛心。

伏以《洞玄经》者，诸天尊之宝训，四大洲之祥光。此经在处，万神皆护；此经在处，万仙同助。于是说《洞玄大忏》，拜谢天恩。

  人礼《洞玄忏》，能解疾苦厄；

  人礼《洞玄忏》，能解是非厄；

  人礼《洞玄忏》，能解刀兵厄；

  人礼《洞玄忏》，能解水火厄；

  人礼《洞玄忏》，能解邪魔厄；

  人礼《洞玄忏》，能解网罗厄；

  人礼《洞玄忏》，能解瘟瘴厄；

  人礼《洞玄忏》，能解厄中厄；

  人礼《洞玄忏》，能解厄外厄。

孚佑帝君，说是赞已，敬恳洞玄帝君，展金阙之瑶函，发雷音而醒世，群真列圣，咸此听闻。

于是，洞玄帝君，启昊天上帝宝训，而与下民宣曰：

  仁慈清净，为道之心。谦和诚默，为道之行。

  高明博厚，为道之门。养三奇灵，为道之根。

  道重知死，乃能知生。亦重知生，知死方真。

  无极而死，太极而生。其精湛洁，其气浑沦。

  其神虚寂。其道圆成。人能知此，碧落飞升。

道德天王曰：

  三教同源，一编万古。

---

① 而曰，《道藏辑要》本作"面白"。

佐我玄风，扬吾正道。

　　尔诸仙众，盍同称举。

于是，列圣群真，合掌赓歌，和声而退。

复次，玄天大帝，谒玉虚之座，进金阙之廷，恭上瑶函，恳垂宝诰。

诰曰：

玉虚上相，金阙高真。德畅人神，经开井鬼。广三千之功行，醒亿万之沉迷。昔从元岳而成真，今继玄天而阐化。扶正教，无党无偏；辟旁门，有声有色。诛杀乾坤之方士，挽回道德之宗风。指先天而对月，招后进以升云。妙道无方，玄微莫测。至灵至圣、至大至尊、体合自然、神凝般若、三教真宰、一气权衡、参法天师、洞玄帝君、犹龙六祖、隐仙寓化、虚微普度天尊。

洞玄帝君，拜受诰已，诸天神圣，亦返天宫。只见祥云冉冉，华日辉辉。帝君乃返本坛，敷说此经，而为世人言曰：

　　愿以此功德，推及于万世。

　　与一切众生，皆成无上道。

志心朝礼

诸天度人无量经。（三称而退）

《洞玄经》者，度世之航也。经中所述，皆诸天垂训法语。我三丰先生，遵经演之，洞明玄蕴，洞达玄微，于是受封洞玄帝君，于是说此《洞玄真经》。有缘遇此，宝之重之。

弟子西月敬志

菩提圆妙经

长乙发僧　编次
遁园行者、蟠山庵主　校字

偈曰

谈经阐妙出尘埃，云鼓三声坐法台。
日上峰头旋过去，还应红到别山来。

菩提言：我昔在太和庵中，敦修玄教，内抱真如，隐显度人，现种种相，作种种方便，勤立功行，以待天符，尘垢满衣，常乐我静。日坐菩提树下，与弟子圆庆，及诸比邱徒俱圆庆。尔观此菩提妙种，无香有香，香无不闻；无光有光，光无不照。香光遍满，总属无心。乃念我佛上乘，本性充足，慈悲普护，自然寂照，亦非有心，是曰菩提。菩提嘉名，实始于此。昔往西天神游，参礼世尊，启请释旨，默契禅宗。世尊大喜，敕赞宣扬，而与大众言曰：

"神光熙照，性海澄清。在尘出尘，隐世度世。现医身而扶危拔困，倡大众而阐道传经。果证大罗金仙，道比达摩尊者。大仁大愿、大慈大悲、玄玄祖师、救难天尊、邋遢静光佛、菩萨摩诃萨。"

翌往南海落迦，瞻仰尊者，潮音浩浩，佛法无边，启请佛意，得并释宗，因为诵《菩提妙经》，赞扬慈悲。观音觉王，即醮甘露，而为秘咒，助我功德。西南两参，香光同盛，法周沙界，性体圆充，释佛大乘，咸如我道，今付焚鼓，朗诵《菩提》。

于意云何，而名为释？世尊云："吾好释，故以释开教，取释去万缘之意。"

于意云何，而又为佛？慈航云："吾好佛，故体佛设教，取觉悟众生之意。"

"如是我闻，释主离世；如是我闻，佛主醒世。释中有佛，无香光自有香光，如菩提然。佛中有释，有香光本无香光，亦如菩提然。释典佛经，无非超脱尘垢，警悟沉迷。是故世尊清净，复得慈航清净；世尊总其清净，慈航普其清净。非有所执其清净，非有所坏其清净；非有所吝其清净，乃至无清净，非清净，非清净，亦清净，是大清净，是满清净。人能呗诵《菩提》，必得清净心，必得般若心。但得般若，便忘般若；不忘般若，即非般若；既非般若，不名般若；非非般若，乃是般若。得般若者，是谓之释，是可成释，是有释释，是释非有释释，是释自有释释；是谓之佛，是可成佛，是有佛佛，是佛非有佛佛，是佛自有佛佛。世尊如是也，慈航如是也，即沙门比邱，亦如是也。不如是，能成释不？不也。不如是，能成佛不？不也。何以故？即释是释，非释即非释；即佛是佛，非佛即非佛。何以故？释外无释，取释为释；佛外无佛，取佛为佛。何以故？释释释意，并无释意，乃已释意；佛佛佛念，并无佛念，乃实佛念。不释而释者，上乘；不佛而佛者，大乘。佛释之经藏，即释佛而成藏，是名正法眼藏。"

菩萨述已，尔时青鸾白凤，交加和鸣。圆庆，暨诸比邱徒众，皆大欢喜，叹为稀有，顶礼持行，即述《慈航咒》曰：

"菩提谛，菩提揭谛，揭菩提谛，谛揭菩提谛，菩提萨埵谛，菩提萨摩诃。"

《菩提》一经，盖得于西湖慈净寺如湛上人者。上人为炅虚大师法孙，炅虚者，江南高僧也。幼精禅旨，业宗大乘。晚主慈净寺，雅重此经。入寂后，如湛珍藏者二十余年。道光初，来游峨眉。同人与如湛遇，甚洽，因以此经相示，并云玄教之中，有此菩提，而人不识也。其时刘、杨诸君，采辑全书，适得此本，因恭录而敬存之。

邅逼静光佛代传普陀大慈明心神咒

观自在菩萨摩诃萨，从定观中，俯视苦海，蔑内车诸不善道，乃以阿閦鞞，扫除诸不善道，普愿三千大千世界中人，若俱胝，若僧胝，若毗卢遮罗，悉令回心向善，善心那罗延，无分三千大千中人，是何宾头卢，是何颇罗堕，皆得登波罗密多，皆得登阿耨多罗三藐三菩提。

即说《陀罗尼真言》曰：

"唵，念念念，念念念，阿鞞跋致，如如耶，摩诃菩提，菩提萨埵，乾陀诃提，菩提萨摩诃。"

和南观世音，亲授《大慈咒》。

愿以此功德，提醒无量众。

曩谟大慈尊观自在菩萨摩诃萨。（三称）

钟偈

（隐仙派寺观所用）

十方尘静（一、二、三）叩钟声，宣普度之灵文，演清虚之妙品。伏愿君王仁圣，万国承平；更祈父母康宁，千家和顺。自古忠贞节烈，个个扬名；从今痛苦颠连，人人获庆。九幽六道四生，回元返本；古墓荒郊冷殡，度魄超魂。广拔乎刀兵水火、瘴疫夭亡之辈，各免悲鸣；并祝乎鳏寡孤独、羁旅流离之人，咸归顺境。合阴阳而全性命，能消罪垢凡尘；凭德行以立乾坤，可对天高地迥。为儒为佛，能周一十二万遐龄；希圣希真，不落三千六百邪径。扫除悲伤恐惧、爱欲贪嗔，降伏意马心猿、虎情龙性。福禄来成，天上神仙接引；山门清净，人间道炁长存。

志心朝礼

先天一炁三清道祖天尊

志心朝礼

昊天金阙高上玉皇天尊

志心朝礼

九天应元雷声普化天尊

志心朝礼

太乙救苦寻声赴感天尊

志心朝礼

历代传道无上众圣祖师

志心朝礼

历劫掌道无上众圣仙师

志心朝礼

诸天诸地狱渎神祇

志心朝礼

北斗南斗列宿星君

志心朝礼

尽虚空界一切灵感众神

志心朝礼

无量解厄经

志心朝礼

无量度人经

卷八

张三丰先生全集

闲谈类

长乙山人　编辑

卓庵居士　参订

水石闲谈

闲谈

一

张子曰：世人谓读书十年，养气十年。他把读书、养气，分为两节事件，便不是圣贤学问。夫读书所以研理，养气所以炼性，性理功夫，就在读书、养气，并行不悖之中。宣圣云："学而时习之"。此便是研炼性理，纯一不已处。

二

张子曰：陶渊明北窗高卧，自谓"羲皇上人"。此便是他清风峻节，守志前朝气象，特其出语高超，而人不觉耳。

三

张子曰：道人愿士子早完功名之愿，尽乎人事，即时撒手。人能功成勇退，便为得时。所患者，溺入功名场中，恋恋不休，则愚人也。

四

张子曰：涵养中，有大学问；和平处，有真性情。诸子须要容人之所不能容，忍人之所不能忍，则心修愈静，性大愈纯。

五

张子曰：功名无大小，总要及时进退。何以能知其时？凡于功名中，平心一想，曰吾之功名，不过止于是也，即止之，便可得其时也。抑或有不尽头处，然宁不及，毋求太过。淮阴侯不如子房公，元微之不如白香山，皆其求尽之心蔽之也。向使子房、香山，亦有求进之心，则子房固不难再列台辅，香山亦可转升宰相，然安知其终不与淮阴、微之同一鲜终而已哉？故知进退者，乃能称为哲人。

六

张子喟然叹曰：茫茫岁序，逐景漂流，吾见人寰中，求名求利之辈，转瞬而拾青紫，数岁而拥丰资者，千百人中不数人。即有其人，高爵大权，难压阎罗尊者；黄金白玉，难买无常不临。又或有居富而寿、居贵而安者，终归白杨墓下，秋风潇潇，凉气惨人。其子孙不肖，又看转眼荒凉，有何益也？况乎大富大贵，骤富骤贵，多畏人妄加横逆，谩骂指谪①，倘或不行善事，被人诅咒，有随口而凋零，有随口而穷困者，人人快意，个个欢心，其实天报昭彰，非人口之转移也。人能看得破，撇得开，自然不羡人富，不羡人贵，求吾安命之理，守我修真之道。人竞嚣嚣，我独默默，人皆烦恼，我独清凉，又安问人之达与不达、穷与不穷，为旁观之不平也哉！

七

张子曰：人寿一事，上人有定，下人有定，中人无定。中人少善少恶，天欲延之不可，天欲迫之又不可，于是任他自生自死于其中。保则生，不保则死，故修身尚焉。修身而兼以积功累行，以企于长生久视者尚焉。若下等人，多过多恶，即修身亦不得长生，如其身上之精气而削之剥之、死

---

① 谪，诸本均作"摘"，据文义改。

之罚之而已矣。上等则不然，以上等而修长生，长生可证也；即不愿修长生，然其正气撑空，亦得联班神道，否则转投人世，亦必生入仁善之家。天理若此，有何难晓哉！

八

张子曰：自古忠贞节烈，杀身成仁之时，便有七返还丹景象。当其一心不动，一志不分，浩然之气，立其中而生其正，任他刀锯鼎镬，都视为幺魔试我，毫不动摇，我只收留义气，聚而不散，凝而至坚。火候至此，则英雄之光气，亘万年而不灭也。仙家入室临炉，就要有此手段。

九

张子曰：人当亲在，须要及时尽孝为佳，否则亲容一去，因时追感，伤情有不可言者。今日当秋，山林中，有守制者，听吾道来："又是秋商路满林，碧云天外望亲心。黄芦白草霜中老，泪洒泉台几尺深。"试诵此诗，能弗惨然！

十

张子曰：人于孝道，务宜各尽天良，不能一样，却是一样。同归于"孝"字中，乃可。欲免门闾之望，就宜归家奉养；欲求显扬之义，就宜矢志皇路；欲要保身为孝，就宜寡欲清心，徒托空谈无益也。二三子显扬未能，归家时少，到不如寡欲清心，体曾、孟两贤之训为善也。若不清心寡欲，只是妄想名而名不成，妄想利而利不就，妄想一切而一切不可得，形神憔悴，父母之颜状未衰，人子已有老耄之态，是欲言孝而孝亦不久，反令父母惟其疾之忧，多远游之虑，不幸而人子一死，反添父母伤悲，反使父母埋葬。由此思之，孝在何处？不将为毕世之罪人也乎？吾道以清心寡欲为本，实属保身之方，再加以色和颜顺，身敬意诚，则于孝有得矣。

十一

张子曰：儒生作茂才后，多落处馆一派。须知就馆谷以奉养，亦儒家之方便门也。然孔、孟贻后人以诗书，原不教人渔利，至后世而有此脩金之事，则即此物以奉亲，正所谓小用小效者耳。然不可贪心无厌，为子孙作安闲之计，以诗书为利薮，乃不为圣贤之罪人也。

十二

张子曰：人欲尽忠孝，立大节，必先要清心养气。若无真心、真气，必不能尽忠孝、立大节也。盖忠孝者，本乎真心；大节者，原乎真气。欲得真心、真气，又当以静为主，乃能存得起真心，养得起真气。

十三

张子曰：人要寻内快活，勿寻外快活。孔子之"乐在其中"，内快活也。若徒愿乎其外，是欲求外快活，而反生其烦恼也。

十四

张子曰：儒生家，多得泄精症者，虽缘心火不纯，亦因彻夜谈笑、永夜读书，引丹田之气，尽纵于口角之间，致使精失其伴，遂有此泄精症耳。善保身者，谈笑宜少，读书宜和。

十五

有一后生，得懦软之病。张子曰：汝宜趁此冬晴，运小石，砌小坞，携山锄，删枯草，未馁则止。日日如此，悠游运动，若园丁然，则通身气血活而不滞也。

十六

张子曰：豪杰之士，做好人，行好事，只求其心之所安，并不存借善邀福之念。明明上帝，亦只有福善祸淫之道，以待常人，而不举以待豪杰也。夫为善而得福，豪杰之所宜有，而非豪杰之所尽有。顾其轰轰烈烈，善作善为，以留于天壤，而千载不敝其神，食馨香于冥漠者，亦何莫非天之所以报豪杰也。吾观古来忠臣孝子、义士仁人，夭折患难之间，而慨然也，而恍然也。

十七

张子曰：读书立品，儒者急务，而保身之道，足包立品于其中。保身者，必去骄奢淫佚，扫荡邪行，故保身可包立品也。夫保身之道，自曾子传之，至孟子而光大其说。养心寡欲，持志守气，此保身之圭臬也。而修真之道，即以此为正法门。但人心蒙蔽，闻保身而以为常谈，闻修真而以为奇异，欲求知修真悟道者，已难之矣。

十八

张子曰：一日无孔、孟之学，天下无好人；一日无庄、老之学，英雄无退步。

十九

王居士云：以茹素为除荤。张子曰：荤与素不同也。道家戒五荤，方书谓葱、韭、薤、蒜、芸苔。此五者，辛臭散气，故字从"艹"、"军"，犹言草中之兵，并主克伐者也。养气者忌之。释家重茹素，以其戒杀放生，故凡畜类之肉，皆屏而不食。世人以朔、望等日茹素，而平时仍嗜肥甘，素犹不素也。吾为茹素除荤者计，曰善口不如善心，体君子远庖之训可也。养气即能养腹，遵至人臭味之戒可也。

二十

张子谓忍辱、受辱二道士曰：凡人外营，亦必内营，内修醇厚，外福亦加。忙中偷得一分闲，即得一分调养；静里读得一日书，即得一日好处。若只向外边奔驰，则刊落本原，愈见其薄矣。

二十一

张子谓卓庵曰：保身以安心养肾为主，心能安则离火不外荧，肾能养则坎水不外溢。火不外荧，必无神摇之病，而心愈安；水不外溢，必无精泄之患，而肾愈澄。肾澄则命火不上冲，心安则神火能下照，精神交凝，结为胎息，可以却病，可以延年。

二十二

三月三日，山中诸子，浴乎锦水之湄，风乎青林之下，听子归啼，忽有木叶坠地，折叠如函，启视之，则有如鱼子兰者，封裹其内。问之土人，曰：杜宇珠也。问有何用？曰：弗知也。适张子戴笠逍遥而来，与二三子言曰：汝欲知杜宇珠之故乎？蜀王入山之后，蜀人思之，故王命子归，赐蜀民以珠。子归者，蜀王之鸟使，原名谢豹。王曰："子归吾国，慰我人民。"故谢豹又名谢报，杜宇命之报谢云。其珠或赤或黄，或青或紫，五色无定，可辟人家鬼祟。遇鬼祟者，暗举此珠投之即散，但不可令人知觉，默念："蜀王蜀王，珠光珠光，投鬼鬼去，杀鬼鬼亡，我持灵珠，作作生芒，无阴不尽，阴尽回阳，吾奉九天元师命，急急如律令敕。"又云：以珠之多少，卜年之丰歉甚灵。

二十三

张子曰：人当静养身体，素位而行，随遇而安，则心性和平，神气冲淡。

二十四

张子谓受辱曰：汝教小子，须严约束，否则性气一坏，长大来汝又恨他，是自爱之而自弃之也。

二十五

张子偕云石、卓庵辈，冬寒时节，走乱山中，遇见鬼语啾啾。问之土神，则皆人之祖灵父魄。阴森肃杀，坟墓萧条，棺椁颓坏，衣冠骸体，俱受寒侵。怜之者，能无骨悚心酸？此古人所以有省墓送寒衣之事也。

二十六

张子谓山中人曰：夏日宜早起用功，日出后，觅微凉处，收心静坐，切勿向日中大热时去睡，睡而不昏犹可，睡而昏者，精液化汗而出，可惜可惜。

二十七

张子曰：吾昨游两界山，见有老妪坐崖而笑，笑已又哭，心异为妖狐，既乃①落崖而毙。趋前视之，已为雷击，盖千年狸妖也。吾不知其何为，询之火车灵官，云曾食人，故击之耳。夫两界山，当青天白日之地，尚有此物，况深僻荒崖哉！

二十八

张子喟然曰：世人朝夕奔波，总云"不得已"，其实有何不得已，惟心中有不得已，故尝言"不得已"耳。且今不得已，而将来必已，老矣死矣，此之谓已，何不得已之有哉？诸子有明哲知几者，从此已之。

二十九

张子谓调理劳瘵者曰：夫人治病，要心静，要心平，要心缓，不可希图速效。服药不加病，即是速效。然后一日微好，二日微好，三日渐好，虽属迟缓，比那逐日添病、转眼即亡者，又不啻有天渊之隔。

三十

张子游岳云之上，止吟风之馆，而与诸生言曰：今日山清人静，心远地偏，洵是难得风景，诸子各赋新诗，再命涵虚子一弹再鼓，以助吟兴，不亦乐乎？人即不能鼓琴，亦须善学听琴，以消其一切涴涴（音勿）浊浊之私欲，糊糊涂涂之妄想。静听琴音，如游太古，声籁俱沉，旷然遐思，超然绝俗，泠然善，悠然深，如我亦在鼓琴之间，忘乎尘事，与虞、周相遇，与孔、孟相见，伯牙、子期，又其后焉，乃为上等幽人，否则俗人耳、浅人耳，何足共居？吾极爱此金秋之气，至清至肃，安得携一壶酒、一张琴、一枝笛，登陟乎高峰之顶，笑玩大地山河？烟濛濛，云淡淡，看日暖暖之村墟，波渺渺之长川。彼时笛声起乎林梢，琴声发乎石上，酒气通乎红泉碧嶂之间，山禽自鸣，空翠洒落，真快事也。不知诸子，亦有此兴趣否？

---

① 乃，《道藏辑要》本作"而"。

三十一

张子谓老年道士曰：汝辈到今日年纪，须要死心踏地做功夫，俗事以"莫管他"三字为主，则万念冰消。凡人身中皆有窍，窍中皆有生气，若无生气，安能保护形躯？只是有气发生，而人不知静察耳。今为汝说八句闲话，以当暮鼓晨钟。"人要懂点窍，知点几，留点神，下点气，你便想得穿，看得破，做得事，成得人。"此是无心之谈，即是汝等当用心学问。定为心，静为神，虽有窍而心不定于其中，何从知几乎？

三十二

张子谓山居道流曰：回翁招人向道，其中有无限婆心。在人固恐难成，此千古学问之同病，然而冲天有志，道亦不阻英雄也。人怕软弱不振，若打起精神，祖师亦必默助。

三十三

张子谓山中隐者曰：人在山中称隐，须要知山林之乐。夫山林之乐，又不在乎山林也。在有以乐乎山林者，而后山林助其乐。与山林相安于空空静静、幽幽雅雅、淡淡恬恬之中，此之谓能乐山林之乐者也。

三十四

张子曰：人要立刻能闲，乃为高手。若云且慢，待我摒挡数日，然后来缓缓寻究，此便是庸夫口角，愚人心肠。

三十五

张子谓圆阳子曰：子能割恩爱，撒红尘，今日可定汝终身矣。以后平平荡荡，永无危险，人生至此乐哉！好天气，好山水，好亭台，好朋友，好风景，从今日起，从今日受，从今日领悟可也。

三十六

张子曰：仙家地理，须合丹道同悟。即如圆阳子怡云山庄，住宅一区，坐落在两山之间，不吞不吐，若开若阖，用倚粘之法，结平安之宅，真乃黄庭下、关元上之大中极也。此等天机，何人知道？

三十七

张子曰：山静恰宜谈至道，心清惟爱爇名香，此当前妙景也。吾偶拈此二语，圆阳为我续之。

三十八

张子谓道流曰：人要在家出家，在尘出尘，在事不留事，在物不恋物，方是道家种子。不必拘于无事，亦不泥于想事也。

三十九

张子戴凉叶斗篷，逍遥云外。一日闻踏歌之声，自烟中来，诸生听之，盖伤大道之难传，黄冠之徒混日月也。其歌云："光阴快快，学道迟迟。流水空山，独步寻思。只怕眼前光景，霎时间，喉中气断，梦梦无知。生前梦梦无知，醒来后尚有那走肉行尸。怕只怕无常到了，骨冷堪悲。那会儿劫劫轮回，全然不晓得雨打花枝。"

四十

张子以韩仙渔鼓，按节传情，唱《尘海苍凉之曲》曰："飞龙子，在天游，开口不离忠孝，往来尽是瀛洲。欲传道，把人求，叹因缘处处不偶，叹人生几个回头。风前烛，水上舟，容易熄，往下流。势利家园谁个久，儿孙交好尽成仇。转眼便落无常手，荒烟蔓草埋髑髅。樵人伐木往来走，牧童磨坏碑石头。问野人，此是谁家墓，道几句，不知不知，鬼泪啾啾。噫嘻乎，骑鹤仙人归去休。"

四十一

张子出清微天界，入淡远山中，弟子数人，烹泉款洽。先生曰：吾今以《混元仙曲》，戏赠圆阳，众生为我歌之，添作林泉佳话也。是时李山樵敲唤龟之竹，杨居士椎招凤之琴，刘野人按行云之板，遂为先生唱曰："圆阳道士真游戏，访道抛官如敝屣。八年失偶①梦孤栖，夜凉铁枕寒鸳被。看容颜白了髭须，论年华犹余生意。我劝你，早觅黄婆，娶个娇妻。男下女，颠倒坎离；雄做雌，调和神气。天台仙子的温柔婿，张果老儿的美丽妻。美丽妻，温柔婿，洞房中不知天地。性情交感，命共眉齐。浑浑沦沦，那时才见你真心；恍恍惚惚，那时才见你真意。这道情，是你的初步仙梯。笑呵呵，传与你，三丰道人走笔题。"曲终，见亭前月白，楼外天青，环坐石坛，相视而笑。

诗谈

（亦水石闲谈也）

一

张子曰：《书》曰："诗言志"。注曰："在心为志，发言为诗"。是知志也者，乃人心中之灵性；诗也者，特灵性之流露也。神仙七返九还，炼此虚灵妙性，以成万古不死之谷神，见于日月光气之外则有象，隐于日月光气之中则无形。神之所至，发为诗歌，诗不同，灵性有各异也。吾尝与诸仙，往来旷野，出没烟霞，每见群真妙句，辄心记而笔存之，以入于《水石闲谈》之类。

二

吕翁诗，提笔甚高，发声最朗，游行之句，美不胜收。今录数首，以见先生灵性不与人同也。

《七夕游岳云仙院》云：

始罢缑山宴，重来古寺游。

疏风梧叶院，细雨豆花秋。

远嶂云初敛，长天雾乍收。

新凉今若此，玉笛倚高楼。

《过武昌城楼》云：

武昌城郭故依然，楚国人家近水边。

---

① 偶，空青洞天朱道生刊本、《道藏辑要》本俱作"耦"，改。

槛外大江淘日夜，阁中长剑倚云天。
词人坐啸南楼月，渔父歌回西塞烟。
吹笛老翁闲更甚，朗吟一曲响千年。

《同韩清夫游匡庐六绝句》云：

（一）

云外庐山九叠青，开窗对嶂读《黄庭》。
个中有景何人识，抛卷翻身入翠屏。

（二）

雨后新篁绿浸人，径趋深处避红尘。
韩笙吕笛双双度，一样仙音两化身。

（三）

陶然何处不陶然，在地逍遥似在天。
瀑布倒流三百丈，一时清气满崖边。

（四）

信口歌成信手题，剔残苔藓翠高低。
忽闻梵鼓来烟际，林木葱茏过虎溪。

（五）

一字诗成一字飞，天边黄鹤载余归。
坛前有客难留我，心似闲云入翠微。

（六）

唤起眠龙出海门，须臾天际雨翻盆。
长空一剑又飞去，请看东南树影昏。

俱清朗可爱。

三

性灵与回翁相近者，莫如韩清夫先生，有《闲吟》一首云：
静抱没弦琴，细吹无孔笛。

　　　　　　一弹天地清,一吹天地阔。
　　　　　　一吹复一弹,尽是神仙曲。

《和吕祖》云:
　　　　　　虎在门前鹤在庐,瑶笙宛转笛相如。
　　　　　　我来不是云山客,湘水之流曲折书。

语皆雄阔。

四

蓝采和,自号养素①先生,有《答人问仙居》绝句云:
　　　　　　踏踏歌残便上升,岳山养素古先生。
　　　　　　问余近日居何处,天上神仙住玉京。

颇有采和风度。

五

尝见韩、蓝、曹、何《关中踏歌联句》云:
　　　　　　乾坤偌大似琼壶,拍板闲吟一丈夫。
　　　　　　风雨长安春已暮,落花满地步于于。

真得把袂逍遥、一唱三叹之乐。

六

昆仑麻姑,自号碧城仙子,其诗以丰韵胜人。有《题岳云坛三绝句》云:

(一)

　　　　　　跨凤骖鸾下碧城,笑看云外月光清。
　　　　　　昆仑万里天风送,摇曳琼环玉珮声。

(二)

　　　　　　足履青云过海山,瑶笙在手意闲闲。
　　　　　　云中现出金霞岥,一路清吟到此间。

---

① 养素,青空洞天朱道生刊本、《道藏辑要》本俱作"长啸",误。

（三）

岳云坛上访回翁，子弟两三敲道筒。
风声荡漾云声细，楼阁明灯照夜红。

又有《步虚》三首云：

（一）

我本昆仑女散仙，曾看海水变桑田。
神通八极闲游戏，环珮声摇碧落边。

（二）

髻头高插美金华，拜别西池阿母家。
袅袅天风吹袖带，步虚全仗紫云车。

（三）

酝酿长生酒不难，只凭手内有灵丹。
阿侬本是天仙子，醉共嫦娥宿广寒。

七

碧城仙姑，常师藐姑神人，一日师徒步虚，降锦江亭上。神人题词云：

看江潮，势苍莽，摇得山云淡荡。
隔河灯影有无中，一幅新词来笔上。
意徘徊，开轩望，这亭儿，甚清爽。

姑和之云：

水茫茫，山莽莽，山水轩前浩荡。
雨余蛙鼓闹堂堂，一路潮声月初上。
月中来，云边望，晚风凉，意清爽。

八

清逸仙人，在唐称诗中大家，性灵飘逸，尝降于世。其《修禊节降双清阁》云：

读书迈千古，携剑干诸侯。

琐琐不中意，大醉隐糟邱。
　　黄唐原不远，秦汉如急流。
　　忽忽眼前事，浑然无所愁。
　　青山行吟老，颇爱谢宣楼。
　　题诗十万首，付与天地留。
　　我自有真宰，浩乎归瀛洲。
　　今日谈修禊，茫茫付一瓯。
　　海仙执简召，随风过十州。
　　东行三神山①，群真同遨游。
　　一饮五千斗，撑肠文字流。
　　无何有之乡，长啸去海头。

《洞天歌》云：

　　海山寻灵药，灵药不自海山求。
　　乾坤运橐籥，橐籥不是乾坤韛。
　　金丹原是吾家物，神仙都要英雄作。
　　夜来饮酒王母前，云道蟠桃今已熟。
　　太白长啸安期歌，一时群仙莫我何。
　　吾将跨虬游六合，虚空寥寥无雪迹。
　　大风自北来，吹起寒云叠叠开。
　　安得酒如雨，从空饮之无尽取。
　　安得酒如泉，坐地饮之眼朝天。
　　狂吟拍手耸方肩，问我何人李青莲。

九

东坡先生，仙才，与太白并峙，乘风啸月，灵性长存。有《江南送秋》诗云：

　　片片秋云远，茫茫秋水多。
　　青山红树外，征雁渺关河。
　　蓟北寒逾峭，江南气已和。

---

① 山，《道藏辑要》本作"仙"，从青空洞天朱道生刊本。

小阳春甫到，迎送两相过。

《题韩清夫小像》云：

御殿承香吏，分胎吏部家。
闲心忘富贵，总角趣烟霞。
钵种长生果，园栽不老花。
八仙同寿考，万劫抱丹砂。
首叩蓝关马，胸藏赤火鸦。
千秋贤叔侄，儒道两无涯。

《自题笠屐图》云：

山人故态本狂奴，醉写田间笠屐图。
好句有时堪作画，闲心无日不提壶。
楼头赏月邀禅客，谷口冲烟访钓徒。
自去自来随自得，一声长啸入林枢。

《过东峰》云：

不到东峰久，江山仍似前。
芭蕉落满地，雪意好参禅。

《游湖口占》云：

（一）

细细疏烟瑟瑟波，水心亭外画船多。
瑶笙十里谁家舫，听得红儿唱棹歌。

（二）

风斜雨细葛衫轻，三两银刀出水明。
我爱芰荷香不断，竹西深处有人行。

《咏磨刀雨》云：

荆州洒遍雨如膏，竟为英雄砺宝刀。
最是武昌城下水，千秋呜咽卷雷涛。

《咏白菜》云：

清于雪水白于霜，老圃天寒一味香。
却笑山僧长茹素，和脂煮出不能尝。

《自赠》云：

　　　　平生不作愁眉事，今日东坡作散仙。
　　　　解向江山留胜迹，长将姓字挂云烟。
《游清道心山房》六言云：
　　　　气慧神清道在，山空人静琴幽。
　　　　一榻茶烟袅袅，三分酒意悠悠。
又《些些语》词云：
　　　　清阴绕，绕落花，窗外鸟声小。
　　　　鸟声小，修竹一枝斜处好。
　　　　翠羽嘤嘤啼彻晓，刚眠一觉。
清丽绵芊之笔，不减当年灵性，非真仙不能也。

十

邵尧夫，儒仙也，尝见其显化士林，作《观易吟》云：
　　　　庖牺大圣人，画卦传万古。
　　　　阴阳变化机，乾坤为易祖。
　　　　吾隐安乐窝，天地乃同伍。
　　　　窥破圣贤心，恬淡自得所。
浑浑灏灏，置之《击壤》篇中，仍然无异。

十一

白玉蟾，仙家才子也，名山碑版，留咏甚多。每遇高人逸士，必赠以诗。其《题居易堂》云：
　　　　林下风潇潇，窗前竹密密。
　　　　难得素心人，共话新秋夕。
　　　　把酒醉茅堂，焚香读《周易》。
　　　　琼山到此来，宾主兴无极。
又《赠圆阳山人》云：
　　　　归山隐迹话长生，日逐闲云自在行。
　　　　处处回光来返照，朝朝对境要忘情。
　　　　扫除尘土劳人梦，署起乾坤散客名。

莫道幽居研炼苦，游心冥漠自空清。

十二

张紫琼，饶州人也，元初得道，诗多秀劲之作。《自赠》六言云：
　　　　心如雪夜钟声，貌似霜天梅格。
　　　　白云深处闲行，那识仙家旷逸。
《咏胎息》云：
　　　　非助非忘妙吸呼，修行要解这功夫。
　　　　调停二炁生胎息，再向中间设鼎炉。

十三

邱长春《清秋过岳云楼》云：
　　　　浩浩天风吹满楼，峰中云气涌林邱。
　　　　雨声响处檐铃杂，方丈萧然一院秋。
饶有俊逸之致。

十四

张紫阳《自寿》诗云：
　　　　海筹万古计芳辰，得道年来八百春。
　　　　分个孩儿骑鹤去，虚空粉碎见全身。
非上真不能也。

十五

希夷老祖，元气浑沦，有《答人问姓》五绝云：
　　　　一气淘今古，阴阳造化奇。
　　　　问余名与姓，睡汉老希夷。

十六

吾师火龙先生，不甚喜作诗，以其淡于名誉也。今记其偶吟一绝云：
　　　　道号偶同郑火龙，姓名隐在太虚中。

自从度得三丰后，归到蓬莱弱水东。

十七

飞霞仙子，余十舍女也，服神丹飞空。尝降云南紫霄观，留题一绝，款落"飞霞"而去。诗云：

久住瑶池碧玉楼，忽骑彩鹤下灵邱。
世人欲问飞霞姓，曾抱金丹侍沐侯。

十八

陆潜虚，淮海人也。嘉靖中，遇吕祖得道，平生著述甚富，有《老子元览》二卷，《阴符经测疏》一卷，《参同契测疏》一卷，《金丹就正篇》一卷，《紫阳四百字测疏》一卷，《方壶外史》八卷，《南华副墨》八卷。近日同门中，有白白子者，注《道德经》，名《东来正义》，潜虚题之云：

一注能将道奥开，重看紫气自东来。
弹琴度笛真名士，说法谈经大辨才。
我坐方壶玩沧海，君登圆峤压蓬莱。
今朝共坐江亭上，口诵《南华》自笑呆。

盖因白白子，亦作《圆峤外史》、《道窍谈》、《悟真、参同杂解》诸书故也。

乩谈

（亦水石闲谈也）

一

或问：乩沙之术，小伎也，而好者纷纷，谈者赫赫，其术果何自耶？其皆可信耶？否耶？

张子曰：昔回翁欲与涵三诸子发明此妙，而终未竟其说也，吾今特明之："乩"者，稽也，稽以考信也。《说文》曰："卜以问疑也。"故偏旁从"占"，正旁从"乚"（音隐）。"乚"，古"隐[①]"字也。《尔雅·释言》："隐，

[①] 隐，青空洞天朱道生刊本作"稽"。

占也。"注曰："隐，度也。"疏曰："占者视兆，以验吉凶，必先隐度也。"吾谓，占语成而犹待隐度，则与不占者同，何必占？然亦有义焉在其中矣。天仙、神仙，不喜与人言祸福，只劝人修身俟命，故言训词则无隐，言丹道则无隐，他若救人开方亦无隐，以外一切如问吉凶成败，则无不隐，其隐之意者，仍是推托他，不与之言也。否则，明指其祸福，将应获福者，以为可喜而自狂，或转福而成祸矣；又应受祸者，以为可畏而自迫，反惧祸而邀福矣。夫福也，岂可邀哉？惟作善，可降祥耳。其隐语也，犹言不待语而易明也，抑且隐之义犹不止此。仙家自道成之后，步日月无影，透金石无声，凡人不能见，故于乩沙中，草写龙蛇，千言万态，以示其不灭。然乩假术也，自古真人，皆斥为方士之行，今又何为降其笔？盖因近日成风，公卿士庶，每多信好其术，神仙以度人觉世为功，故即借其乩，以默相天下人，以此即假成真耳。但学乩沙者，有二等，一胜一败。上等以德行胜，诚感胜，因缘胜，即不善乩，仙家犹欲往度之，况其知乩乎？即其乩而引诱之，不用符章，自然高真降室也。下等以险恶败，虚诳败，贪欲败，彼即善乩，仙家不近之，况其冒渎乎？随其乩而簸弄之，妄用符咒，反教引鬼入室也。吾辈自跳出五行以来，虽天地犹不能约束，阴阳犹不能陶铸，即欲请之，亦必礼之，于符咒乎何用？呵呵，此术士之所以欺愚人，仙家之所以恶术士也。今吾即乩言乩，即以是为乩训焉。

二

或又问：请乩之道，固当以德行、诚感、因缘，而不以符咒也。然南宫仙道，又有以符咒役使神道者，何故？

曰：南宫一派，虽则动用符咒，然此乃高真传授，与世人救厄除害者。此等秘录，非人间梨枣所有。即能得之，亦必推心利物，乃为功行宏深，苟或私心妄用，天帝亦加以霹雳而殒其命，夺其术矣。故虽南宫符咒，也要心恭心诚，乃有灵效。若彼乩厮符咒，则未可同日语也，况加以不恭不诚乎？诸子于此，可以自明矣。

三

张子曰：上天原无福善、祸恶之心，则降祥、降殃，人自召之；上天若有福善、祸恶之心，则降祥、降殃，人自知之。素行善而获福，此必然之理也，即有祸焉，亦暂矣；素行恶而得祸，此必然之事也，即有福焉，亦暂矣。何必舍己外问哉？乃吾见蚩蚩者氓，祈于神则求签问卦，祷于仙则扶鸾请乩，若以神与仙为必知祸福者。迨其后验则信之，不验则疑之，其疑与信者，仍一愚人之故态也。夫神仙固知祸福，然亦何必以人心之所已知者，而重言复语之哉？其求神与仙而验者有故，善人问福而福至，恶人畏祸而祸临，若有与之相合者，然非签与卦、鸾与乩之灵也。其求神与仙而不验者，亦有故，善人问祸，无祸可加，恶人问福，无福可赐，若有与之相左者，然亦非签与卦、鸾与乩之不灵也。天下之龟筮算数，皆如是耳，人何不可自知哉？吾生平不喜人求签问卦、扶鸾请乩，止愿人个个修德，时时内省而已矣。

四

张子曰：神仙有度人之愿，假乩笔而讲道谈元者有之；神仙有爱人之量，假乩笔而劝善惩恶者有之；神仙有救人之心，假乩笔而开方调治者有之。若云判断祸福，则有人之善恶在，吾前章宣示已明，不复再论。独异者，寰宇之中，闻有设乩求地理，请乩论天心之辈者，此皆方士遗风，上界正神察其奸诈，未有能逃天罚者。

题赠类

长乙山人
卓庵居士　考辑
蟠山埜客

古今题赠

一、明永乐成祖文皇帝予张三丰书

皇帝敬奉书真仙张三丰先生足下：朕久仰真仙，渴思亲承仪范。尝遣使奉香致书，遍诣名山虔请。真仙道德崇高，超乎万有，体合自然，神妙莫测。朕才质疏庸，道行菲薄，而至诚愿见之心，夙夜不忘。敬再遣使，谨致香奉书虔请，恭候雷车凤驾，惠然而来，以副朕拳拳仰慕之怀。敬致书。

外予诗有"寄语真仙张有道，为言伫俟长相思"之句，见《征异录》，未载全首。

二、蜀献王椿

王高皇帝第十一子，洪武十一年封，二十三年之国成都，永乐末薨，有《献园集》。

赠张三丰先生

忆昔蓬莱阆苑春，欢声未尽海扬尘。
恢宏事业无多子，零落亲朋有几人。

失马塞翁知是福,牧牛仙子慕全真。
吾师深得留侯术,善养丹田保谷神。

送张三丰邀游

昔观太极图,阴阳有反覆。
元气止于坤,天心又来复。
我皇振戎衣,群真佐命出。
画桶周颠仙,吹笙冷协律。
张氏尤多才,各负英灵骨。
临山有铁冠,平阳产金箔。
先生与之三,高风更卓卓。
众人皆有为,老翁竟无欲。
唐虞今在兹,巢由独快乐。
何我治心方,得公延命药。
海天万里游,因缘容后续。

三、湘献王柏

王高皇帝第十二子,洪武十一年封之国荆州。王善道家言,尝自号紫虚子,建文初薨。

太和山寻张三丰故居

张玄玄,灵神仙。
朝饮九渡之清泉,暮宿南岩之紫烟。
好山浩劫知几度,不与景物同推迁,
我来不见徒凄然,孤庐高出古松巅。
第有老猿接臂相攀缘,张玄玄,灵神仙。
遥仰乘[①]飙游极表,茅龙乔鹤上青天。

四、宁献王权

王乃高皇帝第十六子,洪武二十四年封,二十七年之国大宁,永乐二

---

① 乘,《道藏辑要》本作"神"。

年移居南昌。博学好古，旁通释老，志慕冲举，自号臞仙，盖亦淮南八公之流也。

太和隐士歌怀丰仙

太和隐士张三丰，诏征不至真潜龙。
老而得道玄之宗，长生久视若乔松。
自古神仙吾靡从，惟君能继扶摇踪。
不见高人世外容，令渠心性若尘封。
匡庐之山云蒙蒙，烟霞终日荡心胸。
先生其来教我侬，愿随铁杖入瑶峰。
噫嘻乎！所思不见，弱水蓬山路万重。

五、蜀定王友垓

王乃献王椿孙，悼庄世子。好学循理，工诗赋，善草书，著有《定园集》十卷。

题玄天观忆丰仙

福地喜重来，登临亦快哉。
蓬壶连海岛，云洞隔尘埃。
羽客乘鸾去，仙人驾凤回。
谈玄闲坐久，欲去且徘徊。

六、蜀惠王申鉴

王乃献王椿曾孙，著有《惠园集》。

题三丰仙像赞

若有人兮，出世匪常。
曩自中土，移居朔方。
奇骨森立，美髯戟张。
距重阳兮未远，步虚靖之遗芳。
飘飘乎神仙之气，皎皎乎冰雪之肠。
爰寻师而问道，岁月亦云其遑遑。

既受诀于散圣,复续派于瓜王。
全一真之妙理,契未判之纯阳。
南游闽楚,东略扶桑。
历诸天之洞府,参化人而翱翔。
曰儒曰释,曰老曰庄,
皆潜通其奥旨,乃怀玉而中藏。
长绦短褐,至于吾邦。
吾不知其甲子之几何,但见其毛发之苍苍。
盖久从赤松之徒,而类夫圮上之子房。

七、胡濙

濙字源洁,武进人。建文二年,历官礼部尚书,谥忠安。

祥符寺访张三丰先生不遇

交情久已念离群,独向山中礼白云。
龙送雨来留客住,鹿衔花至与僧分。
疏星出竹昏时见,流水鸣渠静夜闻。
却忆故人从此隐,题诗谁似鲍参军。

八、沈元秀

元秀,一名秀,字万三,号三山。明初南中人,事迹详见本集中。

又按:《渊鉴类函·富部》:沈公亦名富,字仲濚,行三,故吴人呼万三。为江南第一家。有二子:茂、旺。太祖定鼎金陵,召廷见,令岁献白金千锭、黄金百斤。甲马钱谷,多取资于茂。茂后得罪,发辽阳从戎,又穴地得金牛马,亦累千云。

炼丹怀三丰师

(一)

祖师传我术无穷,铸鼎烧丹宝焰红。
八百火牛耕夜月,三千美女笑春风。

黄芽灿灿初盈釜，白雪纷纷更满空。
顶上神符未许食，还须九转毕玄功。

（二）

深谢吾师爱万三，西南相约待何年。
黄金重浊聊施济，白玉轻清乃妙玄。
百尺竿头须进步，千秋题目是修仙。
地元秘法难穷尽，还觅神丹候祖传。

潮阳寺题壁

秦淮落落老渔翁，以舡为家任转蓬。
一自真师传道后，跨鸾飞入海天中。

九、查慎行

字悔馀，号初白，本名嗣琏，字夏重，海宁人。康熙举人，官编修。工诗，富篇什，著有《敬业堂集》。①

福泉山张三丰礼斗亭
（尚存）

清池照影树扶疏，昼静廊空想步虚。
阅世人来棋散后，出山云淡雨晴初。
穷尘滚滚孤亭在，浩劫茫茫百战余。
华表鹤归应有泪，旧时城郭半邱墟。
（亭前有浴仙池、长生桂。）

十、汪锡龄

字梦九，号圆通，事见本集中。

西湖舟中，感飞龙师降示引神之诀，即事书怀，命儿子思敏记之

火中铁柱英雄骨，雪里梅花道士心。
插汉冰山知欲压，满湖烟水趁闲吟。

---

① 空青洞天本、《道藏辑要》本俱无此小传，据方春阳点校本补录。

将同北郭看霞举,懒向东方咏陆沉。
都赖先生明指教,留侯病死亦憎憎。

(插汉冰山知欲压,谓某总督也)

十一、陈政

字七之,秦淮大商,自号淮河隐者。

读《明史·方伎传》有作

十年不见成皇帝,如此清高少见之。
《明史》误归《方伎传》,谁知太华有希夷。

十二、钱陈群

字集斋,浙江嘉兴县人。康熙六十年进士,官刑部侍郎,加尚书,致仕归田,谥文端。有《香树斋诗集》。

恭和御制燕九日王新庄观灯元韵

田家春酒十分浓,恰为迎銮气更融。
报社鼓连祈社鼓,落灯风接试灯风。
仙携邈邈来空碧,人立秋千唱比红。
里社毛苌诗派在,至今鸿爪许谁同。

(仙携邈邈:张邈邈与处机,同时访道,后皆仙去。里社:臣视学畿辅,曾于雪夜与诸生讲道论诗于此。)

十三、赵翼

字云松,号瓯北,一号鸥白,阳湖人。乾隆二十六年殿试第三人及第,官至贵西道。

张三丰礼斗亭

(在平越高真观后)

高真古观郁葱茏,犹说仙翁斗检封。
遗迹已无华表鹤,借名曾访鼎湖龙。

山深时或飘丹粟，人老惟思伴赤松。
　　我已退闲期学道，前途尚许一相逢。
　　（胡濙访三丰，兼访建文也）。

十四、李调元

　　号雨村，绵州人。乾隆癸未科殿试第二人，入词林，视学广东，官至通运河道。

祥符寺读明胡濙访张三丰诗碑因和其韵
（并序）

　　寺殿之东，有明嘉靖九年，王汝宾刻礼部尚书胡濙成化四年访张三丰诗碑。考《明纪》，永乐五年丁亥，命户科给事中胡濙，携道士巡游天下，访仙人张三丰，去十年始还。或曰：兼访建文君也。碑作"成化四年"及"礼部尚书"，皆误。

　　胡公诗思实超群，望气谁知为紫云。
　　不向吴都瞻日色，应从蜀地识星分。
　　天师去后神呵护，道士来时鬼哭闻。
　　永乐何人误成化，写碑空笑张吾军。

陈广文携酒再游草堂
（节录）

　　何处可携樽，惟有草堂寺。
　　清晨赴宿诺，诸子连翩至。
　　细径堕幽篁，屈曲得佳致。
　　遗像在中堂，瞻谒飂䬅二。
　　一为何氏勒，刊本家藏秘。
　　一碑镌差小，乃出丁制置。
　　更有数丰碣，落笔龙蛇避。
　　泛草唐人诗，别眩符篆字。
　　三丰与山峰，未可究同异。

坐令白发僧，登登日捣硾。

杜老不云乎，文章千古事。

（注云：碑款以"三丰"为"山峰"。愚按：此碑必在未改"三丰"之前所书者。）

十五、张问安

字季门，遂宁人。孝廉应考教习，就校官。著《亥白诗草》。

游草堂后，复行青羊宫，历二仙庵，归饮庚堂斋中书事

郊游向草堂，路转青羊宫。

老子顾我忽微笑，天人之貌真犹龙。

神羊崭然见头角，辇自都下由先公。

祈祷能使腰脚健，人来个个摩青铜。

院后参天十万竹，一龛万缘藏其中。

寺邻复爱好庭宇，二仙祠桂阴尤浓。

绕径尚嫌着屐远，连臂竟作逾垣从。

金鱼尺半戏浅沼，花犬三五惊幽丛。

当门大壁嵌横石，蛟龙郁勃光熊熊。

如箝在口指画肚，谁欤书者张三丰。

归来相对说奇遇[①]，酒肴罗列双灯红。

（一龛万缘藏其中：以下减去数句尤健。）

十六、张君瑞

字辑五，号凤洲。由拔贡中本省经魁，官成都华阳教谕、夔州府教授。致仕还嘉州，自号凌云叟，别号半一居士，慕全一也。所著有《挹爽轩集》。

三丰墨迹

（书孟浩然"春眠不觉晓"五截句于高标殿壁上。）

落花啼鸟喜平生，仙迹咸夸笔手清。

风雨不摧山顶墨，龙蛇欲抱阁边楹。

---

① 奇遇，青空洞天朱道生刊本作"立置"，从《道藏辑要》本。

当年天子空相索，此地高标旧有声。
殿上碧纱谁护得，楼台紫气绕通明。

十七、董承熙

字葆光，号槲园，垫江人。嘉庆二十二年进士，翰林院庶吉士，浙江青田县知县、嘉定府教授。

花朝游高标山

高楼屹屹压城闉，无数山光照眼新。
一自仙人留墨妙，鸟啼花落几经春。

十八、李迦秀

迦秀原名嘉，一字西来，号遁叟，别号翩翩散人。嘉庆戊寅恩科解元，己卯连捷进士，官中书，改保宁府教授，致仕还嘉州。

宝鸡金台观怀古

（一）

拂去征尘上翠巅，金台观里谒金仙。
前朝两诏犹存石，隔岸三峰远插天。
半口丹炉烹日月，一条藤杖卓云烟。
未知驾鹤游何处，信是逍遥不计年。

（二）

七载中书宦未成，归途犹幸拜先生。
残春欲醒黄粱梦，古洞如游白玉京。
天子尚难亲道貌，微官何苦老征尘。
下山薄暮频回首，恍见飞龙上太清。

十九、张其相

号松亭，乐山县人，庠生。

三丰楼怀古

曾读《明史方伎传》，丰公仙迹多奇幻。
不饰边幅任天然，一衲一蓑无改换。
游踪偶尔寓金台，自言当逝脱尘埃。
盖棺有声启复活，逍遥得得来西蜀。
前不见洪武，后不见永乐。
缘何独谒蜀献王，秀才奇遇增辉光。
二仙庵壁留墨妙，龙蛇倒绾精神肖。
清风吹入汉嘉来，高标掷笔更奇哉。
游戏人间或隐现，神龙首尾那全见。
况复日行千里余，谁能追逐候起居。
胡给事，朱内侍，
枉赍玺书与香币，荒徼遍寻总不遇。
讵知仙踪到处留，士夫钦仰乐潜修。
平易近人人常接，不向宣室问前席。
至今遗像肃楼中，大耳圆目下颐丰。
须髯如戟神如镜，任人祈祷声相应。
一瓣心香供祖前，何时亲指道中元。
（洪武呼献王为"蜀秀才"。）

二十、王筠

字竹荪，乐山县人。

福泉山张三丰自写真容石刻

仙风道骨画中呈，麈尾飘然气象清。
茗椀香炉长侍侧，三花聚顶见先生。
（首戴仙花，故云。）

二十一、董江

字醒凡，号洗凡居士，垫江人。醒凡既妙弦歌，又工书画。尝临三丰先生真容，则以瑶琴三叠、玉笛一枝，遥想绝世超凡之致。

张三丰观潮处

（在遵义府乌江上）

大海翻身不计年，路人犹自说神仙。

江山到此无尘垢，邱壑栖迟有凤缘。

隔岸烟钟初度岭，当门雪浪欲掀天。

遥知静坐观潮日，胜读《南华》秋水篇。

二十二、杨钟涛

字春平，号复淳，乐山县人，上舍生。

胡给事访张三丰

元鹤飘然下，乾坤间气钟。

币书承帝命，云水访仙踪。

踏破空明界，飞吟缥缈峰。

一肩担日月，两眼认乔松。

笠屐扪千里，烟霞历万重。

观应金碧住，宫合玉清逢。

十载风尘涉，三山石洞封。

归来遗响在，派衍果犹龙。

二十三、李朝华

号秦峰，乐山县人，外舍生。

胡给事访张三丰

凤诏来丹陛，鸾车入紫烟。

此行劳给事，何处访真仙？

氏系推龙虎，光辉隐市廛。

高踪如启敬，幻迹胜周颠。

雨雪星轺冷，山河岁月迁。

遍寻秦蜀路，踏破水云天。
　　剑佩归三殿，风霜阅十年。
　　建文同物色，鹤驾更飘然。

二十四、李朝拔

号萃岩，乐山县人。

胡给事访张三丰

　　缥缈虚无际，行行访鹤踪。
　　使臣拚千载，皇帝仰三丰。
　　短褐长绦式，圆睛大耳容。
　　烟霞高隐士，天地老仙宗。
　　礼具书香币，言寻水石松。
　　有人传跨虎，何处觅飞龙。
　　踏破云千里，空经路万重。
　　归朝谈幻迹，遗想入瑶峰。

二十五、刘光泽

字季三，号洄峰居士，犍为县人。

天谷洞怀古

　　鸿濛一窍接长生，张老来时石鹤鸣。
　　绝地通天仙客路，穿云裂石洞箫声。
　　窈冥内有琼扉影，清净中无世俗情。
　　欲炼还丹须此地，何人得似杜东瀛。

（仙客路：在危崖上。杜东瀛：唐杜光庭炼丹于此）

二十六、张升鸿

字子远，号鹤亭，乐山县人。

题丰仙太和山打睡图

　　写出华胥调，神仙睡味浓。

太和元气合，高卧白云封。
有伴皆眠鹤，无声即蛰龙。
任人呼邋遢，积雪满寒松。

二十七、李元植

字苹荃，乐山县人，内舍生。著《长乙山房稿》。

鹤鸣山思仙歌

神仙个个会骑鹤，此鹤独为张氏得。
虚靖初来飞天上，三丰再过响崖壑。
不遇高真不肯鸣，一鸣便有香风生。
至今五百有余岁，松间眠鹤静无声。
或是主人尚雌伏，蛰藏胎息卧云谷。
待他长啸入山来，便照前番应声出。
平泉隐者炼丹砂，抱琴携酒踏烟霞。
冷涧潺湲喧日夜，深崖窈窱藏仙家。
正是幽人栖息处，四围青壁嘘云雾。
八卦亭前缓缓行，迎仙阁上层层步。
想见先生礼白云，一瓢一衲远尘氛。
三征不致傲洪武，十载难求逾建文。
变化无方谁识面，昨宵梦里曾相见。
羽衣道士翩然来，唤醒仙坛渴睡汉。

（虚靖初来飞天上：见《仙传》，又古诗云："一一鹤声飞上天"。）

张三丰八卦亭

（在鹤鸣山）

隐仙长放水云坳，八卦亭中万象包。
直取先天排气候，独寻僻地玩羲爻。
百围大木曾亲种，一孔元关许共敲。
欲领阴阳参造化，客来好与鹤同巢。

二十八、杨廷峻

字不拔，号铁根，乐山县人，外舍生。

读《云水集》

天风吹，海水立，走云万里连空碧。
飞龙老子爱飞吟，遗响于今透金石。
方冠破衲行天涯，异水奇山是我家。
古洞幽深眠白鹿，洪钧陶铸出丹砂。
万户侯封何足数，满山松石谁为伍？
丈夫雅志慕清高，岂甘名利老尘土。
先生曾乘宦海舟，椿萱谢世赋宜休。
向平壮岁抛家去，婚嫁何能迟胜游。
百尺竿头忙进步，逢师指破通天路。
认得生前旧主人，花街柳巷不迷误。
一段因缘自碧翁，江南有客慕玄功。
八百火牛耕夜月，三千美女笑春风。
白下英雄欣相助，煅炼金花得外护。
回首终南遇火龙，阿堵囊空泪频诉。
水面风来得意时，金陵无事步迟迟。
一朝采得庚方月，浑似鲲鹏跃天池。
丹成拂袖湖山去，任他龙蟠与虎踞。
持椰饮遍酒家楼，养我乾坤浩然气。
壶里逍遥春复秋，不求闻达于诸侯。
密敕遍寻荒徼外，高节清风同巢由。
山北山南歌踏踏，披蓑戴笠卧云石。
化鸾化鹤化渔樵，何处不逢仙邂逅。
性量圆融满大千，慈云复荫剑南天。
欲补心中未了事，沈仙才度又汪仙。
剑南观察蓬莱客，前身素具英灵骨。
峨眉祷雨忽逢师，德辅飘然归环谷。

扬州蝉脱返清虚，手泽心传留丹庐。
　　娜嬛秘密鬼神护，方士何曾梦此书。
　　六百年来气承接，有若珠联与璧合。
　　光争日月耀乾坤，风动林泉引豪杰。
　　道德崇高妙莫名，沆瀣淋漓浣太清。
　　世外人歌《云水集》，应当频首拜先生。
（八百火牛耕夜月，三千美女笑春风：用沈万三句。）。

二十九、李岱霖

字云石，号桂圃，洪雅人，上舍生。

　　　　元岳太和山九室岩三丰先生高隐处
　　元岳峰高卓万寻，至人曾卧白云深。
　　千章古木封丹嶂，一带寒烟护碧岑。
　　洞口风清闲弄笛，松间月白照弹琴。
　　只今三十六岩里，犹想先生金玉音。

三十、刘元焯

字叔纲，号灼庵，衡阳人，成均士。①

　　　　武当南岩三丰先生炼丹处
　　　　（集《云水诗》、《玄要篇》句）

（一）
　　流水行云不自收，一声长啸楚天秋。
　　直寻世外千年药，忘却人间万斛愁。
　　自是清空通沆瀣，常将冷眼看公侯。
　　洞中藏得小天地，养就还丹跨鹤游。

（二）
　　面壁调神又九年，谁知幽客自陶然。

---

① 本篇文字错简在《云水三集》末，今移于此处。

黍珠一粒包天地,铁笛双吹破晓烟。
节欲澄心澹神虑,埋名隐姓如疯颠。
炼成大药超凡去,撒手逍遥物外仙。

咏史

明帝访三丰,十年不可得。
闻在南山南,已往北山北。
到处乐逍遥,奇名称邈逷。
广莫即吾乡,太和为我宅。
是时方士流,自献何纷沓。
先生愧励之,墨中独见白。
天海落云声,风尘难物色。
飞龙又潜龙,隐显谁能测?

累 记

长乙山人　编辑

遁园居士、蟠山居士　同校

隐镜编年

梦九汪氏曰先生之为真仙也,闻之者多矣。其为隐士也,知之者少矣公余心静,适金使君式训过访,梵①香话先生奇踪。使君曰:"公胡不书隐为镜,发明先生大节乎?"锡龄曰:"诺。"爰仿《纲目》体纪之,名曰《隐镜编年》,崇征实也。自是而先生隐迹,与先生年谱,均在兹矣。后有万年,同志者共续之。

〔纲〕洪武十七年甲子夏,诏求故元退老、一百三十七岁老人、武当山隐士张三丰,不见。

〔目〕三丰,懿州人。元定宗二年生,至元间,以博陵令致仕。访道于终南、太白之间,得希夷正传。其学以忠孝慈恭为体,河洛、易象为用。至正二十七年丁未,三丰已百二十岁矣。戊申闰七月,元数已终,明太祖承天受命,三丰遂遁迹深山。十七年,大封功臣,华夷宾服,诏求德高寿尊之士。闻元张三丰隐武当山,一百余岁,至是诏之,不见。

〔发明〕书"故元退老",特表其贞也。书"一百三十七岁②老人",特尊其寿也。书"武当山隐士",则高节清风,可为百世之师也。

〔纲〕十八年春,以沈万三、邱元靖,再求武当山隐士张三丰,不见。

〔目〕万三,南京人。元靖,武当人。均系三丰弟子。太祖诏二人求

---

① 梵,疑应作"焚"字。

② 岁,青空洞天朱道生刊本作"年",误。

之，以弟子必能劝驾也，仍不可致。

金氏曰：书法"以沈万三、邱元靖"求三丰，一"以"字直揭出太祖牵制林泉之心。孰知高节自贞者，虽弟子不能强师地。再求不见，诏愈迫而迹愈隐矣。

〔纲〕二十四年夏，又以张宇初，求武当山隐士张三丰，终不见。

〔目〕宇初，龙虎山人。天师后裔，袭剑印，号真人，盖三丰同宗也。至是以宇初求之，终不见。

金氏曰：以张宇初求三丰，是以族人觅族人，亦前番故智也。三求之而三不见，夫岂捷径终南、借名沽誉者，所可同哉？

〔纲〕永乐五年丁亥，命胡濙访求隐士张三丰，十年，不见。

〔目〕户科给事中胡濙，旧与三丰相识。成祖慕三丰高风，至是命胡濙求之，遍巡天下，兼察建文帝所在。去十年，始还。

金氏曰：史称访张三丰，为觅建文所在，其实非也。夫隐士名动前朝，成祖在藩邸，久闻其事，安知不慕其德高寿尊，急思延之于阙下，如宋太宗之得见陈希夷，以为快者。兹曰："兼访建文所在"，庶乎曲达成祖之心也。

〔纲〕十年三月，命孙元虚，字碧云，于武当山，预候隐士张三丰，不至。

〔目〕前胡濙等去访三丰，已及五年，成祖欲见之心，刻刻不忘，意其必至武当，故命元虚赍书币于武当，预为候之。

金氏曰：观"命孙元虚于武当预候"，则成祖愿见之诚，盘旋于隐士之身者至矣！岂真为建文哉？

〔纲〕十四年正月，帝命安车，迎请武当山隐士张三丰，不至。

〔目〕前年孙元虚奉命，在武当山建宫拜候，至去年冬，三丰始归武当，元虚大悦，令人驰报于帝。今年春，帝命安车迎请，忽又他适，帝颇悒然。

金氏曰：成祖"命安车迎请"，意之诚，礼之至，古今无二，先生其入见矣。①

〔纲〕十四年五月，武当山一百六十八岁老隐士张三丰入朝。

〔目〕帝以愿见之心，切切难得，乃命胡广至武当山泣祷。三丰闻之，即藏其身于洞中，引出阳神，化为隐士，戴竹冠，披鹿裘，飞入金殿，稽首阶前。时帝正御朝，望而异之，询知为三丰，即钦问长生之道。三丰曰："寡欲澄心，澹神汰虑，此陛下长生之道也。"帝曰："先生数不见朕，今何轻身至此？"三丰曰："臣本野夫，于时无用，故能修辟谷，出泥丸。今

---

① 本条诸本缺，据方春阳点校本增补。

见陛下，乃臣阳神耳。昔太祖高皇帝，不能溺周颠于江上、制冷谦于麈前，皆法身，非色身也。臣今一见，特酬苦索之心。"言讫，隐去。帝封为"飞龙先生"。及胡濙、胡广诸臣还朝，闻三丰已来谒帝去矣。

金氏曰："一百六十八岁老隐士"，大书特书，有凭有据，山林中千古一人而已。又曰："今见陛下，乃臣阳神。"由是知白日飞腾，出阳神者能之也。先生真犹龙乎！

〔纲〕天顺三年春，隐仙张三丰来朝。

〔目〕帝素敬道德之士，三丰鉴其诚，乃现全神晋谒。紫面凝朱，修髯如戟，髻垂脑后，若玄武然，腹大肩厚，腰绦手①笠而来。稽首言曰："臣三丰，愿陛下修己安人，黜邪崇正。"忽隐去。帝亲制诰文褒之，封为"通微显化大真人"。

金氏曰：隐士称为"隐仙"，所以表高人之不死也。一谒一封，均有明文可证，古人岂欺我哉？自是而神仙之名，永颂不诬也。

〔纲〕成化二十二年春，诏特封前太和山隐士张三丰为"韬光尚志真仙"（周颠为"宣猷辅化真仙"）。

〔目〕时僧道两徒，滥窃封诰，贪纵不法，帝厌之。因科道官进奏，遂削僧道两徒国师、真人之号，特封三丰为"韬光尚志真仙"，周颠为"宣猷辅化真仙"。

〔发明〕书"前太和山隐士"，表其高风峻节，不同方士之卑污也。封"真仙"，黜伪道也。

〔纲〕嘉靖四十二年秋，封张三丰为"清虚元妙真君"。

〔目〕帝晚年颇好元秘，闻三丰显化南京，遍索其书，得《玄要篇》。阅之，叹曰："我朝真仙也。"遂封为"清虚元妙真君"，并敕于三丰旧栖处，建清虚观祀之。

〔发明〕"清"则不染于物，"虚"则太空同体，二字甚佳。

〔纲〕天启三年秋，张三丰神现宫廷，晋封"飞龙显化宏仁济世真君"。

〔目〕帝因时事多故，宫廷中设箕求仙，忽见红光覆座，光中现三丰真容。帝叩曰："真仙教我，真仙护我。"降语甚密，移时隐去。帝感之，照前"飞龙先生显化真人"，晋封为"飞龙显化宏仁济世真君"。

梦九氏曰："先生清皎之光，照耀明朝也至矣。"

———————

① 手，《道藏辑要》本作"首"。

汇　记

时地

先世汉时留侯张子房，世居沛国丰邑。九世孙道陵天师，寓江西信州龙虎山，遂以道传其家焉。裔孙裕贤，宋时人也。南渡末，自迁辽东，生子昌，昌生三丰（见《子房世家》及《三丰本传》）。

元初人，正。

《本传》：元定宗丁未四月初九日子时诞生，此说为正。

金时人，误。

《明史》："或曰金时人"。按《元史》"太宗成吉思可汗，九年甲戌五月，举兵南代金，攻懿州，节度使高同山死之，辽州遂入元管。"据此考先生生时，辽州久为元有，实非金时人明矣。

元末人，误。

无名氏传云："出自元末。"此不待辨，而知其误矣。

明初人，误。

亦见《别传》。

辽阳懿州人，正。

《列传》皆同。《元史》"元初以辽阳为东京。"世祖至元中，改立辽阳等处行省，统路七，一曰辽阳路，初领一府，曰婆娑府，后废止，领州二；一曰辽阳州，一曰盖懿州。《明史》"懿州距京师一千七百里"。辽阳州，明改定辽卫，复改为辽阳州县，又改为辽东都指挥司。

天目人，误。

《四川通志》"一作天目人"。或因其曾寓天目耳。《云水前集》，有《天目山歌》。

冀州人，误。

义州人，误。

易州人，误。

俱见俗本，三州皆北地也。冀、义、易，与懿音相近，故误。

圣父母墓，在辽阳积翠山。

见《云水前集》，先生《答刘仲晦》诗云："长白干龙数千里，我从小干藏之矣。"九阳子《辽东纪行》云："长白山在故会宁府南六十里，横亘千里，高二百里。其岭有潭，周八十里，深不可测，人呼为天池。南流为鸭绿江，北流为混同江，南北之间，有大干龙，蜿蜒其内，又有一枝小干龙。至辽阳积翠山，张三丰先生之祖墓在焉。"次城大山宫、小山门，有仙桥，获我意，洵不诬也。

时地补①

闽人，误。

《滇黔纪游》云："三丰，闽人。洪武间，以军籍戍平越郡，蓬头赤脚丐于市，人呼为邋遢翁。"○以祖师为闽人，或因曾寓闽中耳。至谓以军籍戍平越郡，殊不可解。岂沈万三徙边之日，祖师亦有贵阳之戍耶？然洪武间，太祖访祖师，则又何也？

宝鸡人，误。

明·都穆游王屋山，记道士陈性常，旧住武当之自然庵，今年七十有八，而神气清茂，似有道者。移居兹山，已二十年，其学乃仙人张三丰之正传。为予言，三丰名元元，辽阳人，自号三丰遯②叟，世人鲜知其名。正统间犹在，不知所之。予曰："人传为陕右之宝鸡人，何也？"性常曰："宝鸡常寓，非彼产也。"

名号

先生尝自言云：吾之名号，多与古今人同，知之即改，于心乃安，以

---

① 此篇原在《玄要篇》后，现移至此。
② 遯，疑应作"遁"字。

故渺渺无定也。一名"通"，与本支远祖高公之子同；一名"金"，与别支远祖汉大司马同，均见《留侯世家》。一名"思廉"，与元玉笥生字同；一名"玄素"，与唐太宗时言官同；一名"玄化"，与葛玄弟子同。因就两名中，各取上一字，为"玄玄子"，又与太上圣号同。乃更为"山峰"，又与朴阳子同。复易为"三峰"，又与采战者同，殊可笑矣。但此"三峰"之字，传呼已久，不欲再行改更，因忆乾爻之连，而有坤爻之断，不足以还纯乾也，乃从坤土之中，植一根浩然之气，补其断而全其一焉。自今以往，当更名"全一"，字"三丰"，名号于是乎大定。他若貌容疏野，不修边幅，世人之呼我为"张邋遢"者，乃千古独得之奇，有一无二之作也。呵呵！（《洞天记》）

名通。

见陆子渊《玉堂漫笔》。

名金。

见《夔府志》。

以前二名，先生自谓与远祖同。按《留侯世家》"不疑嗣为侯，生二子，曰典，曰高。典生默，默生大司马金，金生阳陵侯千秋，千秋生子嵩，嵩生壮、赞、彭、睦、述，其后多以功烈著。高生通，通生无妄，无妄生里仁，里仁生浩，浩生刚，刚生翳。"翳客于吴之天目山，妻林氏，生道陵，复归沛郡，后寓信州龙虎山。

名思廉。

见《夔州府旧志》。

此名，先生自谓与玉笥生字同。按《元史》"山阴诗人玉笥生张宪，字思廉，负才气，走京师，创言天下事，不用，遂入富春山，混缁黄以自放。张士诚据吴，辟为都事。吴亡，变姓名，遁杭州。杨廉夫所谓铁门能诗者也。"

外又有章思廉者，遂昌人也。居寿光宫为道士，诵《太上度人经》有悟，遂不语，亦或不食，逾四十年仙去。

名玄素。

见《玄要篇·自序》。

名玄化。

见《玄要篇·还丹歌》内。

此二名，先生自谓与唐太宗言官同，与葛元弟子同。按：开元初，台谏张玄素，以直声闻，太宗赐银青光禄大夫。又按：张玄化，尝寓汝州，为葛玄弟子。一日召道士周元亨戒之曰："吾化后，勿损吾躯。"既化，元亨如命，葬城北二里。后二年，汝州卒有入蜀者，逢玄化于巴峡间，令持书与周尊师。汝卒还，投书于周，开缄视之，则玄化亲笔，谢其葬之善也。遂率郡人，启墓觇之，惟故履存焉。宋政和时，封冲妙玄素。

此二名，先生自谓与金明医洁古老人同，与葛元弟子同。按：金易州明医张洁古，亦名玄素，举进士不第，以医学传也。①

字玄玄。

此字，先生自谓与太上圣号同。按：《唐书》老子称"玄元皇帝"。又，白乐天诗云："玄玄《道德》五千言"。

字山峰。

字三峰。

此二字，先生自谓与朴阳子同，与采战者同。本集《正讹》内，辨之已明，兹不复赘。

字君实。

《列传》皆作名，惟子渊《漫笔》，及本传作字为正。

字铉一。

字全一。

字三丰。

号昆阳。

均见本集传中。

《洞天记》先生云："自今以往，更名全一，字三丰，名号于是乎大定。"

长乙按：先生名号，屡更屡同，后来作传者，实当以此言为正。

---

① 此条，据空青洞天朱道生刊本、《道藏辑要》本增补。

遗　迹

平越灵迹[1]

福泉山，在府城南数里，《通志》"仙人张三丰修真处"。前为高真观，后为礼斗亭，亭前有浴仙池，夏不溢，冬不涸，可以疗病。(《平越府志》)

对奕石，在府城南福泉山后，世传张三丰与隆平侯张信对奕处。(同上)

礼斗亭，在府城南高真观内，世传明初仙人张三丰，常礼斗于此。(同上)

《打坐歌》碑文，在福泉山高真观内，仙人张三丰所作，言道家之用。(同上)

平越府南门度石梁，过南街，道旁有高真观，为张三丰仙师道场。从北向西南行，曰卓笔山，稍西上高坡，曰倒马坡。坡半见隔山石壁如屏，悬崖千仞，壁上有仙师影，首戴华阳冠，侧身杖策而行，分明可见。其旁刻"神留宇宙"四大字，云是仙师留记，为海内灵迹。三丰祠，在平越府城内，有礼斗亭，亭前石池名浴仙，深四五尺许，冬夏不涸。池旁有桂树已久枯，有道人来浴池中，以破衲挂树上，树复活。天启元年夏，驻镇新添司理李若楠请鸾，降笔书一词曰："礼斗亭，礼斗亭，张仙借此作修真。日月悬头上，风云过眼尘。茉莉元君，支天圣人，当年曾格我精诚。今朝列仙班，显化通灵，敢忘了，托迹玄津。偶闻父母索吾名，聊借俚言为镜。"今有石碑存祠中。(同上)

平越郡城内，有张邋遢修道故迹，在高真后。洪武间，云游至此，结茅为亭。闭户静坐。与指挥张某善，尝与饮博，指城南月山寺地曰："葬此

---

[1] 以下十二则，原书均无标题，据方春阳校本增补，下同。另外，编次参照方春阳点校本调整，并于各则之末，注明原书编次。

可封侯"。张从之，后果以战功封隆平。今亭前一池，冬夏不涸，旁有一桂，亦其手植。府南五里，即武胜关，隔溪绝壁，有三丰遗照，戴华阳巾，侧身携杖而行，俨然图画。旁有明抚军郭青螺书"神留宇宙"四大字。下有夜滴金桥，虽晴夜，亦雨洒数点。又有晚霞落照，不计晴雨，俱有斜晖。（见江阴陈鼎《纪游》）

金碧旧居

宝鸡县东二里，有泉散流山麓，曰娑罗泉。泉出山巅。金碧观，仙人张三丰所居也，土窟犹存。（《云栈纪程》）

剑南显化

剑南道旧署，在今嘉定府试院中，昔汪公观察剑南，张三丰先生显化其署，因即高标之麓，建亭祀之，士民称三丰楼者是也。楼前有静室数椽，回廊①曲槛，风榭花坛，即汪公息心处也。每夕由署内启后辕，拾级登山，从安乐园旧址，披云拂树而上，至楼前必露香虔告，以表清净仁慈之衷。仙翁俯鉴其诚，即现法身相示，并与谈经论史，作字吟诗，所传秘密，不可殚述。（阮友桐《闻见草书》）

乌江观潮

遵义府乌江，有张三丰观潮处。青山隔岸，白水当门，至今石像犹在。（《贵州通志》）

巴岳遗物

巴州县（即今铜梁）南十五里巴岳山，有张三丰所留扇、砚、竹杖各一，至今寺僧，以为宝焉。（《四川通志》）

---

① 廊，原作"廓"，改。

凌云留像

凌云寺，在栖鸾、集凤两峰之间，中有古碑，刻丰仙坐石观书像，上题"敕封飞龙济世真人、通微显化天尊、三丰张先生圣像"二十一字，皆隶书。（《凌云志》）

青衣别岛

嘉州东南数里，有孤屿枕于江上，与乌尤、马鞍相近，旧志名"青衣别岛"。张三丰先生显迹其间，士民创亭台祀之。中有诗仙院、纯阳宫、轩然台、听潮轩、竹抱斋、印月涵日二小池。先生皆有留咏，亦胜事也。（《洞天记》）

鹤鸣柏树

大邑县鹤鸣山中，迎仙阁下，有张三丰手植柏树，大可五十围。今已老矣，只存枯椿，椿内复生子柏，亦近十围之大。（《四川旧志》）

鹤鸣玩易

鹤鸣山中有八卦亭，相传为张三丰先生观《易》处。其图以太极居其中，伏羲卦位包其外，盖言阴阳消长之义，以明丹火之进退耳。（《洞天记》）

名臣求访

惠帝之崩于火[①]也，或言遁去，诸旧臣多从者，帝疑之。五年，遣濙颁御制诸书，并访仙人张邋遢，遍寻天下州郡乡邑。隐察建文帝安在，至十四年乃还。（《明史·胡濙传》）

太祖命真人张宇初，访求三丰，今有真人表，载在武当碑志。成祖命给事胡濙，天下物色，有手书并诗，载《双槐岁抄》。（《七修小注》）

---

① 火，青空洞天朱道生刊本作"大"，《道藏辑要》本作"火"。

鹤鸣山迎仙阁外，有胡濙访张三丰诗碑，为苔藓所蚀，只剩"磊落精神如蕴玉"之句，前后模糊，然已可宝重矣。款落"给事□濙"，三字犹在。(《邛州旧志》)

　　明胡忠端尚书，成祖朝，屡奉命访张三丰真人，故吾乡口号有"胡老尚书赶张邋遢"之语。(《毗陵见闻录》)

峨眉栖真

　　旧志载鬼谷子、严君平、白玉蟾、张三丰，俱在峨眉。曾见《神仙真诰》云：鬼谷为太玄师，治青城山；严君平尚在峨眉，未著何秩。三丰在明初，与夔府开元寺僧广海善，临别留诗一首，草鞋一双，沉香三片而去。味此则三丰游蜀，必来峨眉无疑也。《白集》遍查，无"峨眉"只字，惟今峨眉县南三十里，有玉蟾湾，缘崖蹑蹬，上有玉蟾洞，可容千人，洞壁石色如云母，仿佛见肩背丝绦，相传为玉蟾尸解处。(蒋虎臣《峨眉志余》)

笔墨游戏

　　三丰仙翁，每喜书唐诗，作龙蛇体，得者多刻石以为世宝。《池州旧志》云：青牛宫石刻一律，字体异常，人称仙笔。其诗云："仙境闲寻采药翁，草堂留话此宵同。试看山下云深处，信有人间路不通。泉引藕花来洞口，月将松影过溪东。求名心在闲难遣，明日马蹄尘土中。"此书唐人诗也。嘉靖间，都御史刘大谟跋云：是刻如雷电鬼神，变幻莫测，却又不失六书矩度，信非异人不能。九龙主人，宜加呵护，若为飚车羽轮辇去，岂不可惜哉！(《洞天记》)

　　丰仙书"仙境闲寻"诗，款落"玉皇道丈太和子书"。按：张仙曾隐元岳太和山，故自号为"太和子"。俗称陈希夷笔迹，非也。郎草桥谓此书，乃好奇未仕者所为，首曰"仙境闲寻"，末曰"求名心在"。仙尚有此言耶？而不知太和子者，盖喜唐人名作，借以骋仙笔耳。今四川成都府二仙庵，亦有此碑，盖揭本移刊者也。又尝见峨眉石刻，有"春风倚棹阖闾城，帝子远辞丹凤阙"二本，字字作龙蛇倒绾之势，笔法更为奇妙，款落"张仙手题"，然亦录唐人句也。若以诗论，又必曰"青袍今已误儒生"，非神仙

语也。(同上)

祥符寺壁上,有张三丰墨书"翔符禅院"四字,以"祥"作"翔",极蟠拿飞舞之妙。童山诗所谓"旁有四字大如斗,擘窠云自三丰手"者也。(《绵州杂志》)

三丰仙翁,有手书六言墨绢,在成都卓氏家。其诗云:"浩气冲乎宇宙,巍巍湛湛无他。白玉毛头狮子,原来只在我家。"字挟天风海涛之势,盖明末笔迹也。(《桐君尺牍》)

高标山大殿外,左壁书孟浩然诗:"春眠不觉晓,处处闻啼鸟。夜来风雨声,花落知多少。"二十字,笔势伸缩飞舞尽致,殿壁多敝改,惟此壁不圮,墨色如新,人以为三丰仙笔云。(《乐山县志》)

嘉州城东九顶山,瞻云峰,有三丰仙翁手书"说法台"三字,刻于崖上。其上为清晖阁,即仙翁与汪观察讲道处也。(《乐山县志》)

黄公望,字子久,年九十余,碧瞳丹颊。一日于武陵虎跑寺,方同四客立石上,忽四山云雾涌溢,片时遂不见子久,以为仙去。予向疑耽画者饰之,今翻《道藏》玉文金笈,经公望编录者非一。其师则金蓬头,其友则莫月鼎、冷起敬、张三丰,乃知此老原从十洲来,绘事特其狡狯之一耳。(见《紫桃轩杂缀》)

按:公望画擅一时,张祖、冷谦亦皆以画家北派驰名于世,其墨迹必多在名士家,故人遗迹云。

道坛记

坛以道名，崇本也。神仙从道出身，则以道叩者，必以道降焉。夫设坛请仙，士大夫多奇此事，但其中有可信者，有不可信者。鸾手正则可信，邪则难信；诚则可信，伪则难信；清雅则可信，浊俗则难信。况仙才仙笔，吐辞必异夫人，出语必立其大。若诗文鄙陋，义理粗疏，牛鬼蛇神，惑民诬世，此岂仙人之言哉？呜呼！噫嘻！我知之矣。

先生曰："若辈之所为，屏置不论可也。吾与二三子，谈妙理，守清高，兴到笔随，则河洛卦爻、道德忠孝、先儒格论、老庄尹列、《参同》《悟真》之旨，用以充其学而放其言焉，岂不快哉？"又云："人以吉凶从违、求仙解脱，验则信，不验则否，二三子亦无效此愚情也。吉凶由天定，知之何益？不知何损？理在则气在，气在则数在。主宰者，理也；流行者，气也；生克者，数也。只求理之所安，虽气数亦不违也。"居士等憬然悟曰："大哉言乎！先生之教我侪者至矣。"爰书《道坛记》数则，以表其真，庶几好道者，得见先生也。

先生约诸子，载酒凌云，设坛于东坡楼上，讲《道德》数章，各各听受。乃命携琴者，捧琴案上，爇名香，展古画，相率而下。时同人啜茗前轩，山僧四五，笑对江山。忽闻楼上琴声，隐隐如洞天春晓，荡荡若潇湘水云，而楼中故无人也。诸生是日，咸闻先生之琴焉。

初冬寒峭，晓雪微晴，先生降于山中，为诸子讲道消寒，并云："吾今雪里行吟，有能从我游者否？"俄闻小沙弥言："门前有一披蓑道士，其行如飞。"涵虚生追之不及，记以诗云："先生在世少人知，我识先生步又迟。雪满溪桥无履印，云归海岳有情思。仙风过去应千里，鹤驾重来更几时？比似追韩尤不易，归途踏月想丰姿。"

先生偕诸子，入青城山，觅结茅养静之区，流连难去。一日于飞仙石上书曰："吾今现身,与诸子一观。"行至上清宫后,忽见一童子作畏人之状,避入大石中,诸生不以为然。复倚危壁行,细径盘空,下至天师洞,并无所见,仍还上清。某生曰："今日之童子,必先生也。遁身石中,是教人退藏于密也。"

先生留诸子,在青城山中,勾留数日。观大面之奇,空青插汉;订同心之雅,虚白生庭。一日为诸子言曰："归去乎哉!姚将军下雪封山矣。"遂促装过邛州,行至太平场十五里,回望名山,早已彤云布岭,雪意漫空矣。

先生与槃山子曰："士不能奋身廊庙,便当潜身邱壑,仰事俯蓄,怡然一堂,好道躬耕,亦颜、闵之学也。若走城市繁嚣,往来酬酢,劳人草草,何如桑者闲闲!"槃山闻之,即移家于槃谷之中,守身养体,家计平安,始信先生谈理,效如桴鼓。

甲午夏,猓夷出大堡,焚掠村墟。有丁氏女者,与其弟被掳,贼怜之,为解其缚,将欲诱夺焉。女大骂不屈,伺隙投江而逝。先贼之来也,父冯河,母溺死,女抱母尸出。弟被掳三年,遁归冷碛汛,泣诉其事,总府徐公(名致远)属士大夫扬之。山中诸子,以此乞先生题,先生即书云:"丁长英,烈女子,大堡贼来掳村里。女执不辱投江死,死抱母尸出江水。"题毕,云:"此女他日,必与节烈者,同享千秋。"亦越五年,嘉州有李魏氏者,夫亡守节,母姑继逝,翁贫不自振。氏还归魏家,依父纺绩,兼养其翁,将俟节全孝尽,出家从女冠游。父老病,恐旦夕死,反令女无所依也,因托媒妁之言,再醮于宋姓。氏闻之,泫然泣下,强谓其父曰:"我明日,当往李郎之墓一祭别焉。"魏然之。揭朝,乘肩舆,出西郭,行至中途,绐舆夫曰:"我将往山后探亲,今有钗在,汝持归我家,即可换取舆资矣。"氏觇其行远,即奔观音滩,跃入江中,以全其节。时乐邑明府毛公(讳辉凤)闻之,即祷诸江神,为护完体。逾日,得其尸于道士观,面貌如生,遂同李氏子合葬焉。更为请旌建祠,以丁烈女袝食其内。云坛诸子,始信先生题赠丁女时,其言为不虚也。

序传外记

三丰先生传

缺　名

三丰者，幽北辽阳异州人也。姓张，名君实，字玄玄，号三丰，封曰"通微显化真人"。出自元末时。真人之父讳昌，又名子安，三丰乃第五子也。幼时因染目疾，百药罔效，于是舍送碧乐宫，师事张云庵为徒，从学全真正教。初，师之生也，迥多异质，龟形鹤骨，大耳圆目，须髯如戟。顶作一髻，或戴偃月冠，手执竹杖，一笠一衲，寒暑御之。不饰边幅，人呼为张邋遢。日行千里，静则瞑目。旬日不食，一朝或啖升斗辄尽，或避谷数日自若。诚潜静坐，一毫尘事不著。矢志慕大道而不果，遂遍游湖海，流寓宝鸡金台观栖焉。忽一旦辞尘，留颂而逝，有邻人杨轨山，与之置棺殓讫。临窆，柩内吼声如雷，众惧，发视之，颜色如生，寻苏。复冒艰辛，涉蹑名山大泽，偶于雍之终南，遇火龙先生，传以口诀，授以秘妙，示以出游，和其光，同其尘，觅侣于越，求铅于沈，内外丹始成。既而历诸胜地，于楚之武当山炼养，结庵于玉虚宫前古木林邱下，九转金丹，成其大道，猛兽不惊，鸷鸟不攫，人恒异之。尝与乡人言："此山异日当大显"。居二十三年，拂袖游方而去。曾入蜀中，凡名山仙迹犹存，善书龙蛇草字，至今蜀人宝之。逮永乐十年，帝敕正一孙碧云，于武当山，建宫拜候。天顺中，赠为"通微显化真人"。自此出没无常，度人无量，莫知所终。手著《节要篇》、《鹧鸪天》等词行世，言道家之用，兼成真之法。内外丹经，词甚微妙，古来魏伯阳之《参同》、崔公之《入药镜》、吕祖之《敲爻》，皆入圣超凡之极则，但文义精微奥隐，虽破万卷，不能仿佛，惟紫阳之《悟真》，更详明众祖师之遗经，然亦未可骤烛也。独三丰所著《节要篇》，明白确当，口诀显然，俾后学者，得以一见了悟。其所以阐归复之正路，作玄嗣之梯航，明性命之双修，类阴阳之配取，济度群迷，晋惠众生，永传太上之道而不坠，玄之又玄，众妙之门，复灿然于今日，而力辟旁门外道，黜邪崇正，使坚志勤修，无致失足歧途，得期速效，是乃真人之慈悲，功德不可思议矣。

吴镇响云洞天刻《玄要篇》序

此书传自张三丰祖师，抉道之奥，搜道之髓，实万世之元秘，学道之正鹄也。世有以此为采战之术者，诬亦甚矣。然不可咎，为生谤也。刘宋时，有张山峰，传御女采战之术，闻者不察，遂讹"山峰"为"三丰"，而以采战相訾謷，究亦粗心好议论，不细玩其书之旨趣。书中《金丹论》不云乎："人有以此为御女采战，是犹披麻救火、飞蛾扑灯。"覆按之，自不妄以相议矣。灵机、灵谧，历年辛苦，穷究简摩，虽不敢谓为窥其奥窔，而其中根源节次，颇喜得其二三。所未①克涉藩篱，而不敢自暇自逸，必欲殷勤谦下，多方延访者，外丹之秘耳。此书久无刻本，恐传写者多亥豕之讹，又久而腐朽溃漫也。爰付剞劂，以永其传。俾有志者，不昧所趋，庶几紫阳祖师"万人一宇、万人一字"之愿，若合符节，或克遂其万一也。祖师在天之灵，应默有以牖我也。学道弟子张灵机、邓灵谧盥手题。

岳云坛序

张紫琼

昆阳先生，慈悲普度者也。遇儒言儒，遇释言释，遇道言道。而其于道也，遇大器讲天仙，遇中器讲地仙，遇小器讲人仙。而其于人也，遇上等讲道行，遇中等讲因果，遇下等讲报应。有教不分类，因才以施功，直欲遍海内众生而各成就之。大哉！其回祖之后，独立宏愿者哉！

---

① 未，《道藏辑要》本作"谓"。

附录一

祖师玄要篇

邓灵谧、张灵机　敬刊

板存吴镇响云洞天

重刻《玄要篇》序

　　此书传自张三丰祖师，抉道之奥，搜道之髓，实万世学道之正鹄也。世有以此为采战之术者，诬亦甚矣。然不可咎，为生谤也。刘宋时，有张山峰，传御女采战之术，闻者不察，遂讹"山峰"为"三丰"，而以采战相訾謷，究亦粗心好议论，不细玩其书之旨趣。书中《金丹论》不云乎："人有以此为御女采战，是犹披麻救火、飞蛾扑灯。"覆按之，自不妄以相议矣。灵机、灵谧，历年辛苦，穷究简摩，虽不敢谓能窥奥窔，而其中根原节次，颇喜得其二三。所未克涉藩篱，而不敢自暇自逸，必欲殷勤谦下，多方延访者，外丹之秘耳。此书久无刻本，恐传写者多亥豕，又久而腐朽溷漫也。爰付剞劂，以永其传。俾有志者，不昧所趋，庶紫阳祖师"万人一宇、万人一字"之愿，得此书者，若合符节，或克遂其万一也。祖师在天之灵，应默有以牖我也。谨序。

　　大清道光六年二月谷旦、学道弟子张灵机、邓灵谧盥手敬题

皇明天顺皇帝敕封三丰张真人诰命

　　奉天承运，皇帝制曰：朕惟仙风道骨，得天地之真元，秘典灵文，集阴阳之正气。顾长生久视之术，成超凡入圣之功。旷世一逢，奇踪罕见。尔真人张三丰，芳姿颖异，雅志孤高。得仙箓之秘诀，饵金鼎之灵膏。去

来倏忽，实得造化之机；隐显渺芒，吻合乾坤之妙。兹特赠尔为通微显化真人，锡之诰命，以示褒崇。尚期指教，式会来英。

《玄要篇》自序

武当山落魄道人张玄素　撰

玄嗟人生光阴有限，富贵无常，若风灯草露，存没倏忽。自古及今，比比皆然，深可惊省。以是日夕希慕大道，弃功名，撇势利，云游湖海，遍访名师。其所授虽多，总皆旁门小法，行于身心，无所益也。考诸丹经，而又不合，与道乖违。徒劳勤苦，性命惶惶，不得一遇至人，以偿生平之愿。延祐间，幸天怜我，初入终南（一作"窝南"），得火龙先生，询是图南高弟，绿鬓朱颜，俨乎物外神仙，春秋不知其许矣。玄即异之，礼拜师事，跪问大道。蒙师慈悯，鉴我精诚，初指炼己功夫，次传得药口诀，再示火候细微，与夫温养节度、脱胎神化、了当虚空之旨，无不一一备悉，真所谓口口相传，心心相授。得闻斯道，何幸如之？又云造斯道者，又必须法财两用，而后可以有为。乃玄素以勤于游访，兼颇好善，倾囊倒箧殆尽，安能造是道哉？不觉每日忧形于色，师遂怪而问之。玄素又挥泪跪告。重蒙怜悯，授以丹砂点化之术，及赐汞见立干之药。遂玄素出山，双①修性命，乃拜辞恩师。于是和光混俗，觅真铅八两，真汞半斤，同入造化炉中，煅炼日魂月魄，攒簇五行，和合四象，水火配对，金木调停，真土打合，交姤温养，转制分胎，三次超脱，九转已周，自见黄芽白雪，明乾点化，妙不可言，到此何患无财以了大事？特择善地，起盖茅庵，端坐静室，虚心养神，安神养气，气慧神清，方求鼎器。暮②饮蟠桃酒，朝飡玉液池，如醉如痴，若婴儿赤子，补气补血，丹田温暖，返老还童。自觉汞有半斤，可待他铅八两，是数者，须候月之明圆，其铅花自然露见，下手捉龙擒虎，采彼先天一点真铅，吞入腹中，能干我汞。徐徐火候烹煎，自有斤两法度，既合周天之数，又必③爻策无差，进火退符知复姤，防危虑险识卯酉。十

---

① 双，底本作"归"，从《张三丰全集》。
② 暮，底本作"对"，从《张三丰全集》。
③ 必，底本作"比"，从《张三丰全集》。

月功完，圣胎显象，九年面壁，与道合真，跨鹤青霄如大路，任他沧海变桑田，此大丈夫功成名遂之时也。始信有此出世之法，虽有拱璧以先驷马，争如坐进此道，皆因广积阴功，累行方便，得遇至人而成也。玄素幸荷天庇，得以有成，虽不敢妄泄轻传，亦不敢缄默闭道，因是作为修炼内外金丹歌论诗词，编次成录，以觉后学，名曰《玄要篇》（一曰《节要篇》）。其行道之工夫，与得道之口诀，及成道之旨趣，诚无有切于此者矣。倘有志之士，得遇是书，虽不得玄素之亲传，又奚异玄素之面授也哉！

时大明永乐癸巳岁孟秋月既望、元邈遏道人张玄素三丰自序

金丹论

夫修真者，《易》曰："一阴一阳之谓道也。"但有顺逆之殊耳，且如顺去则女人有孕，逆来则男子怀胎，故修身与生身，其①理同而无异也。《悟真篇序》云："其生杀之机，隔一线之地，理合义同。"凡学者，必须要知一阳初动之候，真铅始生之时，其气迅速如电，而不能久居于先天，霎时而生癸水，顷刻而变经流，生形化质，已属后天。且则因我之玄门窍小，若阴阳会合，亦不许动摇，待情性自然相感。凡有形质，不能升入窍内，然非真气橐籥，岂能进于窍乎？故圣人直指先天一炁，冲开此窍。又曰：修行之径路，可以续命延年，修真而全真，无来无去，不生不灭。

今之愚人，闻说有为、用阴阳之道，却行御女巧诈之术，正如披麻救火、飞蛾扑灯，贪其美色，胡肆纵横，日则逞力多劳，夜则恣情纵欲，致使神昏气败，髓竭精枯，犹不醒悟，甘分待终。古之贤人不然，乃忠孝两全，仁义博施，暗行方便，默积阴功，但以死生为念，不以名利关心，日则少虑无思，夜则清心寡欲，以此神全气壮，髓满精盈。每叹凡躯，如石中之火；常嗟幻体，似水上之沤。未闻道者，急求师；已闻道者，急求药。又能广参博采，信受奉行，求先天之大药，寻出世之丹方，忙忙急急，下手速修，惟恐时不待人。

夫道者，岂是日用常行之事？乃圣人口传心授，金液还丹之妙道也。非定息二乘之法，乃最上一乘之妙。以有为入无为，以外药修内药；以己

---

① 其，底本作"真"，据文义改。

而求彼，以阴而配阳；以铅而投汞，以炁而合神。夫无为者，防危守城之方、温养沐浴之事，乃得丹之后，脱胎神化之功也；夫有为者，不是采战提吸之术、九一动摇之法，乃是安静虚无之道，行守雌不雄之功，有寂然不动之法，是未得丹之前，炼己筑基之事。然已言者，有为、无为，体用之始终；而未言者，内药、外药，出处之法象。夫外药者，在造化窟中而生；内药者，在自己身中而产。内药是精，外药是炁；内药养性，外药立命，性命双修，方合神仙之道。大修行人，欲求先天外药，必炼己以待阳生，用神气炼成慧剑，采金水以配柔刚。古人采药进火，全凭此物，除七情之患，去五贼之害。若无炼己，以去贼之患害，则不能常应常静，魂魄焉能受制？情欲岂不相干？若要入室施功，临炉下手，则外火虽动，而内符不应。只因刚柔未配，以此慧剑无锋，群魔为害，心神不宁，欲念杂起，故乃逐景飘流，致使汞火飞扬，圣胎不结。如使炼己纯熟，则心无杂念，体若太虚，一尘不染，万虑皆空，心死则神活，体虚则气运，方许求一阳之道、二候之功。还丹容①易，炼己最难。凭慧剑，剖破鸿蒙；舒匠手，凿开混沌。却用阴阳颠倒之法，水火既济之道，乃行地天交泰之功，使阳居下，火必照上，令阴在上，水能润下，只要苦行忍辱，身心不动，己之性若住，彼之气自回，便得守雌不雄之功，寂然不动，感而遂通之妙。却向太极将判之间，静已极而未至于动，阳初复而未离乎阴，候此真先天炁降（有口诀），以法追摄（有口诀），送入黄庭之中，日运己汞，包固周密，汞气渐多，铅气渐散，合丹于鼎。又须调停真息，周流六虚，然声寂而意合，乃炁均而脉住，丹始凝结。只待圣胎炁足，十月功圆，脱胎神化，降生婴儿，调之纯熟，出入纵横，往来无碍，不被群魔引诱，只待九转功成，面壁之时，炼精则化炁，炼神则还虚，形神俱妙，与道合真，此大丈夫功成名遂之时也。

是道古人不传于世者，盖缘愚人信之不笃，行之不勤，而且反生诽谤，是以秘而不传。予自得遇至人以来，述此修身秘要，以警觉后学。同志者，各加黾勉，共陟仙都。

---

① 容，底本作"再"，据《大道论》改。

金丹内外火候总论

元始祖炁，朴朴昏蒙。混沌一破，太乙吐萌。
二象合德，日月生明。乾因坤破，坤索乾成。
异名同出，一本其根。内外虚实，刚柔均分。
阴阳燮理，变化分形。真神真液，恍惚杳冥。
坎离颠倒，运施五行。既济生神，未济死临。
仙道谨守，鬼道易邪。天道之道，其理分明。
玄玄之主，妙妙之宗。玄妙贯通，劈破鸿濛。
窍门橐籥，朱雀烧空。庚方月现，西南得朋。
玄酒方淡，宴饮黄钟。二八成就，乌兔混融。
巽风吹鼓，满鼎霞红。神风默默，黄屋玄翁。
水火进退，朝屯暮蒙。子午运用，卯酉无功。
十月数足，卦象翻终。本命胎全，纯阳炁冲。
神机妙用，道法无穷。

金液还丹破迷歌

还丹诀，还丹诀，吾今仔细与君说。
旁门小术路三千，除此金丹都是僻。
万般渣质皆非类，真阴真阳正栽接。
阴阳交，铅汞接，婴儿姹女空中烈。
龙虎上下转升腾，海底灵龟弄星月。
长黄芽，飞白雪，水中金露先天诀。
真黄婆，真橐籥，金丹就是长生药。
先筑基，后进药，百日功夫牢抱着。
若追二炁归黄道，三家相见仙胎结。
性要炼，命要接，休在人间虚岁月。
若将铅汞归真土，添汞抽铅永不灭。
乌八两，兔半斤，二物同入戊己村。
两头武，中间文，四象擒来一处烹。
十月功勤火候足，纯阳炼就寿无穷。

换鼎移胎三五载，九年面壁出阳神。
玄是祖，牝是宗，先天先地万般根。
点开透底通天眼，斡转天关斗逆行。
窍要开，气自通，雷转斗柄声正轰。
海底云吸龙翻浪，泥丸风生虎啸声。
若会阴阳颠倒法，乾坤造化立时成。
讲《悟真》，说《参同》，此理原来共一宗。
此药虽从房中得，金丹大液事不同。
饶服炁，空炼精，闭尾闾，
望飞升，不得金丹总不成。
鸟兽类，知生死，鹿运尾闾而炼精，
龟纳鼻息自固形。鹤养胎息而炼神，
畜生倒有千年寿，为人反不悟长生。
遍世人，贪利名，不怕阎罗鬼簿情。
人有生灭畜有死，三寸气断鬼为邻。
先天药，后天药，此是阴阳真妙药。
先天药，能超脱，后天药，延命壳。
世人若会栽培机，长生不死还大觉。
性要修，命要全，采得先天种泥丸。
童儿修，精气全，静里一炁可升天。
只有无为身不破，才是修真大罗仙。
幼年间，丧了阳，半路出家性颠狂。
乾爻走入坤爻里，变成离卦内虚张。
取将坎位中心实，返本还原复作阳。
真水火，配阴阳，世人莫要乱思量。
饶你无为空打坐，不免亡身葬北邙。
习静功，守中黄，到老差殊枉一场。
纵然明了真如性，阴魄投胎入鬼乡。
延命药，返魂浆，金丹就是药中王。
若将一粒吞归腹，返老还童寿命长。
又休妻，又绝粮，持斋说法往西方。

任你旁门千万法，除斯同类总成狂。
我把天机都泄漏，还丹端的是仙方。
累代神仙从此得，脱离尘世上天堂。
我劝后来学道者，休听邪师说短长。
若得口诀金丹药，延年住世寿无疆。
以此修出长生路，报答师恩谢上苍。
著斯诀，作慈航，行满功圆感玉皇。
破迷金液谁人作，万古流传元化张。

大道歌

君今洗耳听吾言，道有先天与后天。
后天渣质为无用，先天一点号真铅。
昧真铅，迷祖性，此是修行第一病。
玉清殿上少人行，吾今指破神仙镜。
命要传，性要悟，入圣超凡由汝做。
静功悟性动取药，内有龟蛇颠倒缩。
一阳发①动便行功，斡转天关须猛烈。
阴生在午阳坎中，卯酉行持要从容。
斗柄拨轮来紫府，笑迎仙子客黄公。
黄婆宫中会姹女，姹女婴儿自相配。
要筑基，须炼己，炼驯熟，明采取。
蒙师指我一段功，先将九窍八门通。
九窍元在尾闾穴，先从脚里涌泉升。
涌泉升起渐至膝，膝下功夫须着力。
释氏即此号芦芽，又如虫行又如刺。
过膝徐徐至尾闾，有如硬物来相抵。
方行最上一切功，三段功夫在口诀。
从此三关一撞开，泥丸顶上转将来。
金锁关穿下鹊桥，重楼十二真奇哉。
重楼即名真绛室，绛宫黄庭有端的。

---

① 发，底本作"法"，据《张三丰全集》改。

黄庭一室须要精，精在中间一点灵。
切莫糊涂为隐秘，黄庭便是真玄关。
真铅采来何处安？君还不见古人题，
若还不信长生术，但去桑间看接梨。
君不见，紫阳真人书。
虎跃龙腾风浪粗，中央正位产玄珠。
从教谈道谈玄理，除此为之都是虚。
关已开，功已积，制剑要明真消息。
镆鎁尚且铁为之，何况我剑本来直。
天为炉，地为冶，金水相停切莫野。
子午行功要铸成，能刚能柔能取舍。
剑已全，采真铅，采取鸿濛未判先。
若还采得后天气，只是将他命苟延。
二七时，有真机，神州赤县当求之。
法财两用若求得，就好切思细详别。
粉红云，野鸡色，唇若涂朱肤似雪。
聪明智慧性温良，神光漆采发纯黑。
气清行瞭步行端，方用中间算年月。
五千四八生黄道，依时采取定浮沉，不可毫厘令过越。
此际须明三日弦，妙在西方庚辛白。
慧剑灵，心以诚，敲竹相通始鼓琴。
天梯宜用不可缺，密密深机那个能？
海底巨鳌休乱钓，恐惊去了不回程。
炉莫损，候要别，采个后天延岁月。
一个时辰分六候，只于二候金丹就。
尚余四候有神功，妙在心传难漏泄。
真铅来，发神火，西到东来先觅我。
还我真汞一点红，相迎相迓成一颗。
过三关，升泥丸，下得重楼入广寒。
又不痴，又不慧，又不醒兮又不醉。
若非遍体使精神，怎得夫妻成匹配？

丹既定，心喜幸，屯蒙两卦朝昏应。
也知沐浴在其中，卯酉之时不宜进。
守城垣，罢战功，增得灵砂满鼎红。
如斯十月功夫足，器皿丹房一撒空。
入深山，抱元一，万事俱空不费力。
寒暑饥劳不可侵，巍巍九载面墙壁①。
朝来北海暮瀛洲，忽然功行齐完日。
水府三官来算寿，一封丹诏下瑶天。
青鸾白鹤舞翩翩，直至通明封拜罢，永作长生不老仙。

了道歌

道情非是等闲情，既识天机不可轻。
先把世情齐放下，后将道理细研精。
细研精，未炼还丹先炼性，未修大药且修心。
修心自然丹信至，性清然后药材生。
药材生，雷声隐隐震虚空。
电光灼处寻真种，风信来时觅本宗。
霞光万道笼金鼎，紫云千丈罩天门。
若还到此休惊怕，稳把元神守洞门。
守洞门，如猫捕鼠兔逢鹰，急急着力又加功。
万般境象皆非类，一颗红光是至真。
此个红光是春意，其中有若明窗尘。
中悬一点先天药，远似葡萄近似金。
到此全凭要谨慎，丝毫念起丧天真。
待他一点自归伏，身中化作四时春。
一片白云香一阵，一番雨过一番新。
终日绵绵如醉汉，悠悠只等洞中春。
遍体阴精都剥尽，化作纯阳一块金。
此时气绝如小死，打成一片是全真。
到此功成才了当，却来尘世积功勋。

---

① 壁，底本作"璧"，改。

行满功成天命诏，阳神出现了真灵。
此言休向非人说，不逢达者莫轻论。
其中切切通元理，此真之外更无真。
收拾行囊牢封固，他日功成可印心。
五十二句要君寻，若有虚言遭天谴，说与非人鞭丧身。

道髓歌

太上道，复重宣，决破先天与后天。
只论铅生于癸后，不言阳生于癸先。
拴意马，锁心猿，无杂念，意须专。
断却贪嗔三毒灭，剿除爱欲五贼潜。
华池水，上谷泉，古人用此润三田。
若知返本延年药，须是还丹续命铅。
走西川，施逞匠手，种金莲。
生擒虎髓炉中炼，活捉龟精鼎内煎。
先天炁，太素烟，醍醐一灌驻容颜。
得了任他寒暑变，服之跳出死生关。
寻首经，觅初弦，吾今指出妙中元。
水火既济交一遍，阴阳会合数三千。
到彼岸，不须船，灭虑除情绝妄缘。
静静清清看命宝，昏昏默默养胎仙。
受辛苦，二三年，阳神出，圣功圆。
养火无虞全造化，长生不老寿同天。

南宫词

（五首，取五行之义。）

其一

（鹊桥仙）
因寻地内天，为觅云中电。时时降意马，刻刻锁心猿。昼夜不眠，炼己功夫间，持心志愈坚。闭三宝，内守深渊；擒五贼，外观上苑。

（玉女摇仙佩）

令彼我，如如稳稳，使阴阳倒倒颠颠。退群魔，锋铓慧剑，采乌龟始气，取白虎初弦。将天根直竖，把月窟空悬。显神通、向猛火里栽莲，施匠手、在弱水里撑船。扫荡的心清意静，保养的精盈气全。不羡他美丽娇花，只待他甘泉露焉，使无情、放下娘生面。攻神州，破赤县，捉住金精仔细牵，送入丹田。

（尾声）

防危虑险除杂念，定息安神绝妄缘，沐浴洗心罢争战，圣胎脱然。面壁九年，炼神还虚，是咱功程满。

其二

（鹊桥仙）

看归根复命篇，观养性修真卷。方知金里水，才识地中天。微妙元元，原来生杀隔一线，龙虎隐二弦。讲元牝，《道德》仙经；穷戊己，《悟真》圣典。

（玉女摇仙佩）

论庚方、生金处，说兑位，产药川源，分明直指于赤县。如露如电，如雾如烟，只等的、乌龟吐气，白虎喷涎。斩三尸，境灭魔潜；擒五贼，马卧猿眠。追神水、入归元海，运真炁、周流涌泉，采金精、纳入丹田。自然贯穿，浑身百节周流遍。心似火，意如电，育养还丹汞渐添，闭兑忘言。

（尾声）

九年面壁功无间，太极神游遍大千，七返婴儿自出现。六贼遁焉，五行数全，四海人知归阆苑。

其三

（鹊桥仙）

先调呼吸均，后把金木并。铅精藏牝户，汞液隐玄门，造化之根。杳冥中有信，恍惚无见闻。养药苗、常令炉全，取黄芽、不教鼎损。

（玉女摇仙佩）

使元神、不离方寸，觅金水、灌入昆仑，仗慧剑、追逼群魔。闭三宝、持心意谨，擒五贼、炼己功勤。断贪嗔、祛除万虑，遇时景、不染一尘。我只待曲江上，月吐庚申，俺向形山，雪里寻春。采金精、方离赤水，和真息、周流一身，运己汞、包裹阳精。朝昏火温，时时刻刻加精进。如愚蠢，似痴钝，默坐忘言且守贫，保养全真。

（尾声）

俺向那深山面壁无人问，静室灰心惟俺亲。调神息，凭咱训，不论十月妊娠，只言九载苦辛，今日行足、功圆方证本。

其四

（鹊桥仙）

闲看《龙虎经》，静玩《入药镜》，本来铅一味，假作许多名。他在水底潜形，暗寄希夷顶，端居造化坑。赤洒洒隐在甘泉，密匝匝藏于丹井。

（玉女摇仙佩）

我只待冬至令，一阳初动，秋分时、二炁方升。华池有信玄珠进，当仁施德，立义设刑，防其诈，引诱欢情。观神州，炁盛阳腾；见赤县，癸动铅生。赤条条，龙头直竖；红拂拂，龟眼圆睁；黑洞洞，虎口出声。相争显能，使阴阳颠倒，把金水交并。捉北方玄武龟精，锁在黄庭。

（尾声）

沐浴常扫三田净，温养须教九转灵。积满阴功八百行，名书上清，神登玉京，宴赏罢、蟠桃酩酊。

其五

（鹊桥仙）

不容意马狂，岂把心猿放。三尸无扰攘，六贼尽归降。魔境俱忘，保养的精神壮，调和的气血强。诸虑忘，离却贪嗔；万缘净，不生妄想。

（玉女摇仙佩）

遣神女、侍炉铸剑，藉金水、配对柔刚。凭匠手、生擒活捉，如翻掌。开刀圭锁钥，解龙虎之缰。饮延年仙酒，吃续命琼浆。丹入腹、遍体生香，情归性、归性换骨回阳。休心景、牢拴土釜，灭意春、深闭洞房。远声色固守真常，堤防损伤，如遇使纳休轻丧。十月后，婴儿降，调理的、通灵会神，独步仙乡。

（尾声）

谁知静里乾坤大，我爱壶中日月长。任你人间是非谤，披云衣鹤氅，捧丹书玉章，紫府神仙齐庆赏。

雁儿落

（五首）

其一

俺则待，剖开混沌包，劈破鸿濛窍。
俺则待，觅滴续命浆，寻粒延年药。
我只见，虎啸气来潮，癸动药生苗。
会黄婆、将琴鼓教，见金公、把竹敲。
不觉的丹田热烧，原来是命宝归黄道。
把神息匀调，静观水火交。

其二

俺将那、没底篮仗人挑，俺把那没弦琴、怀中抱。
俺轻轻调直赤凤头，嘿嘿钻入乌龟窍。
俺这里，擒真炁，过鹊桥，运阴符，急相包①。
忽然觉、泥丸如汤沸，丹田似火烧。
设屯蒙昏晓，达四肢，薰蒸到。
有魔境相招，我这里、如如不动摇。

其三

炼己将五贼平，换景把七情并。
制伏的六欲宁，扫荡的三田净。
性定自通灵，心虚则照明。
配刚柔，行方应；会阴阳，颠倒行。
既济功成，万神悉听命。
闻诏飞升，丹台阶已注名。

其四

俺只待、隐市廛，默进功。
俺只待、择善地，方作用。

---

① 包，底本作"色"，据《张三丰全集》改。

俺只待、仗慧剑，将白雪培，凭匠手、把黄芽种。
俺只待、搬火炼真空，寻光剖鸿濛。
俺只待、摄二气归离户，采一阳、入震宫。
学旌阳行踪，冲举乘丹凤。
仿轩辕神通，飞升跨火龙。

其五

采铅精，配汞苗，立炉鼎，修玄要。
夺乾坤造化机，会日月盈亏妙。
合水火，左右烧；使魂魄，往来交。
按四时，不失序；顺八节，应卦爻。
辨昏朝，明消长；观天道，须教周天十二遭。

折桂令

（五首）

其一

一更初，独牧青牛，勿纵狂行，不放闲游。
我这里换景移情，摘花折柳，密炼潜修。
闭三宝、无为而守，擒五贼、有法拘囚。
匹配刚柔，奈得春秋，炁盛神全，采药何愁？

其二

二更里，匹配调和，逐散诸阴，赶退群魔。
招凤来巢，唤龟还窟，引虎归窝。
初发动、知谨守看，一阳生、认得真么？
下手莫错，望远时过，赤水含珠，造化无那。

其三

三更中，一阳才萌，赤县门开，其真方升。
微露铅华，和含玉蕊，半吐金精。
锁心猿、使龙吟云应，拴意马、等虎啸风生。
采颗芝英，送入黄庭，封固无虞，百日功灵。

其四

四更残，饮罢醍醐，乘槎张骞，笑杀麻姑。
贯荣卫身，通血脉形，润达肌肤。
周流遍、牢关土釜，升降毕、谨守如初。
念虑皆无，声色忘乎，温养胎仙，十月功夫。

其五

五更终，添汞抽铅，换胎脱鼎，移上丹田。
阳长阴消，性成命住，体固身坚。
静调神、时习而演，温养火、面壁巍然。
八百功圆，行满三千，与道合真，便是神仙。

一枝花

一

行持造化功，下手调元气。自从师传后，独自守无为。玉液长提，元气归真位。透三关，过尾闾，推河车，运上泥丸。撞昆仑，发震如雷，甘泉香生甜如蜜。入玉池、化作金液，逍遥饮、甘露自降。下重楼十二阶梯，牢封固、护守坚持，原来是精气神。三般儿、归根复命，原来是金木水火土，五行攒簇。

玄中玄，有不死还丹；妙中妙，有接命的根基。谁不行，谁不会，谁不做，都只在采取先天窍路上迷，怎肯胡为？俺也向花丛中，敲竹鼓琴心似水。从今参透真消息，忘物忘形，子前午后可为持，卯酉之中沐浴时。讲甚么生死轮回，说甚么姹女婴儿，总只要，采取鸿濛未判，一粒黍珠。

二

心如出水莲，意似云中电。昨宵因小事，误入丽春院。时时降意马，刻刻锁心猿。昼夜不眠，炼己功无间。闭三宝、内守黄房，擒五贼、外观上院。令彼我、如如稳稳，使阴阳倒倒颠颠。退群魔、怒提起锋铓剑，取采他、出墙花儿、朵朵新鲜。挂起我娘生铁面，我教他也无些儿动转。娇妖体态，十指纤纤，引不动我意马心猿。

俺是个试金石儿，高低便见；俺是个铁馒头，下口难飡；俺是个清净海，一尘不染；俺是个夜明珠，空里长悬。道坚志远，幼年间、常把身心炼。绝名利，不去贪，捉三尸，鼎内煎。我的心坚，我学的造化无人见。愁则愁，功不成、名不就，空把时光转；愁则愁，日月如梭趲少年。有一日拨转天关，腾空在半天，那时节才把冷淡家风道教阐。

三

先明天地机，次把阴阳配。有天先有母，无母亦无天，此是道教根源。把周天、从头数，将乾坤颠倒安。月之圆、存乎口诀，时之子、妙在心传。提起我身中、无刃锋铓剑，怕则怕、急水滩头难住船，感则感、黄婆勾引，候只候、少女开莲，此事难言。

五千日近、坚心算，三十时辰、暗里蟠。我将龙头直竖，他把月窟空悬。显神通、向猛火里栽莲，施匠手、在逆水上撑船。不羡他美丽娇花，只待他甘露生泉。攻神州，破赤县，捉住金精仔细牵，送入丹田。防危虑险除杂念，沐浴自然。面壁九年，才做阆苑蓬莱物外仙。

四

因求大道玄，走尽天涯遍。别父母妻儿，弃家产田园。万般辛苦，衣破鞋穿师难面。愁则愁、六七十年光阴短，入终南、感得火龙亲口传。命玄出山，觅侣求铅。遍访名贤，尽是诡计设奸窃道贪。

我要求个出世姻缘，幸遇着仗义疏财沈万山。又奈他力薄难全，我只得把炉火烹煎。九转完，向丽春院、采药行符。经五载，入武当山。面壁出神又九年，猛可得朝命宣。欲待要不睹君王面，又恐怕、胡尚书性命难全。驾云直上朝阳殿，官家见、喜悦龙颜。我本要与你口口相传，恐违了玉皇命言，我只得驾鹤腾空上九天。

橐籥

休言大道无为作，因甚房中弄橐籥。
欲时不动片时闲，紫气红光乱灼灼。
青龙喜，白虎恶，青龙缠定乌龟壳。
两条正气透天宫，决然上有三清阁。

阁内分明有玉池，中有长生不死药。
依时下手采将来，服了蓬莱受快乐。

先天炁

玄关一窍通真诀，乾坤辟破蓬壶阔。
黄庭有个元翁客，抱琴待守天边月。
二水清兮三水浊，金花开，兑头缺。
峨眉山上紫霞飞，霞飞化了红炉雪。
龙吟逼，虎啸迫，灵龟吸尽金乌血。
骑龙挂剑醉归家，运转三关朝北阙。

金铅接命

笑睇神州有妙玄，耳边切切细相传。
凿开混沌擒金汞，劈破鸿濛捉水铅。
黍米一珠含北海，蟾光万道照西川。
若人采得吞归腹，何虑凡夫不作仙。
（此药在三十时辰、两日半，定时采取。）

木汞一点红，金铅三斤黑

生来本是先天炁，隐在形山人难遇。
分明说破君须记，一弦春水色形势。
下口将来入口吞，十二雷门都惊惧。
醉兮醉兮如醉兮，丹田春透红如玉。
蟠桃慢饮瓮头香，巽风鼓动元和气。
阴魔战退一腔春，神号鬼哭翻天地。
功完行满足三千，乘鸾跨鹤飞仙去。

红铅接命

学得机关正好为，玄微只向此中奇。
牝门一粒真铅动，玄户三家造化机。

凝结丹田生玉叶,送还土釜长灵芝。
世间要识先天理,认得红花顶黑龟。

认药采取

日红海底山头月,灵山会上寻茄色。
花开鸟唱一天春,颠倒龙涎配虎血。
神光射入玉壶田,密数坤申子午诀。
刀圭百日大丹成,丹成永做蓬莱客。

真口诀

说与你,真口诀;指与你,天边月。
月圆时,玉蕊生;月缺时,金花卸。
三五按时节,老嫩细分别。
送入黄婆舍,休教走漏泄。
栽接,灵龟吸尽金乌血;
烈决,做个蓬莱三岛客。

总咏大丹

(以象先天一炁)

清净身心筑了基,栽培气血返童姿。
借他铅鼎先天药,点我凡躯入圣基。
十月怀胎加慢火,九年面壁养灵儿。
嫦娥最爱儿年少,夜夜笙歌宴玉池。

咏先天鼎

(以合太乙含[1]真)

二七谁家女,眉端彩色光。

---

[1] 含,底本作"舍",改。

人皆贪爱欲，我看是亲娘。
一点灵丹透，浑身粉汗香。
霎时乾我汞，换骨作纯阳。

内外金丹诗十六首

（以准一斤之数）

其一 闻道

落魄江湖数十秋，逢师咬破铁馒头。
十分佳味谁调蜜？半夜残灯可着油。
信道形神堪入妙，方知性命要全修。
自从会得些儿后，忘却人间万事休。

其二 归隐

一片闲心绝世尘，寰中寂静养元神。
素琴弹落天边月，玄酒倾残瓮底春。
五炁朝元随日长，三花聚顶逐时新。
炼成大药超凡去，仔细题诗警后人。

其三 玄关

一孔玄关要路头，非心非肾最深幽。
膀胱谷道空劳力，脾胃泥丸实可羞。
神炁根基常恍惚，虚无窟里细搜求。
原来只是灵明处，养就还丹跨鹤游。

其四 铸剑

师传铸作青蛇法，坤鼎乾炉煅炼成。
非铁非金生杀气，无形无影自通灵。
擎来匣外乾坤窄，收入胸中芥子生。
万两黄金无觅处，隐然身畔斩妖精。

其五 筑基

纷纷内外景如麻，有地驰驱事可夸。

撒手不迷真捷径，回头返照即吾家。
六根清净无些障，五蕴虚空绝点瑕。
了了忘忘方寸寂，一轮明月照南华。

其六 炼己

炼己工夫谁得知，精灵常与我相随。
一尘不染心遍静，万类俱忘性若痴。
邪贼无由侵内主，学人终日侍严师。
饥来解饮长生酒，每日醺醺醉似泥。

其七 栽接

气败血衰宜补接，明师亲授口中诀。
华池玉液逐时吞，桃坞琼浆随日咽。
绝虑忘思赤子心，无情少意丈夫烈。
丹田温暖返童颜，笑煞顽空头似雪。

其八 采药

炼己功夫是筑基，心头万虑总忘机。
一轮明月相为伴，半夜雷声独自知。
雪向静中飞白点，芽从虚处长黄枝。
夺他阳炁归来孕，产个婴儿跨鹤飞。

其九 先天

举世人多好入玄，入玄不识这先天。
五千日近生黄道，三十时当认黑铅。
不在乾坤分判后，只于父母未生前。
此般至宝家家有，自是愚人识不全。
（父母未生前，即于未生身处，下工夫也。）

其十 鼎炉

自从凿破鸿濛窍，认得乾坤造化炉。
不用神功运水火，自然灵炁透肌肤。
朝朝黄鹤藏金鼎，夜夜银蟾贯玉壶。

要识金丹端的事，未生身处下工夫。

其十一 下手
体隔神交理甚详，分明下手两相当。
安炉立鼎寻真种，对景忘情认本乡。
拿住龙头收紫雾，凿开虎尾露金光。
真铅一点吞归腹，万物生辉寿命长。

其十二 结丹
仰俯黄婆善作媒，无中生有自栽培。
故教姹女当时待，勾引郎君自外来。
两窍相通无滞碍，宫中聚会不分开。
翕然吻合春无限，产个婴儿号圣胎。

其十三 大药
信道金丹理最精，先天一点少人明。
不拘贫富家家有，无问贤愚种种生。
吞向腹中真有孕，将来掌上却无形。
有人问我难回答，直指天边月出庚。
（月出庚，口诀取象。）

其十四 火候
年月日时簇一刻，应知不刻阴阳别。
抽添符候兔鸡临，进退工夫龙虎烈。
虑险防危罢火功，称铢分两同爻策。
一片数足合同天，日日如斯行十月。
（一刻、不刻口诀。）

其十五 面壁
九年面壁养神体，默默昏昏如炼己。
无束无拘得自由，随缘随分安知止。
心同日月大辉光，我与乾坤为表里。
打破虚空不等闲，收来六合一黍米。

其十六　脱胎

丹成我命不由天，陵谷从他有变迁。
荣辱无干随处乐，利名不挂逐时颠。
但知壶内乾坤景，谁识人间甲子年？
借问归踪何处是，醉中遥指白云边。

无根树歌二十四首

其一

无根树，花正幽，贪恋荣华谁肯休？
浮生事，苦海舟，荡去飘来不自由。
无边无岸难泊系，长在鱼龙险处游。
肯回首，是岸头，莫待风波坏了舟。

其二

无根树，花正微，树老将新接嫩枝。
桃寄柳，桑接梨，传与修行作样子。
自古神仙栽接法，人老原来有药医。
访明师，问方儿，下手速修犹太迟。

其三

无根树，花正孤，借问阴阳得类无？
雌鸡卵，难抱雏，背了阴阳造化炉。
女子无夫为怨女，男子无妻是旷夫。
叹迷徒，太模糊，静坐孤修气转枯。

其四

无根树，花正青，酒色神仙古到今。
烟花寨，酒肉林，不断荤腥不犯淫。
犯淫丧失长生宝，酒肉穿肠道在心。
打开门，说与君，无酒无花道不成。

其五

无根树，花正偏，离了阴阳道不全。
金隔木，汞隔铅，阳寡阴孤各一边。
世上阴阳男配女，生子生孙代代传。
顺为凡，逆为仙，只在中间颠倒颠。

其六

无根树，花正多，遍地开时隔爱河。
难攀折，怎奈何，步步行行龙虎窝。
采得黄花归洞府，紫府题名永不磨。
笑呵呵，白云窝，准备天梯上大罗。

其七

无根树，花正开，偃月炉中摘下来。
延寿算，减病灾，好结良朋备法财。
从兹可得天上宝，一任群迷笑我呆。
劝贤才，休卖乖，不遇明师莫强猜。

其八

无根树，花正亨，说到无根却有根。
三才窍，二五精，天地交时万物生。
日月交时寒暑顺，男女交时妊始成。
甚分明，说与君，惟恐相逢认不真。

其九

无根树，花正飞，卸了重开定有期。
铅花现，癸尽时，依旧西园花满枝。
对月残景收入了，又向朝阳补衲衣。
这玄机，世罕知，须共神仙仔细推。

其十

无根树，花正黄，色在中央戊己乡。
东家女，西家郎，配作夫妻入洞房。

黄婆劝饮醍醐酒,每日醺蒸醉一场。
这仙方,返魂浆,起死回生是药王。

其十一

无根树,花正新,产在坤方坤是人。
摘花戴,采花心,花蕊层层艳丽春。
时人不达花中理,一诀天机值万金。
借花名,作花身,句句《敲爻》说得真。

其十二

无根树,花正佳,对月忘情玩月华。
金精旺,绕眼花,莫在园中错拣瓜。
八石五金皆是假,万草千方总是差。
金虾蟆,玉老鸦,认得真铅是作家。

其十三

无根树,花正奇,月里栽培片向时。
拿云手,步云梯,采取先天第一枝。
饮酒带花神气爽,笑杀仙翁醉似泥。
托心知,谨护持,惟恐炉中火候飞。

其十四

无根树,花正繁,美貌娇容似粉团。
防猿马,劣更顽,挂起娘生铁面颜。
提着青龙真宝剑,摘尽红花朵朵鲜。
趁风帆,满载还,怎肯空行过宝山。

其十五

无根树,花正双,龙虎登坛战一场。
铅投汞,阴配阳,法象玄珠无价偿。
此是家园真种子,返老还童寿命长。
上天堂,极乐方,免得轮回见冥王。

其十六

无根树，花正浓，认取真铅正祖宗。
精炁神，一鼎烹，女转成男老变童。
欲向西方擒白虎，先往东家伏子龙。
类相同，好用功，内药通时外药通。

其十七

无根树，花正鲜，符火相煎汞与铅。
临炉际，境现前，采去全凭渡法船。
匠手高强牢把舵，一任洪波海底翻。
过三关，透泥丸，早把通身九窍穿。

其十八

无根树，花正高，海浪滔天月弄潮。
银河路，透九霄，槎影横空北斗梢。
摸着织女支机石，踏遍牛郎驾鹊桥。
遇仙曹，胆气豪，盗得瑶池王母桃。

其十九

无根树，花正香，铅鼎温温现宝光。
金桥上，望曲江，月里分明见太阳。
吞服乌肝并兔髓，换尽尘埃旧肚肠。
名利场，恩爱乡，再不回头为尔忙？

其二十

无根树，花正明，月魄天心逼日魂。
金乌髓，玉兔精，二物擒来一处烹。
阳火阴符分子午，沐浴加临卯酉门。
守黄庭，养谷神，男子怀胎笑煞人。

其二十一

无根树，花正圆，结果收成滋味全。
如朱橘，似弹丸，护守隄防莫放闲。

学些草木收头法，复命归根还本元。
选灵地，结道庵，会合先天了大还。

其二十二

无根树，花正红，摘尽红花一树空。
空即色，色即空，识透真空在色中。
了了真空色象法，法象长存不落空。
号玄通，称大雄，九祖超升上九重。

其二十三

无根树，花正娇，天应星兮地应潮。
屠龙剑，缚虎绦，运转天罡旋斗梢。
煅炼一炉真日月，扫尽三千六百条。
步云霄，任逍遥，罪垢凡尘一笔消。

其二十四

无根树，花正无，无影无形难画图。
无名姓，却听呼，擒入丹田造化炉。
运起周天三昧火，煅炼真空返太无。
受天符，赴仙都，才是男儿大丈夫。

敌魔

气昏嗜卧害非轻，才到初更困倦生。
必有事焉常恐恐，只教心要强惺惺。
纵当意思形如醉，打起精神坐到明。
着此一鞭须猛省，做何事业不能成？

再求玄关

傀儡当场会点头，应知总是线来抽。
抽他虽是依人力，使我人抽又孰谋？
原赖主公常月白，期教到处好风流。
炼丹若要寻冬至，须向灵台静里求。

总论玄关

身即乾坤勿①外求，虚灵一窍最深幽。
二三自许同为侣，一四何疑与共俦。
五土建中司发育，巽风起处定刚柔。
自从识得还元妙，六六宫中春复秋。

平越府还丹题

桥边院对柳塘湾，夜月明时伴户闲。
遥驾鹤来归洞晚，静弹琴坐片云关。
烧丹觅火无空灶，采药寻仙有好山。
瓢挂树高人影久，嚣尘绝水响潺潺。

道成杂咏

道人久已泯耳目，潇洒自然脱羁束。
朝向扶桑暮外来，暮去昆仑云脚宿。
青牛过关几个年，此道分明在眼前。
昨夜瑶琴三叠后，一轩风冷月娟娟。

别杭州友人

铁笛双吹破晓烟，相逢又隔一年前。
曾将物外无为事，付在毫端不尽传。
白发数茎君已老，青云几度我当先。
世间穷究只如此，莫若同游归洞天。

《玄要篇》终

跋

张三丰祖师金丹秘诀，贵州平越直隶州高真观碑文：

---

① 勿，底本作"物"，据《张三丰全集》改。

初打坐，学参禅，这个消息在玄关。
秘秘绵绵调呼吸，一阴一阳鼎内煎。
性要悟，命要传，休将火候当等闲。
闭目观心守本命，清静无为是根源。
百日内，见应验，坎中一点往上翻。
黄婆其间为媒妁，婴儿姹女两团圆。
美不尽，对谁言，浑身上下气冲天。
这个消息谁知道，哑子做梦不能言。
急下手，采先天，灵药一点透三关。
丹田直上泥丸顶，降下重楼入中元。
水火既济真铅汞，若非戊己不成丹。
心要死，命要坚，神光照耀遍三千。
无影树下金鸡叫，半夜三更现红莲。
冬至一阳来复始，霹雷一声震动天。
龙又啸，虎撒欢，仙乐齐鸣非等闲。
恍恍惚惚存有无，无穷造化在其间。
玄中妙，妙中元，河车搬运过三关。
天地交泰万物生，日饮甘露似蜜甜。
仙是佛，佛是仙，一性圆明不二般。
三教原来是一家，饥则吃饭困则眠。
假烧香，拜参禅，岂知大道在目前。
昏迷吃斋错过了，一失人身万劫难。
愚迷妄想西方路，瞎汉夜走入深山。
元机妙，非等闲，妄泄天机罪如山。
是正理，着意参，打破元关妙通玄。
子午卯酉不断夜，早拜明师结成丹。
有人识得真铅汞，便是长生不老仙。
行一日，一日坚，莫把修行眼下观。
三年九载功成就，炼成一粒紫金丹。

附录二

三丰丹诀①

张三丰传

　　神仙张三丰，一名君实，一名仲猷，字玄玄，道号昆阳，又称斗蓬，又呼张邋遢，辽东懿州人。甫七岁，能棋，随手应局，人莫能敌，十岁习儒业。早失怙恃，后学道，遇郑思远祖师，授以至道（郑思远，晋人，抱朴子葛稚川之师。昔左元放授道于老葛仙翁玄，玄授郑思远，思远授葛玄之孙葛洪）。生于绍兴辛卯八月十五日（绍兴改年三十二年无辛卯，或丁卯年），丰姿魁伟，龟形鹤骨，大耳圆眼，须如戟，顶中作一髻，身被一衲，负巨蓬，手中常持方尺。在武当山，结庵展旗峰下。先入华山洞，栖真数十年。后郑思远祖师命了俗缘，乃混俗归闽，补刑曹吏因群囚劫狱，连坐戍边夜郎之平越，遂住高贞观。今有礼斗亭、浴仙池、长生桂，皆其仙迹也。

　　丹成后，时元年丙申。太上诏曰："王方平五十三仙，掌华林洞。"于三月十五日册封为华林洞妙应真人，赐以玄冠双旒、霓羽碧履，时年六十六岁。因仑谷万尊师，亦在受诏五十三仙之列，曾著《方壶胜会图》，然后知三丰真人之始末也。

　　大明天顺年，敕封通微显化真人。于元末居宝鸡县金堂观，至正丙午九月二十日，自言辞世，留颂而逝。土民杨轨山置棺殓讫，临窆发之复生，乃入蜀。洪武初，至太和山冷坐，结庵玉虚宫。庵前古木五株，常栖其下，猛兽不噬，鸷鸟不搏，人益异之。衲不垢弊，皆号为"邋遢张"。有问其仙术，竟不一答，问经书则涎津不绝口。登山轻捷如飞，隆冬卧雪中，鼾齁

---

① 《三丰丹诀》，选自傅金铨《道书十七种》。

如雷。常语武当乡人曰："兹山异日当大显。"道士邱玄靖请为弟子，遂教以道妙。帝于乙丑遣沈万三敦请，了不可得。乃召玄靖至，与语悦之，拜监察御史，赐之室不受，超擢太常卿。

金陵沈万三，又名万山，秦淮大鱼户。心慈好施，其初仅饱暖。遇三丰真人，见其生有异质，龟形鹤骨，大耳圆目，身长七尺余，修髯如戟，顶作一髻。或戴偃月冠，手持方尺，一笠一衲，寒暑御之，不饰边幅，日行千里。所啖升斗辄尽，或辟谷数月自若。万三心知其异，常烹鲜鱼暖酒，邀饮于芦洲，苟有所需，即极力供奉。偶于月下对酌，三丰谓曰："子欲闻余之出处乎？"万三启请，三丰曰："予当生时，一鹤自海天飞来，咸谓令威降世，后知丁公仍在灵墟。予思舜亦人也，予岂不得似丁公？每嗟光阴倏忽，富贵如风灯草尘。是以日夕希慕大道。弃功名，薄势利，云游湖海，拜访明师。所授虽多，皆傍门小法，与真道乖违，徒劳勤苦。延祐年间，已六十七岁（六十七岁，元仁宗三年为延祐，元年延祐共七年。从延祐元年逆数六十七年，值南宋度宗咸淳二年丙寅），此心惶惶。幸天怜悯，初入终南即遇火龙先生，乃图南老祖高弟，物外风仪，予跪而问道。蒙师鉴我精诚，初指炼己工夫，次言得药口诀，再示火候细微、温养脱胎、了当虚空之旨，一一备悉。于是知进斯道，必须法财两用。予素游访，兼颇好善，倾囊倒箧殆尽，安能以偿夙愿？不觉忧形于色。师怪而问之，予挥泪促膝以告。重蒙授以丹砂点化之药，命出山修之。立辞恩师，和光混俗，将觅真铅八两、真汞半斤，同入造化炉中，煅炼转制分接。九还已毕，藉此赀财以了大事。由是起造丹房，端坐虚心养气，虚气养神，气慧神清，广觅药材。时饮蟠桃酒，朝餐玉池液。如醉如痴，补气养血。但得汞有半斤，可待他铅八两。月数将圆，金花自显。一手捉虎擒龙，采得先天一气。徐行火候烹煎，自合周天度数。明复姤进火退符，识卯酉防危虑险。十月功完，圣胎显象，九年面壁，与道合真，所谓'跨鹤青霄如大路，任教沧海变桑田'也。"言讫，呵呵大笑。万三闻言，五体投地曰："尘愚愿以救济，非有望于富寿也。"三丰曰："虽不敢妄泄轻传，亦不敢缄默闭道。予已审知子之肺腑，当为作之。"于是置办药材，择日起炼，七七启视，铅汞各逋。三丰嗟咄不已，万三自谓机缘未至，复尽所蓄，并卖船网以补数。下功及半，忽汞走焚，茅盖皆燬。万三深叹福薄，三丰劝其勿为。夫妇毫无怨意，苦留再炼。奈乏赀财，议鬻幼女。三丰若为不知，窃喜志坚，一任所为。令备朱里之汞，招其夫至前，出少许药，指甲挑微芒，乘汞热投下，立凝如土。复以死汞点铜铁，悉成黄白，相接长生。三丰略收丹头，临行谓曰："东南王气大盛，他日将晤子于西南也。"遂入巴中。

万三以之起立家业，安炉大炼，不一载富甲天下。凡遇贫乏患难，广为周急，商贾贷其资以贸易者遍海内。其丹室有一联云："八百火牛耕夜月，三千美女笑春风。"世谓其得聚宝盆，故财源特沛。斯时世乱兵荒，万三惧有祸患，乃毁弃丹炉器皿，敛迹欲隐。京城自洪武门至水西门坍坏，下有水怪潜窟，筑之复崩。帝素忌沈万三年命相同而大富，召谓曰："汝家有盆能聚宝，亦能聚土筑门乎？"万三不敢辨，承命，起筑立基，即倾者再三。无奈，以丹金数片暗投，筑之始成，费尽巨万，因名曰"聚宝门"。帝尝犒军，召万三贷之曰："吾军百万，得一军一两足矣。"万三如数输之。帝瞯其无困苦状，由是急欲除之，马后苦谏，乃议流南岭，株连其婿余十舍亦流潮州。万三遂轻身挈妻奴而去，委其家资。未几命再徙十舍于云南。既至滇，沐春抚慰之，欲妻余氏女。十舍允之，及过府，沐侯见薄其嫁资，曰："不丰不为礼。"女曰："公所利者财耳，措之亦易。"教备汞铅，脱耳环投之，声如蝉鸣，其汞已干，环仍如故。以汞开铜铁，成宝无算，沐侯大喜。是秋，三丰践约来会，同万三炼人元服食大药，明年始成。

初万三有长女三岁忽失去，迄今三十余年，一旦归家，曰："儿少遇祖薛真阳，即中条玄母，改名化度，呼女为玉霞，号线阳，掌玉匣诸秘法，为师擎神剑，得授灵通大道。命回就服成药，当以拯济立功。"万三即出药，全家共服，皆能冲举。玉霞声洪体硕，无女子相，慨然有普救生灵之志，遂与父散游于世，随时救度。

永乐时，尚书胡广言张三丰实有道法，广具神通，录其《节要篇》并《无根树》二十四首、金液还丹歌、大道歌、炼铅歌、地元真仙了道歌、题丽春院二阕、琼花诗、青羊宫留题诸作上呈。帝览之，虽不测其涯底，知其有合大道，遣使访之。有言初入成都，见蜀王椿（太祖第十一子），王不喜道，退游襄邓间，居武当二十三年，一旦拂袖游方而去。帝于壬辰春，敕正一孙碧云，于武当建宫拜候。三月初六日，帝赐手书曰："皇帝敬奉书真仙张三丰先生足下：朕久仰真仙，渴思亲承仪范。尝遣使奉香致书，遍诣名山，虔请真仙。伏惟道德崇高，超乎万有，体合自然，神妙莫测。朕才质疏庸，德行菲薄，而至诚愿见之心，夙夜不忘。敬再遣使，谨致香奉书虔请，拱候雷车凤驾，惠然而来，以副朕拳拳仰慕之怀。敬奉书。"

越三载，飘然而至。碧云呈御书，三丰览而笑，答书曰："圣师真口诀，明言万古遗。传与世间人，能有几人知？衣破用布补，树衰以土培。人损将何补？阴阳造化机。取将坎中丹，金花露一枝。庆云开天际，祥光塞死基。归己昏昏默，如醉亦如痴。大丹如黍米，脱壳真无为。优游天地廓，万象掌中珠。人能服此药，寿与天地齐。如若不延寿，吾言都是非。天机未可轻轻泄，犹恐当今欠猛烈。千磨万难费辛勤，吾今传与天地脉。皇帝寻我问金丹，祖师留下神仙诀。金丹重一斤，闭目静存神。只在家中取，何劳向外寻。炼成离女汞，吞尽坎男精。金丹并火候，口口是玄音。"

碧云劝驾不听，留居一室，出则伴游，令人驰报于帝。丙申春正，帝又命安车迎接，复又他适。帝怒谓胡广曰："斯人徒负虚名，能说不能行，故不敢来见耳。卿往招致不得，亦难见朕也。"广惧，星夜奔至武当，立宫庭哀泣。佑圣帝君尝奏三丰道行于玉帝。是夏五月，驾临南极，宣召至会所。三丰将随玄天官属同行，适见胡广情切，乃出，许其诣阙。先自飞身而去，帝正在朝。见一褴缕道士，肩披鹿裘，立于阶前稽首。帝问知是三丰，笑而命坐问道。三丰曰："闻迁北平时，金水河冰凝龙凤之状，即此是道。"于是从容步下阶陛，一时卿云瑞彩，弥满殿庭，良久始散，三丰去矣。君臣叹异，始信真仙。及胡广还，帝赐劳之，寻拜为相。

金液还丹歌

还丹诀，还丹诀，听我仔细与君说。
旁门小术路三千，除此金丹都是错。
万般渣质皆非类，真阴真阳真栽接。
阴阳交，铅汞接，婴儿姹女空中列。
龙虎上下转升腾，海底灵龟弄星月。
长黄芽，飞白雪，水中金露先天诀。
真黄婆，真橐籥，金丹就是延年药。
先筑基，后进药，百日功夫牢抱著。
若返二物归黄道，三家相见先天结。
性要炼，命要接，休在人间虚岁月。
若将铅汞归真土，抽铅添汞永不灭。

乌八两，兔半斤，二物同入戊己村。
两头武，中间文，四象擒来一处烹。
十月功夫火候足，炼就纯阳寿无穷。
换鼎移胎三五载，九年面壁出阳神。
玄是祖，牝是宗，先天先地万物根。
点开透底通天火，斡转天关斗逆行。
窍要开，气自通，雷转斗柄声正轰。
海底灵龟翻波浪，泥丸风生虎啸声。
若会阴阳颠倒法，乾坤造化立时成。
讲《悟真》，说《参同》，此理原来共一宗。
此药虽从房中得，金丹大道事不同。
饶服药，空炼精，龟纳鼻息能固气，鹤养胎息而炼神。
畜生倒有千年寿，为人反不悟长生。
世间人，贪名利，不怕阎王鬼无情。
人有生灭鬼有死，三寸气断一场空。
先天药，后天药，此是阴阳真妙诀。
先天药，能超脱，后天药，延命壳。
世人若会栽接法，长生不死还大觉。
性要修，命要全，来得先天种泥丸。
童儿修，精气全，静里一气可升天。
岂知无为身不破，终是真修大罗仙。
幼年间，丧了阳，半路出家性颠狂。
乾爻走入坤宫里，却成离卦内虚张。
取将坎位中心实，返离还元复作阳。
真水火，配阴阳，世人莫要胡思想。
饶你无为空打坐，难免死后丧忙忙。
习静工，躯误到老一场空。
纵然明了真如性，阴魄投胎入鬼乡。
延命药，返魂浆，金丹就是药中王。
若将一粒吞入腹，返老还童寿命长。
又休妻，又绝粮，说法斋戒往西方。

任你旁门千万法，除此同类都是狂。
我把天机全泄漏，还丹却是这个方。
累代仙师从此得，脱离尘世上天堂。
我劝后人学道者，休听邪师说短长。
若得口诀金丹药，延年住世永无疆。
依此修出长生路，报答祖师谢上苍。
功行精，诏书至，大罗天上朝玉帝。
破迷金液谁人作，万载留传元代张。

大道歌

君今洗耳听吾言，妙在先天与后天。
后天浊质为无用，先天一点为真铅。
欲采先天要下功，先教九窍八门通。
九窍元在尾闾穴，先从脚底涌泉升。
涌泉升起渐至膝，膝下工夫须着力。
释氏即号穿芦芽，又如虫行又如刺。
过膝看看至尾闾，有如硬物抵方形。
最上一乘功三段，功夫到此存口畔。
从此三关一撞开，泥丸顶上转将来。
金锁开，穿下重楼十二重，
重楼既过到降宫，降下黄庭有端的。
黄庭一宝需要积，积在中间一点灵。
若还无此真玄关，真铅采得何处安？
君不见古人题："若还不识长生术，但去桑间看接梨。"
又不见紫阳书："虎跃龙腾风浪粗，中央正位产玄珠。"
从教学，谈玄理，除此为之都是虚。
关已开，功已施，铸剑要明真消息。
天为炉，地为鼎，水火相停功莫野。
子午行功若铸成，能刚能柔能取舍。
剑已全，采真铅，采取鸿濛未判先。
若还采得先天铅，须是教他寿命延。

二六时，有真机，神州赤县当求之。
法财两样若求得，就好切思细详别。
粉红云，野鸡色，唇如涂朱肤似雪。
气清神瞭步行端，方用中间延岁月。
五千四十归黄道，依时不可令过越。
此际虽从一三五，妙在西方庚辛白。
炉火候，要分别，先采后天延岁月。
一个时辰分六候，只于二候金丹就。
尚余四候有神功，妙在师传难泄漏。
天梯宜用不可无，秘密玄机那个悟？
海中巨鳌休乱钓，恐惊去了不延身。
守城垣，野战功，增得灵砂满鼎红。
如此十月功夫足，器皿丹房一彻空。
入山九载面墙壁，养得婴儿似我形。
皮囊自此深山掷，荡荡悠悠蓬莱仙。
朝在北海暮瀛洲，忽然功行齐完全。
水府三官来算寿，青鸾白鹤舞翩翩。
直至通灵诰封罢，永作长生不老仙。

炼铅歌

炼铅之法知者少，知此便为真仙了。
痛嗟老夫无觅处，遍游五岳及三岛。
六十三岁入终南，得遇真师传至道。
真铅生于天地先，何用杂类求诸草？
炼到九九功自成，杳冥之内生真金。
金桥一根动天地，二八调和生美形。
美形才生居土釜，须要念念牢封固。
一阳火起要温温，二阳火起有神功。
若到三阳逢泰卦，腾腾猛火炼虚空。
退尽阴符生美质，只待五千四十八，方合炼丹真妙趣。
寄语后代学仙者，莫将炼铅看容易。

了道歌

道情非是等闲情，既识天机不可轻。
先把世情齐放下，后将道理细研精。
未炼还丹先炼性，未修大药先修心。
修心自然丹性至，性清然后药材生。
雷声隐隐震虚空，电光灼处寻真种。
风信来时觅本宗，霞光万道笼金鼎，紫云千丈罩天门。
若还到此休惊怕，稳把元神守洞门。
如猫捕鼠兔逢鹰，急急着力紧加功。
万般景象皆非类，一个红光是至真。
此个红光生春意，其中有若明窗尘。
中悬一点先天药，远似葡萄近似金。
到此全凭要谨慎，丝毫念起丧天真。
待他一点自归伏，身中化作四时春。
一片白云香一阵，一翻雨过一翻新。
终日醺醺如醉汉，悠悠只守洞中春。
遍体阴精都剥尽，化作纯阳一块金。
此时气绝如小死，打成一片是全真。
到此功成才了当，却来尘世积功勋。
行满功成天命诏，阳神出现了真灵。
此言休向非人说，不逢达者莫轻论。
其中切切通玄理，此真之外更无真。
收拾锦囊牢封固，他日功成可印心。
五十二句君要寻，若有虚言遭天谴，误尔灵官鞭丧身。

一枝花四首

其一

行持造化功，下手调元气。自从师传后，独自守无为。金液常提，元气归真位。透三关，过尾闾，推河车运上泥丸，撞昆仑发振如雷，甘泉生香甜如蜜，入华池化作金液逍遥饮。甘露自降，下重楼十二阶梯，牢封固护守坚持，原来是精气神三般儿归根复命，原来是金木水火土五行攒簇。玄中玄，有不死还丹；妙中妙，有接命的根基。谁不行？谁不会？都只在先天窍路上迷。怎敢胡为？俺向花丛中敲竹鼓琴心似冰，从今参透真消息。忘物忘形，子前午后可分持，卯酉之中沐浴时。讲甚么生死轮回？说甚么姹女婴儿？都只在采取洪濛未判一粒黍米。

其二

心如出水莲，意似云中电。昨宵因小事，误入丽春院。时时降意马，刻刻锁心猿，昼夜不眠。炼己功，无间断。闭三宝，内守黄房；擒五贼，外观上院。令彼我如如稳稳，使阴阳倒倒颠颠。退群魔，怒提起锋芒剑，敢采他出墙花儿朵朵鲜。挂起我娘生铁面，我教他也无些儿动转。娇娇体态，十指纤纤，引不动我意马心猿。俺是个试金石儿，高低便见；俺是个铁馒头，下口难餐；俺是个清静海，一尘不染；俺是个夜明珠，空里长悬。道坚志远，幼年间拜明师，长把身心炼。绝名利，不去贪，处三尸，鼎内煎。我的心坚，我学的造化无人见。愁则愁，功不成，名不就，空把时光转。怕则怕日月如梭趱少年，有一日拨转天关腾空在半天，那时节才把冷淡家风道教阐。

其三

先明天地机，次把阴阳配。有天先有母，无母亦无天，此是道教根源。把周天从头数，将乾坤颠倒安。月之圆，存乎口诀；时之子，妙在心传。提起我身中无刃锋芒剑，怕只怕急水滩头难住船。感只感黄婆勾引，候只候少女开莲。此事难言，五千日近坚心算，三十时辰暗里盘。我将龙头直竖，他把月窟空悬。显神通向猛火里栽莲，施匠手在逆水上撑船。不羡他美丽娇花，只待他甘露生泉。攻神州，破赤县，捉住金精仔细牵，送入丹田。防危虑险除杂念，沐浴自然。面壁九年，才做个阆苑蓬莱物外仙。

其四

因求大道玄，走尽天涯遍。别父母妻儿，弃家产田园，万般辛苦，衣破鞋穿师难面。愁则愁，六七十年光阴短。入嵩南，感得火龙亲口传，命我出山觅侣求铅。访遍名贤，都是诡计设奸窃盗贪。我要个出世因缘，幸遇着仗义疏财沈万山。又奈他力薄难全，我只得把炉火烹煎。九转完，向丽春院采药行符经五载；入武当，面壁出神又九年。猛个的朝命宣，欲待要不睹君王面，又恐怕胡尚书性命难全，驾云直上朝王殿，官家见喜悦龙颜。我本要口口相传，恐违了玉皇命言。我只得驾鹤腾空上九天。

未遇外护词二首

其一

金花朵朵鲜，无钱难修炼。不敢对人言，各自胡盘算。访外护未遇高贤，把天机怀抱数十年。受尽了无限苦楚，熬尽了多少艰难。聊试验，颇有些玄妙，诚然见先天与后天。今日方知道在目前，才信金丹有正传。吹的是无孔之笛，用的是琴上一弦，喜的是红芽白雪，爱的是首经红铅，饮的是延命仙酒，服的是返魂灵丹，做的是壶中活计，习的是道妙玄玄。捉将日月炉中炼，夺得乾坤鼎内煎。这是我修行的真诀，出家的手段。恨只恨我无钱，昼夜告苍天，可怜助俺。有一日时来运转，功成行满，撒手逍遥物外仙。

其二

金花玉蕊鲜，时人难分辨。长生须服炁，栽接用真铅。筑基炼己采后天，玉液还丹，若得了住世延年，还要进金液还丹。可笑多少学仙客，一个个都是盲修瞎炼。大地的黄芽长遍，满乾坤金花开绽。待他水尽金生月正圆，我这里铺派着剑挂南山。诛尽了七情六欲，恩爱牵缠，扫尽了万里浮云，一尘不染。唬的他五鬼三尸心胆寒，我把他阴阳颠倒颠。用神机暗合周天，戒身心防危虑险。轻轻的摇动地轴，慢慢的拨转天关，霹雳一声天外天。

取先天

二七谁家女，眉端彩色光。
人见贪情欲，我看似亲娘。
一点灵丹出，浑身粉汗香。
霎时干我汞，换骨作纯阳。

闻道

落魄江湖数十秋，逢师咬破铁馒头。
十分佳味谁餐蜜，半夜残灯可着油。
信道形神堪入妙，方知性命要全修。
自从识破些儿后，忘却人间万户侯。

铸剑

师传铸作青龙剑，坤鼎乾炉煅炼成。
非铁非金生杀炁，无形无影自通灵。
掣开匣内三千窄，收入胸中芥子星。
万两黄金无觅处，隐然身畔斩妖精。

敌魔

气昏嗜卧害非轻，才到初更困倦生。
必有事焉常恐恐，只教心内强惺惺。
纵当意思形如醉，打起精神坐到明。
着他一鞭须猛省，做何事业不能成？

筑基

牢固阴精是筑基，真灵常与气相随。
一尘不染身偏静，万虑俱忘我独知。
邪贼无由侵内界，主公终日对严师。
渴来解饮长生酒，每日醺醺醉似泥。

炼己

炼己工夫谁得知？心头万事总忘机。
一轮明月为知己，半夜雷声我独知。
雪向静中飞白点，牙从空谷长黄枝。
夺得阳炁归来孕，产个婴儿跨鹤飞。

玄关

一孔玄关要路头,非心非肾最深忧。
膀胱谷道空劳力,脾胃泥丸实可差。
神炁归根常恍惚,虚无窟里细搜求。
原来只是灵明处,养就还丹跨鹤游。

后天培养

（栽接）

气败血衰宜补接,明师亲受口中诀。
华池玉液随时吞,桃坞琼浆随口咽。
绝虑忘思赤子心,无情少意丈夫烈。
丹田温养返童颜,笑杀顽童头似雪。

先天下手

体隔神交理最详,端然下手两相当。
安炉立鼎寻真种,对境忘情认本乡。
拨住龙头收紫雾,顿开虎尾落金光。
真铅一点吞归腹,万物增辉寿命长。

辨先天铅

（真铅）

举世多人爱入玄,入玄不识这真铅。
五千秘语明明说,二八当时陀陀圆。
不在乾坤分判后,止于父母未生前。
此般至宝家家有,自是愚人识不全。

先天鼎器

自从凿破鸿濛窍，认得乾坤造化炉。
不用神功调水火，自然灵气入肌肤。
朝朝黄鹤藏金窟，夜夜银蟾入玉壶。
要识金丹端的处，未生身处下工夫。

下手

体隔神交理最详，端然下手要相当。
安炉立鼎寻真种，对景忘情认本乡。
拨住云头收紫雾，顿开虎尾落金光。
真铅一点吞归腹，万物增辉寿命长。

黄婆

央请黄婆善作媒，无中生有苦栽培。
故教姹女当时待，勾引郎君自外来。
两窍相通无阻滞，中门会聚不分开。
翕然吻合无春限，产个婴儿号圣胎。

潇洒

道人久已泯耳目，萧然自如脱羁束。
朝从扶桑日头起，夜向昆仑云脚宿。
青牛人去已多年，此道分别在目前。
昨夜瑶琴三叠后，一天风冷月婵娟。

了脱胎

丹成我命不由天，陵谷从他有变迁。
荣辱无干随处乐，名利不染逐时颠。
但知壶内乾坤景，不识人间甲子年。
借问我家何处是，醒来遥指白云边。

别杭州友人

铁笛双吹破晓烟,相逢又是一年间。
会时物外无为事,付在毫端不尽言。
白发数茎君老矣,青云几度我当先。
世间究竟只如此,莫问同游归洞天。

辨真铅

(以下外金丹炉火)

真铅本是月中华,两处相生共一家。
雌里怀雄成至宝,黑中孕白长黄芽。
金多水少方为妙,阴胜阳亏未足夸。
更识其中包戊土,将来炉内配丹砂。

辨真汞

真汞原是日里精,东三南二自相生。
火中藏水非闲说,雄里怀雌实是真。
莫使一毫缠世染,须教全体耀光明。
其中己土叨铅气,炼得黄芽渐长成。

以铅养汞

真铅真汞两相投,如胶似漆意未休。
以汞投铅如种谷,将铅入汞似耕畴。
上安丙火温三两,下住壬水泉一瓯。
内外五行攒簇定,结成赤白大丹头。

分胎

丹砂汞死即真铅,抱养新砂亦似前。
须识铅中常发火,要知火里好栽莲。

从今夺舍当成质，自然投胎又入玄。
儿生孙兮孙生子，老翁老母一齐捐。

转制通灵

养得玄孙渐长成，强宗胜祖喜经营。
昨宵灯下逢佳偶，今日堂前产俊英。
漫羡幼儿多玉树，遂夸宗子总成茎。
些儿不换连城璧，无税庄田只自耕。

地元功满

九转丹砂岁月深，子灵惟与我相亲。
一炉白雪浑如玉，满鼎黄芽胜似金。
曾见鸳飞和凤舞，时闻虎啸与龙吟。
五金八石皆成宝，再炼天元拔宅升。

天元神丹

天元丹品是何知？有自无生世所稀。
天地为炉真造化，阴阳非药最玄微。
鸡餐变凤青云去，犬食成龙白昼飞。
漫羡天元当日好，后来许汝一同归。

至药

与君说破我家风，太阳移在月明中。
明月太阳天上药，人服之时跨鸾鹤。
万户千门总是错，学取吾家那一着。
急急下手莫延迟，跳出五行真快乐。

总咏

清静身心筑了基，栽培元气养颜姿。
借他铅鼎先天药，点我残躯入胜基。

十月怀胎加慢火,九年面壁养婴儿。
嫦娥喜爱儿年少,夜夜笙歌宴玉池。

总咏外事

真铅真汞结夫妻,两意交欢产个儿。
儿又成人离祖业,孙儿主事建新基。
新基家产成三业,大展门庭第九枝。
满室堆金何足羡,但看拔宅住瑶池。

无根树二十四首

鹧鸪天

道法留传有正邪,入邪背正遍天涯。
飞腾罕见穿云凤,陷溺多成落井蛙。
难与辨,乱吩哗,都将赤土作丹砂。
要知微妙通玄理,细玩无根树下花。

一封书二十四首

其一

无根树,花正幽,贪恋荣华谁肯休?
浮生事,苦海舟,荡去飘来不自由。
无岸无边难系泊,常在鱼龙险处游。
肯回首,是岸头,莫待风波坏了舟。

其二

无根树,花正危,树老将新接嫩枝。
梅寄柳,桑接梨,传与修真作样儿。
自古神仙栽接法,人老原来有药医。
访明师,问方儿,下手速修犹太迟。

其三

无根树，花正孤，借问阴阳得类无？
雌鸡卵，怎抱雏？背了阴阳造化炉。
女子无夫为怨女，男子无妻是旷夫。
叹迷徒，太模糊，静坐孤修气转枯。

其四

无根树，花正偏，离了阴阳道不全。
金隔木，汞间铅，阴寡阳孤各一边。
世上阴阳男女配，生子生孙代代传。
顺为凡，逆为仙，只在其中颠倒颠。

其五

无根树，花正双，龙虎登坛战一场。
铅投汞，阴配阳，结颗明珠无价偿。
此是家园真种子，返老还童寿命长。
上天堂，极乐方，免得轮回见阎王。

其六

无根树，花正多，遍地开时隔爱河。
难攀折，怎奈何？步步行从龙虎窝。
采得黄花归洞去，紫府题名永不磨。
笑呵呵，白云窝，准备天梯上大罗。

其七

无根树，花正繁，美貌娇容赛粉团。
防猿马，劣更顽，挂起娘生铁面颜。
提着青龙真宝剑，摘尽墙花朵朵鲜。
趁风帆，满载还，怎肯空行到宝山。

其八

无根树，花正奇，月里栽培片晌时。

拿云手，步月梯，采得先天第一枝。
饮酒戴花神思爽，笑杀仙翁醉如泥。
托心知，谨护持，时恐炉中火候飞。

其九

无根树，花正黄，色占中央戊己乡。
东家女，西舍郎，配作夫妻入洞房。
黄婆劝饮醍醐酒，一日掀开醉一场。
这仙方，返魂浆，起死回生是药王。

其十

无根树，花正飞，卸了重开有定期。
铅花现，癸尽时，依旧西园花满枝。
对月残经收拾了，施逐朝阳补纳衣。
这玄机，世罕知，须共神仙仔细推。

其十一

无根树，花正清，花酒神仙古到今。
烟花地，酒肉林，不断荤腥不犯淫。
犯淫丧失长生宝，酒肉穿肠道在心。
打开门，说与君，无酒无花道不成。

其十二

无根树，花正新，产在坤方坤是人。
摘花蒂，采花心，花蕊层层艳丽春。
时人不达花中理，一诀天机直万金。
借花名，比花身，句句《敲爻》说得真。

其十三

无根树，花正亨，说起无根却有根。
三才窍，二五精，天地交时万物生。
日月交时寒暑顺，男女交时孕字成。
甚分明，泄于人，犹恐相逢认不真。

其十四

无根树，花正红，摘尽红花一树空。
空即色，色即空，识破真空在色中。
了了真空色相法，相法长存不落空。
号圆通，镇大雄，九祖超升上九重。

其十五

无根树，花正开，偃月炉中摘下来。
添年寿，减病灾，好结良朋备法财。
从此可求天上宝，一任群迷笑我呆。
劝贤才，莫卖乖，不遇明师莫强猜。

其十六

无根树，花正香，铅鼎温温宝现光。
金桥上，望曲江，月里分明见太阳。
吞服乌肝并兔髓，换尽尘埃旧肚肠。
利名场，恩爱乡，再不回头为汝忙。

其十七

无根树，花正明，月白天心逼日魂。
金乌髓，玉兔精，二物抟来一处烹。
阳火阴符分子午，沐浴加临卯酉门。
守黄庭，养谷神，男子怀胎笑杀人。

其十八

无根树，花正圆，结果收成滋味全。
如朱橘，似弹丸，守护提防莫教闲。
学些草木收头法，复命归根返本源。
选灵地，结道庵，会合先天了大还。

其十九

无根树，花正鲜，符火相煎汞与铅。

临炉际，景现前，采取须凭渡法船。
匠手高强牢把舵，一任红波海底翻。
过三关，透泥丸，早把通身九窍穿。

其二十

无根树，花正浓，认取真铅正祖宗。
精气神，一鼎烹，女转成男老变童。
欲向西园牵白虎，先去东家伏青龙。
类相同，好用功，内药通时外药通。

其二十一

无根树，花正娇，天应星兮地应潮。
屠龙剑，缚虎绦，运转魁罡斡斗杓。
煅炼一炉真日月，扫尽三千六百条。
步云霄，任逍遥，罪垢凡尘一笔勾。

其二十二

无根树，花正佳，日月开时玩月华。
金精旺，耀眼花，莫要篱中错摘瓜。
八石五金皆是假，万草千方总是差。
金虾蟆，玉老鸦，采得真的是作家。

其二十三

无根树，花正高，海浪滔天月弄潮。
银河路，透九霄，槎影横空泊斗梢。
摹着织女支机石，踏遍牛郎架鹊桥。
入仙曹，胆气豪，偷得瑶池王母桃。

其二十四

无根树，花正无，无相无形难画图。
无名姓，却听呼，擒入三田造化炉。
运起周天三昧火，煅炼真形返太虚。
谒仙都，受符箓，才是男儿大丈夫。

青羊宫留题四首

其一

觅故人天涯不见，叹迷徒要学神仙。有一等守顽空的在蒲团上孤坐，有一等用鼎器的在房中采战。各执着一端，玄关不知在那边，尽把无为来装相，都是虚门面。怎得云朋霞友，也混俗和光度几年。先天是神仙亲口传，神仙神仙，只在花里眠。

其二

炼黍珠须要法财两件，心腹友二三为侣伴。怎得个韩陈为友，马林卢同修炼？王真人幸遇有缘，薛道光又要还俗，达摩祖了道在丽春院。必定是花街柳巷也，要休夸清净无为枯坐间。先天是神仙亲口传，神仙神仙，只在花里眠。

其三

访明师殷勤了无限，人人都说是真传，实授某神仙，同法眷。一个说是补上田，一个说是益下元，一个说守中黄是正理，更羡他两肾中间眉目前。似这等千门万户也，百尺竿头闪了英贤。先天是神仙亲口传，神仙神仙，只在花里眠。

其四

学神仙的听吾劝，切莫要盲修瞎炼。须晓得内外阴阳，同类的是何物件？必须要依世法修出世间。顺生人，逆生丹，一句儿超脱了千千万。再休提清净无为，孤修独坐，何处觅玄关？先天是神仙亲口传，神仙神仙，只在花里眠。

附录三

玄 譚

（录自《四库禁毁书丛刊》子部，第019册，336至341页）

三峰先生

三丰先生，姓张，名君宝，字全一。生有异质，尝与人议论三教等书，如决江河。其所雅言，专以忠孝仁义劝世。我明太祖高皇帝，遣三山高道，访于四方，竟弗至。太宗御极，遣使至书曰"真仙张三峰足下"，复命礼科都给事中胡濙，道录任一愚，岷州卫指挥杨永吉，遍诣名山，访求未获。特敕正一张碧云于武当山建宫以候。天顺中，赠化通微显化真人，锡之诰命。而侍立翠湖，乃先生高弟也，有灵异。《通纪》《传》《双槐岁抄》，及他诸刻。而有以三峰为三丰，误矣。

玄歌

道情非是等闲情，既识玄微不可轻。
先把事情都放下，听我次第歌玄歌。
未炼还丹先炼性，未修大药且修心。
心静自然丹性至，性清然后药苗生。
药苗生，雷声隐隐震虚空。
电光烁处寻真种，风信来时觅本宗。
岂曰风雷交电烁，许多境象难尽言。
若还至此休惊怕，稳把元神守洞门。
心身寂然俱不动，如猫捕鼠又如鹰。
许多境象虽非外，一个红光是至真。
这些一点春意足，其间若有明窗尘。
一点元是先天药，远似葡萄近似金。
到手全然宜谨慎，丝毫念起丧天真。
待他一点自归伏，身中造化四时春。
一片白云香一阵，一番雨过一番新。
终日绵绵如醉汉，悠悠只守洞中春。
身中阴气都剥尽，变成纯阳不坏金。
几回气绝如小死，打成一片号全真。
至是洪名班列籍，却宜人世积阴功。
功成一日天书至，纯阳出现了真灵。
此言休与非人说，漏泄天机霹雳轰。

嘱咐仙童并道侣，不逢达者莫轻论。
其中句句通玄理，此真之外更无真。
收拾锦囊牢固闭，他日行功可印心。
可印心，五十二句要君寻。
三峰若有虚花语，万劫轮回地狱中。

近得览三峰先生《玄歌》一章，复命梓氏标于《玄谭》之上，然《玄歌》乃以修心炼性为先，而所谓真种本宗，阴剥阳纯，住世累功者，是皆玄门之渐教也。若《玄谭》则以外景无无为至，而所谓窍中之窍，长胎住息，紫金黑铁者，不谓玄门之极致乎！学者诚能比而观之，则天下之道无余蕴矣。

玄谭

张三峰曰：夫道，中而已矣。故儒曰执中，道曰守中，释曰空中。而其所谓中者，窍中之窍者中也。予独慨乎世人之不识中也，或求之九宫之中，曰泥丸，而不得也；或求之脐下一寸二分，曰丹田，而不得也；或求之心脐相去八寸四分，而以中一寸二分为中，与夫两肾之间，前对脐轮，而不得也。夫以有形求之，而皆不能得也。乃复逆而度之，则曰关曰玄关，牝曰玄化，岂虚无之谷，而不可以有形求欤？夫以无形求之，而又不能得也。乃复逆而度之，则曰无而不着于无，有而不着于有，岂非有非无，而不在于有无间欤？智过颜、闵、真难强猜。予今冒禁言之，实非予之得已也，盖以神仙降生于此时者众，以救世也。或官矣，或士矣，农工商矣，道矣，释矣，予故作此篇，以籥徕之，俾知救世，复返天上，而不坠落于尘寰者，此予之心也。图说如左：

张三峰曰：释氏了性，须要持斋，故太虚是我，先空其身。其身既空，天地亦空，天地既空，太空亦空，空无所空，乃是真空。

张三峰曰：无无乃出天外，虚空以体无无。

张三峰曰：胎因息长，息因胎住，而窍中之窍，乃神仙长胎住息之真去处也。天地虽大，亦一胎也，而日月之往来，斗柄之旋转者，真息也。又不观三氏之书乎，《易经》曰："成性存存，道义之门。"《道德经》曰："玄之又玄，众妙之门。"《遗教经》曰："制之一处，无事不办。"皆直指我

釋氏外景

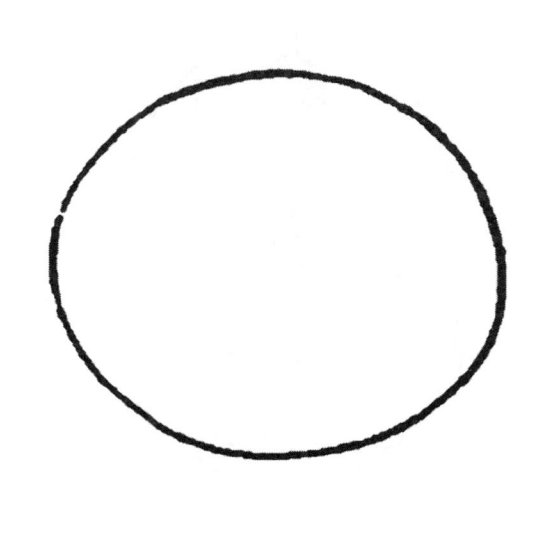

○

外景也者外
其身而虛空
之先了性也

道家內景

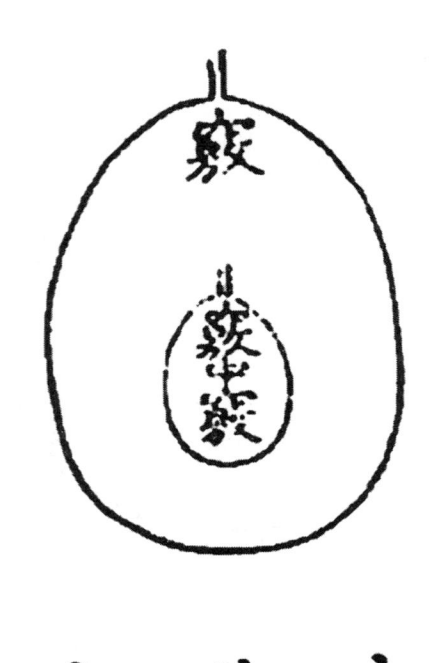

窍

窍中窍

內景也者內其身而胎息之先了命也

之真去处而言之。所谓吾身一天地也，然此真去处也，虽曰不依形而立，而窍中之窍，夫岂无其形哉？今乃借物以明之，譬之乂口然，实其中则张，虚其中则弛。而窍之能张能弛，亦复如是。

张三峰曰：起手时须先凝神，入于窍中之窍，息息归根，而中实矣，中实而胎长矣。然神本生于窍中之窍，而寄体于心宫，予尝谓之元是我家旧物，而复返于我也。

张三峰曰：窍中之窍者，神室也。神室即气穴，即中黄。盖黄乃土之正色，而土意也，故坎之土戊，其意常在于离，离之土己，其意常在于坎，此其性情然也，而自有相投合之机矣。若能识其投合之机，而以意送之，神凝气住，则自然结成一点金丹，至简至易，而非有穿凿也。此盖以母之气伏子之气，而子母之气相眷恋于窍中之窍矣，丹其有不成者乎？

张三峰曰：神凝于窍中之窍者，譬之鸡子，而乂口则包乎其外者，外窍也。凝神而入于窍中之窍焉者，即鸡之雌得雄之阳，两意混合，而雏全矣。

张三峰曰：又尝譬之阳物然，能刚能柔，能张能弛也。然谓之此窍也，窍非凡窍，则可。而谓之此窍也，形无其形则不可。

张三峰曰：神凝于窍中之窍者，譬果子之仁也。窍中窍者，果核中之两片，以抱仁也。外窍者，果核也。

张三峰曰：始而采取吾身一点真汞，而归于我之真去处者，内服也，丹名紫金。继而太虚中自然有一点真汞以与内服紫金相为混合者，外服也，丹名黑铁。故紫金者，阴丹也，以内服吾身之金精也；黑铁者，阳丹也，以外服太虚中金精性也。然金刚也，而铁则金中之最刚者。黑铁之丹，虽曰自外来，然亦不可得而内外也。

张三峰曰：内服而一坎一离者，一雌一雄也；外服而一金一铁者，一雌一雄也。

张三峰曰：紫金黑铁，浑然混合，盖不特充塞天地焉者，乃真了命也。夫不囿于天地，则可以位乎天地；可以位乎天地，则可以育乎万物。岂不以天地生生之真机在我，而为万物之所造命者乎？黑铁功用则固若是，其大矣。若徒内服紫金，直可以了一身之命已尔，而命则终非其有也。

张三峰曰：虚空者，佛性之本原，出于自然者也。若黑铁外丹，乃虚空中凝起一颗，而复返于虚空者，佛性之本原也。然外服黑铁，全靠功行，功行未及，孰臻其极？故此黑铁也，殆非圣师之所能传与，亦非夫人之所能修持以少致其力也。

张三峰曰：十月火候，全在周天，周天运用，但全在斗柄，斗柄建令，全在真息。

张三峰曰：火候之要，只在于时时照顾，以烹以镕。

张三峰曰：即月即日，即时即刻，都分得春夏秋冬，自然而然也。若能念念在兹，照顾不离，则自有旋转真息，一降一升，而水火木金相为进退矣。

张三峰曰：火之功最大，盖火之性能融物之真焉者也。故未得丹时，须藉火以养之，又藉意以调之。然火候微旨，概自从古以来，而学道之人少有知之者。要而言之，其穴有三，三者惟当顺适而利用之，太过则损之，不及则益之，俾得中和，而水干火寒之病矣。此须口授，非可笔之文词间也。

张三峰曰：意到则息自内调，故周天运用，切不善意为之。

张三峰曰：外服黑铁，脐带上时有异光。脐带者，命根也，亦能刚能柔。外服火候，当于此处节取寒湿消息，意到亦能伸，而缩亦由乎意也。

张三峰玄谈已，乃复谓桃氏子曰：子之内服紫金丹也，盖十有余岁矣。至于黑铁之丹，真古今之所希有也，子今既得之，而火候之说，乃圣人之所深秘也，予既为子详之，子其勉之，其所以为我籲徕，以俾复返于天上者，端有赖乎子，子其勉之。

万历九年夏四月三日弟子姚文羽传梓。

三教弟子卢文辉重校。

张三峰先生，国初时显化普度，诸家纪录悉其事，太祖太宗遣臣遍觅，莫知踪迹。万历九年，顾访我师龙江夫子，剧谈玄秘而去，恐声闻难以应命，故晦其名曰桃氏子。是时性如卢君，年方志学，羽翼斯道，兆已定矣。

戊戌季冬谷旦，三教门人永嘉张鸣鹤顿首百拜谨识。

附录四

张三丰真人玄谭集[1]

张三丰真人自序

仆自幼酷好炉火，百无一成。

是指世传用炉用鼎。如世所传黄白，乃用药点而成，确确有之，而药皆隐号，不有指示，药不可得，抱朴子载，是也，先生所言盖指此。然余闻先生元季所事，得至旌阳许祖，法假药物作媒引，感乾炁坤炁，以成黄白，故炉而非炉，鼎而非鼎，是即所居之地，以行之道，并无炉鼎形迹可见者，姑射山神人皆能之。故凡此炁一到，惟见电掣雷轰。行竣，则此瓦砾，立成黄白。所成之金，可历成年，无或稍变。我山子春梅祖，亦事此事于北宋徽钦间，事载韩箕筹《三山馆录》。是道而非术。我师太虚翁得受于泥丸李祖，自恐得用不当，是即浪用，有干玄谴，旌阳从学，前车可鉴也。至如抱朴所事，乃药法，有误五百年后之人，志士宜戒，吕祖不之行，我师逼煅所得，慈哉！慈哉！

然余更有所闻而目击者，不为之告，是负吾好友冯君云彪矣。冯君，番禺人，见余性豪，曰："以子之用财，家必中落。而豪性自若，必堕羽士术中，而且不悔也。"余切叩之再，君乃慨然曰："世有黄白术，知否？"余曰："是至道，非术也。第非凡人能行！"君曰："余所知是药法，第非中国所事，其法传自东西二洋，闽广羽士颇知之。余亦得自羽流，就正于红毛贡使，百用百灵，能携百万黄白，孤行万里，是携魂而弃魄耳。其源出自神人，而为被难难人而行，今则变为妖民聚财而贮也。盖金有五金，咸具魂魄，得药八两，能提黄魂两许。魂提难易有差等，黄难于白，白难于铜，

---

[1] 本篇选自闵一得《古书隐楼藏书》。

铜难于铁，铁难于铅。铁法不行于中国，吾今所留，惟黄与白。"于是令余取银十两，置诸羊城罐，发炉镕之，覆以松脂。焰熄取凉，色白无光，取以碎之，极松而轻，曰："所存魄也。"顷复置诸罐，极火以煅，凝不之化，乃更覆以松脂，加入硝矿，声若阴雷。曰："可矣。"凉而验之，灿然有光。取出称之，得黄亦如白数。曰："惜不以铅魄入之，可加重至两许也。"仍取入罐，覆亦如初，焰熄验之，便成白魄。于是重发炉，覆亦如昔，焰熄验之，仍成白物，称勿稍失。乃大笑曰："何如，何如。可知药法之神如此，世间鼎飞炉炸，都是提魂，先生今而后，可不堕是术也矣。"得见，谨誌诸心，兹因真人述及，爰笔以告同人云。

又以轩辕铸九鼎而成道，以为用鼎九人，仆也会进过五七鼎，并无成就。且人念头一动，先天纯朴即散。先天即丧，后天虽存，何益于身心？不过健其四大而已。这样无知下愚之徒，岂知天不言而四时行、百物生之妙哉。人身造化同天地，但不知天之清、地之宁也，且不知主宰造化是何物。若能知此清净为体，以定为基，天心为主，元神为用，三盗相宜，还返天真，复命归根，何患不至圣人地位哉！

按：此盗字，当从三皇拆字诀解。盗也者，物次于皿之谓，藏而守之之义。

如鼎一事，纵有所得，不过却病延年而已，否则有害无益。仙佛所为，万万无此事，断断无此理也。何以故？丧其无象，散其无体，是以不出于万物有形之表也。今人多言"七七白虎双双养"，以为用十四之鼎器。噫！岂知"两七聚，辅翼人"，即经云"履践天光，呼吸育清"之妙？又言"花酒悟长生"，俱执以为鼎器。又岂知"月圆时玉蕊生，月缺时金花谢"之喻，坤复之间，得先后天，常似醉之语哉？仙又言"家家有之"，何男女鼎器之用？此乃知和光同尘，积铅于市廛，法财两用，方得大药现前之说也。不遇真师，皆错认男女相之为鼎器，可胜叹哉！有缘之士，得遇真师，潜心默炼，则金丹可坐而致，同志之士，宜三复是书，而毋为盲人所惑也。

三丰真人小像跋

三丰先生，姓张，名君宝，字全一。生有异质，尝与人议论三教等书，如决江河。其所言，专以忠孝仁义劝世。我太祖高皇帝，遣三山高道，访于四方，竟弗至。太宗御极，遣使赍书曰"真仙张三丰足下"，复使礼科都给事中胡濙，道录任一愚，岷州卫指挥杨永吉，遍诣名山，访求未获。特敕正一张碧云于武当山建宫以候。天顺中，赠化通微显化真人，锡之诰命。而侍立翠湖，乃先生高弟也，有灵通。《纪》、《传》、《双槐岁抄》，及他诸刻。而有以三丰为三峰，误矣。三峰古书名，不著姓氏，旁术也。先生安袭取以自号乎？

此跋载在《玄谭集》真人像后，未审何人所作。姑录此以仍其旧。世以三峰采战，即为先生之术，不知采战所谓三峰者，指女子口、乳、阴窍以为言，而先生之号乃三丰。丰者，丰神，先天之英。曰三丰，盖取三才之丰，而音韵适合耳。况先生明初人，旌阳《石函记》已有大辟三峰御女术说，又如道光、泥丸、玉蟾诸仙翁，早共排斥三峰采战于千年百年之上，先生尚未世生，顾安得指此邪术出自先生！有谓先生不幸自号三峰故耳，余谓先生自号，岂有故犯邪术书名之理？兹跋已明言矣。晋揣先生自著《破迷直指》，及其自叙，世之君子，亦可自信世传之误也矣。而世犹断断执迷不悟，何哉？

三丰真人玄谭全集

张三丰真人　著

金盖山人闵一得苕敷　参校

玄　谭

张三丰曰：夫道，中而已矣。故儒曰致中，道曰守中，释曰空中。而内丹之所谓中，窍中之窍也。窍中之窍，乃真中也。余独慨夫世人之不识中也，或求之九宫之中，曰泥丸，而不得也；或求之脐下一寸三分，曰丹田，而不得也；或求之心脐相去八寸四分，而以中一寸二分为中，与夫两肾之间，前对脐轮，而不得也。夫以有形求之，而皆不能得也。乃复逆而度之，则关曰玄关，牝曰玄牝，岂虚无之谷，而不可以有形求欤？夫以无形求之，而又不能得也。乃复逆而度之，则曰无而不着于无，有而不着于有，岂非有非无，而不着于有无间欤？智过颜、闵，真难强猜。予今冒禁言之，非得已也，盖以神仙降生于此时者众，以救世也。或官矣，或士矣，农工商贾矣，道矣，释矣，故作此篇，以籲俫之，俾知救世，复返天上，而不堕落于尘寰者，此余之心也。图说如后：

释氏外景图

（原批：此是三才合一之本体，必合道家内景而修，方合医世功法。）

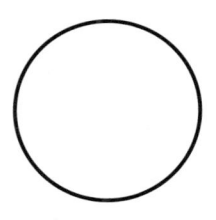

外景也者，外其身而虚空之，先了性也。

张三丰曰：释氏了性，须要持斋，故太虚是我，先空其身。其身既空，天地亦空，天地既空，太空亦空，空无所空，乃是真空。

又曰：无无乃出天地，外虚空以体无无。

道家内景图

（原批：此是三教合持之功法，必用释氏外景以体之身心。初学斯无或漏，而医世之学乃圆，有事半功倍之妙。）

内景也者，内其身而胎息之，先了命也。

张三丰曰：胎因息长，息因胎住，而窍中之窍，乃神仙长胎住息之真去处也。天地虽大，亦一胎也，而日月之往来，斗柄之旋转者，真息也。又不观三氏之书乎，《易经》曰："成性存存，道义之门。"《道德经》曰："玄之又玄，众妙之门。"《遗教经》曰："制之一处，无事不办。"皆直指也。

我之看书无滞，才知圣凡一炁，不为盲人迷惑。扫尽旁门，重整心猿，重发志气，低心下意，历魔历难，苦求明师，穷取受炁之初。初者，先天始祖祖炁。此炁含着一点真阴真阳，产于天地之先，混元之始。这个灵明黍米宝珠，悬在至空至正之中，明明洒洒，但有未明旨的人，若醉相似，离此一着一着都是旁门（沈氏曰：黍米宝珠，即戊土也，按《洛书》之数，金木水火皆居八方，独戊己居虚无之中。故云至空至正之中也）。这个灵明宝珠，于空悬之中，包含万象，发生万物，都是此⊙者。此物在道，喻为真铅真汞，一得永得。不可执乾坤、日月、男女相上去，只于己身内外安炉立鼎，炼己持心，明理见性之时，攒簇发火，不出乎一个时辰，立得一黍玄珠，现于曲江之上。刀圭入口，顷刻之间，一窍开百窍齐开，火发四肢，浑身筋骨血肉都化成炁，与外水银相似。到此时候，用百日火力，方有灵妙，一得永得，勿有还返，住世留形，炼神还虚，与道为一矣。

○此物在释门，说是真空，真如觉性。若知下手端的，炼魔见性，片响功夫，发起三昧真火，返本还元，一体同观，天地咸空，霞光万道，五眼六通，炼成金刚不坏之身，了鬼神窥不破之机。

○此物在儒是无极而太极。依外天地而论，无极是天地周图，日月未判之前，四维上下不辨，一混混沌沌，如阴雾水，及气至时到，气满相激。才生太极。太极是日月，只要体法天地日月，不是要采天地之日月也。日月既生，天地自分。清气在上为天，虚无一派神祇，都是清炁精明之光曜也；浊气在下，大地山河人民，俱在地下。五谷一切万物，虽在地发生，都借天气方得有生。天之清气为纯阳，地之浊气为纯阴，而露从天降，是阳能生阴，万物从地生，是阴能生阳。天地是个虚无包藏，无穷尽，无边际。天之星宿神祇，其动转各有方位，地下万物，按四时八节，发生总自虚无。夫日月是天之精，上照三十三天，下照九泉黄极，东西运转，上下升降，寒暑往来。日是纯阳之体，内含一点真阴之精，属青龙、姹女、甲木、水银、金乌、三魂，即是外彼；月是纯阴之体，内含一点真阳之炁，属白虎、婴儿、庚金、朱砂、玉兔、七魄，即是内我。人身造化同天地，故人身亦有真日月，道本在迩，而人反求诸远也。三魂属性，性在天边；七魄属命，命在海底。内外通来性命两个字，了却万卷书。性属神是阴；命属炁是阳，故曰"一阴一阳之谓道"也。那个真阴与真阳相对，这个真阴之精既不知，又乌知这一点真阳之炁乎？今之学者，不惟不知真阳，亦且不知真阴，若知真阴，则真阳亦自知之矣。不遇真师，枉用猜疑，是道在天地，天地亦不知也。学者穷究身中天地人三才之妙窍，一身内外阴阳真消息，如不得旨，一见诸书之异名，必无定见，执诸旁门，无能辨理。既不能穷理，则心不明，心既不明，则性天不能如朗月。既不能见性，焉能知命？噫！只为丹经无口诀，教君何处结灵胎。

外，先天真阳。此◐图是一身内外之造化，名通天窍，炼丹炉，躲生死路，生身处，父母未生前，五行不到处。一点真阳，明明在四大形山秘密处，此个消息，玄之又玄。此个灵明宝珠在人身，与外天地日月同体，是一身之祖炁。"今日说破真父母，明朝不怕死和生"，即太上慈悲所言，《黄庭经》外景之旨也。

中，身中。○此图是产天地之造化，剑铸雌雄，药看老嫩，全在此中，安天立地，不离此中。万劫因缘要正传，是天炁下降不到地，地炁上升不到天，空里常悬，理最难明，故曰"中间一窍少人知，须要明师亲口传"。然乾坤交姤亦在此也，坎离交姤亦在此也。

内，海底命主。●此一图是海底金精之灵龟，吾身彼家之兑金，戊土之命主。浑身百脉，五脏六腑，全凭此物执掌，且成仙成佛，超生出死，亦凭此穴安排。实是个固命之地，养命之方，却诸病不生，为万炁之根蒂，乃一身中之太极，即太上慈悲所言，《黄庭》内景之旨也。

天、地、人三才，实在自己一身而言。以后天论之，则于身中有象有方；若以先天究之，则生天、生地、生人、生物，无象无方之物也。仙云："先天不得后天，无以招摄；后天不得先天，无以变化。"此是天地人，在己身内外，上中下三个真消息，三个真炉鼎，又属三教，三乘妙法，体外天地人三才，廓外三教经书。此个五行中人之五行，皆在性命中，岂求之他人哉！《悟真篇》云："三五一都三个字，古今明者实然稀。"仆说的不是大言，且不论火候攒簇细微，只说三个五行，百万人中无一知者。若知三才相盗，返此之本，还此之元，传精送神，偷精换气，颠倒采取，若人敢承当，要作仙佛也不难。

凡学修炼者，先穷取一身内外真炉鼎；若不识内外真炉鼎，则无处下手。既知安炉立鼎之在内外，及阴阳往来之旨，便穷取真铅真汞，及内外药生的时候，方可进火修炼。若不知吾身内外药材，则炉鼎中煅炼何物？

外，真铅真汞。◐此个窍，己身内外真炉鼎。安九阳之鼎，铸慧剑以定时候，开关采药，硃里回汞，攒簇沐浴，水火既济，持空养虚，只在此窍，含著一点真硃砂水银，明明在身不内不外之地，万人不识。离此一着，都是盲修瞎炼。此就是己身外五行，外炉鼎，外造化，即轩辕所铸九阳之鼎是也。（原批：此圈，说即言太极之蕴，其象 ☯ 如此。个中一 ☯，乃言阴阳未判时，其象乃 ☯ 如此，曰外者，以此一圈来自坎卦下爻，变返太极，而具有真铅真汞，故得喻曰外炉鼎、外造化也。其实不出一身，而象则如此。）

中，坤土釜。〇此个窍，正是攒簇结胎，生天地人物，及风云雷雨，都在此中宫正位。此是神室宝鼎，产内外二药，铸雌雄二剑，抽铅添汞，候取点化丹药，故曰"中间一窍少人知"。（原批：按中圈即上圈中之一点，下圈中之空白，有而不有，乃是真体，其得而象者如此。）

内，脐下命主。◉ 此个窍，乃兴功之根本，成道之梯航。安炉立鼎在内，水火锻炼，法财俱足，神气完全，上七窍生光，才是真正时候，方可采吾身外炉鼎之药，以配身中之雌雄。又全凭此穴，调神纯熟，万神受使，星回斗转，方可夺外天机也。（原批：按此图说，亦只言太极之蕴，其象如此。个中空白，乃是真阳，其外黑，乃是真阴，而曰内者，以此外黑来自离中中爻，木汞赖以不飞，乾铅赖以生活者，引而返归乾位，故曰内也。三图作用，全在中图。三段宗旨如此。）

夫上一窍乃纯阳之体，内含一点真阴之精，是我身彼家之物，属外在内，即"两肾中间一点明"发之于外，故喻他也；下一窍乃纯阴之体，内藏著一点真阳之气，是吾身我家之物，属内，即乾宫泄入坤位之物，故喻我也。上窍内是女体，外是男子；下窍内是男体，外是女身。故仙翁多以男女彼我喻也。然中间一窍为中宫，黄婆，媒舍，若会此处颠倒配合，方可成圣。

夫命宝从己身之外来，还是自己坤位之物，却在吾法身中——色身内之他家也，故仙云"采取不离自己元神"是也。世之学者，不得正传，无处下手，执己又不是，离己也不是。谁知一点元阳，明明洒洒，在己身玄中高处，隐藏于不内不外之密处，内外一气牵连，千古不传之秘。然人身现成放着两个真消息，与外天地日月同体，不差毫发。是天地乃万物之最大者，人为万物中之最灵者。天地不过是个大人，人不过是个小天地，所以人身造化同天地也。谁能省悟人人有个通天窍？人人有一味长生不死药，人人有个炼丹炉，人人有个上天梯，人人有个人不识，人人不信有长生不死方，人人不信有白日升天路，情愿受死，哀哉痛哉！

凡炼大还丹，先要补虚，只补得骨髓盈满，方可炼金液大还丹。夫下手功夫，先采上窍阳里真阴，入内金鼎气海之中，与肾经配合。夫阳里真阴，即是自己元神真形，在外属三魂；下窍阴里真阳，即是身中元炁，属七魄。其先后二炁一会，则坎离自交，魂魄混合，神凝气结，胎息自定。每日如夫妇交情，美快无比，切不可着意。水火既济，发运四肢，如外火活焰相似，只要水火均平（原批：日均平，是藏有真意中调之意，故日均平。），此是小周天火候。调和薰蒸，喉中真息倒回元海，则下肾自入内，真火自然冲入四肢，浑身软美快无穷，腹内如活龙回转升降，有数十样变化，婴儿姹女自然交合，此是采阳补阴，筑基炼己一节事。夫修炼金液大还丹，广积内外法财，终日逍遥，昼夜常明，则长生久视之道也。世人全赖五谷养命，若数日不食，则气脱而死也。若人老，则下元虚损，骨髓俱空，不能胜五谷之气，是五谷能养人亦能杀人。若会内水火既济，气血逆流，则五脏气和，脾胃开畅，食入腹中，亦能化气，生精生神。果得天机下手功夫，直候骨髓盈满，腹脐如满胎妇人一般，却不是果有胎块之形象也，不过气满、精满、神满而已。如果三全，则真火煅炼，调神炼气，大丈夫自有功成名遂之时也。仆今奉劝世人，参访苦求功夫，决破一身内外天机，下手速修，炼己待时，时候一至，择地入室，炼此龙虎大丹。必要僻静，鸡犬不闻之处，外边只要知音道侣，不许一个闲杂人来到，恐防惊神。仙言和光同尘，仆言僻静处，何也？盖炼己于尘俗，养气于山林也。

金液还丹，乃超凡入圣之道，非他事之可比，必须一尘不染，万虑俱忘，一刀两段，丝毫无挂，永作他乡之客，终无退悔之心，如此立志，乃是出家。入室时，持空炼神，守虚养气，直养得精血充盈，筋骨柔和，身无皱纹，如蜘蛛相似，上七窍生光，昼夜长明，心如太虚，才正是时候，方可求仙。又专心致志，演神纯熟，成形受使，星回斗转，随意所变，直到这个时候，才是气满神全，法财广大，方可炼大丹，方作得一个丹客也。

功夫既行，七窍生光，三阳开泰，神剑成形，趁水推船，因风发火，一阳内生，方可夺外天机，下手开关，采吾身外金丹，以龙嫁虎而作夫妇也。若会攒簇，湛然摄起海底之金郎，即后开夹脊，通泥丸，落入水晶宫内，与木汞配合，不过半个时辰，攒簇已定，真火冲入四肢，浑身骨肉火烧刀割相似，最难禁受，就是十分好汉，到此无分主张，须要防危虑险，沐浴身心，水火既济，顷刻浑身如炒豆子一般相似，百窍一齐爆开，浑身气血都会成形、都会说话，就在身上吵成一堆。舌根下又有两穴，左为丹井，右为甘泉，名正涌穴，随骨脉一齐开，下肾水涌到口，即时咽纳不及，滋味甚异，比沙糖大不相同。直至三十时辰两日半，狂水已尽，专候天癸降，此正是时候，忽然一点真铅下降，凉如冰片，即时下一点真汞迎之。攒簇之后，浑身湛然，如千百面战鼓之声，又如百万颗雷霆之吼，此即一身百脉气血变化所致，休要惊怕，只要踏罡步斗，执剑掌印，这里正是凶恶处，三回九转，降师召将（原批：曰踏罡、曰步斗、曰执剑、曰掌印，皆比喻，莫认作南宫宫法以降魔，学者不可不省。曰踏罡，诚意是也，曰步斗正心是也，曰执剑，不为物误，须凭慧剑以指之义，曰掌印者，修按师传，不入歧途，全凭印证，毋或自欺之义。曰降师者，乃或就授师而问难，或取经书而体证焉。召将者，志能帅气，帅其志气以行事也。），如此防顾，于虚空中或见龙虎相交，天地交泰，日月合宫，诸仙诸境发现，切不可认以为真，恐著外邪，既得真铅投汞，三日之后才生大药。当此两家争战之时，仆若不亲口说破，十个九个都吓杀了也，心有恐怖，即遭魔障。既炼先天元阳，遍体都化成神，返来害己，虽化成形，却是阴神，阴神最灵化，能千变万化诸境为害，未肯善善降伏。常人有言："你会六通神，方才说死生；不会六通神，休思伏鬼神。"既伏不得鬼神，休想成道。若使鬼神不能相见，焉能为害？混混又至三十时辰两日半，气气相通，气满至极。忽然活泼泼捧出太阳流珠，脱壳入口，百万龙神尽皆惊失，此是元神，真丹药入口，始知"我命由我不由天"也，仙云"这回大死今方活"，又云"一战而天下平"。到此地位，才是真正天地交泰，日月交宫。真阳之药到，顷刻周天火发，骨胎化作一堆肉泥，阳神脱体，撒手无碍，专心致志，持空守虚，随神变化。夫万物皆天地所发生，则万神皆朝礼而宾服。厌居尘世，逍遥蓬莱，有三千玉女侍奉，终日蟠桃会上，饮仙酒，戴仙花，四大醺醺，浑身彻底玲珑，海底龟蛇自然蟠绕，到此才是真五龙大蛰法也。炼之百日，玄关自开，婴儿现相，龟蛇出现，万神受使，才是真铅真汞颠倒，浑身紫雾毫光，瑞气千条，红光罩体，学者到此地位，口中才得干汞。炼之六个月，体似银膏，血化白浆，浑身香气袭人，口中出气成云，此是灵丹成就，人服之永不死，亦能治死人返活。

　　炼之十个月，阳神脱体，一身能化为十万身。只候十二个月，夺尽天地全数，阳神已就，浑身脱去八万四千阴神，步日月无影，入金石无碍，入水不溺，入火不焚，刀兵无所容其刃，鬼神莫能测其机，变化无穷，乃成真人矣。浑身气候，都是真药，鸡餐成凤，马食成龙，人服成仙，此理鬼神亦难明，若不见过做过，这等言语谁人肯信？夫大药金丹，造化功夫，三回九转，火候细微，攒簇口诀，只在五七之间，把天地都颠倒过，都是自然而然。虽是自然，却要知体法天地造化，方可成就，却不是要在天地日月上然后成道也。

夫大药入口事，从做过，从见过，从试过，应到自然处。功夫虽一年，火候细微只在百日之内，动静凶恶只在九十日以里，得内外而攒簇，顷刻湛然，圣胎成就，产个黍米之珠，吞入腹中，周天火发，脱胎换骨，只要持空养虚，余皆自然而然。今人果得真师明示，先去炼己于尘俗，积铅于市廛，攒年簇月，攒日簇时、簇刻，大定之中，只在一刹那间，不出半个时辰，把天机都颠倒过，运火十月之功，体天地自然之法，若不能死中求活，焉能逃出三灾八难之外哉！大学之士，聪敏智慧，闻一知十，三教经书，能讲能说，不过明性理字义而已，而于金丹造化，大道天机，内外两个真消息，焉能省悟？若果遇至人，真传实授，便主穷理尽性开悟，如水归大海，省诸丹书，横竖无不是道。诸子丹书，前人不肯妄言，一句句字字不空，只是人不能省悟。譬如说"金丹吞入腹"之言，不能得旨之人，就错认在口腹上说话，岂知窍妙吸尽西江之玄哉！譬如说天地、日月、男女上去了，都是胡猜胡说。执着旁门，声音颜色，拒人于千里之外，不肯谦恭下士，终无了悟，反吹毛求疵，诽谤高人，焉能得其法术哉！反为天人之共恶，是皆地狱种子，诚可哀也。奉劝世人，如遇至人，切不可执着己见，当虚心参访，苦求明师，方不致自误也。

☉此督脉也（原批：一圈即我一身，、即督脉，此我身法身之阳也。）。督者，总也，总领一身之气脉也。正是天地未判，父母未生身前，先天元阳祖炁，浩劫长存，亘古至今而不坏者也。

〇此任脉也（原批：一圈即我身中间空洞洞，是我法身之真阴，性是也。）。任者，仁也，乃生生不息之元气也。净罗罗，圆陀陀，赤洒洒，精喇喇，明丽丽，光灼灼，活泼泼，此物是象帝之先，万神之祖，包含万象，发生万物，释云摩尼珠，道云黍米玄珠，医云活滚滚一丸真灵丹妙药，实千古不传之秘。今人不明此理，亦无传授，又不醒悟，焉知内外二字之妙。任督二脉实先后天之玄，诚哉百姓日用而不知也。

督脉，☯此窍是生身之源，未有此身，先有此窍，非凡孔窍之窍也，乃玄机之妙窍也。此消息正是父母未生前一点元阳祖炁。

任脉，○此窍是一身五脏之主，内外执掌，全在此窍，若知颠倒攒簇，是生五脏之根，未有五脏，先有此窍，未生此身，先生此窍也。此个消息是养命之方，留命不死之根蒂。

这上中下三个真消息，若得正传，能归根复命，使四炁归入下元，魂魄不散，水火既济，有何病症！这元阳得传授明白，或遇法网不能脱，不能成道，不得已然后将海底命主，为四炁之根本，发起命主，归元炁不散，用一着撒手无碍，舍此消息，亦可再出头而学道也，此是鬼神不测之玄机。这先天元炁，黍米玄珠，真心传得明白，勤而行之，忽然大悟，则三教经书，了然在吾目前，不待思索，自然解悟。以大理论，则浑身上下，内外血气，俱后天渣滓之浊阴，唯秘密处一点元阳，是个纯阳，此真形属心，此心是真空心，非这个血肉心。此真心万人不识，其中别有个乾坤世界。仆把内外三心，述之于后。

外心——天心（原批：此心位在脑，人脑百会穴中是也，以其得自坤卦上爻，故曰外。）：○此心是真空心，曰玄关，通天窍，正是内外五行真炉鼎。凡开关发火，踏罡步斗，执剑掌印，了鬼神窥不破之机，全在此心，要知法度可也。

中心——人心（原批：此心非血肉之心，乃即外内心，圈中之空空洞洞者是，而却有位可考，位在心下脐上，神室是也，故曰中。）：○此心是中心一窍也，为黄婆舍，内外攒簇，看时定候，全凭黄婆是也。安炉立鼎，为炼内外二药，老嫩要辨，真伪亦然，出自此心也。

内心——地心（原批：此心在脐内一寸三分，不在脐下一寸三分也，以其得自乾卦中爻，故曰内。）：○此心正海底命主，万神之蒂。凡修大乘，先修小乘，筑基炼己，聚积法财，保养汞气，全在此穴，要识刚柔。

此三个心，在一身内外三个消息，若会把天地颠倒过，打开无缝锁，一句了却古弥陀。此三心万古不传之秘，除了这血肉心，还有三个真心，这三心贯通虚无真空。若明这个真心，则天地万象，包含在这空心里。这个空心含著真阴真阳，然真空消息是把无缝锁，终不能开，生死何处躲？仙云："金针容易得，玉线最难穿。要知生死路，如滚芥投针。"喻言阴阳，阴阳是性命，谁人识得么？然人觉三日、五日、一七、二七、三七日，回首要留命不死，当捉住水、火、风不散，归我身中彼家兑之命主，不要动心，是不死之方。若人年老，不能行持了道，要回首去，如瓜儿一熟，蒂儿一落，全在这些消息，一知时候，发海底命主，归上虚无元性，自然魂魄不散，任从自己，方不迷矣。

正道歌

一

我有一口诀，长叹无处说。天下访不著，人人不可说！
顺丹逆是仙，此是真口诀。万般枉费心，都是胡扭捏。
熟记《悟真篇》，求师仔细别。自然些子妙，玄机神莫测。
融融乾坤髓，拣时用意啜。要须地下宝，须明天上月。
浮沈看老嫩，水源别清洁。若逢野战时，猿马休颠劣。
宾来先作主，主来后作宾。黄婆媒姹女，交媾丹自结。
外面黑如漆，里面白如雪。中间黄紫烂，肉青皮似血。
结就五炁丹，三尸阴鬼灭。玲珑剔透人，痴聋喑哑拙。
心也无得思，口也没得说。用文须用武，采取按时节。
金鼎常令暖，玉炉毋令热。交媾顷刻间，温养十个月。
男子会生产，产个三岛客。活吞一粒丹，天仙来迎接。
九年功行满，稳步朝金阙。

二

道情不是等闲情，既识玄机不可轻。
先把世情都放下，后将妙理自研明。
未炼还丹先炼性，未修大药且修心。
心定自然丹性至，性清然后药材生。
雷声隐隐震虚空，黄庭紫雾罩千寻。
若还到此休惊怕，只把元神守洞门。
守洞门，如猫捕鼠兔逢鹰。
万般景象都非正，一个红光是至真。
此个红光生异象，其中犹若明窗尘。

中含一点先天气，远似葡萄近似金。
到手全凭要谨慎，丝毫念起丧天真。
待他一阳归洞府，身中化作四时春。
一片白云香一阵，一番雨过一番新。
终日绵绵如醉汉，悠悠只守洞中春。
遍体阴精都剥尽，化作纯阳一块金。
此时气绝如小死，打成一片是全真。
到此功夫为了当，却来尘世积功勋。
功成行满天命诏，阳神出现了真灵。
此言休与非人说，轻泄天机霹雳轰。
嘱咐仙朋与道侣，不逢达者莫轻论。
其中句句通玄妙，此真之外更无真。
收拾锦囊牢闭固，他日修行可印心。
可印心，五十二句要君听。
若有虚言遭横死，误尔灵官鞭碎身。

三丰张真人破疑直指全卷

论言直指

金丹破疑直指

世有一等小根盲人，见先仙所言外阴阳、外炉鼎、外药物，便执迷以女人为鼎器，诚可哀也。这样无知之徒，岂知清静大道，有三身四智、内外鼎炉、内外药物、内外火候之玄哉！岂知万物皆备于我，天地造化皆同我之大哉！

假如有缘之士，得遇真师，先行玉液内还丹，炼己和光，操持涵养，回光返照，此明心见性之事。若夫金液还丹，乃情归性，直到真空地位，大用现前，龙女现一宝珠，发现至此，方为一得永得。亥子之交，坤腹之间，于一阳初动兴功之时，手探月窟，足蹑天根，回风混合，从此方有百日功灵之验，金液还丹乃全此五行之大事也。除此性命双修清静之道，馀皆旁门小术耳。

吾于一身内外，安炉立鼎之妙，攒簇五行口诀，药物火候细微已得，不知虚空法度，便去入室行外药入腹大事，发火兴功。行到秘密处，有虚空万神朝礼，仙音戏顶，此事鬼神难明，只因自己不能炼己于尘俗，未得积铅于市廛（原批：即此尘俗市廛，亦要活看。悟则市廛即深山，迷则深山亦廛市矣。），气脉又未大定，基址亦未三全，理虽融而性未见，故万神发现，凶险百出，心神恍惚，不能作主。又因外边无知音道侣护看防守，着其声色，惊散元阳，激鼎焚炉，劣了心猿，走了意马，神不守舍，气不归元，遭其阴魔。何为阴魔？我不细说，后学不知。皆因真阳一散，阴气用事，昼夜身中鬼神为害，不论睁眼合眼，耳中只听鬼神噪闹，白日间犹可，到晚最为难过，不敢定静一时，我身彼家海底命主，兑金之戊土，冲翻五脏百脉，血气皆随上腾，连身提起不着地，杀身丧命，鬼家活计。仆暂弃前功，遵师训指，大隐市廛，积铅尘俗，摄情归性，杀机返心。自幼至老，被天地人物盗去天真，今于虚无中尘色内，却要盗夺返还于我天性之中，方得元精、元气、元神，欲还三全，全凭虚极静笃，造致万物芸芸，乃得各复归根。根归理融，理融见性，身心大定，五行攒簇，才去行向上事而了道也。

想先代贤哲，多有中道而废者，皆因未曾炼己持心，金来归性，以至二候得药，于四候进火之时，不知虚空法度，粗心大意，是以白公有"再斫松筠节"之叹。谁知虚空消息，至细至微，至凶至恶，若是擒捉不住，定不饶人。学人能知一身内外两个消息，了然无碍，从此操持涵养，克去己私，复还天理，则还丹之功，至简至易，终日操吾身外之黄花，以候先后二天之琼浆，此正是"饮酒戴花悟长生"之妙也。然混元一事，则毋意、毋必、毋固、毋我，任死任生，忘人忘我，终日穿街过市，玩景怡情，于淫房酒肆，兀坐妄言，岂不动人之惊疑笑谤哉！摄境积铅，法财两用，岂不致俗子之欺弄祸身哉！是以藉通都大邑有力之家，以为外护，目击道存，韬光晦迹。仙云："若贪天上宝，须用世间财。"乃吾身天上九阳鼎之大宝也。

凡寄生于宇宙之间，男女所赖以生而不死者，唯此一点阳精而已，岂有学仙的人，男子学道必用女人，女人学道必用男子，是败坏天下之风化，皆无知禽兽之所为也。噫！言语不通，执迷不悟，岂仙佛之眷属乎？学者果能操持涵养，于造次颠沛流离之际，不失方寸，然后求向上外药入腹事，顷刻湛然，脱胎换鼎，浑身化一道金光，大地成空，身外有身，阳神脱体，持空养虚，此是五龙大蛰法。仙云："内丹不成，外丹不就。"言人得正传，且先积精累气，并积内外法财，养得气满神全，金光出现，昼夜常明，则此时内丹成，而吾身外丹法象现矣。凡看书不可按图索骥，学者于昼夜常明之时，药苗一生，方可采吾身外药，配吾身中之雌雄，一得金光入口，周天火发，顷刻湛然，撒手无碍，才是金蝉大脱壳也。学者未遇人时，当小心低意，积功累行，遇魔勿退，遇谤勿嗔，重道轻财；一遇至人，笃志苦求，决破一身内外两个真消息，忽然醒悟真去处而言之，所谓吾身一天地也。然此真去处，虽曰不依形而立，而窍中之窍，夫岂无形哉！今乃借物以明之，譬之乂口然，实其中则张，虚其中则弛。而窍之能张能弛，亦复如是。

起手时先须凝神，入于窍中之窍，息息归根而中实矣，中实而胎长矣。然神本生于窍中之窍，而寄体于心宫，余尝谓之原是我家之物，而复返于我也。

窍中之窍者，神室也。神室即气穴，即中黄。盖黄即土之正色，而土意也，故坎之土戊，其意常在于离，离之土己，其意常在于坎，此其性情然也，而自有相投合之机矣。若能识其投合之机，而以意送之，神凝气住，则自然结成一点金丹，至简至易，而非有穿凿也。此盖以母之气伏子之气，而子母之气相眷恋于窍中之窍，丹岂有不成者乎？

附录五

《无根树词》二注[①]

（板藏空青洞天）

序

天台《悟真》，发明内外二药、返还大事，当时浅识无知，或疑为炉火采战之书。叶文叔不明返还，又复以清净浮言附骥行世。翁葆光见而笑曰："此不知金丹者也。"遂为注以匡正之。陆子野、陈上阳遂[②]加发挥，《悟真》三注出，而叶注遂湮。辽阳张三丰先生，天仙也。在武当时，曾作《无根树道情》二十四首，与紫阳《悟真》后先伯仲，世亦有认为采战炉火者。涵虚喟然曰："道之不行，由于道之不明也。"每欲著解彰之，恨无同心丹友。栖云刘悟元，以宏通大辩之才，作书数十种传世。其中有《无根树注解》，涵虚取而观之，词源浩大，理境圆通。由是欣然大喜，喜其先得我心之所同然也。其中有未尽泄者，涵虚乃为补之，内外药物、返还火候、先后炉鼎，发泄无遗。自是而《无根二解》，宛然《悟真三注》也。解成，问序于予，予不敏，为记其用心如此。

丁未立秋日青霞洞主人同师弟何西复拜识

《无根树解》序[③]

余自童子时，常闻道者诵三丰真人《无根树》词，虽不知取义，而心

[①] 本篇以空青洞天本《无根树二注》点校，参校《道藏辑要》本。

[②] 遂，底本作"道"，据《道藏辑要》本改。

[③] 此序，底本无，从刘一明《道书十二种》增补。

窃爱之。及长慕道，常读此词，细研深究，无门可入。后遇先师龛谷老人，指示端倪，方知其中藏造化之机，泄性命之源，言简理明，包括丹道始终之序，吐露火候前后之秘。久欲解释，阐扬所蕴，苦无刻本，数十年来所见者，皆录本耳。因其字句错伪甚多，彼此不同，且失词调，不敢下笔遗笑于大方。世传贵州高真观有所藏刻文，其录本自彼处传出者，惜余未亲见也。近因好学者，欲刻刊普传，正合余多年宿志，爰是细心校阅，稍正错讹，聊解大义，一以彰真人度世之婆心，一以助学者入门之炬灯，至于词调有无，无甚关系，亦余事耳。若有知词调君子，添补全璧，此尤余之所望也。

大清嘉庆七年岁次壬戌桂月悟元子自序

三丰张真人源流

　　真人辽东懿州人，姓张名君实，字元元，号三丰子，又号昆阳。或云姓张名玉，字君宝，号元元子。宋末时人。生有异质，龟形鹤骨，大耳圆目。身长七尺余，修髯如戟，顶作一髻，常戴偃月冠。一笠一衲，寒暑御之。不饰边幅，人皆目为张邋遢。所啖升斗辄尽，或避谷数月自若。延祐间，年六十七，入嵩南，遇吕纯阳、郑火①龙，得金丹之旨，修炼成道。或云入终南，得火龙真人之传，修炼成道。秦淮渔户沈万山，又名万三，好善乐施，限于家贫，不能如愿，真人传以点石成金之术遂其愿。万三，自号三山道士，其丹室有联云："八百火牛耕夜月，三千美女笑春风。"世称为聚宝盆，城西南三山街，是其故居。真人于元末居宝鸡金台观，至正丙午九月二十日，自言辞世，留颂而逝。土民杨轨山，置棺殓讫，临窆复生，时年一百三十岁矣。从此入蜀，至太和山，结茅于玉虚庵。庵前古木五株，尝栖其下，猛兽不伤，鸷鸟不搏，众皆惊异。有人问仙术，绝不答；问经书，则论说不倦。尝语武当乡人曰，"此山当大显"。后永乐间，皇帝敕修武当，真人隐于工人之中，勤劳行功，人皆不识，惟碧云孙真人深知。时碧云为武当山住持，与真人来往，多受真人益。真人名达天庭，皇帝遣使屡召不赴，惟以诗词托碧云奏之。后以道授道人丘元靖，不知所终。（本《仙鉴》所载）

---

　　① 火，底本作"六"，误。

永乐皇帝访三丰书

皇帝敬奉书真仙三丰张先生足下：朕久仰真仙，渴思亲承仪范。尝遣使奉香致书，遍谒名山虔请。真仙道德崇高，超乎万有，体合自然，神妙莫测。朕才质疏庸，德行菲薄，而至诚愿见之心，夙夜不忘。敬再遣使，谨致香奉书虔请，拱候龙车凤驾惠然而来，以副朕拳拳仰慕之怀。敬奉书。

三丰托孙碧云转奏书词

圣师亲口诀，明方万古遗。传与世间人，能有几人知？
衣破用布补，树衰以土培。人损将何补，阴阳造化机。
取将坎中宝，金花露一枝。庆云开天际，祥光塞死基。
归已昏昏默，如醉亦如痴。大丹如黍米，脱壳证无为。
优游天地廓，万象掌中珠。人能服此药，寿与天地齐。
如若不延寿，吾言皆是非。

金丹重一斤，闭目静存神。只在家中取，何劳向外寻。
炼成离女汞，吞尽坎男精。金丹并火候，口口是元音。

自题无根树词二首

鹧鸪天

道法流传有正邪，入邪背正遍天涯。
飞腾罕见穿云凤，陷溺多成落井蛙。
难与辨，乱纷哗，都将赤土作丹砂。
要知端的通玄路，细玩无根树下花。

卖花声

无根树下说真常，六道含灵共一光。

会得威音前后事，本无来去貌堂堂。

明洪武十七年岁在甲子中和节大元遗老张三丰自记于武当天柱峰之草庐

张三丰祖师《无根树词》注解

栖云山刘悟元　注

长乙山李涵虚　增解

〔**刘注**〕"无根树"者，词之名也。凡树有根，方能生发；树若无根，必不久长。人生在世，生老病死，忽在忽亡，百年岁月，石火电光，亦如树之无根也。仙翁二十四词，以《无根树》为名，叫醒世人，使其看破浮生梦幻，早修性命耳。

〔**李解**〕无根树，以人身气言。人身百脉，皆生于气，气生于虚无之境，故曰"无根"。丹家于虚无境内，养出根荄，先天后天，皆自无中生有，是无根乃有根之原也。炼后天者，须要入无求有，然后以有投无；炼先天者，又要以有入无，然后自无返有。修炼根因，如是而已。但人身之气，有少、壮、老之不同；修炼之气，有前、中、后之各异。二十四章，合一年气候，皆劝人无根树下，随时看花，此道情之尽美尽善者也。

一、〔**刘云**〕叹世。〔**李云**〕劝人养幽花。

无根树，花正幽，贪恋荣华谁肯休？
浮生事，苦海舟，荡去飘来不自由。
无岸无边难泊系，常在鱼龙险处游。
肯回首，是岸头，莫待风波坏了舟。

（悟元云：不知此是何调。涵虚云：唱道情者，名《挽乌云》。）

〔**刘注**〕花者，树之精神发焕。人之身如树也，人之真灵如树之花也。凡树有根，故能生发而开花。惟人身无根，生死不常，全凭一点真灵之气运动，真灵旺则身存而生，真灵败则身亡而死。人之存亡生死，听其真灵之旺败耳。是真灵者，虽为人树之花，而实为人树之根。玉阳以此真灵谓"黄芽"，伯阳以此真灵谓"金花"，纯阳以此真灵谓"灵根"，紫阳以此真灵谓"真金"，尧夫以此真灵谓"天根"，仙翁以此真灵谓"金精"，诸家丹经又以此真灵谓"先天一炁"，其名多端，总形容此一物也。此物生于先天，藏于后天，位天地，统阴阳，运五行，育万物，其大无外，其小无内，放之则弥六合，卷之则退藏于密。以体而论，在儒则谓"太极"，在道则谓"金丹"，在释则谓"圆觉"；以用而论，在儒则谓"明德"、谓"天地之心"，在道则谓"灵宝"、谓"黍珠玄珠"，在释则谓"正法眼藏、涅槃妙心"。人之真灵，本来圆陀陀，光灼灼，净倮倮，赤洒洒，不生不灭，不色不空，处圣不增，处凡不减，因交后天，庶民去之，君子存之，便有圣凡之分。庶民去之者，去此真灵而逐于假灵也。君子存之者，存此真灵而不逐于假灵也。因其庶民逐于假灵，于是真灵幽暗不明，顺其所欲，贪恋荣华，争名夺利，不肯休歇，认假为真，百忧感其心，万事劳其形，如苦海之舟，飘来荡去，常在鱼龙凶险之处乱游。若能猛省回头，顿超彼岸，莫待风波坏舟，丧却性命。一失人身，万劫难出矣。

〔李解〕山人在"无根树"下幽居有年矣，每欲阐发幽玄，以招同类。时步山园中，见花木清幽，自饶丰致，乃悟此"幽"字，为二十四章"无根树"生发之源。幽，深也，虚无之境也。天下虚无之境，皆道人花木坛场，故吾山老师题竹抱斋句云："三径幽花香自在，四园修竹影交加"，妙哉言乎，与此同也。花不深幽，香不自在，红尘间事，日夕难安。竹影交加者，虚心与静气相依，使人气养其心，心养其气，气盛理充，心安神全，可以葆吾真，可以含吾灵。悟元以"真灵"二字，为人之树花、树根，其言亦当。真灵者，真知、灵知也。灵知属性为阴，真知属情为阳，性情不坏，则真灵全备。无奈为七情六欲，销之耗之，则内损其性，外损其情，而真灵没矣。真灵没，则有树无花，有树无根。悟元之大[①]意如此。吾更有说者，花生于树，树生于根，根生于无，真灵之体，实从虚无里胚胎，故曰"花正幽"。无里胚胎者，即人先天之智慧，又为人之虚灵，无影无形，具众理而应万事，圣贤用之而有余，仙佛养之而各足，但不可与情欲相干。情欲相干，日取无中之有，以为应用，将日取其有，必日丧其无，日丧其无，必日丧其根，丧其根则丧其树，丧其树则丧其花。俗云："人老颠东，

---

① 大，底本作"天"，据《道藏辑要》本改。

树老心空",智慧竭矣,虚灵散矣,有何真灵乎?凡此皆贪恋荣华,不肯休息,日做浮生之事,全不想百年倏忽,人死事丢。身坐苦海之舟,又不想一旦无常,性沉舟覆,无边无岸,泊系维难,一荡一游,鱼龙险处,奔奔波波,劳劳碌碌,徒伤吾之智慧,锢蔽我之虚灵,有何益哉?仙师于此,悲悯殊深,乃掉慈航度之曰:世人之所以深入苦海,陷溺难出者,皆因不肯回首,不识岸头耳。若肯回首,即是岸头。岸头者,觉路也。能登觉路,则智慧复来,虚灵长在,已往之非不可谏,将来之是①犹可追,神气虽衰,返还有术,切莫待风波汹涌,打坏了舟,庶几乎舟存人存,可为彼岸之需、出坎之助也。

二、〔刘云〕勉力学人。〔李云〕劝人栽接。

无根树,花正微,树老重新接嫩枝。
梅寄柳,桑接梨,传与修真作样儿。
自古神仙栽接法,人老原来有药医。
访明师,问方儿,下手速修犹太迟。

(悟元注本"微"作"危",与衰微之意亦相似。)

〔刘注〕人多疑年老力衰,精神有限,如树花败危,无有生发,还不得元,复不得本,而遂自暴自弃,待死而已。试观世间老树,接以嫩枝,重新发荣,如梅树寄柳树,桑树接梨树,此皆无情之物,尚能复生,何况人为万物之灵,得天地之正气,老而无有药医乎?药医之道是何道?即老而栽接之道。欲知此道,急访明师,求问真方。果得真方,下手速修犹太迟也。

〔李解〕微,衰微也。人老则元气衰微,不可不急急栽补,观之梅寄柳、桑接梨,则有式样矣。寄者,比丹法寄居兑户、寄体西邻之意;接,比丹法以性接命、以我接彼之意。故梅寄柳、桑接梨,正是今人修真样子、古仙栽接方儿。栽接者,医老之方也。接树有良方,而言梅柳、桑梨者,同类也。夫以老枝劈开,而以嫩枝插入,夹之捆之,好土合之,牝牡相衔,

---

① 是,底本作"世",从《道藏辑要》本。

此接树法也。医老之方，亦必以类入类，妙土打合，而后返老还元。是法也，明师知之，在人访求耳。速修犹迟者，恐其时不待人，无常忽至，性未明而命未立，走入渺茫鬼域矣。何仙姑云："阆苑中，蟠桃上生垂柳枝，扶桑上结交梨子，此东王公与西王母指示仙方也。"三丰之言非无据。

三、〔刘言〕炼己之功。〔李言〕明花柳之妙。

无根树，花正青，花酒神仙古到今。
烟花寨，酒肉林，不断荤腥不犯淫。
犯淫丧失长生宝，酒肉穿肠道在心。
打开门，说与君，无酒无花①道不成。

（悟元注本"青"作"清"，然"青"乃初生新嫩之时，与青而无染者，正相近也。）

〔刘注〕金丹之道，以至清毫无滓质为归著，然欲其至清，须要在至浊中度出，能于至浊中绝无点染，方是真清，故曰"无根树，花正清，花酒神仙古到今"也。何以见其花酒，能成神仙哉？烟花寨、酒肉林，皆易足迷人之处，能于烟花寨中，见色不色，不为烟花所惑；于酒肉林中，随缘度日，不为酒肉所累，则是不犯淫欲、不断荤腥，而食②色之性俱化，道心常存，人心常灭，真灵无伤无损，大道可冀。其曰"不断荤腥"者，非贪荤腥，乃酒肉穿肠，而心不计较也。不犯淫而心无烟花矣，酒肉穿肠而心无酒肉矣。心无烟花，自有长生仙花；心无酒肉，自有延命仙酒。有仙花，有仙酒，即到清真之仙乡，彼世之避烟花而忌酒肉者，岂知凡花凡酒中能出神仙？岂知无酒无花，道不能成乎？《敲爻歌》云："酒是良朋花是伴，花街柳巷觅真人，真人只在花街玩。"可谓"花正清"之妙用矣。

〔李解〕凡人食色之性最重，三丰仙师即借花酒以指点。夫贪花酒者多矣，抑知有花酒神仙乎？身中元炁，青青秀嫩，人能食之御之、饮之簪之，自然神清气爽，此之谓花酒神仙，自古及今皆有，然非世上之烟花寨、酒肉林也。烟花酒肉，昏人神志，酒肉气荤腥，烟花动淫欲，斯二者皆害也，

---

① 无酒无花，《道藏辑要》本作"无花无酒"。
② 食，底本作"失"，据《道藏辑要》本改。

而淫欲甚于荤腥。善炼己者，逢食便食，不另需索，故不断荤腥而荤腥已忘，见色非色，不恋娇娥，斯不犯淫欲而淫念①乃绝。非然者，精亡液漏，为害不少，故《黄庭经》云："叶落树枯失青青，专闭御景乃长宁。"以是知犯淫欲者，必丧失长生之宝。酒肉穿肠，道犹在心，花酒何尝迷人哉？人自迷于花酒耳！不觅凡花凡酒，必见仙花仙酒，仙花仙酒，成道之助，即无根树上青嫩之花也。味厚色佳，最能滋补。仙师打开元门，说与君听，若无此等花酒，道难成也。

四、〔刘云〕辟②旁门。〔李云〕叹孤修。

无根树，花正孤，借问阴阳得类无？
雌鸡卵，难抱雏，背了阴阳造化炉。
女子无夫为怨女，男子无妻是旷夫。
叹迷徒，太模糊，静坐孤修气转枯。

〔**刘注**〕修真之道，须要阴阳得类，方能成全一个真灵之宝。若有阴无阳、有阳无阴，是谓孤花无类，真灵不成，亦如雌鸡之卵焉。难抱雏者，盖以背了阴阳交感造化之炉也。又如女子无夫、男儿无妻，怎能生育？彼世之盲汉，不穷阴阳之理，不推造化之源，糊涂干事，或观空，或定息，或思神，或守窍，或搬运，皆是静坐孤修，阴而不阳，不特无益于性命，而且有伤于性命，愈修而气愈枯矣。

〔**李解**〕孤，指内修言。内修养性，不能立命，以其孤而无偶，不生命宝。犹之雌鸡无雄鸡匹配，虽能生卵，却不能抱出雏鸡。今人以修性为养气者，而不知其气正孤阴也。欲要不枯，须以真阳配真阴，乃为同类之物，借问修道人，得了同类否？今夫真阳者，义也；真阴者，道也。配义与道，则不孤矣。但此中有三叠层次，始以真阴生真阳，次乃以真阳配真阴，次又从阴阳交感中产出真灵浩气，岂若雌鸡之卵难抱雏哉？不能抱雏者，因其背了阴阳之义、造化之炉也。阴阳者，夫妇也。圣人之道，造端乎夫妇，化生乎万物，人间男女夫妻，亦如是也。女若无夫，则孤阴不生而为怨女；

---

① 念，《道藏辑要》本作"欲"。
② 辟，底本及《道藏辑要》本俱作"劈"，改。

男若无妻,则孤阳不养而为旷夫,此理之晓然易知者,乃世上①迷徒,过于模糊,以为静坐孤修,可以明心,可以见性,可以一超直入,全不讲阴阳匹配,吾恐日日坐,日日修,顽空殿上行,寂灭海中戏,久之而其气转枯索矣。

五、〔刘言〕匹配阴阳。〔李言〕颠倒阴阳。

无根树,花正偏,离了阴阳道不全。
金隔木,汞隔铅,阳寡阴孤各一边。
世上阴阳男配女,生子生孙代代传。
顺为凡,逆为仙,只在中间颠倒颠。

〔**刘注**〕《易》曰:"一阴一阳之谓道。"《悟真》云:"阴阳得类归交感,二八相当自合亲。"若阴阳各偏,或阳感而阴不应,或阴求而阳不招,或阳过而阴不及,或阳盛而阴不足,皆是真灵之花有偏,不中不正,道不成全也。人之真情如金,真知如铅,二物属刚;灵性如木,灵知如汞,二物属柔。真情真知,刚而易沉;灵性灵知,柔而易浮。若以性求情,情来归性,以真制灵,灵归于真,刚柔相应,阴阳和合,化为一气,生机长存而不息矣。如情不归性,灵不归真,是谓"金隔木,汞隔铅,阳寡阴孤各一边",焉能返本还元,结成真灵之丹哉?试观世上,男女相配,生子生孙,代代相传而相续,可知修真之道,阴阳相合,生仙生圣,亦能代代相传而不息,但不过有顺逆之分,仙凡之别。顺则为凡,逆则为仙,所争者在中间颠倒耳。这个"中"字,其理最深,其事最密,非中外之中,非一身上下之中,乃阴阳交感之中,无形无象,号为天地根、阴阳窍、生杀舍、元牝门,人生在此,人死在此,为圣为贤在此,作人作兽亦在此。修道者,能于此处立定脚跟,逆而运之,颠倒之间,灾变为福,刑化为德,所谓"一时辰内管丹成"也。噫!中间人不易知,颠倒人亦难晓。采战家,以男女交合之处为中间,以男采女血为颠倒;搬运家,又以黄庭穴为中间,以气血后升前降为颠倒。凡此②皆所以作俑而已,岂知神仙中间颠倒之义乎?好学者,早为细辨可也。

---

① 上,底本作"土",据《道藏辑要》本改。
② 此,底本作"所",据《道藏辑要》本改。

〔**李解**〕偏，指阴阳相隔，不能成全作丹也。夫阴阳合中，则刀圭凝而道术全备。金木铅汞，即阴阳也。木精①汞性皆属阴，金气铅情皆属阳，精气相须，性情交感，金恋木仁，木爱金义，汞去迎铅，铅来投汞，方无间隔之病，得生大药真身。若是阴孤阳寡，各在一边，则阴阳不配，偏而不全，安能化生至宝，流传万代乎？匹配之法，仙凡相似，只是凡人用顺，仙家用逆耳。悟元谓"中间颠倒"人不能知，吾谓这"逆"字，人亦不知。中间颠倒，先要知"逆"字妙用。人能知逆，则金木铅汞，皆在中间②。阴阳乾坤，尽行颠倒，而且有等等事件，皆回旋于"逆"字之内，得药还丹，片晌可期也。

六、〔**刘言**〕药生之时。〔**李言**〕坤申之理。

无根树，花正新，产在坤方坤是人。
摘花戴，采花心，花蕊层层艳丽春。
时人不达花中理，一诀天机值万金。
借花名，作花身，句句《敲爻》说得真。

〔**刘注**〕新者，本来之物，埋没已久，忽而又有之谓，花至于新，光辉复生，如月现于西南坤方，纯阴之下，一点微阳吐露，比人之虚室生白，真灵发现，复见本来面目矣。这个本来面目，即我本来不死之真人，有此人则为人，无此人则非人，乃我之秉受于天，而得以为人者是也。但此真人，不轻现露，非可常见，当虚极静笃、万缘俱寂之时，恍惚有象。虚极静笃，即坤纯阴之象，故曰"产在坤方坤是人"。这个人久已为尘垢掩埋，绝无踪迹，一旦现象，便是新花，时不可错，急须下手，摘之采之，以为我有。摘花戴者，摘此真人之花也。采花心者，采此真人之心也。渐摘渐采，由少而多，积厚流光，真灵不昧，则花蕊层层，万理昭彰，随心走去，头头是道，其艳丽如春日，阳气遍地，处处花开矣。但此花人人俱有，人人俱见，人人不达，每多当面错过。若有达之者，超凡入圣，刹那间耳，故曰"一诀天机值万金"。仙翁慈悲，借花之名，作花之身，即有形无，句句"敲爻"，分说先天之旨，盖欲人人成道，个个作仙，奈何时人不达此

---

① 精，底本作"金"，据《道藏辑要》本改。
② 中间，《道藏辑要》本作"其中"。

花中之理，而犹有以御女闺丹妄猜妄作者，虽仙翁亦无如之何也。可不叹诸！

〔李解〕悟元讲"人"字是本来面目，是曾见过此人者，故不觉语长心重，达己达人，慈悲切矣。但"坤是人"的"是"字，尚未醒露。原夫花以比人，人即借花为喻，花正新者，如人到归根处，致虚守静，观彼一阳来复，不觉春色又新矣。这花在坤方发现，即坤见花，即花见人，花生处，即人生处，故曰"坤是人"也。丹法种铅于金乡，播汞于火地，金火位乎西南，西南得朋，金火合处，正在坤方之上，此人乃金身火体，一片纯阳，吾人真气是①也，一曰真情。惚兮恍兮，其中有象，热如火，艳如花，花②气薰人浓似酒，得之所以如醉也。此时也，吾即摘而戴之，时不可过也。吾更采取其心，直须吞尽也。由花及蕊，透入层层，真个是艳丽春宫，时人知其外而不知其中，必不达花中妙理。花中妙理，纯是天机，天机流露，一诀能值万金。此中四、五、六、七句，皆吕祖《敲爻歌》语。丰翁云："吕祖以人身借花之名，以花身作人之身，我句句用《敲爻》语，极说得真切有味也。"

七、〔刘言〕乘时采取。〔李言〕临炉定静。

无根树，花正繁，美貌娇容赛粉团。
防猿马，劣更顽，挂起娘生铁面颜。
提出青龙真宝剑，摘尽墙头朵朵鲜。
趁风帆，满载还，怎肯空行过宝山。

（"墙头"作"琼花"，"琼花"作"墙头"，吾皆见过。此注作"墙头"讲有味，故从之。）

〔刘注〕先天真灵发焕，一本万殊，随时玩象，无物不在，花甚繁也。当其正繁，英华毕露，精神外用，易于争奇好胜，卖弄风流，故曰"美貌娇容赛粉团"。于斯时也，须要防危虑险，牢拴猿马，挂起娘生铁面，提著青龙宝剑，对景忘情，摘尽墙头方露之花，不使些子逐于色相，耗散真气

---

① 是，底本作"位"，据《道藏辑要》本改。
② 花，底本作"不"，据《道藏辑要》本改。

也。娘生面颜者，即无识无知之铁面。青龙宝剑者，即不染不著之真性。娘生铁面，即是青龙宝剑，两者同出而异名，以体言为娘生铁面，以用言为青龙宝剑。铁面者，定体也；宝剑者，慧器也。定以用慧，慧以成定，定慧相需，体用不离。先天真灵，即色即空，常应常静，无渗无漏，是谓"摘尽墙头朵朵鲜"也。墙头朵鲜，是方出墙而未离墙头，真气未散之时，于此而摘取之，绝无滓质，纯是天真，渐生渐采，渐摘渐收，必摘至于无所摘而后已。噫！大药难遇，大法难逢，幸而遇逢，时不可错，乘此风帆，急须摘取鲜花，满载而还，怎①肯空过宝山，自贻后悔也。

〔李解〕繁，即盛满时也。美貌娇容，比先天一气，即仙翁《五更道情》所谓："群阴尽，艳阳期，一枝春色金花丽"是也。赛粉团者，药生之时，即花魔赛美之时，古仙云："先天发现，药魔易起"，若非炼己纯熟，见美不动，谁能得金花于半刻哉？故曰"防猿马，劣更顽"，即《一枝花》道情所谓："娇夭体态，十指纤纤，引不动我意马心猿"者也。挂起娘生铁面颜，拿出定力，"正教他，也无些儿转动"也。"提出青龙真宝剑，摘尽墙头朵朵鲜"，与"退群魔，怒提起锋芒慧剑，敢采他，出墙花儿朵朵新鲜"同一义也。悟元以铁面为定，宝剑为慧，真是知音，但定慧二者，非从炼己得来，则定非真定，慧非真慧，不可取用于临事也。《一枝花》云："时时防意马，刻刻锁心猿，昼夜不眠，炼己功无间"，宜须炼到那，"俺是个清净海，一尘不染"，方是真定；"俺是个夜明珠，空里长悬"，方是真慧。墙头者，花已出墙而犹在墙，这叫做出墙花儿，火最清，候最真，非得师传人不解，非系过来人不知。若晓得花枝出墙时，即行采来，便是仙家手段。摘尽者，一口吸尽，吞入我家，非言渐摘渐收也。渐摘渐收，乃温养抽添之事，尚在后头一著。趁风帆，满载还，四候合丹，急起河车运回矣，怎肯空行过宝山。宝山，乃先天生处○。丹法炼时为药，采时为药，养时则为火，然有药则有火，但非温养之火耳。此章注采药解为正。

八、〔刘言〕进退阴阳。〔李言〕温养还丹。

无根树，花正飞，卸了重开有定期。
铅花现，癸尽时，依旧西园花满枝。

---

① 怎，底本作"急"，据《道藏辑要》本改。

对月才经收拾去，又向朝阳补衲衣。

这玄机，世罕知，须共神仙仔细推。

（悟元注本"又向"作"旋趁"，字异而意同也。惟"才经"作"残经"，作人心私欲解，收拾所以退阴贼也，未免误中误。）

〔刘注〕人之精神衰败，真灵耗散，如花之飞扬谢落矣。然花谢落犹有重开之期，人衰败亦有返还之道。返还之道为何道？即阴中复阳，已谢重开之道。铅花者，道心真知之光辉。癸水者，人心客气之私欲。铅花发现，道心不昧，癸水消尽，人心常静。道心不昧，人心常静，依旧真灵无亏无损，本来圆成之物，复见于此，是花已谢而重开满枝矣。因其癸水要尽，故"对月残经收拾去"，因其铅花要现，故"旋趁①朝阳补衲衣"。人心之私欲，如外来之客气，如月之残经；道心之真知，乃本来之正气，如日之阳光。对月而残经收拾，扫去人心之私欲，所以退阴也；朝阳而旋补衲衣，渐添道心之真知，所以进阳也。退阴退至于阴气绝无，方是残经收拾了；进阳进至于阳气纯全，方是衲衣补完成。阴尽阳纯，还元返本，本来面目全现，谢了重开，岂虚语哉？这个谢了重开之天机，世人罕知。若欲知之，须共神仙推究原始要终，方能知也。

〔李解〕悟元所注，其理甚佳，然非此章本义。按此就还丹温养言。飞，上下也，乃朝进阳火、暮退阴符之意。卸了者，还丹得叶落归根，正指复命也。复命之后，又取外炉金水，抽铅添汞，温养灵胎。《悟真》谓："外炉增减要施功。"《参同》谓："候视加谨慎，审察调寒温，周旋十二节，节尽更须亲。"丰翁谓："遇子午专行火候，逢卯酉沐浴金丹"是也。故曰："重开有定期"。重开之物，即下文"西园花枝"也。铅花现，癸尽时者，还丹大药，铅生癸后，铅生则采之，金逢望远则不堪尝，惟于五千四十八日癸水初潮之后，斟酌用功，擒住首经至宝，乃为上上。癸生为十四，癸尽为十五，一片阳光，正此时也。以人身言，无非大静中之大动耳。采而吞之，遂成还丹，但大丹到手，外铅复生，丹家必取为温养之用，故曰"依旧西园花满枝"云云。对月才经收拾去，抽铅也；又向朝阳补衲衣，添汞也。收拾之法，须明月之晦朔，故以对月为言；补衣之法，须用日之朝暮，

---

① 趁，底本作"逐"，据《道藏辑要》本改。

故以朝阳为喻，此玄家微意也。这等玄微，世间罕有知者，如欲知之，须共得道神仙仔细推求，庶几不谬耳。

九、〔刘言〕偃①月炉。〔李言〕天上宝。

无根树，花正开，偃月炉中摘下来。
延年寿，减病灾，好结良朋备法财。
从兹可成天上宝，一任群迷笑我呆。
劝贤才，休卖乖，不遇明师莫强猜。

〔刘注〕先天真灵之宝，无形无象，无方无所，从何而采，以结还丹？然虽无形无象，无方无所，亦有花开之时。当开之时，恍惚中有象，杳冥内有精，其精甚真，其中有信，法象如偃月。俗工家不知古人取象之意，或指为两肾中间，或指为眉间明堂，或指为肉团顽心，更有作俑魔头，指为妇人产门，大错大错！夫所为偃月者，偃仰之月也。天上之月，每月初三，西南坤地，黑体之下，现出峨眉之光●，其光偃仰，故名偃月，在卦为纯阴之下，微阳渐生☳，为复，在人为静极又动，虚室生白，天地之心萌动。此心内含一点先天祖气，从黑暗之处，微露端倪，有象偃月之光。因其这一点祖气，为天地之根，为五行之本，能以造仙佛，能以作圣贤，能以固性命，又号为偃月炉。这个天地之心，与天地合其德，与日月合其明，与四时合其序，与鬼神合其吉凶，难逢难遇。幸而偶逢，时不可错，急须下手摘来，谨封牢藏，勿令渗漏，可以延年寿，可以减病灾，但此延年寿、减病灾之事，非有大功大行者不能行，非有大志大力者不能作，必须外结良缘以修德，内备法财以用诚，乃能感动皇极而得天宝。法财者，非凡间之财，乃法中之财，即专心致志，真履实践，一念不回之善财。上阳真人云："天或有违，当以法财精诚求之。盖欲求天宝，须尽人事，人事不尽，是无法财，无法财而妄想天宝，难矣。"欲求天宝者，可不先备法财乎？天宝非别物，即真灵炼成之金丹，亦即天地之心复全之还丹，曰真灵，曰天地之心者，以未修炼言也；曰天宝，曰金丹者，以修炼成熟言也。天宝既得，万有皆空，根尘俱化，入于不识不知、无人无我之境，一任群迷笑我

---

① 偃，底本作"信"，据《道藏辑要》本改。

呆矣。这个呆事，须要明师口传心授，非可强猜而知。仙翁云："劝贤才，休卖乖，不遇明师莫强猜"，其提醒后人者多矣。

〔李解〕开，言玉蕊初生也。偃月炉，在人身中无定所，亦无定时，因其阳气初动，静中有光，故以晦极生明之新月比之。此月在天，有庚方，有初三，皆有时地可指，若在人身，则现处即庚方，现时即初三，不可预定也。偃月何形？刘图是也●。偃兼仰言，九分黑一分白，黑中见白，阳气初生，故现白光于上而为偃月。今人所言者，有如此形●，是仰月，非偃月也。何以云摘下来乎？其言摘下者，以其气在空中也。丹家见此一线白光，亦不可轻起河车，惟宜以淡泊之神、冲和之意，从气生处采之，故曰"偃月炉中摘下来"。神气相合之际，俄而阳光大现，有如十五圆形〇，是为中秋月，是为气足潮生，方行驱之黄道，送之黄庭，由是则年寿可延、病灾可减矣。良朋法财者，同心好道之士，肯出善财，为人护法，助人成道者也。悟元《修真辨（难）》及此章注解，仍以法财为身中之物，此盖矫贪之论也。平心言之，法财有二：一内法财，真金也；一外法财，假宝也。借假修真，确不可少，但不宜格外贪取耳。至于天宝炼成，装憨卖痴，抱璞怀玉，群迷笑我为呆子，俱可一概任之矣。然炼天宝者，岂易言哉！非遇明师不知也。

十、〔刘言〕还丹成熟。〔李言〕还丹入山。

无根树，花正圆，结果收成滋味全。
如朱橘，似弹丸，护守堤防莫放闲。
学些草木收头法，复命归根返本原。
选灵地，结道庵，会合先天了大还。

〔刘注〕真灵之宝，去者复来，旧者仍新，无伤无损，依然本来原物，是花之圆也。圆之云者，言其结果收成滋味全也。夫金丹成就，五行攒簇，四象和合，仁、义、礼、智、信混成一理，精、神、魂、魄、意归于一气，更得符火烹煎成熟，化为纯阳之物，活活泼泼，其赤如朱橘，其圆如弹丸。当斯时也，守护堤防，十二时中，不得放闲，韬光养晦，学些草木收头之法，复命归根，返于①本源，以待静极又动，会合先天，以了大还丹之事。

---

① 于，底本作"本"，据《道藏辑要》本改。

此言还丹成就，再造①大丹之功也。盖还丹只完的当年本有原物，乃超凡之事，吕祖所谓："三铅只得一铅就，金果仙芽未现形"者是也。大丹是从还丹又做向上事业，乃入圣之事，吕祖所谓："再安炉，重立鼎，跨虎乘龙离凡景"者是也。若只修还丹，不再造大丹，只了得初乘之道，不过是一个完全人耳，焉能入于圣人之域哉？所谓选灵地、结道庵者，非外之灵地、道庵，乃内之灵地、道庵。修道至于归根复命，还丹事毕，温之养之，神气充足，则丹灵矣，是谓灵丹。从此灵地，再安炉，重立鼎，是谓结道庵，曰选灵地者，等候一阳生也。一阳生，乃先天中静极而动之阳，非若还丹乃后天中所生先天之阳也。虽皆先天，但有先后之别耳。欲了大还丹，非会合先天中之阳不能成功，故曰"会合先天了大还"。大丹成就，方入圣基，若大丹未成，只是半途②事业，非修道之全功。释典云："百尺竿头不动人，虽然得入未为真。百尺竿头重进步，十方世界是全身。"即此了大还之谓乎？

〔李解〕圆，指还丹，有性情团圆之意也。其法功在致虚守静，观彼庚方月生，喻如阳气初动，即运己汞迎之，外触内激而有象，内触外感而有灵，如磁吸铁，收入丹田，还外丹也。此法至简至易，故古仙云："不出半个时辰，立得成就。"夫丹有二品，而分之则有三乘。三乘丹法，皆采铅花，皆称还丹，但有大小先后之不同耳。一曰初乘，名为结丹，又名玉液还丹，后天中返先天，去癸取壬，而以玉液培之，圆成内丹，此尽性之学，人仙也。一曰上乘，即③号还丹，又曰七返，以后天所返之先天，种出先天，立为丹母，此立命之学，地仙也。一曰大乘，名为九转大还丹，其药以十五夜月圆为喻，先天中先天，火到即行，化为白液，吞归腹内，凝而至坚，是为金液还丹，至灵至妙，成圣成真，此性命归了之学，天仙也。花正圆者，即以上乘丹基言之也。算结了一果，收了一成，然其炼铅之法，二物相吞，五行皆备，此之谓滋味全也。是丹也，虽非大乘之丹，然亦赤洒洒有如朱橘，圆陀陀宛似弹丸，功夫至此，必须默默照顾，绵绵若存，否则怀抱不亲，易于走失，故当护守隄防，莫放闲焉。学些草木收头法，《易》所谓："以此洗心，退藏于密"也。复命归根返本原，《契》所

---

① 造，底本、《道藏辑要》本俱作"追"，据文义改。
② 途，《道藏辑要》本作"涂"。
③ 即，《道藏辑要》本作"则"。

谓："白里真居，方圆径寸"也。选灵地，结道庵，悟元谓灵地、道庵在人身中，然亦有内外二用：内边灵地、道庵，必求灵台清净，神气冲和，而以道人之心太平庵结于其中；外边灵地、道庵，必求灵山福地，嚣尘不扰，而以道人之白云茅庵结乎其内。如是则心迹双清，真力弥满，铅中产阳，会之合之，道成九转大还，则圣功了当矣。

十一、〔刘言〕真一之气。〔李言〕交媾之所。

无根树，花正亨，说到无根却有根。
三才窍，二五精，天地交时万物生。
日月交时寒暑顺，男女交时孕始成。
甚分明，说与君，犹恐相逢认不真。

〔刘注〕先天真灵之宝，具众理，应万事，寂然不动，感而遂通，天下之故，无处有碍①，无往不利，是花之亨也。花既亨，是树虽无根而花却有根。其根为何根？乃生天、生地、生人三才之窍，阴阳五行妙合二五之精。因其是三才之窍、二五之精，先天而生乎阴阳，后天而藏于阴阳，一气分而为阴阳，阴阳合而成一气，故天地阴阳，上下相交，合为一气而万物生；日月阴阳，来往相交，合为一气而寒暑顺；男女阴阳，彼此相交，而孕始成。观于天地、日月、男女，一阴一阳相交，方有造化，可知性命之道，非阴阳相交合一，不能完成。是一气者，即性命之根、生死之窍。有此一窍，则阴阳相交而生，无此一气，则阴阳相背而死。人之生死，只在此一气存亡之间耳。但人不知此一气是何物件，存于何处，或疑此气为呼吸之气，或搬运上升下降于黄庭，或聚气于丹田，或聚气于眉间，或聚气于天谷，或聚气于脑后，种种不绝，千奇百怪，终落空亡。殊不知先天真一之气，视之不见，听之不闻，搏之不得，圣人以实而形虚，以有而形无。实而有者，真阴、真阳；虚而无者，二八两弦之气。两者相形，一气居中，凝结成丹，此乃"虚空中事业"，何得以有形有象之物猜之？又何得以有方有所之窍作之哉？仙翁以其人皆不识此一气，故以三才窍、二五精示之，又以天地、日月、男女相交示之，分明将一气与人指出，惟②恐人遇

---

① 碍，底本作"本"，据《道藏辑要》本改。
② 惟，底本、《道藏辑要》本俱作"偶"，据文义改。

此一气，当面认不真耳。悟元斗胆，不避罪谴，今再为仙翁传神写意，分明说与大众。要知先天真一之气，不是别物，即是一点真灵之气，因其此气刚健中正，故谓真一；因其此气易知简能，故谓真灵。一真灵真，绝无滓质，故谓先天之物。真一也，真灵也，同出异名，非有两物，不知有人认得真否？

〔**李解**〕亨，通达也。一气通达，即从下文"交"字中出来。夫花生于树，树生于根，根生于无，是"无根"却"有根"也。无根之根，即生天、生地、生人之根，此根乃虚无一窍，故称为三才窍。此窍为交精之所，故曰"三才窍，二五精"。二五者，天五为一五，地十又一五，二五即二土也，二土合而刀圭成焉。泥丸云："玄关一窍无人识，此是刀圭甚奇绝。"盖二五交精之地，即产药之渊源也。大修行人，于此虚无一窍，知其为交媾之所，必能使"先天一气，自虚无中来"，交之为用，大矣哉！以故天地交，则万物生；日月交，则寒暑顺；男女交，则孕始①成，此皆交媾之证也。此其理甚是分明，人人易晓，却人人不晓，仙师广大慈悲，说与君听，只要在二八相逢之处，将两气合成一团，斯大药可生也。但恐龙虎相逢，吐出两弦之气，炼丹人认不真耳。

十二、〔**刘言**〕金精开旺。〔**李言**〕认取金精。

> 无根树，花正佳，对景忘情玩月华。
> 金精旺，耀眼花，莫在园中错拣瓜。
> 五金八石皆为假，万草千方总是差。
> 金虾蟆，玉老鸦，认得真时是作家。

（悟元注本"对景忘情"作"月月开时"。）

〔**刘注**〕先天灵宝，刚健中正，纯粹精也，其花最佳。当正佳之时，如月华开放，金精旺盛，而人宜玩之，不可当面错过也。月月开者，应时而开，非时不开，按月定期，动静有常，丝毫不爽也。金精者，金之精明，在月则谓月华，在人则谓真精。真精者，真灵之精，无时有昧，故以月华、

---

① 始，底本作"如"，据《道藏辑要》本改。

金精喻之。真灵人不易知，观于月与金之真而可知；真灵人不易见，观于月之华、金之精而即见。凡物之精华，久而有坏，惟月华月月开放，金精万年不减，月华、金精如是，人之真精亦如是，但真精有时不精者，因后天阴气蔽之，而其本体未尝泯灭也。金精旺，即是真精旺，真精正旺，明照世界，气充宇宙，白雪飞空，黄芽满地，金光耀眼，左之右之，无不是花矣。但此真精，无形无象，非色非空，不可以有心求，不可以无心守，只可神会，不可口言，虽是明明朗朗，现现成成，人人常见，人人不识，最难认真。修道者，须要极深研几，真知灼见，方可下手，不得认假为真，似是而非，却在园中错拣瓜也。彼世间盲修瞎炼之辈，或疑金精为有形有象之物，而遂炼五金八石，服万草千方，与我非类，焉能结丹接命，岂不大差乎？虾蟆为水中之物属阴，虾蟆而云金，为阴中之阳，黑中之白，我之真知是也；老鸦为上飞之物属阳，老鸦而云玉，为阳中之阴，雄中之雌，我之灵知是也。真知、灵知，方是我同类之物，方是我性命之宝。取此二物，合而成丹，真而至灵，灵而至真，真灵不散，浑然天理，不色不空，不生不灭，所谓月华者即此，所谓金精者即此，月华开，金精旺，岂有不长生者哉？但人多认不得真知、灵知是何物件①，若有认得真者，便是修道老作家，未有不成道者。噫！金丹之道，差之毫厘，失之千里，认得真者，有几人哉？

〔李解〕佳者，美也，美金花之称也。丹家以真铅为美金花，《参同》云："铅体外黑，内怀金花。"兹于黑铅之中，取出白金，以朱汞配之，产出先天一气，此正是美金花也。返之于己，便成还丹，但还丹必先炼己，炼己纯则还丹易。对景忘情者，炼己纯熟之后，一切美景，毫不动情，只贪玩这点其气，这点真气，名为月华。何又名为月华？益以月之圆，可以测气之候也。《悟真》云："八月十五玩蟾辉，正是金精壮盛时。"此与玩月华，同一法眼。夫月自初三而生，陆仙②比之气嫩，月至十五而满，陆仙比之气足，气足则金精壮盛。金精者，月华中发现之物，同出异名，旺则黄芽满鼎、白雪弥空，慧眼观之，照耀如花，丹士以通天剑取来，及时进火，制成还丹，惟此花而已矣。切莫丢了真花，反在园中拣那假瓜，以致叹其错误也。非特拣瓜为错，即五金八石，亦皆假而不真，万草千方，总属差

---

① 件，底本作"事"，据《道藏辑要》本改。
② 陆仙，指明人陆西星。

而不是，欲求不假不差者，惟此金精而已矣。这金精，从何处生来？你看那金虾蟆、玉老鸦①，即是生来之处。虾蟆为水中阴物，名之曰金，则坎中真阳也；老鸦为天上阳物，名之曰玉，则离中真阴也。真阴与真阳交感，生出两弦之气，又以两弦之气，生出真一之气。月华也，金精也，皆此物也，但要人认得真耳。如其认得真时，即是明通火候辨铅的老作家。

十三、〔刘言〕采取药物。〔李言〕攀折黄花。

无根树，花正多，遍地开时隔爱河。
难攀折，怎奈何，步步行行龙虎窝。
采得黄花归洞去，紫府题名永不磨。
笑呵呵，白云阿，准备天梯上大罗。

（悟元本"爱"作"碍"，差。）

〔刘注〕宇宙之间，俱是道气充塞，凡真灵光照之处，即是有花之处，其花甚多，遍地开矣。无如遍地花开，而人当面不识，如河之阻碍，虽欲攀折，最难攀折，亦莫奈何也。其难攀折者，以其举世之人，皆为名利所牵，为恩爱所绊，弃真认假，以苦为乐，步步走的龙虎凶险之地，与性命之道相违，故难攀折耳。若是勇猛丈夫、决烈男子，直下脱卸世缘，求师口诀，借假修真，于众花中拣采至中至正之黄花，归于洞中，温养成丹，延年益寿，则紫府题名，永不磨灭矣。黄花，即色正中央，戊己乡之黄花，花正中正，纯是生机，并无杂气，生机归洞，四时长春，如居于白云窝中，逍遥自在，别有天地非人间，岂不呵呵大笑，自知快乐乎？到此地位，还丹已得，再安炉，重立鼎，做向上之事，准备天梯，而作大罗天仙矣。

〔李解〕先天本来之物，贤不加增，愚不加减，人人皆有，个个皆生，花正多也，特为爱河所阻，致使本来湮没。纵然遍地花开，其如爱河之相隔何哉？爱河者，后天欲界之人心，能阻先天之道心，道心既阻，则欲攀折仙花难矣。为今之计，怎奈之何？仙师为学者告曰：除非步步寻求，行行探访，走了一重山，又度一重水，直入龙虎之窝，庶可见其本来也。这

---

① 玉老鸦，底本作"玉者精"，据《道藏辑要》本改。

龙从火里出，这虎向水中生，能从后天中吐出先天之气，龙藏于阴，虎藏于阳，阴阳交媾，生出龙虎，龙虎交媾，生出金花。这金花，在西南坤方，坤土色黄，其花亦是黄花，人能采得黄花，拿回洞去，结成金丹，则紫府题名永不磨矣。笑呵呵，深造自得也。白云阿，居安资深也。如欲竿头重进，至于天仙，非再安炉鼎，高架天梯，不能做大罗天仙。欲做天仙者，由此而准备天梯可也。

十四、〔刘言〕阴中生阳。〔李言〕鼎中产药。

无根树，花正香，铅鼎温温现宝光。
金桥上，望曲江，月里分明见太阳。
吞服乌肝并兔髓，换尽尘埃旧肚肠。
名利场，恩爱乡，再不回头空自忙。

〔**刘注**〕先天真灵，众美毕集，万善同归，其气最香，当其正香之时，即铅鼎温温现宝光之时。铅鼎者，真知也。以其真知，能以去旧取新，能以修仙成真，故谓铅鼎。宝者，即真灵之宝，真灵非真知不现，盖真知具有道心，道心内含先天真一之气，是谓真灵。铅鼎温温，是刚柔相当，不偏不倚，而鼎立矣。鼎立，则道心发现；道心发现，则真灵之光渐生，是谓现宝光。金桥者，金也；曲江者，水也。上金桥而望曲江，水中有金之象。水中有金，阴中生阳，即是月里见太阳，亦是"铅鼎温温现宝光"也。铅鼎光现，阴阳合德，神气相御乘时，故入造化窝中，令其住而不令其去，是谓"吞服乌肝并兔髓"。乌肝色青，日精也，象灵知之灵性；兔髓色白，月华也，象真知之真情。吞服乌肝并兔髓，则性不离情，情不离性，真而至灵，灵而至真，性情如一，真灵不昧，圆陀陀，光灼灼，净倮倮，赤洒洒，一切后天积聚泻去，道心常存，人心永灭，换尽尘埃旧肚肠矣。肚肠换过，万事皆空，利名恩爱，何恋之乎？

〔**李解**〕香乃不闻不臭之香，至清至洁之香，即先天初现，不染于后天时也。铅鼎者，外鼎也。造铅之法，必立外鼎于西南，名曰坤乡，又曰坤母。母体本虚，必资乾父日精，方能产铅。日精者，龙汞也（即下文"乌肝"）。龙为长子，子代父体，投入母怀，则气精交感，先天真铅之鼎于此而立。钟祖云："太阳移在月明中"，此即立鼎之法也。下文云："月里分明见太阳",即此温温之时也。铅鼎温温,则宝光现矣。宝光者,命宝之光,此光发观,正为先天之气,白象从眉眼上映出,吕祖曰:"温温铅鼎,光透帘帷"。又曰:"审眉端,有朕兆",同此景也。金桥者,下鹊桥也,在西南路上,为金气照耀之所。曲江者,气绕鹊桥,光印西南也。昔人注吕祖"曲江上,月华莹净"之句,指曲江为小肠十二曲,误入魔道矣。又有指为口鼻之间者,其入魔道尤甚。惟陈泥丸先生云:"西南路上月华明,大药还从此处生。记得古人诗一句,曲江之上鹊桥横。"深为得旨。何也?西南属坤,坤为腹,宝光现处,月华正明,月华明处,金气正出,故于金桥之上,望见曲江,江上有月,正照金桥也。月华朗耀,阴中阳生,故曰"月里分明见太阳"。太阳者,日也。日中阳乌,日之精也。吞服乌肝者,饵东方之日精,并服兔髓者,食西方之月华,精华合服,大药乃生,日月并吞,金丹具体,故曰"吞服乌肝并兔髓,换尽尘埃旧肚肠"矣。又何有恩爱名利,扰①我清心,再为之回头思想,终日空忙也哉?

十五、〔刘言〕临炉下功。〔李言〕温养功夫。

无根树,花正鲜,符火相煎汞与铅。
临炉际,景现前,采取全凭度法船。
匠手高强牢把舵,一任洪波海底翻。
过三关,透泥丸,早把通身九窍穿。

〔刘注〕真爱之宝,尘垢退尽,至清至净,花岂不鲜乎?然其所以鲜者,全赖符火相煎铅汞之功夫。真灵者,真知、灵知之体;真知、灵知,乃真灵之用。真灵分而为真知、灵知,真知、灵知合而为真灵。烹煎真知之铅、灵知之汞,即烹煎真灵也。烹煎者,以真知而制灵知,以灵知而顺真知,真知、灵②知凝结,复成真灵之宝,其花之鲜,言语难形容矣。但真灵易结,火候最难。紫阳翁云:"纵识朱砂与黑铅,不知火候也如闲。大都全藉修持力,毫发差殊不作丹。"特以金丹之道,采药有时,炼药有法,若不知时、不知法,虽大药在望,不为我有,故临炉下功之际,恍惚中有象,杳冥内有精,一点真灵之光,从虚无中透出,似有似无,非色非空,景象

---

① 扰,底本作"一",据《道藏辑要》本改。
② 灵,底本作"顺",据《道藏辑要》本改。

现前，此大药发生之时也。此时即有三尸六贼、五蕴七情诸般之幻景，亦现于前，必须稳驾法船，牢把舵楫，对景忘情，一任海底翻波起浪，不动不摇。如是用功，渐采渐炼，扶阳抑阴，愈久愈力，功夫到日，自然精化为气，气化为神，神化为虚，过此三关，泥丸风生，法相现露，而周身九窍之阴气，亦皆化矣。三关非工家尾闾、夹脊之说，乃炼精、炼气、炼神之三关，炼精化气为初关，炼气化神为中关，炼神化虚为上关，过此三关，神合太虚，出入无碍，是谓透泥丸，盖泥丸宫为藏神之所也。周身九窍方著幻身上说，过三关上泥丸，法身成就，而幻身百脉九窍，阴气化为阳气，亦皆窍窍光明，即百万四千毫毛，亦化为护法神也。学者不可以辞害意也。

〔李解〕此章以温养言。悟元谓过三关、透泥丸、穿九窍，非工家尾闾、夹脊之说，乃经三炼之后，神合其虚，出入无碍，能使幻身九窍，窍窍光明。其说可也，但上头数句，若不就温养时言，则入室还丹、温养脱胎，尽杂于一词之中，似非仙师逐段指点本意，今但以温养言之。鲜者，鲜明也，温养功深，日新月盛之象。符火者，屯蒙值事，朝进阳火，暮退阴符也。夫子时阳生，进火宜子，至于朝则寅时矣，不于子而于寅者，火生在寅，阳气发旺，故于此时进火；午时阴生也，退符宜午，至于暮则戌时矣，不于午而于戌者，火库居戌，阴气主藏，故于此时退符。退符所以添汞也，进火所以抽铅也，以铅制汞，以汞含铅，铅日减而汞日增，故曰"符火相煎汞与铅"。临炉者，以临外炉言，非入室临炉时也。入室炼铅，必用鼎器，至于温养，则用炉而不用鼎也。然炉有外炉，亦有内炉，紫阳云："内有天然真火，炉中赫赫长红"，此即内炉也；又曰："外炉增减要勤功，绝妙无过真种"，此即外炉也。临炉之际，美景现前，此不是宝光现前，亦不是幻景当前，乃内炉文火、外炉武火也。文武烹煎，渐采渐取，渐取渐添，温养时有不可间断功夫，全要法船匠手，不为风波所动，扰我元功①，然后法船广运，往来不绝，如达摩之载金过海，直超彼岸矣，故曰"采取全凭度法船，匠手高强牢把舵，一任洪波海②底翻"云云。末三句，刘注已明，兹不复解。

---

① 元功，底本作"克勤"，据《道藏辑要》本改。
② 海，底本脱漏，据《道藏辑要》本补。

十六、〔刘言〕认取真铅。〔李言〕一味真铅。

无根树,花正浓,认取真铅正祖宗。
精气神,一鼎烹,女转成男老变童。
欲向西方擒白虎,先往东家伏青龙。
类相同,好用功,外药通时内药通。

(悟元注本"浓"作"秾","擒"作"牵","方"作"园",皆无异也。)

〔刘注〕秾者,秾盛广多也。花正秾盛,其间即有美恶偏正相杂,须得真正仙花,方可采取而用。真正仙花为何花?即真铅也。真铅即真知之真情,乃真灵之发现,以其真知外阴内阳,外黑内白,故谓真铅,又谓水中金,又谓水乡铅,又名月中华,其名多端,皆象此真知之一物也。惟此真知,内含先天真一之始气,乃阴阳之本,五行之根,仙佛之种,圣贤之脉,为修道者之正祖宗。认得祖宗,取归我家,敬之奉之,须臾不离,则精气神三者,自然聚于一鼎,无庸勉强。盖以其父归之,其子焉往?更加符火烹炼之功,虽女可以转男,虽老可以变童。女转男者,非形体转男,盖女子纯阴,修炼成道,化阴成阳,亦同男子。老变童者,非面容变童,盖老者气枯,修炼成道,返本还元,亦如童子。但女转成男、老变为童之道,虽是认取真铅、真知,还要先能炼己。若炼己不熟,真知不来,虽来而亦不留,故曰"欲向西园牵白虎,先往东家伏青龙"。白虎属西方金,喻真情也;青龙属东方木,喻真性也。真情、真性,本来一家,何待牵伏?因其交于后天,真中杂假,真情变为假情,恩中带杀,如虎出穴,奔西伤人,不为我有,而反依居他家矣。真情既变为假情,于是真性有昧,亦化而为假性,假者用事,真者退位,性情不和,如龙东虎西,两不见面矣。若欲复真,必先去假;若欲牵情,必先调性。调性之功,乃炼己之功。炼己者,炼其气质之性也。气质之性化,则真性自现。真性现,则不动不摇,而真情亦露;真情露,则假情不起,可以牵回白虎,与青龙配合,情性相恋矣。白虎,即真铅祖宗,同出异名,以其真知刚强不屈,故谓白虎;以其真知柔中藏刚,故谓真铅。牵白虎,即是取真铅。牵之云者,非有强制,乃不牵之牵，性定①自然情归，特以同类者相从，阴阳内外有感应之道也。性主处②内属阴，内药也；情主营外属阳，外药也。阴阳原是一气，性情固是同根，内药能通，外药未有不通，内外相通，性求情而情恋性，性情和合，真灵凝结，还丹有象矣。纯阳翁云："性住气自回，气回丹自结。"紫阳翁云："若要修成九转，先须炼己持心。"此皆言还丹先要炼己也。噫！真铅易取，炼己最难，炼己之功大矣哉！

〔李解〕浓，言情之浓也。铅乃人之真铅，真铅发现，则其情正浓，只要认得真，取得来，则金丹立就。盖此真铅者，黄中正位之体，大丹之祖宗也。取来制汞，三家相见结婴儿，推而广之，千千百百，子子孙孙，皆自此真铅发脉，故以真铅为祖宗。精气神，一鼎烹，此即铅归汞伏，三家相见之后也。但造真铅者，其先有女转成男、老变为童之妙诀。原夫离宫之火，真精也；坎宫之水，真气也；坎离中间，又有妙土为用，真神也，一曰真意。气精交感，以神主之，则水底金生，火中汞降，又以神执其平衡，调其胜负，猛烹极炼，则火蒸水沸，金亦随水上腾，此即精气神一鼎烹之力也。及其入于离宫，离火为坎水所灭，不飞不走，气得神而住，精得神而凝，铅汞俱死，同归厚土，三姓会合于中宫，炼成一个紫金丹，此又精气神一鼎烹之妙也。当其先东家之子，寄体于西，西方之兑，正为少女，少女代坤母行事，女鼎中现出震男，是女转成男矣。此男号九三郎君，其年甚少，实是木公道父，投身子胎而生者，故木公转号公子，是老变为童矣。这公子骑的白虎，出游西方，甚是勇猛，时有道人见而问之曰："你这骑虎的童男，可是木公所化的么？"童男知道人心有正觉，不敢隐瞒，答曰："是。"道人遂回头笑曰："水乡铅，只一味。崔公之言真也。"今欲呼回童男，须要擒他白虎，白虎乃童男随身元气化的坐骑。你欲往西方擒他白虎，必先往东家伏了青龙。盖白虎者，金情也；青龙者，木性也。以木交金，则木中火发，火转逼金而回；以金并木，则金中水腾，水转灭火而住。此四者，相异而实相同，异类而实相类。既然同类，故好用我玄功，使其会在一处，由是内迎外合，外归内伏，外药既通内药，内药亦通外药也。此篇只言真铅，不言真汞，盖有铅即有汞，不言汞而汞在其中矣，故曰"外药通时内药通"。铅也，气也，男也，童也，虎也，皆外药也；精

---

① 定，底本作"之"，据《道藏辑要》本改。
② 处，底本作"不"，据《道藏辑要》本改。

也，女也，老也，龙也，皆内药也。至于神，则在内外精气之间。

十七、〔刘言〕采取火候。〔李言〕六门火候。

无根树，花正娇，天应星兮地应潮。
屠龙剑，缚虎绦，运转天罡斡斗杓。
煅炼一炉真日月，扫尽三千六百条。
步云霄，任逍遥，罪垢凡尘一笔消。

〔刘注〕真灵藏于后天，为积习客气掩蔽，花最难发，间或有时而发，一点光辉，从虚无中透出，如珠如露，嫩弱秀丽，其象最娇，似开未开，浑沦元气，在天应星之明而不大，在地应土之潮而未湿，星明地湿，皆阳气初动之象。阳气初动，即真灵花嫩时也。当其正娇，易于识神借灵生妄，性乱情移，急须猛烹速炼，杜渐防微，扶阳抑阴，以护命宝。屠龙剑，所以防气性；缚虎绦，所以制妄情。气性不发，则真性①现；妄情不起，则真情生。真性现，真情生，是运转魁罡，斡旋斗杓，转杀为生，变刑成德，可以煅炼一炉真日月矣。日者，阳中有阴之象，喻真性所含之灵知，灵知为雄中之雌，真阴也；月者，阴中有阳之象，喻真情所含之真知，真知为黑中之白，真阳也。煅炼真阴、真阳，两位大药，归于一气，凝结成丹，吞而服之，延命却期。此乃最上一层之妙道，非三千六百旁门著空执相事业也。盖以大道成就，步云霄，任逍遥，万般罪垢凡尘，皆一笔勾消。彼三千六百旁门，皆在臭皮囊上做作，适以惹罪垢凡尘，焉能消罪垢凡尘哉！

〔李解〕娇，以秀嫩言，一阳初萌之时也。天比上，地比下，阳生之时，眉上有点点星光，昔人谓为"天应星"；腹中有浩浩潮气，昔人谓为"地应潮"。药生朕兆，原有如此，良不诬也。悟元以天之星辉、地之潮湿，比阳气初②生，不大不润，亦是一解。更有以《入药镜》为言者，"天应星"指上鹊桥，"地应潮"指下鹊桥，均有妙理。然吾窃闻之，应星应潮，以应月应时言，即星悟月，即潮悟时，此正是大还丹要紧火候。余摘《参同》数语，以为印证。《参同》云："金计十有五，水数亦如之。临炉定铢两，五分水有馀。二者以为真，金重如本初。其三遂不入，火二与之俱。"

① 性，底本、《道藏辑要》本俱作"灵"，据上下句文义改。
② 初，底本作"不"，据《道藏辑要》本改。

此即应星、应潮之正义也。金必十五两重者，金准月数，取金精壮盛之意。五千四十八日，天真之气始全，十五两金能生十五分水，上半月十五日是也。水数与金数相应，即潮数与星数相应。若金水不足，则真水不生，此谓天不应星、地不应潮，何以定铢两乎？若要应星应潮，就以上半月之十五日为定，自朔至望，以一日半为一分，两个一日半，三日出庚矣。这才是二分真水，天也应星，地也应潮。若至初五，则是三分，三分不入用；若至初八，则是五分，五分更有馀，均非应星、应潮也。必以二分之水，配以二分之火，乃是真应星、真应潮，二者坎水之真信，金初生水，刚到二分时候，水源至清，有气无质，即白虎首经也。虎正吐气，龙即以二分真火迎之，炼为丹本。至于生二分水之金，又必要等至十五，金精始旺，水潮乃生，所谓二七之期，真铅始降，此是应星、应潮也。或者问：火何以必须二分？曰：一时功夫，分三符六候，止用一符二候之火，斯龙虎平匀，相吞相啖。到这时候，必要执剑降龙，拿绦伏虎；运罡斡斗，归于中宫，日月交精，烹之炼之，则正道得矣。

我吾山老师，还有一讲，更精密醒露，并详述于此。乾天为阳，星即天之火精，阳中阴也；坤地为阴，潮即地之水气，阴中阳也。精为火父，气为水母，乾父与坤母交，则离火与坎水生焉，故曰"天应星，地应潮"。应之云者，彼此相与感应之机也。《参同》云："方诸非星月，焉能得水浆？"可知天光照地，应之以星者，地气承天，即应之以潮也。仙家以天之星，喻人心中之火，火即人之性也，性属龙，设有不降，则星飞火散。故当执屠龙之剑以降之，剑比大慧也；以地之潮，喻人身中之水，水即人之情也，情属①虎，设有不伏，则潮浸水流，故当持缚虎之绦以伏之，绦比大智也。大巧若拙，大智若愚，智慧冥冥，即生妙心，转天罡，斡斗杓者，非妙心不能为力。天罡，北斗也。天罡主生，在乎斗杓，斗杓指处，即有生气。人身妙心，能运天罡之杓，则能转杀为生矣。斗杓回旋，金丹入内；金丹入内，妙心还我。妙心者，不生不灭之真身，与天地合其德，与日月合其明，即人身真日月也。欲求妙心，必从后天中返先天，先把外日月交光于外，明火候，知符刻，乃能得之。及其归也，又要以内日月交光于内，昼夜长明，调和养育，则煅炼一炉真日月矣。是为金丹大道之妙谛，七返九还之重玄，扫尽三千六百旁门，可以步云霄，任逍遥，罪垢凡尘一笔消

---

① 属，《道藏辑要》本作"即"。

矣。若不明此大道，断无解脱日子，罪垢凡尘，日日加增，可不悟哉？

十八、〔刘言〕逆用气机。〔李言〕善用盗机。

无根树，花正高，海浪滔天月弄潮。
银河路，透九霄，槎影横空泊斗梢。
摸著织女支机石，踏遍牛郎驾鹊桥。
入仙曹，胆气豪，盗得瑶池王母桃。

（悟元注本"泊"作"斡"，"盗"作"窃。"）

〔刘注〕先天大道，包罗天地，运行日月，超乎万有，花开正①高，其高如月在天上，光射海底。海浪滔天，水不能溺月之光，而月反能弄水之潮，亦犹人在苦海境遇之中，境遇不能伤其真，而反借境遇以炼真。又如银河路远，直透九霄，人不易渡，然有仙槎横空，斡旋斗梢，即能渡之，昔张骞乘仙槎渡银河，而见牛女二星相会，此可征也。以理而论，世间亦有仙槎，亦能渡银河。世间仙槎为何物？金丹大道是也。金丹大道，在虚空中作事②业，能以转乾坤，逆阴阳，夺造化，超凡入圣，是亦仙槎也。然仙槎之妙，在乎斗梢之运用。斗梢者，北斗第七星瑶光是也，又名天罡。天罡所指处吉，所坐处凶，盖以指处有生气存焉。扭回斗梢，刹那之间，阴阳相合，生机萌芽，绝不费力，故曰"摸著织女支机石，踏遍牛郎驾鹊桥"。织女属阴，牛郎属阳，鹊桥为牛女相会之处，摸著机石，踏遍鹊桥，以阴招阳，阳来会阴，阴阳相会，金丹有象。此种道理，尽在波浪里做出，虚空中施为，所以能入仙曹，胆气豪，窃得瑶池王母桃也。瑶池在西，王母为老阴，即坤母也。桃者，丹也，即震之一阳也。王母桃，即坤中孕震之象，丹在西而窃取归东，则为我家所有而丹还矣。但此还丹之妙，其妙在乎阴阳相会，阴阳相会之妙，尤在乎大海波中，逆运气机，不动不摇耳。能于大海波中，不动不摇，真是有胆气丈夫，九霄有何不可上？银河有何不可渡？王母蟠桃有何不可窃乎？彼世之习静忘形，仅在寂灭中作事者，焉知有此？

---

① 正，《道藏辑要》本作"甚"。
② 事，底本作"世"，据《道藏辑要》本改。

〔李解〕高，指虚空而言。海浪滔天者，即紫阳翁所谓"风浪粗、产玄珠"之时也。风起浪涌，声震虚空，故曰"滔天"，而一个玄珠，正如团团秋月，现于海上，故曰"月弄潮"也。逆挽银河，上透九霄，仿佛张骞乘槎，影横空际，气机于此直达矣。然河槎前行，必先有个指引，方不使水经滥行，不由河道，此斗梢之上，所以为泊系之所也。这"泊"字下得最妙，人间泊船，乃止宿之意，仙客河槎，则以斗梢为靠，端行直指，势不容泊，其言泊斗梢者，正其不可泊、不得泊，就于斗梢泊之。随斗运转，行中有止，杀里逢生，犹之英雄豪杰，直傥做事，风利不泊，乃是大结局、大兴会之时，不泊胜于泊，泊犹之不泊．斯其为泊斗梢也。织女、牛郎，天上阴阳二星，年年七夕相会。织女属阴，机石比汞，牛郎属阳，鹊桥乃牛女相逢之处，即金汞会合之方。上言斗梢，此言女牛，是斗为女牛之媒也。牛郎欲会织女，非斗不能圆成，斗转则牛郎渡河，金与汞合矣。吕祖云："进火功夫牛斗危"。泥丸云："妙在尾箕斗女牛"，同此意也。摸著机石，则以汞迎铅，踏遍鹊桥，则铅汞一路，从此天缘有分，志气能伸，可以遇仙曹而胆气豪矣。此何故哉？以其盗得瑶池王母桃耳。悟元以瑶池在西，王母为坤母，桃即坤中孕震之象，丹在西而窃取归东，以成还丹，其注明矣，但"窃"字不及"盗"字现成。东方盗桃，一也；坎卦为盗，二也。东方盗桃，恰往西方取金；坎卦为盗，恰向水底求铅。盗之为义，妙也哉！

十九、〔刘言〕阴阳抟结。〔李言〕化生玄珠。

无根树，花正双，龙虎登坛战一场。
铅投汞，配阴阳，法象玄珠无价偿。
此是家园真种子，返老还童寿命长。
上天堂，极乐方，免得轮回见阎王。

〔刘注〕金丹，乃阴阳二气相激而成象，是花须成双而后有用也。阴阳者，一龙一虎也，一铅一汞也。龙为真性，汞为灵知，又为元神，俱属阴；虎为真情，铅为真知，又为元精，俱属阳。龙虎战者，性情抟聚也。铅投汞者，精神凝结也。性情抟聚，精神凝结，阴阳相配，一气混合，真灵圆明，法身有象，圆陀陀，光灼灼，如一粒玄珠，为无价之宝矣。此宝非外来之物，乃我家园之真种子，本来原有，因交后天，迷失无踪，今得阴阳调和，无而复有，去而复来。种于家园，本立道生，生生不息，返老还童，延寿无穷，上于天堂极乐之方，可免轮回之苦矣。

〔**李解**〕双者，两弦之气也。两弦之气合，则龙虎登坛，相吞相啖，战即吞啖之意。一场大战，龙虎平匀，虎战龙则以铅投汞，龙战虎则以阴配阳，阳铅与阴汞交，斯无价宝生矣。《悟真》云："虎跃龙腾风浪粗，中央正位产玄珠。"玄珠乃先天一气，仙佛本原，吾家真种，而非外物，因为后天所掩，久不现象，今在龙虎坛中，阴汞阳铅，结为真夫妇，遂从后天坎离之内，返出先天，故曰"法象玄珠无价偿"。从此家园真种子，得之者返老还童，延生益寿，上天堂，登极乐，免得轮回见阎王也。此言龙虎阴阳，相战相配之法，须于"花正娇"一章注内，觅其火候可也。

二十、〔刘言〕一时还丹。〔李言〕还丹温养。

无根树，花正奇，月里栽培片晌时。
拿云手，步云梯，采取先天第一枝。
饮酒戴花神气爽，笑煞仙翁醉似泥。
托心知，谨护持，惟恐炉中火候飞。

〔**刘注**〕先天真灵，无而能有，缺而能圆，栽①甚奇也。然正所以奇者，先天为后天掩蔽，杳然无踪，若欲栽培，片晌之间，即能回春。回春之妙，要采取先天第一枝之花。第一枝是生物之祖气，乃生天、生地、生人之灵根，不落于形象，不落于空亡，含而为真空，发而为妙有，至中至正，至精至粹，恍惚杳冥，如露如电。不可以有心求，不可以无心守，有心求之，则著于相，无心守之，则著于空，是在乎性定情忘，回光返照，虚极静笃，不采而采，不取而取，自然先天真一之气，自虚无中来，凝而为黍米之珠，内外光明，如戴仙花，神气爽畅，如饮仙酒。戴花饮酒，乐在其中，不识不知，顺帝之则，如入于醉乡矣。当斯时也，还丹已结，复见娘生面目，无用外炉加减，急须内炉温养，神明默运，谨守护持，一意不散，时防火候差池②也。心知者，非外心知之人，乃内自知之心。火候缓急，心自知

---

① 栽，《道藏辑要》本作"花"。
② 池，底本作"迟"，据《道藏辑要》本改。

之，心知而不昧心，自然火候不差，金丹成熟也。

〔李解〕奇者，令人不测也。不惟人不能测，即阴阳亦不能测。若是能测，则阴阳不会，杂入杳冥，何以栽培先天乎？月里栽培者，三日出庚，药材新嫩，就在这庚方月内，栽培金花，必以二分火，配二分水，混沌片时，而后有先天第一枝鼎内生出，此片晌功夫也。片晌之间，先天第一枝果然发现，妙心主事，即时逆转天罡，回翔云汉，此即拿云之手、步云之梯，采取先天第一枝也。饮酒者，饮此第一仙酒，先天化白液矣。戴花者，戴此第一仙花，先天回阳春矣。花即是酒，酒即是花，饮之戴之，酒是良朋花是伴，令人神气冲和，浑浑如醉，故曰"饮酒戴花神气爽，笑煞仙翁醉似泥"。心知者，同心也，即自己妙心也。谨护持者，以妙心看火候也。但护持有数件，炉火有两端。火候未足，则屯蒙抽添以护之，须用外炉加减；火候已足，则昼夜含光以护之，不用外炉加减。十月数全，九年已过，则真人出顶门矣。否则外炉不该去而急去，则火候未足而丹不大；外炉该去而不去，则火候太过而丹必伤；内炉不该去而急去，则火候未纯而丹不灵；内炉该去而不去，则火候如愚而丹不出。凡此，皆炉中火候有差池也。是所望于心知，精谨护持，乃不致有差池耳。飞，即差池之意，○与前"花正飞"章同看。

二十一、〔刘言〕调和阴阳。〔李言〕得药还丹。

无根树，花正黄，产在中央戊己乡。
东家女，西舍郎，配合夫妻入洞房。
黄婆劝饮醍醐酒，每日醮蒸醉一场。
这仙方，返魂浆，起死回生是药王。

（悟元注本"产在"作"色正"。）

〔刘注〕黄者，中央戊己之正色。戊为阳土主动，己为阴土主静，戊己居中，相合为真信，又谓真意。花色正黄，则真灵入于中央正位矣。然真灵中正，非性情如一不能。东家女，木性也；西舍郎，金情也。一性一情，配作夫妻，入于洞房宥密之处，更得黄婆于中劝饮醍醐，调停火候，则不和者而必和，既和而长和。醍醐酒，非世间之糟汁，亦非身内精津血液有形之物，乃阴阳交感絪缊中和之气，合而为真一之精，通而为真一之水，滋味香甜，古人谓玉液，谓琼浆，谓甘露，又谓醍醐，总以形容此一点中和之气耳。劝饮者，不冲和而必调至于中和。修道至于阴阳冲和，常应常静，远观其物，物无其物，近观其身，身无其身，内观其心，心无其心，不识不知，顺帝之则，日日饮醍醐，而入于醉乡矣。这个醉中趣味，是神仙之方，是返魂之浆，能以起死，能以回生，乃大药王也。中央、戊己、黄婆，皆真信之异名。以阴阳和合言，则谓中央；以运行阴阳言，则谓戊己；以调和阴阳言，则谓黄婆；以动作言，则谓真信；以静定言，则谓真意；故一物而有数名，总而言之，一真信而已。识得此信，即于此信上下实落工夫。始而以性求情，既而以情归性，又既而性情和合，又既而性情浑化，结成一个真灵之宝。始之终之，无非此一信成功，信之为用大矣哉！归到实处，真灵中正，即是性情相合。性情相合，便有个真信在内。真信现时，性情自不相离，真灵自然中正，三者相需而仍相因也。

〔李解〕黄，正色也，佛家之正觉、儒道之正气也。其在释典，则曰黄花；其在仙经，则曰黄芽。但黄芽有二种，一个是初三新药，一个是十五大药。《悟真》云："黄芽生处坎离交"，此即初三新药也。黄芽生处，即当交媾坎离，以种第二个黄芽。《悟真》曰："种得黄芽渐长成"，此即第二个黄芽，十五日之大药也。黄芽长成，实因坎离交媾。夫坎离之交媾者，交媾于中央戊己乡也。中央乃精气成团之处，戊己乡乃动静调合之所，调合成团①，片响间从中产出黄芽，故曰"产在中央戊己乡"。这黄芽名字极多，以本章言之，即西舍郎也。西舍郎，金气也。东家女，汞精也。采回金气，制伏汞精，此金汞返还之道，即配合夫妻入洞房也。既入洞房，又要有黄婆守之，黄婆即上章所言心知也。夫妻两个，恐防不谐，则精神意气，难入中和之境，而丹不成，故要有黄婆伏侍，劝饮醍醐。醍醐者，外资温养之精，内服中和之气也。黄婆乃是知心人，炉中火候，自然不差，朝暮之间，频频劝饮，每日醺蒸醉一场，真快乐也。此酒不是凡间酒，乃仙方所制之酒，名曰返魂浆，可以起死，可以回生，小药外药，皆不能及，是为药之王也。此章乃二候求铅之后，四候还丹功夫。求铅乃外事，初三月出庚施功，名之曰以火配水②，以龙就虎，以阴会阳，以离交坎，以性合情，

---

① 团，底本作"园"，据《道藏辑要》本改。
② 火配水，《道藏辑要》本作"水配火"。

以汞投铅，以女嫁男，以后天生先天，总之是以精合气，乃外药也，其功夫在外，只用一符二候，立为丹基。还丹乃内事，十五月圆时施功，名之曰以水灭火，水乃天癸之水，以虎嫁龙，虎乃西方之虎，以阳伏阴，阳乃含真之阳，以坎填离，坎乃先天之坎，以情归性，情乃金情之情，以铅制汞，铅乃真一之铅，以男配女，男乃纯乾之男，以先天制后天，总之是以真气合真精，乃内药也，其功夫在内，须用二符四候，结为金丹。凡此，皆古人所未分晰者，吾于此详陈之，庶阅丹经之际，了然于二药之分也。

二十二、〔刘言〕凝结圣胎。〔李言〕擒伏火药。

无根树，花正明，月魄天心逼日魂。
金乌髓，玉兔精，二物擒来一处烹。
阳火阴符分子午，沐浴加临卯酉门。
守黄庭，养谷神，男子怀胎笑煞①人。

〔刘注〕先天真灵，本体光辉，通天彻地，照破一切，花正明也。其所以明者，乃阴阳二气，和合而成之。人之一己纯阴，如月之黑暗无光，必借他家不死之方，而后阳生，如月借日光，而后得明。月魄逼日魂，阴阳相交，能以在天心朗耀，即真知、灵知相合，真灵不昧之象。金乌髓者，日魂也，在人为雄中之雌，即灵知之真阴。玉兔精者，月魄也，在人为黑中之白，即真知之真阳。前云乌肝、兔髓，此云乌髓、兔精，大有分别，不可同看。盖乌肝、兔髓乃还丹药物，是真知、灵知，阴阳未会而方会，故云乌之肝、兔之髓；乌髓、兔精乃大丹药物，是真知能灵，灵知能真，阴阳已会而相合，故云乌之髓、兔之精。未会而方会，勉强之功，假中复真也；已会而相合，自然之用，真中更真也。取此两味真药，抟于一处，烹出阳中之阳，即行子午卯酉火候，完全金液大丹。但所谓子午卯酉者，非天边之子午卯酉，乃身中之子午卯酉。真知现，即是子，法当用刚进火，而鼓真知出玄；灵知来，即是午，法当用柔退符，而取灵知入牝；真知进于中正即是卯，法当沐浴，此中正而不过进；灵知退于中正即是酉，法当沐浴，此中正而不过退。此符火沐浴之道，万古不易之法。若以天边子午

---

① 煞，底本、《道藏辑要》本俱作"杀"，据《张三丰全集》之《无根树》改。

卯酉，按时用功，则失之远矣。符火不差，沐浴合时，阴阳相应，不偏不倚，元牝立而谷神即生于其中矣。黄庭者，中央正位，即阴阳相合之中一窍，又号为元牝之门。元阳牝阴，阴阳合，有此窍；阴阳偏，无此窍。有此窍即有谷，有谷即有神；无此窍即无谷，无谷即无神。谷即黄庭。黄者，中色；庭者，虚也。因其中虚，故以黄庭名。虚则灵，灵则神，是谓谷神。试观山中，两山壁列，中间一谷，人呼之则谷应声，此应之声即谷神也，俗名崖娃娃。人之阴阳会合，其中有神，亦犹是也。然不到阴阳相合地位，无此中，无此谷，安有神居？若果到阴阳相合时，便有个中，便有个谷，而神自生，所谓"先天之气，自虚无中来"者即此，所谓"真空而含妙有"者即此，所谓"要得谷神长不死，须凭玄牝立根基"者即此。果阴阳合而为一气，则谷神镇居黄庭，是谓男子怀胎。曰"守黄庭"者，守中也。曰"养谷神"者，抱一也。守中抱一，十月功毕，身外有身，即与天地并长久。此等真实法相，系虚空中事业，不从色相①中做出，彼一切在臭皮囊上弄搬运功夫，妄想成圣胎者，岂知谷神之所以为谷神乎？

〔李解〕明，乃大药发生，虚室生白，放大光明，大醒、大悟、大觉时也。这大药乃铅中之阳，丹中之金，先天中先天，如月魄之在天心，与日魂相逼，而成团团辉光，非若初三一线，远在天边，近在蛾眉也。"逼"字下得要紧，乃相亲相近，一处相煎之意。日月合璧，日魂尽注于月魄，万里光明，天心雪亮。二物擒来一处烹，不是擒了金乌，又擒玉兔，乃是擒金乌以搦玉兔，单擒一物归来，即所以擒二物也。当其擒来之际，也有子午卯酉四候投关之火，由是而金乌飞入广寒宫，复以金乌之髓，调和玉兔之精，既而使玉兔之精，尽化为金乌之髓，这才是月魄逼日魂，善于一处烹者。斯时也，阳魂圆满，阴魄无形，二物变为一物，一物中有二物，阴尽阳全，光明大放，故称为铅中之阳，丹中之金，先天中先天，到此地位，乃为金液大药，亦按子午卯酉，行四候服食之功，此方是九转大还丹也。何时为子？阳生为子，故当进阳火。何处为午？阴降为午，故当退阴符。沐浴者，调停自然，不急不缓，此等功夫，当加于阳火临卯、阴符临酉之门，则阳不过刚、阴不过柔，刚柔得中，出入合度也。昔陶存存先生阐明《参同契》行火秘诀，而录其师《火候歌》于注中，余深佩服，今亦附书于此，以为印证。歌云："忆我仙翁道法，总是吾家那著。原无子午抽添，岂

---

① 相，底本作"象"，据《道藏辑要》本改。

有兔鸡刑德。问吾子在何时，答曰药生时节。问吾午在何时，不过药朝金阙。卯时的在何时，红孩火云洞列。若无救苦观音，大药必然迸裂。此即沐浴时辰，过此黄河舟楫。再问何为酉门，即是任同督合。此时若没黄裳，药物如何元吉。过此即为戌库，请向库中消息。此是一贯心传，至道不烦他觅。"夫药临卯门，必用观音之静者，观音之静，管摄严密，不使红孩逞势，则甘露发生；至于酉门，则以黄裳裹之，不使元珠倾泻，则白液乃凝，此沐浴之妙用也。黄庭者，中央也。谷神者，虚灵也。守中央而养虚灵，则法身呈象，一个男子，宛如女子怀胎，笑煞人亦爱煞人也。

二十三、〔刘言〕真空法相。〔李言〕圆通自在。

无根树，花正红，摘尽红花一树空。
空即色，色即空，识破真空在色中。
了了真空色相灭，法相长存不落空。
号圆通，称大雄，九祖超升上九重。

（悟元注本"金花"作"红花"，较好，故从之。"灭"作"法"字，错。）

〔**刘注**〕金丹大道，以无声无臭，超出万象为归著，何尝花有红色乎？若稍有色，后天气质犹未化尽，大道不成。古仙云："一毫阴气不尽不仙"。盖有一毫阴气不尽，即有一毫阳气不全，真灵犹有损坏之时，算不得九还七返金液大丹之道。修道者，须要摘尽红花，消灭无始劫以来客气尘根，归于万有皆空，还于父母未生以前、无声无臭面目而后已。然空之云者，非同土木无心寂灭之谓，有借假全真，以真化假之道，故曰"空即色，色即空，识破真空在色中"。盖一味无心，则著于空；若稍有心，则著于色。曰"空即色"者，是不空也；曰"色即空"者，是不色也。不空不色，即空即色，是真空存于色中矣。曰"了了真空无色相，法相常存不落空"者，真空一了百当，原无色相，既无色相，即有法相；既有法相，必不落空。因其是真空，所以有法相；因其有法相，所以无色相，无色相，有法相，所以空之真而真于空也。修道至于真空而有法相，法相而存真空，一灵妙有，法界圆通，成金刚不坏之躯，水火不能侵，刀兵不能加，虎兕不能伤，称为大英雄。不但身列仙班，即九祖亦皆超升天堂，同为神矣。昔释迦牟尼佛修丈六金身法相，居于大雄宝殿者，即此道也。

〔李解〕红，乃大药法象。仙师《道情歌》与《无根树》皆要紧之作，即彼可以见此也。《道情歌》云："万般景象皆非类，一颗红光是至真。"红光发现，其花正红，红花到手，真药已得，除此红花，无药可采。温养事毕，炉鼎全丢，一切花花树树，皆不讲也，故曰"摘尽红花一树空"。花既空矣，我道得矣，我道既得，空不空矣。空既不空，空即是色，色非有色，色即是空。识透真空不空，真空即在色中，此色非色相之色，乃法相之色。了当真空，则色相全灭；色相全灭，则法相长存；法相长存，即是真空不空。圆通者，功行圆满，万法皆通，真空之体用备矣。既号圆通，必称大雄；既称大雄，必做神仙宗伯，安得不九祖超升，同上九重哉！

二十四、〔刘言〕返归虚无。〔李言〕证位三清。

无根树，花正无，无相无形难画图。
无名姓，却听呼，擒入中间造化炉。
运起周天三昧火，煅炼真空返太无。
谒仙都，受天符，才是男儿大丈夫。

（悟元本"中间"二字作"三田"，然悟元仍作中间妙窍解。）

〔刘注〕先天真灵之宝，体本虚空，一气混成，有何花乎？既无其花，无形无象，难画难图矣。难画难图，画且不可，图且不可，尚有何名何姓？然虽无名无姓，却又至虚至灵，寂然不动，感而遂通，如呼谷传声，真空中藏妙有也。有此感而遂通之妙，即于此通处下手，擒入于三田造化炉中，用三昧真火煅炼成真，自真空而可返于太虚。道返太虚，则空无所空，一真而已，别无他物也。三田非工家气海、绛宫、泥丸之说，乃精气神三丹聚会之丹田，谓元牝①之门，又名元关窍，又名中黄庭，又名造化炉，又名太乙坛，又名戊己门，总而言之曰虚无窍。先天真灵之宝，统精气神之三物，真灵既复，三物皆复，自造自化，絪缊冲和，结为一块，始而自无以造有，既而自有以化无，煅炼真空，即是化无之妙。自有化无，形神俱妙，

---

① 牝，底本作"此"，据《道藏辑要》本改。

与太虚同体，功行圆满，谒仙都而受天符①，为十极大罗真人，大丈夫之能事毕矣。

赞曰

吐老、庄之秘密，续钟、吕之心传。
揭示先天妙理，劈开曲径虚悬。
鼎炉邪正分判，药物真假显然。
空色混为一气，刚柔匹配两弦。
咦！丹法始终皆泄尽，火符进退俱写全。
二十四词长生诀，知者便成不死仙。

〔李解〕"无"字，承上章"空"字之意，进一层言，以作二十四首结局。炼丹至于空，已尽善矣，然有真空之念，则即有法相之念，空犹不及无也。老君曰："观空亦空，空无所空，所空既无，无无亦无，湛然常寂。"这才是大超脱、大解悟、大清净、大圆觉，何也？湛然之妙，有而若空，空而且无，不可以形相求，不可以画图写，因其无形无相，所以难画难图，只恁其湛然而已。前此采取先天，尚有金姓名精者、黄姓名芽者、白姓名元者，今此湛然之真，却无名姓，虽无名姓，却听招呼，空谷传声，声声相应。问焉以言，受命如向，天下之至精也；寂然不动，感而遂通，天下之至神也。此何故哉？以其湛然之真，藏在无中耳。圣贤仙佛之理，深达造化，无中藏有②，到此地位，诡怪神奇，如冷启敬、张景华、周颠仙之流是也。我三丰先生，以道为体，又必以无擒无，入于中间虚无之境，大造大化，炉中运起周天三昧真火，煅之炼之，务使虚空法身，返于太无。太无者，圣真之境，玉清混洞太无天、上清赤混太无天是也。炼成仙道，只受太清官秩，能返太无，则先朝③道德，次朝玉宸，次朝元始，证果三清也。返之云者，天下愚夫愚妇，皆是三清中人，只因宿念有差，一劫低一劫，仍做愚夫愚妇，不能复返圣真之境，倘其回心向善，访道寻师，由筑基炼己，七返九还，炼至于空，复至于无，由无而返于太无，仍然是三清

---

① 符，底本作"图"，据《道藏辑要》本改。
② 有，底本作"中"，据《道藏辑要》本改。
③ 朝，底本作"清"，据《道藏辑要》本改。

客也。但煅炼真空，必用周天三昧之火。周天者，非河车之谓，乃在天而动，空际盘旋，深造密化，道法自然也。三昧者，非阳火之谓，乃天一地二，合而为三，我于天地之中，立鼎安炉，神冥气漠，此以仙炼仙之火，天元神丹也。功成行满，上朝三天，谒仙都，受天符，或封真君，或封帝君，或封天尊，或命作五岳名山、洞天福地师相选仙等职，这才是真正男儿，极大丈夫，神乎至矣！

　　赞曰

　　洒弥天之花雨，布满地之黄金。
　　手敲鱼鼓简板，口歌上洞仙音。
　　四洲齐度，万古道情。呵呵！
　　悟元处处语真灵，先把吾家主意存。
　　山人照本宣真诀，度世宏开不二门。

　　　　张祖《无根树词注解》道情共二十四首全卷终

图书在版编目（CIP）数据

张三丰全集 / 董沛文主编；盛克琦，芮国华点校.--北京：华夏出版社，2017.1（2023.1 重印）

ISBN 978-7-5080-9020-7

Ⅰ.①张… Ⅱ.①董… ②盛… ③芮… Ⅲ.①道教－古籍－汇编－中国 Ⅳ.①B95

中国版本图书馆 CIP 数据核字（2016）第 269816 号

张三丰全集

主　　编	董沛文
点　　校	盛克琦　芮国华
责任编辑	罗　庆　梅　子
责任印制	顾瑞清
出版发行	华夏出版社有限公司
经　　销	新华书店
印　　刷	三河市少明印务有限公司
装　　订	三河市少明印务有限公司
版　　次	2017 年 1 月北京第 1 版 2023 年 1 月北京第 6 次印刷
开　　本	720×1030　1/16 开
印　　张	33.75
插　　页	3
字　　数	550 千字
定　　价	78.00 元

华夏出版社有限公司　地址：北京市东直门外香河园北里 4 号　邮编：100028
网址：www.hxph.com.cn　电话：（010）64663331（转）
若发现本版图书有印装质量问题，请与我社营销中心联系调换。